本著作为国家社会科学基金项目"现代税法中的税基评估理论研究"（批准号18BFX140）的重大阶段性成果

美国联邦税务法院估价判例

MEIGUO LIANBANG SHUIWU FAYUAN
GUJIA PANLI

郑伊　杨小强　编著

中国财经出版传媒集团
经济科学出版社
Economic Science Press

图书在版编目（CIP）数据

美国联邦税务法院估价判例 / 郑伊，杨小强编著.
—北京：经济科学出版社，2020.6
ISBN 978-7-5218-1625-9

Ⅰ.①美… Ⅱ.①郑…②杨… Ⅲ.①税法-判例-美国 Ⅳ.①D971.222

中国版本图书馆 CIP 数据核字（2020）第 096454 号

责任编辑：周胜婷
责任校对：李　建
责任印制：邱　天

美国联邦税务法院估价判例
郑　伊　杨小强　编著
经济科学出版社出版、发行　新华书店经销
社址：北京市海淀区阜成路甲 28 号　邮编：100142
总编部电话：010-88191217　发行部电话：010-88191522
网址：www.esp.com.cn
电子邮箱：esp@esp.com.cn
天猫网店：经济科学出版社旗舰店
网址：http://jjkxcbs.tmall.com
固安华明印业有限公司印装
787×1092　16 开　18.5 印张　410000 字
2020 年 8 月第 1 版　2020 年 8 月第 1 次印刷
ISBN 978-7-5218-1625-9　定价：92.00 元
(图书出现印装问题，本社负责调换。电话：010-88191510)
(版权所有　侵权必究　打击盗版　举报热线：010-88191661
QQ：2242791300　营销中心电话：010-88191537
电子邮箱：dbts@esp.com.cn)

序

现代税收以从价税为主流，从量税（如窗户税、人头税、土地面积税等）逐渐被遗弃。一旦税率固定，从价税的税负主要由税基决定，税基计算以货物与服务的价格进行核算，价格成为从价税的核心要素。税务机关课征税收从价格出发，纳税人进行税收安排也围绕价格展开。逃税、避税、税收筹划，无一不是对价格的反复考量和作业。税收属于金钱之债，当纳税人的交易计量采取货币形式时，计税依据自然计算简明；当纳税人的交易计量选择非货币形式时，作业的第一步便是将非货币形式换算为货币形式，需要进行税基评估。

飞逝而去的25年，我一直在中山大学法学院教授税法。自2015年始，在法学院的支持下，我第一次开设资产评估法课程，而今成长为热门的选修课程。我讲授的资产评估法课程，主要集中于资产评估法总论、税法与估价、司法估价、企业价值评估、无形资产评估、房地产价值评估、破产法律估价、海关法律估价和金融法律估价等专题。

在教学和研究中，在遵循会计计量的基础上，我尝试将资产评估技术运用于税基评估，着迷于税法与估价的方法论。研究税法与估价，美国联邦税务法院无疑是先行者，在其历年大量的税务案件判决中，孜孜以求公允市场价值（FMV）的科学本质，诞生了大量关于税法估价的经典判例，我一直将美国联邦税务法院的税法估价判例作为资产评估法的课程资料。

我一直梦想，能从美国联邦税务法院浩瀚的税法估价判例中，精选出经典的判决，长期整理出版，以推动中国税法估价的国家税收立法与学术研究。梦想不断成为美好的现实，在2017年，我的学生郑伊同学从美国获得国际税法博士学位（JSD），继续选择我作为合作导师，从事博士后的研究工作，我们将税法与估价课题作为合作研究的重点之一；在2018年，我领导的团队获得国家社会科学基金项目"现代税法中的税基评估理论研究"（批准号18BFX140）的资助。我们研究的第一阶段，就是从研究美国税务法院的税法估价判例开始，我们从汗牛充栋的公开的税法估价判例中，精选出本书的经典判例，涵盖所得税法、资本利得税法、公司税法、证券税法、金融税法、财产税法、婚姻家庭税法、遗产与赠与税法等不同领域，希望更全面地反映美国税务法院在税法估价上的法律方法论。

我国在《立法法》确立的税收法定主义指引下，国家税收立法正在全面展开。在每一个税种的立法中，我们都要面临税收估价的问题，税收估价与法律估价、会计计量、资产评估之间的协调关系，在每一个税务案例中都需要斟酌。本书通过对美国税务法院的28个经典判例进行研究，他山之石，定然能为我们的税收立法与税收司法提供启迪。

本书28个判例的精选、翻译与解读，得益于郑伊博士的精湛英语水平和法学功力，还受益于我们课题组同学们的逐一讨论和学术提炼。本书是国家社会科学基金项目《现代税法中的税基评估理论研究》（批准号18BFX140）的重大阶段性成果，也是郑伊在博士后研究期间的心血成果，希望还是我国学术界关于税法与估价研究的开端之作。

杨小强
2020年7月23日于中山大学

目 录

第一章　美国联邦税务法院 / 1

第二章　联邦税务法院精选判例 / 13

案件一　里奇菲尔德诉美国联邦税务局 / 15

案件二　曼德尔鲍姆等诉美国联邦税务局 / 28

案件三　博斯卡诉美国联邦税务局 / 41

案件四　麦克西诉美国联邦税务局（一） / 49

案件五　麦克西诉美国联邦税务局（二） / 63

案件六　邦德诉美国联邦税务局 / 66

案件七　伯奎斯特和肯德里克诉美国联邦税务局 / 72

案件八　查尔斯上诉案 / 80

案件九　沃特森协会诉美国联邦税务局 / 83

案件十　脉冲组件国际公司诉美国联邦税务局 / 86

案件十一　格罗斯诉美国联邦税务局 / 98

案件十二　沃尔玛及其子公司诉美国联邦税务局 / 105

案件十三　迈克尔和卡罗琳等诉美国联邦税务局 / 120

案件十四　莱特诉美国联邦税务局 / 129

案件十五　赫克诉美国联邦税务局 / 134

案件十六　弗曼诉美国联邦税务局 / 149

案件十七　德斯蒙德诉美国联邦税务局 / 161

案件十八　波加蒂洛诉美国联邦税务局 / 168

案件十九　霍尔诉美国联邦税务局　／179

案件二十　亨德里克森诉美国联邦税务局　／193

案件二十一　派珀诉美国联邦税务局　／204

案件二十二　弗里曼诉美国联邦税务局　／214

案件二十三　简达诉美国联邦税务局　／222

案件二十四　琼斯诉美国联邦税务局　／229

案件二十五　戴维斯诉美国联邦税务局　／240

案件二十六　杰尔克诉美国联邦税务局　／254

案件二十七　克劳蒂尔诉美国联邦税务局　／279

案件二十八　卡恩诉美国联邦税务局　／282

第一章　美国联邦税务法院

本章内容由笔者根据以下文献整理而成,本章中的数据均来自此文献:Harold Dubroff & Brant J. Hellwig. The United States Tax Court: An Historical Analysis Government Printing Office, 2014。

20世纪的前半叶见证了税法从实体到程序在美国的大发展。1913年，美国超过2/3的州通过了美国宪法第16条修正案，明确了美国所得税税基是"居民一切来源的所得"[①]。所得税从此在美国进入大发展时期。一方面，时值一战，美国国内各行各业和政府运转都需要国家筹集大笔资金；加之税法改革和新兴税种的推行，税收对国家和公民的重要性日渐凸显，尤其是公民作为纳税人的权利意识的觉醒，使得涉税问题需要明确统一的争议解决方式。但另一方面，无论是行政系统内部或联邦司法体系，都没有可以应对日益增多的税法案件和提供专业统一的争议解决的机构。针对这一现实矛盾，1924年，美国国会通过立法设立了解决税收争议的专业机构。

一、历史沿革

美国税务法院的一大特色是以作为隶属于行政机关的独立机构被创设，但在其运作的过程中，税务法院经历了从名称到机构性质的转变；在其成立45年之后，税务法院于1969年正式转变为经美国宪法第一条设立的司法机关。

1924年之前，对于涉税争议，提供给纳税人的救济仅为可以申请行政复议[②]；税务案件在司法上的可诉性仅限于对错误征收的税款进行退还诉讼，且进行该类诉讼前纳税人必须先缴清税款。从一战期间到税务法院的前身成立之前，国家筹集了大量的财富。统计数据显示，在1924年新税法颁布实施后，其全新内容和复杂程度给税务局在征管执法上带来了很大挑战，相似情形不同结果的征税行为时有发生。加之纳税人在战后的经济状况亟待提升，且国家需要通过高税负来筹集资金以支应战争的需求已不复存在，强烈的还富于民的社会风气成为主流。税收征纳关系的紧张和之前严格的诉讼门槛使得专门针对税收争议的机构改革势在必行。出于上述考虑，设立独立的、能够提供统一裁判的、可以充分保障纳税人权利的机构被国会立法提上议程，税务法院的前身——税收上诉小组（Board of Tax Appeals）应运而生。

建立税收上诉小组的提议由时任美国财政部长提出，他最初的设想是建立一个简单高效的中立小组，将其作为财政部的内部机构，对税务局发出的欠税通知进行行政机关体系内的复核。国会接受了创设这样一种机构的想法，因为这与国会酝酿许久的在全国范围内统一高效地解决涉税争议的初衷不谋而合。但国会对该机构组织运营方式做出了重大修改，其中最为核心的是坚持税收上诉小组必须独立于财政部或任何行政机关，且

[①] 美国宪法第16条修正案规定：国会有权对美国居民任何来源的收入课征所得税，无须在各州按比例进行分配，也无须考虑任何人口普查或人口统计数。

[②] 1921年，美国国会首次赋予纳税人在支付税款前对税务局签发的欠缴税款通知书提出异议的权利，最初创设的接受该类异议的机构名称为上诉审查委员会（Committee on Appeals and Review）。该委员会是美国税务局下设的一个行政复议机构，其决定具有"建议"的效力，不产生任何法律上的强制制约。同年，国会创设了税收简化小组（Tax Simplification Board），其职能是调研税务局执行税改的情况。在调研中，税收简化小组认为税务局下设的上诉审查委员会缺乏独立性，无法向纳税人提供公正独立的行政复议结果，有违国会设立该机构的初衷。随后，简化小组提出了用"税收上诉小组"代替审查委员会，并将其移出税务局，而置于财政部，人员任免由财政部长决定。

小组审理案件的程序必须以法庭作为参考，不得单独为其创设非正式的程序。此外，国会力主小组成员的任免权应赋予总统，虽非终身任职制，但对小组成员的罢免要求应与对法官适用的标准相一致，即"无效工作、玩忽职守或发生渎职"（inefficiency, neglect of duty, or malfeasance in office）才可被罢免；小组主席应由成员自行选出，而非通过行政官员（财政部长或税务局长）的任命来产生。

回看立法资料，税收上诉小组的创立具体有三个方面的基石。第一，中立性和专业性，国会创设这样一个专业机构，目的是解决税收争议，所以即使小组在性质上隶属于美国三权分立体制下的行政分支，它仍旧是非隶属于任何行政机构（例如美国财政部或美国税务局）的一个独立机构。第二，对机构运作程序性规则的重视。国会创设税收上诉小组时，参考司法机关（即美国联邦法院体系）创设了其程序性规则，对程序规则重视的目的是确保小组做出的裁判文书统一，以形成对后续案件具有规范指导作用的先例。在小组成立后，亦是按照司法程序公开审理案件。第三，税收上诉小组在裁决涉税争议时无须纳税人提前支付争议税款。这一点的目的是保障纳税人合法权益，但同时也凸显了该小组是司法机构而非行政机关的性质。

尽管国会坚持将税收上诉小组独立于行政机构，但在初创时，国会尚未考虑赋予税收上诉小组完全的司法机构的地位。从1924年最初成立到1969年通过法律正式确认税务法院的司法机关地位，其名称和性质的改变经历了三个阶段。1942年，税收上诉小组被更名为"Tax Court of the United States"，但性质上仍为独立的行政机构，终于在1969年正式更名为"United States Tax Court"[①]，并"名副其实"地具备了司法机关的地位。

以法院审案程序进行税收争议解决这一明显的司法特征，使得小组在成立后不久即开始了"行政转司法"的进程。1926年，税务局和财政部的官员向国会正式提议将小组从三权分立的行政分支移到司法分支。彼时国会主要考虑的因素是如果将其作为正式的司法机关，则必然要配备终身任职的法官和永久办公的地点，而增设终身法官在当时困难重重，设立办公地点的条件也尚未具备。虽然这一提议暂被搁浅，但税收上诉小组准司法机构的定性已是不争的事实。最为明显的一个证据是双方当事人都可对小组的判决上诉至联邦上诉法院（Court of Appeal of United States），并且最高法院可以提审由税收上诉小组做出"初审"的判决。税收上诉小组对案件的听审方式与法院审理案件几乎完全一致，包括可以因为当事人不符合程序性的要求而"驳回起诉"。但是，和一般的法庭相比，税收上诉小组不能签发传票，也无权因为当事人在审理中的恶劣态度或不端行为而施以惩戒。美国的联邦法官是终身任职制，因为美国司法制度认为法官的终身任职和不菲薪水可以保证其在审理案件时免受外部力量的压力，但税收上诉小组的成员

---

① 由于两者的翻译均为"美国税务法院"，故笔者在此直接写出其英文名称以示区分。

并非联邦正式法官①,这一点也表明了税收上诉小组与完全的司法机构仍有所不同。

1940年,时任税收上诉小组主席的约翰·默多克(John Murdock)向国会提案,建议小组进行更为现代化的改革。提案建议将"小组"改名为"美国税务法院"(United States Tax Court),并将税法典对小组成员的用词从"成员"变为"法官"。可以看出,立法建议所寻求的主要是名称上,而非性质上的变化。更名的主要目的是降低公众对上诉小组能否做出具有司法既判力决定的质疑,明确小组按照法律规定的程序进行案件听审的权限,进一步夯实小组以司法机构运作的事实。尽管改革只是名称上的,但一经提出就招致了强烈的反对。当时美国的司法部长(attorney general)指出行政分支内出现"法院"的字眼是不可接受的,并且如果将小组更名为"法院",则代表美国政府应诉涉税争议的义务可能落在司法部身上,这种专业职能的错位和由此带来的行政资源浪费实在是得不偿失。

国会认为司法部在更名问题上多虑了。1942年,更名的提案在国会通过,但未采用税收上诉小组提出的"United States Tax Court",而选择了"the Court of the United States"。除更名外,1942年的改革在小组的管辖权、职责、日常运作、机构定位等重大方面没有做出任何改变,被告方仍旧是税务局,由首席顾问办公室代表税务局出庭。

从20世纪40年代末期开始,越来越多的声音对税务法院作为行政分支的机构定位发起了挑战,但影响甚微。1967年,新一轮将税务法院移出行政分支的风潮渐起,在挂着法院的名称但实际隶属于行政分支运行了20年后,税务法院自己向国会提出了将其转变为司法机关的提议。税务法院起草了立法建议,提出将其归入美国宪法第三条项下的司法机关②。虽然提议的初衷是明确税务法院的司法性质,避免公众对其作为行政分支但却做出准司法判决的不理解。但若将税务法院定性为宪法第三条下的司法机关,则意味着其身份将与一般法院毫无二致。在立法提案的听证会上,美国司法会议(US Judicial Conference)对此强烈反对,原因是税务法院只针对税务案件有专门的司法管辖权,这与第三条规定的"司法机关"范围不符。

虽然听证并不顺利,但多年以准司法机关运作的事实使得税务法院与行政机关的分离势在必行,改革的关注点逐渐转向了如何在现有的司法体制内为税务法院寻得一席之地。1969年,美国国会中的众议院筹款委员会主席提出了一个新的构想:通过美国宪法第一条来设立美国税务法院③。考虑到多年准司法机关的运作经验,国会认为,税务法院事实上拥有的通过判例来形成法律的权力和与法院一致的调查审判权使之具备了完全的司法机构的特征。同时,如果税务法院在机构组织中的定位是行政机关,无论其有多么独立,都无法避免公众对"一个行政机关以法官的视角来审判另一个行政机关"

---

① 1926年将税收上诉小组改组为司法机构的提案虽未通过,但国会在小组成员任职方面做了修改,首先是将任期从10年延长至12年,其次是增设总统必须公开组织听证才可对小组成员罢免。这些迹象表明税收上诉小组在逐渐向完全的司法机构靠拢。
② 美国宪法第三条规定了三权分立下司法机关的组建。根据本条规定,宪法设立美国联邦最高法院。
③ 美国宪法第一条第八款规定美国国会有权设立最高法院以下的各级法院。

做法的质疑。虽然三权分立下的司法权由宪法第三条确立，但第一条规定的美国国会的权力中明确包含了"设立最高法院以下的各级法院"。如果通过宪法第一条即"国会的权力"来明确税务法院的司法机关性质，则既可避免将其作为和一般司法法院相同的机构所带来的问题，又可达到将其与行政机构分离的目的。具体来说，绕开宪法第三条，可以避免增设终身任职制的法官、司法部亦不必代表美国政府应诉税务纠纷、备受纳税人欢迎的非法律专业人士允许出庭的政策依旧可以延续；换句话说，一切税务法院原有的运行制度保持不变，但完全褪去其隶属于行政分支的性质。

事实证明，通过宪法第一条确立税务法院司法机关性质的构想是可行的，国会设立税务法院的目的是将其定性为纯粹的司法机关，但税务法院原有的和一般司法法院有所区分的运转方式和人员组成并不会因此改变。国会甚至没有举行与该法案有关的听证，参众两院就轻而易举地通过了。明确税务法院为司法机关的立法并入了1969年税改中，与之相关的还有一些其他方面变化，例如规定税务法院法官任职期限从12年延长至15年，且赋予了税务法院可以对当事人藐视法庭或庭上不端行为施以罚款或监禁的权力。但为了与宪法第三条下的司法机关有所区分，税务法院仍旧由美国法典第26章（税法典）而非第28章（司法机构及程序法典）进行规范。

在1969年税改将税务法院明确为司法机关的两年后，有纳税人对这项改革是否符合宪法提出了挑战。纳税人认为国会通过宪法第一条创设了法院，但实际上行使的是宪法第三条规定的司法权，这违背了美国宪法下的三权分立原则①。法院判决认为，在1969年之前，大量案件已经确认了税收上诉小组和以行政机构运行的税务法院对税务案件的管辖权符合宪法规定；那么目前需要判断的就是，1969年的改革是否将税务法院的性质和运行方式改变到了其行使的是宪法第三条规定的司法权的程度。结论是并没有。法院在陈述判决理由时说，1969年税改的最主要目的是使税务法院独立于行政机关，即解决"一个行政机关充当司法的角色对另一行政机关的行为做出裁判"的问题。但同时，国会授予税务法院的管辖权仍是最基本的涉税事务管辖权，即判断税款是否欠缴或多付。1969年的税改并未额外授予税务法院执行判决或直接做出金钱给付判决（monetary judgment）的权力。尽管国会的税改立法将税务法院移出了行政分支，但并不意味着将其置于宪法第三条下的"司法机关"的范畴，税务法院的运行和组成相比之前没有变化，仍旧与有调查权和一般司法管辖权的联邦法院不同，即不是依宪法第三条设立的法院。出于此，1969年税法最主要的改变是将税务法院明确地与行政机关分离，但其实质的管辖权、运行方式、权限范围等与宪法第三条下的司法权明显不同的特质仍旧保留。所以1969年的改革并不会带来与宪法相悖的结果。1991年，美国联邦最高法院终于等到了对税务法院在司法体系中的位置和1969年税改是否符合宪法做出系统评判的机会，在福瑞特诉美国联邦税务局（Freytag v. Commissioner）② 这一里程碑案件中，

---

① Burns, Stix Friedman & Co. V. Commissioner (57 T. C. 392) (1971).
② 501 U. S. 868 (1991).

联邦最高法院的判决明确了税务法院是国会通过宪法第一条设立的法院，税务法院行使的是司法权，而非行政、立法或其他权力。税务法院是独立于行政机关和立法机关的机构，它的判决不受国会、总统的审查，但总统有法官的任免权。至此，在这一专门解决纳税人与税务局纠纷的机构诞生近70年后，关于它的名称、地位、性质、设立是否符合宪法的争论终于尘埃落定。

二、运行机制及管辖权

美国联邦税务法院是国会根据宪法第一条第八款设立的联邦初审法院，其设立目的是致力于解决纳税人和美国联邦税务局在后者做出正式的税收核定结果之前的税务争议。对于涉税争议，有若干救济途径可供纳税人选择。除了税务法院外，纳税人还可将涉税争议诉至联邦地区法院（US District Court）、美国联邦事务法院（US Court of Federal Claims），与破产相关的税务争议亦可诉至美国破产法院。但税务法院是唯一不必先付清争议税款即可进行诉讼的司法机构。税务法院向各行各业的个人和商业实体敞开大门，致力于高效统一地解决纳税人和美国税务行政机关的纠纷。虽然税务法院对税务案件的管辖权不是排他的，但法院广泛而专业的管辖权和高质量的判决使得税务法院成为联邦司法体系中审判涉税案件最重要的司法资源。在税务法院、国会和美国律师协会税法分支的共同努力下，涉税诉讼有利于纳税人的司法环境得以建立。其中包括对低收入纳税人提供诉讼便利、允许纳税人在完全不了解诉讼程序的情况下自我代理。此外，虽然法院永久性的办公地点坐落于美国首都华盛顿，但税务法院是全国性的审判机关，法官每年会在美国74个城市巡回，在原告方即纳税人所在地审理案件。同时，法院在受理案件的标准上采取了一种较为自由的态度，基本上只要是落入法院的管辖权范围且在诉讼时效内，各种类型的案件都可以被立案。

诉至税务法院的案件被告人必须是美国联邦税务局，美国税务局咨询办公室（the Office of Chief Counsel of IRS）代表政府出庭。原告方可以是个人或商业团体，法庭允许当事人自己或请代理人出庭。除非涉及商业秘密或敏感事务，税务法院的所有判决文书向公众公开。在联邦的司法体系中，税务法院是初审法院，其做出的判决与联邦地方法院的判决一致，根据纳税人在递交起诉状时的住所，初审判决可以被上诉至联邦巡回法院，联邦最高法院对税务案件亦有最终的司法审判权。根据统计，税务法院每年受理3万件左右的税务案件，约有5%的案件被上诉至联邦巡回法院，而被联邦最高法院提审的税务案件每年只有一两件。

自创设以来，税务法院最主要的管辖权是对税务局向纳税人发出的未足额申报的税款欠缴通知（deficiency）进行司法审判性质的审查。最初，几乎所有的案件都是税务局认定纳税人欠缴税款，纳税人提出异议。后来税务法院的管辖权逐渐随着案件类型的增多而扩大，除了所得税、遗产税的数额争议，税务法院还对涉及税务局对纳税人的风险评估案件做出判决。税务风险评估是指在正式诉讼前，对于特定纳税人，税务局评估其是否有利用诉讼拖延时间转移财产的风险，而纳税人又可以对税务风险评估的结果提起诉讼。1971年，税法增设了"善意配偶免责条款"（innocent spouse provision）以允许夫妻双方中的一方递交申请对夫妻连带责任免责。1998年，国会扩大了配偶免责的适用范围，并且允许纳税人仅针对免责配偶的身份确认而提起诉讼。同年，显著扩展税务法院管辖权的改革还包括法律增设了"征收正当程序"条款（collection due process procedure）。该条款规定了联邦税务局在征收税款时应遵循的正当程序，随之带来的巨大改变是诉至税务法院关于征收正当程序的争议案件激增到案件总数的5%。根据税款征收正当程序条款，纳税人可以单纯针对税务局的税收征管程序提起诉讼，而在此之前，税务法院不对税收征收行为进行司法上的评判。

　　2006年，国会再一次扩宽了联邦税务法院的管辖权，赋予其对税务机关奖励重要涉税信息提供人案件的审判权。美国税务局规章规定，重要涉税信息的提供人可以获得奖励，但该奖励机制完全是行政机关的内部规定，国税局对是否授予、授予多少奖励有完全的自主权。但2006年，新修改的法律允许符合条件的信息提供人寻求司法帮助，即可将争议诉至税务法院，以通过司法判决来审查国税局做出的是否授予和授予多少的行政决定。这一改革实际上是赋予了法庭对涉税信息的可采性和价值进行实质分析的权力，其管辖权已远超对涉税争议数额的判定。税务法院已判决了多起信息提供人奖励案件，且多数和程序性争议相关，例如是否支持信息提供人出于人身安全考虑要求其身份保持匿名的要求。此外，目前占税务法院一定数量比的案件类型还有签发纳税人保护令，以阻止信息提供人和税务局泄露纳税人的秘密信息。

　　以税务法院判决最多的联邦所得税、滞纳金及罚款争议为例，税务法院受理案件的流程如下。纳税人向税务局递交年度申报表后，税务局会履行行政程序，进行初步审查。对存疑或税务局认为有欠税风险的申报，税务局会对纳税人进行进一步询问，如果在沟通之后纳税人和税务局无法达成一致，则税务局会签发税款欠缴通知书，亦被称作"90日信函"，因为在通知书签发后的90天内①，纳税人有权向税务法院起诉以寻求司法机关对行政决定的重新认定。如果在诉讼时效届满后纳税人没有向税务法院起诉，则税务局认定的税款欠缴正式生效，税务局有权对纳税人财产进行行政执法。为避免税务局签发的欠缴通知变为正式的行政裁定，对税款存在争议的纳税人一般都会及时向税务法院递交起诉状。一旦起诉，则缴纳税款的义务即被悬置，与此相关的滞纳金和罚款停止计算，即使最后纳税人败诉，在案件审结前纳税人都不必先缴付税款。目前税务法院的诉讼费为每宗案件60美元。

---

① 1924年在设立税收上诉小组时，规定纳税人从收到税务局欠缴通知到递交诉状的时效是60天。根据现行税法典6213条，如果欠缴税款通知是向住所地在美国以外的纳税人签发，则诉讼时效可延长至150天。

三、法官组成

如前所述，美国联邦税务法院由国会通过宪法第一条设立，与宪法第三条规范的一般司法机构不同，其中一个主要区别是联邦税务法院的法官并非终身任职[①]，其任期为15年，法官人选经参议院同意后由美国总统任命。任期届满的法官可以继续以"高级法官"（senior judges）的身份留任法院。此外，税务法院法官可以自行召集特别审判法官（special trail judges），主要负责审理小额涉税案件（small tax cases）。所有在任的正式法官、高级法官和特别审判法官都必须是税法专业人士，他们的职责是运用专业知识评判纳税人与税务局的纠纷，认定纳税人对国家承担的税收义务。

1924年税改法案在设立税收上诉小组时规定其成员组成为7~28名。税收上诉小组成立时有16名成员，现在的税务法院共有19名法官。上诉小组内部每隔两年推选一任主席。在1942年小组改名为美国税务法院后，小组成员身份亦随之转变为法官，内部推举的主席成为首席法官（chief judges）。

采取法官独任制还是由3名法官组成合议庭来审理案件亦是摆在草创之初的税收上诉小组面前的一个问题。虽然法律没有明示，但立法记录表明国会设立小组时倾向于组成合议庭，合议庭成员由小组主席指定，且如果合议庭做出的判决在30天内没有被小组主席审查推翻，则其做出的判决代表整个小组。但是，随着诉至税收上诉小组案件的几何式激增，合议庭审案的方式给税收上诉小组带来了几乎难以完成的工作量，数据显示，1926年约有1万件未决案件。为了应对爆炸式增长的诉讼，国会首先设置了10美元的诉讼费门槛，同时敦促税务局加大和纳税人协商调解的力度。但税收上诉小组仍处于超负荷运转的状态。小组向国会申请允许独任法官审理案件，目的是加快案件审结速度，省去不必要的合议程序，节省法官时间。该构想在国会遭到了一定阻力。首先，和合议庭相比，独任法官可能会更加偏向政府；第二，少了合议庭，小组可能会对同类案件做出不一致的判决结果。针对这两项质疑，法院制定出了内审机制，即在发布最终判决前增设一套内部会议审理机制，对可能存在不公正或不统一风险的案件进行小组内部的统一审核。最终税收上诉小组对独任法官审理案件的提议得到了参议院的支持，获得通过。至1980年，由于案件量的逐渐增多，国会将税务法院法官的人数增至19人，但一人审判的基本模式与1926年并无二致。即案件的审理和判决由一名法官独自进行，为了确保判决结果的一致性，独任法官起草好判决书后会转交至法院首席法官复核，首席法官进一步决定是否需要法院会议讨论。

[①] 还有一个显著区别是法院运行的经费来源，税务法院的预算由国会做出，而联邦地区法院的预算由联邦司法委员会做出。

四、判决类型

税务法院的首要目标是为纳税人提供统一的裁判标准。统一性不仅能规范税务局行政执法，同时也有助于纳税人的税收遵从。如前所述，一般情况下税务法院的判决由独任法官做出，但亦有少数案件的判决由全体法官共同做出，这类判决书中会详细记载投票（voting）、反对意见（dissenting opinion）、同意判决结果但有不同理由的意见（concurring opinion）。

税务法院做出的判决分为以下几种：法院复核判决（court reviewed opinion）、部门判决（division opinion）、备忘录判决（memorandum opinion）、即决判决（summary opinion）和当庭的口头判决（bench opinion）。税务法院的判决通常会直接做出具体数额的裁判，如果纳税人不上诉，法院判决即为税收争议的最终结论，亦形成了既判力。

法院复核判决是指税务法院的所有法官参加投票后做出的判决，这类案件一般是针对情况比较复杂——例如纳税人对法律法规的合宪性提出质疑，或不同法官对类似案件持有不同意见，为了保持判决结果的一致性而需要进行统一，或其他有必要全体出席的问题。复核判决中会完整地呈现法官的不同意见，包括认同判决结果但持有不同的判决理由和反对意见，这类案件的数量每年不超过10件。

如上所述，虽然税务法院案件的审理和判决均由一名法官独自进行，为了确保判决结果的一致性，独任法官起草好判决书后会转交至法院首席法官复核，首席法官进一步决定是否需要全体法官共同讨论。如果首席法官决定不需要召开全体会议投票（即不会形成法院复核判决），但首席法官认为案件出现了新的法律问题，并在判决中补充其对该新出现的法律问题的观点时，该判决被称之为"部门判决"，税务法院每年审理这类案件的数量少于50件。

税务法院做出的法院复核判决和部门判决都是可被后续案件援引的判例法。无需全部法官投票以及未被首席法官发表意见的判决即成为备忘录判决。备忘录判决中有时候会对法院复核判决和部门判决（即已形成判例的先例）中的某些法律原则（legal principles）发表意见，或对法律原则外的重要问题做出有针对性的论述。尽管这些意见并不具有先例的约束力，但亦是判例法体系发展的重要一环，在后续的审判中往往会被法院和当事人援引参考。这样的备忘录判决税务法院每年大概做出300起。

即决判决往往适用于小额税收案件。小额税收案件由美国联邦税法典7463条规定。在税务法院运行中，国会提出了一般的司法审理程序是否适用于小额案件的考量。税务法院于1968年创设了小额税案的审理程序作为回应。该机制程序简便、案件排期时间短、适用非正式的审理程序。国会在1969年税收改革法案中正式通过立法程序将小额税案收入法典，明确规定小于1000美元的欠缴税款争议案件适用非正式的诉讼程序。而后小额税案的数额上限逐渐从1000美元升至1500美元、5000美元、10000美元，直至现行的50000美元。

创设小额税收案件程序的一个重要目的是加快税务法院的结案进程。在小额税案程序创设之前，所有的税务法院判决都是可以被上诉的，所以，即使是标的很小的税收争议，包括发现事实和适用法律在内的一整套案卷资料，都必须为上诉法院准备好。为小额案件准备如此繁重的资料成为税务法院不必要的负担。税法典7463条规定，适用小额税案程序的案件审结后，任何一方当事人都不得上诉，且案件不被作为判例法上的先例。小额税案的判决书往往较为简单，判决书仅简要陈述判决理由，并且附有以下文字：本案根据法典7463节规定所判决，判决结果不得上诉，且本案意见不得作为先例被引用。

小额税案一方面为税务法院减轻负担，另一方面也使得纳税人与税务局的小额涉税争议得以快速解决，这一机制广泛为公众所接受，目前小额税案占据了税务法院立案案件的一半以上。虽然小额税务案件的判决不具有判例法上的先例效力，但对小额税案做出的即决判决自2001年起亦在网上公开。税务法院每年大概做出150件这样的判决。

税务法院还会做出一种较少见的当庭的口头判决（bench opinion）。法官在庭审结束之前可以当庭口述对案件的判决，陈述的内容主要是案件事实和对案件的判决结论，这些陈述会被当庭记录并转为文字呈送给各方当事人。任何税务法院的审判法官都可以做出这类判决，每年税务法院大概会做出100件该类判决。法官做出当庭口头判决的原因主要是案件提出的法律主张（legal argument）在过去的庭审中一再被否定，或者是专门对事实争议（例如经营费用或专项扣除是否存在）做出结论。口头判决没有判例法先例的效力。

税务法院每年受理2万~3万件案件，但最后做出判决的加起来不足总数的3%。也就是说，约占受理案件98%比例的争议以纳税人和税务局和解告终。如果双方当事人决定和解，则会达成一个合意决定（agreed decision），也被称为既定决定（stipulated decision），双方当事人的和解协议会被收入案件的记录。无论是通过判决、和解还是法院签发的其他具有结案效力的文书，当年诉至税务法院的案件都可在同年审结。

第二章 联邦税务法院精选判例

案件一　里奇菲尔德诉美国联邦税务局

(Estate of Marjorie Degreeff Litchfleld, Deceased, George B. Snell and Peter Degreeff Jacobi, Coexecutors, Petitioners v. Commissioner of Internal Revenue, Respondent)

案　　　号：T. C. Memo. 2009 – 21
受理法院：美国联邦税务法院（United States Tax Court.）
判决时间：2009 年 1 月 29 日

一、案件事实

马乔里·德格雷夫·里奇菲尔德（Marjorie DeGreeff Litchfield，下称死者或里奇菲尔德），于 2001 年 4 月 17 日去世，是纽约州卡托纳的居民。在提交诉状时，遗产的执行人乔治·B. 斯内尔（George B. Snell，下称斯内尔或遗产执行人）住在新泽西州，另一位执行人彼得·德格雷夫·雅各比（Peter DeGreeff Jacobi，下称雅各比或遗产执行人）住在北卡罗来纳州。

根据联邦税法典第 2032（a）（2）条的规定，遗产执行人选定了 2001 年 10 月 17 日作为评估日。死者的丈夫爱德华·S. 里奇菲尔德（Edward S. Litchfield，下称爱德华）已于 1984 年去世。去世之时，爱德华在两家家族企业（family-owned corporations），即里奇菲尔德不动产公司（Litchfield Realty Co，LRC）和里奇菲尔德证券公司（Litchfield Securities Co，LSC）拥有少数股票权益（minority stock interests）。爱德华生前立下遗嘱，将其所拥有的 LRC 和 LSC 的股份在他去世时免税转让给以死者为受益人的信托。根据第 2044 节的规定，在计算联邦遗产税时，本案死者的遗产必须包括信托中 LRC 和 LSC 股份的公允市场价值。

(一) LRC

1921年，LRC在特拉华州注册成为C型公司①，投资和管理艾奥瓦州里奇菲尔德家族的农田和其他资产。1921～1984年，LRC的全部流通股都由里奇菲尔德家族成员持有。1984年信托成立后，LRC已发行的股份均由里奇菲尔德家族成员和该信托所持有。截至评估日，LRC有18名股东。死者的遗产中，直接或通过信托间接持有LRC股份共计215556股，占LRC已发行股份50万股的43.1%。表1-1列出了LRC的董事会和高级管理人员，并简要描述了他们截至评估日的投资经验。

表1-1　　　　　　　　　　　LRC的高层简介

姓名	主管	曾担任职位	投资经验
飞利浦·里奇菲尔德 (Phillip Litchfield)	董事长 (chairman)	—	—
库尔特·奥尔森 (Kurt Olson)	是	总裁 (president)	—
迈克尔·德米特 (Michael deMilt)	是	财务主管助理	注册会计师和特许金融分析师
沃德·亨特 (Ward Hunter)	否	副董事长兼财务主管	—
约翰·考夫曼 (John Kaufman)	是	助理秘书	—
迈克尔·拉兰德 (Michael Larned)	是	财务主管助理	经验丰富的投资者
克里斯多夫·里奇菲尔德 (Christopher Litchfield)	否	秘书	对冲基金经理
埃里克·里奇菲尔德 (Eric Litchfield)	是	助理秘书	—
皮尔特·里奇菲尔德 (Pieter Litchfield)	是	财务主管助理	—
艾米·韦伯 (Amy Webber)	否	助理秘书	—

---

① 美国税法典将公司分为C型和S型两大类，不同类型的公司适用企业所得税法中的不同规定。C型公司是一般类型的公司，适用美国税法典中C章的内容，最显著的特点是既需要缴纳公司层面的企业所得税，同时股东在公司分红后需要缴纳个人所得税。符合条件的公司（股东人数不得超过100人、股东须为美国的自然人公民、只能发行单一类型的股权且有一定的转让限值）可以自主选择成为S型公司，S型公司的企业所得税由美国税法典S章规定，适用"穿透规则"（pass-through taxation），即不负担企业层面的所得税，公司的盈利或亏损直接计入股东的个人所得税的计算，由股东个人缴纳。

截至评估日，LRC 的资产主要是农田和有价证券。另外，LRC 还拥有一家子公司，该公司拥有并经营公共谷物升降机，并向农民出售农作物保险和农药、化肥等。LRC 的资产总净值为 33174196 美元，其中农田及相关设备和供应品为 23422439 美元，有价证券为 9751757 美元。

虽然 LRC 每年均有收益，但在 2001 年及之前许多的年份里，LRC 的表现都没有达到管理层和股东的预期。在 20 世纪 90 年代，中西部农田的年收益普遍保持在资产净值的 4% 以上，但 LRC 的农田年收入还不到 1%。2000 年 1 月 1 日，LRC 决定将公司类型从 C 公司转变为 S 公司，管理层预计，转变为纳税穿透实体（pass-through taxation）有助于提高盈利能力，并为股东带来更高的回报。但是，如果在 2010 年 1 月 1 日（即从公司选择 S 公司的纳税身份第一天起的 10 年）之前，LRC 出售在 2000 年 1 月 1 日之前所拥有的资产，则需对 LRC 出售的这些资产征收公司层面的税收（corporate-level tax）。

在评估日之前，尽管 LRC 管理层认为与当地农民直接进行现金租赁（straight cash lease）可能比股份租赁协议（share-lease agreement）有更好的回报。然而，由于直接现金租赁的收入通常构成消极所得（passive income），LRC 管理层不希望触发以消极收入超过总收入 25% 为条件的公司层面的税收。因此，截至评估日，LRC 尚未通过收取租金的方式租赁农田。

自 1921 年以来，LRC 偶尔出售部分农田以筹集现金。

（二）LSC

1924 年，LSC 在特拉华州注册成为 C 公司，投资有价证券。里奇菲尔德家族成员以他们所持有的有价证券换取了 LSC 的股份。

截至评估日，LSC 拥有约 50 名股东，所有股东均为里奇菲尔德家族或信托的成员。死者的遗产中直接或通过信托间接持有 LSC 的股份共计 38808 股，占 LRC 已发行 168990 股中的 22.96%。表 1–2 列出了 LSC 的董事会和高级管理人员，并简要描述了他们截至评估日的投资经验。

表 1–2　　　　　　　　　　LSC 的高层简介

姓名	主管	曾担任职位	投资经验
迈克尔·拉兰德（Michael Larned）	董事长（chairman）	总裁（president）	经验丰富的投资者
迈克尔·德米特（Michael deMilt）	是	副董事长兼财务主管	注册会计师和特许金融分析师
约翰·考夫曼（John Kaufman）	是	秘书	—

续表

姓名	主管	曾担任职位	投资经验
克里斯多夫·里奇菲尔德 (Christopher Litchfield)	是	—	对冲基金经理
布莱恩·莫里斯 (Brian Morris)	是	—	—
安·瑟乐 (Ann Theurer)	—	助理秘书	—

截至评估日，LSC 的资产包括蓝筹股（blue-chip）有价证券（如美国电视电话公司即 AT&T，杜邦和 IBM）以及合伙及其他股权投资。LSC 的总资产净值为 52824413 美元。多年来，LSC 的投资策略是最大化给股东的现金分红，公司支付给股东的现金分红不断地增加。

LRC 和 LSC 的股份从未在公开市场上出售过；公司股票的转让政策不鼓励赎回和对外出售。

2000 年 2 月 8 日，在 LRC 成为 S 公司后，LRC 的股东签署了一份协议，该协议禁止股东进行不利于保持 S 公司状态的和艾奥瓦州法下家族农场公司状态的股票转让。此外，LRC 公司有优先购买股东出售股票的权利。

在 20 世纪 90 年代末，德米特先生（LRC 和 LSC 的高管和董事、信托的受托人、承担向 LRC 和 LSC 提供投资管理建议的职责）开始担心遗产税问题。由于信托财产中的 LRC 和 LSC 股份缺乏流通性，德米特担心，死者和其他几位股东去世之后会缺乏足够的现金以缴纳遗产税及履行其他义务。到 20 世纪 90 年代末，德米特先生和其他管理人员考虑出售 LRC 和 LSC 公司的资产，以增加现金流，赎回股票，解决支付遗产税的问题。

德米特先生和 LRC 管理层对向外界出售农田的可行性进行了研究。评估日之后，LRC 出售了一家从事农场服务的子公司，并关闭了一直试图出售的谷物升降机。2000 年，LRC 和 LSC 持有组合证券权益的许多上市公司发生了合并，这些公司并购的发生很有可能会导致 LRC 和 LSC 出售或转让其所持有的已大幅升值的股票。

截至评估日，LRC 的资产净值总额为 33174196 美元，包括 28762306 美元的未实现（或内置）的资本利得（built-in capital gains），占比 86.7%。在未实现的资本利得中，与 LRC 拥有的农田和不动产相关的为 19789772 美元，剩下的 8972534 美元则与 LRC 所持有的有价证券相关。截至评估日，LSC 的资产净值总额为 52824413 美元，包括 38984799 美元的未实现资本利得，占比 73.8%。截至评估日，适用于 LRC 和 LSC 的资本利得税税率介于 35.5%~39.1%。

（三）遗产税申报表

在准备遗产税申报表时，估价专家编制了一份评估报告。对 LRC 股票的估价，由于缺乏控制权折价了 14.8%、缺乏流通性（marketability）折价了 36%、未确认资本利得税（built-in capital gains taxes）折价了的 17.4%，得出 43.1% 的最终折扣。据此，估价专家认为 LRC 中的遗产权益在评估日的公允市场价值为 6475000 美元。至于 LSC，专家的评估报告给了 22.96% 的总折价，其中缺乏控制权折价 11.9%、缺乏流通性折价 29.7%、内置资本利得税折价 22.96%。最终，估价专家认为 LSC 中的遗产权益在评估日的公允市场价值为 5748000 美元。

2002 年 6 月 27 日，税务局收到遗产税申报表。按上述评估报告计算，遗产税的应纳税所得额为 56057800 美元，应纳遗产税税额为 22396609 美元。纳税人实付了 2240 万美元，比应付多缴纳了 3391 美元。

（四）税务局的审计

2003 年 3 月 21 日，税务局的稽查员向遗产申请人邮寄文件，计划于 2003 年 4 月 17 日与遗产的共同执行人和法律代表就该遗产税举行初步审计会议。税务局在文件中要求提供 LRC 和 LSC 的财务报表、纳税申报单、支付的股息、管理人员的工资、已发行股份和股东姓名，以供其审查。

在 2003 年 4 月 17 日的会议上，遗产执行人向稽查员提交了大部分财务资料和文件。由于资料繁多，在会议结束时，稽查员没有随身携带这些文件，也没有复印其所审查过的文件。稽查员要求遗产执行人复印所有文件，并将复印件邮寄至其办公室，同时，将先前未能提供的其他财务文件也附在其中。此后不久，其中一位遗产执行人因身体原因无法继续完成文件准备和邮寄工作，后由其他遗产执行人介入并将文件副本邮寄给了税务局稽查员，并列出了材料清单。

审计结束后，稽查员于 2005 年 6 月 14 日通知遗产执行人：遗产中 LRC 的股权权益估价为 103002070 美元（比纳税人的估价报告高出 3825207 美元），LSC 中的股权权益估价为 8762783 美元（比纳税人的估价报告高出 3014783 美元）。据此，稽查员确定应补税 6223176 美元。

2007 年 4 月 5 日，在本案开庭审理的前几天，税务局和遗产执行人的会面中，稽查员首次告知遗产执行人，他从未收到 2003 年 4 月的会议上所要求的文件副本。

二、争议焦点

（1）关于丢失文件的举证责任分配。
（2）LRC 和 LSC 股份的公允市场价值评估，分歧在于未实现的资本利得税折价、缺乏控制权折价和缺乏流通性折价。

三、判决

（一）举证责任

根据联邦税法典第7491（a）条的规定，如果纳税人满足了证明事实、保存记录、配合税务局约见证人、审查卷宗、提供可信证据等合理要求，则对事实问题的举证责任可从纳税人转移至税务局。

税务局承认，纳税人总体上符合第7491（a）条所规定的证明、记录保存和合作要求。但税务局辩称，在本案中，由于遗产执行人没有将LRC和LSC的财务文件副本及时邮寄给税务局，且在LRC和LSC的资产净值折价上没有"提供可信证据"。因此，不应将举证责任转移给税务局。

关于文件资料，稽查员表示，在整个审计过程中，他都知道尚未收到LRC和LSC的财务文件副本。之所以没有再次向遗产执行人提起此事，是因为其中一位遗产执行人生病了，他不愿意小题大做，一再催促，免得让人误以为在欺负纳税人。但据遗产执行人声称，所有要求的文件副本已于2003年春邮寄至税务局。此外，直至审判前几天，他们从未收到稽查员关于没收到文件副本的通知，这是不可理解的。另外，遗产执行人认为对LRC和LSC的资产估价所主张的折扣已经提交了可靠的证据。

鉴于税务局有拖延诉讼之嫌（dilatory complaint），因此其论点是不可信的。至于资产净值的折价证据，如下文所述，遗产执行人所提交的证据是合格的。根据第7491（a）（1）条的规定，遗产执行人可以将事实问题的举证责任转移至税务局。这些事实问题是指确定内置资本利得税、缺乏控制权和缺乏流通性在估价时适用的折扣。

（二）估价

在确定遗产税时，死者遗产的总价值即死者所拥有的全部财产的公允市场价值，其中包括已故配偶免税转让给以在世配偶为受益人的信托财产。此处的公允市场价值系指买方和卖方在自愿、不受强迫且对相关事实有合理了解的情形下，对被估价财产进行买卖的假设性价格。

确定财产的公允市场价值通常涉及事实问题。财政部的条例明确规定，在确定遗产税时，财产估价应基于事实，考虑"所有相关事实和价值要素"。2006年，在CSX运输公司诉佐治亚州案（CSX Transp. Inc. v. Ga. State Bd. of Equalization, 472 F. 3d 1281）的判决中，美国第十一巡回上诉法院支持对铁路不动产采用特定的估价方法，并称这是一个"法律问题"（as a matter of law）。在改判判决中，联邦最高法院对财产估价问题的事实性质做了如下阐述：

"估价不是数学问题，对真实市场价值的计算是一门应用科学，甚至是一门工艺。大多数专家在估价时采用的不是单一的而是组合的方法来估算市场价值。这些不同的方法产生了一系列可能的市场价值。评估专家根据对所有可用数据的仔细审查，得出他对市场价值的准确估计。评估专家通常会采用多种方法，因为没有一种方法是完全准确的，至少在待估财产缺乏成熟市场的情况下是这样。根据待估财产的属性特征，不同评估方法的准确性亦有所差异。财产估价固然复杂，但本质上是一个'关于可能的市场价格的事实问题'。法院先前的判例中也屡次强调了这一观点。比如，在格罗斯诉税务局案［Gross v. Commissioner, 272 F. 3d 333, 343（6th Cir. 2001）］中，法官认为对特定股票的选择适合的估价方法这一过程本身就是事实问题；在欧康奈尔诉税务局案［Estate of O'Connell v. Commissioner, 640 F. 2d 249, 251－252（9th Cir. 1981）］中，初审法院拥有广泛的自由裁量权，可以根据案件事实，认定哪种估价方法最公平地代表市场价值；在西尔弗曼诉税务局案［Silverman v. Commissioner, 538 F. 2d 927, 933（2d Cir. 1976）］中，初审法院对股票估价的方法并没有剥夺赠与者的正当程序利益（due process），因为'基于案件所有事实，做出事实判断是天经地义的'。假设的购买价格（即公允市场价值），是综合所有相关事实和情况并运用常识做出的判断；这是一门不精确的科学（inexact science）。"

法庭强调，最后达成的估价是由当事人、专家和法院合作得出的一个近似值。当法院得出的结论在证据所支持的价值范围内，则无须再有更为具体的证词或证据。如前所述，在计算股份的公允市场价值时，有不同的估价方法。市场方法（也称可比公司分析法），系将股票价值未知的封闭式控股公司与股票价值已知的类似公司进行比较。收益方法（也称折现现金流方法）是根据受评估公司未来预期收益进行折现。资产净值方法（也称资产负债表方法）一般依赖于公司的资产净值。对于封闭式控股公司和投资公司而言，资产净值通常为首选方法。

双方专家在评估 LRC 和 LSC 股份的公允市场价值时，使用了净资产估价方法。专家对 LRC 和 LSC 的资产净值使用折扣，以反映截至评估日与 LRC 和 LSC 的增值资产相关的未实现的资本利得税。假设买方在确定愿意为 LRC 和 LSC 股份支付的公允市场价值时，一定会考虑 LRC 和 LSC 的基础资产在过去几年中高达百万的并且尚未纳税的资产增值额。内行的买家亦会针对公司层面上的资本利得税对该笔资产的增值提出折扣估值的要求。换句话说，如果尚未缴税的公司基础资产增值额会在假设的销售公司股票中大幅影响股价，那么对公司股票的估值（即股票在假设的交易中的出售价值）必须反映由资产增值引发、在公司销售或处分财产时须支付的资本利得税义务。

考虑到遗产中的 LRC 和 LSC 股票权益缺乏控制权和流通性，双方专家对 LRC 和 LSC 的资产净值适用折价。少数股票权益或者说缺乏控制权，涉及无法控制公司行为、选择管理层、确定分红的时间和数量、安排融资以及就清算、合并和资产出售等重要内容做出的决策。而缺乏流通性的主要原因是因为 LRC 和 LSC 的股票没有公开市场。

在评估专家证人的意见时，法庭除了考虑专家资格之外，重点关注的是与 LRC 和 LSC 少数股票权益相关的证据和事实。如前所述，专家同意，截至评估日，LRC 和 LSC 的资产净值分别为 33174196 美元和 52824413 美元。在对资产净值折价之前，LRC 和 LSC 中死者遗产所占权益分别为 14298078 美元和 12128485 美元，占比分别为 43.1% 和 22.96%。

表 1-3 总结了针对未缴的资本利得税、缺乏控制权以及流通性不足，对 LRC 和 LSC 资产净值的折价，并列出了专家对所涉权益的公允市场价值的意见。

表 1-3　　　　　　　　　　　　专家意见

项　　目	LRC 纳税人的专家	LRC 税务局的专家	LSC 纳税人的专家	LSC 税务局的专家
资产净值（美元）	33174196	33174196	52845562	52845562
遗产中权益的资产净值（美元）	14298078	14298078	12133341	12133341
折价：				
内置/未实现资本利得税（%）	17.4	2.0	23.6	8.0
缺乏控制权（%）	14.8	10.0	11.9	5.0
缺乏流通性（%）	36.0	18.0	29.7	10.0
遗产中权益的公允市场价值（美元）	6475000	10069886	5748000	9565535

1. 纳税人的专家

在计算与 LRC 和 LSC 增值资产相关的内置资本利得税的折价时，专家审查了 LRC 和 LSC 的董事会会议记录以及这两家公司资产销售的历史，并与 LRC 和 LSC 的高管和董事会讨论了公司已增值资产的销售计划。专家预测了 LRC 和 LSC 增值资产的持有期和出售日期，并评估了持有期内的资产增值，计算了在预计出售日期出售增值资产应缴纳的资本利得税。之后，专家再从 LRC 和 LSC 资产净值的现值中减去计算出的资本利得税的现值。根据 LRC 和 LSC 资产销售的历史记录、董事会会议记录以及与 LRC 和 LSC 的高管和董事的对话，专家对每类资产的年营业额或销售率进行评估。

对于 LRC，根据专家所评估的资产周转率，其平均资产持有期预计为 5 年。按照 38.8% 的资本利得税税率，截至评估日，LRC 的资产要缴纳的资本利得税折现后的价值为 5616085 美元（占 LRC 资产净值的 17.4%）。LSC 的情况是，根据专家所评估的 12.5% 的资产周转率，平均资产持有期预计为 8 年，资本利得税预计为 32995835 美元。按照其方法，以 35.32% 的资本利得税税率计算，截至评估日，LSC 的资产要缴纳的资本利得税现值为 12455695 美元（占 LSC 资产净值的 23.6%）。

死者遗产拥有 43.1% 的 LRC 股票，为了得出该缺乏控制权应适用的折扣，专家将 LRC 的证券与封闭式基金（closed-end funds）进行了比较，并将 LRC 的农田和其他资产与房地产投资信托基金（REITs）和房地产有限合伙公司（RELPs）进行了比较，发现：封闭式基金股票销售以及 REITs 和 RELPs 权益交易都是缺乏控制权的销售。其中，封闭式基金缺乏控制权的折价为 3.36%，中位数为 7.16%，标准差为 17.73%。对于 REITs 而言，在 10 年的时间里，缺乏控制权的折价从 0 ~ 38.1% 不等，评估日前一年的平均折价为 25.5%。至于 RELPs，因为缺乏控制权和缺乏流通性，综合平均折价为 25%，在区间 10% ~ 50% 波动。

专家认为，拥有 43.1% 股权的持股人将有一定的能力强制公司清算、决定公司的政策和日常运作。原告专家以其他性质相似的投资作为参考，重点关注公司的费用，以此来衡量公司的财务效率（financial efficiency）。但同时，LRC 的历史回报率远远低于其他类似性质的投资回报率。专家为上述每一个因素指定了一个介于 -1 ~ 1 的值，其中 -1 代表较差的投资者权益，1 代表良好的投资者权益。强制清算能力、决定 LRC 政策和运作的能力以及财务效率等因素均为 0，以反映平均投资者权益；LRC 历史回报率赋值为 -1，反映较差的投资者权益。通过一个包含缺乏控制权折价以及上述与 LRC 相关的因素并加权 LRC 资产组合的公式，专家计算出 LRC 43.1% 的股权缺乏控制权的折价为 14.8%。

计算在 LSC 中 22.96% 的股票权益缺乏控制权的折价时，专家将 LSC 与封闭式基金进行了比较，并使用观察到的均值、中位数和标准差来计算与封闭式基金股票销售相关的缺乏控制权折价。专家认为，拥有 22.96% 股权的持股人几乎没有能力强制公司清算，或决定 LSC 的政策和运作。LSC 目前的财务效率和历史回报率与可比投资相似。同样地，专家会给每个因素赋值。强制清算能力以及决定 LSC 政策和运作的能力的欠缺被赋值为 -5，以反映低于平均投资者权益。而与财务效率和历史收益相关的因素均赋值为 0，以反映平均投资者权益。

根据上述方法，专家计算出 LSC 股权缺乏控制权的折价为 12.23%。又由于 LSC 现金和短期投资的比例很小，专家将缺乏控制权的折价降至 11.9%。

在计算 LRC 中少数股票权益缺乏流通性的折价时，专家将 LRC 的股票与限制性股票（restricted stock）进行了比较，并审查了适用于限制性股票销售的流通性折价，发现缺乏流通性折价为 10% ~ 30% 不等。对于盈利的大公司，折价范围为 10% ~ 30%；那些表现出高损失风险的小公司，折价范围为 30% ~ 50%。专家认为，对 LRC 股份可转让性的限制以及 LRC 的未实现资本利得税将导致对 LRC 的股份适用相对较高的折价。此外，专家还考虑了对未来现金流的预期、标的资产的流通性以及 LRC 的小规模。

专家对上述各因素的赋值均在 -1 ~ 1 之间。但在 2007 年 2 月的报告中，评估专家没有按上述要素，而是对 LRC 拥有的每一类资产进行了赋值。例如，LRC 的现金为 0.25，LRC 的有价证券为 -0.125。其中，LRC 的农田和农地相关资产的平均价值为 -5。根据公式，专家计算出 LRC 股份权益缺乏流通性的折价为 36%。在计算 LSC 中少数股票权益缺乏流通性的折价时，专家将 LSC 的股票与限制性股票进行了比较。与 LRC 一样，对于具有盈利业务的大公司，折价范围为 10% ~ 30% 不等；对于具有高损失风险特征的小公司，折价范围为30%~50%不等。此外，专家考虑了LSC的股票可转让性、未来现金流的预期以及LSC相关资产的流通性，对上述各因素在-1~1之间进行赋值。同样，在2007年2月的报告中，与LRC的处理类似，专家没有按因素进行赋值，而是对LSC拥有的每一类资产进行赋值。例如，LSC的现金和短期投资赋值0.5，LSC的有价证券赋值为0，LSC的风险基金投资赋值-0.25。

根据上述方法，专家计算出LSC中22.96%的股权缺乏流通性的折价为29.7%。

2. 税务局一方的专家

在对LRC和LSC公司的基础资产计算未实现资本利得税折价时，被告方专家只参考了两家公司基于历史交易的资产周转率，并没有和公司的管理层进行任何交流。具体方法是使用周转率来预测资产持有期，假定资本利得税税率在持有期末有效，以之计算持有资产到期时的利得税。之后，再从LRC和LSC资产净值中减除计算出的资本利得税的现值。

对于LRC而言，根据专家所确定的资产周转率1.86%，资产持有期预计为53.76年。由于LRC转变为S公司，从2010年开始不再需要支付公司层面的资本利得税，专家在计算资本利得税折价时不包括2009年以后发生的资本利得税。截至评估日，出售LRC的资产将获得8961922美元的资本利得。在此基础上，乘以38.8%的资本利得税税率，可得资本利得税税额为3477226美元，即每年64681美元，再将这每年的64681美元进行折现，得到现值为358116美元，占LRC的资产净值（即折价）2%。

对于LSC而言，被告专家认定的资产周转率是3.45%，故资产持有期预计为29年。截至评估日，出售LRC的资产将获得38984854美元的资本利得。在此基础上，乘以35.32%的资本利得税税率，可得资本利得税税额13769450美元，即每年474809美元。将资本利得税义务折现后得到现值总额为4107147美元，占LRC的资产净值（即折价）8%。

在考察缺乏控制权和流通性的折价时，被告专家将公司与上市公司进行了比较，参考的是上市公司出售其限制股票时使用的折扣是多少，在得出的这些折扣数字中，被告专家去掉了最高最低值，根据LRC和LSC两家公司自身的特点进行了参照调整和适用。根据被告专家的说法，控制权折价只有当买方打算改变公司的运营时才适用。但本案中LRC的投资表现良好，假设的买方几乎不会考虑改变LRC的运作，故不会因为缺乏控制权而使股票有大幅的折价。

在对LRC有价证券的分析中，原被告双方的专家都使用了封闭式基金的数据作为基准。然而，适用于缺乏控制权的封闭式基金的折价的标准差超过了17%（但平均折价仅为3.4%），所以被告专家将封闭式基金缺乏控制权的折价调整为5.2%。

税务局专家并没有像纳税人专家一样按照资产类别对折价进行分析；他采用的是从整体上分析LRC的有价证券（包括现金和其他股权投资）的方法。被告税务局一方的专家认为，拥有LRC 43.1%股权的持股人具有高于平均水平的强制公司清算，或决定

LRC 的政策和运作的能力。但是，如前所述，由于公司并不会在经营上有所变更，故 LRC 的股东并不会重视控制权。此外，被告专家还认为 LRC 的有价证券收益很好，因此对 LRC 的有价证券而言，缺乏控制权的折价应为 5%。

关于 LRC 的农田和相关资产，被告专家审查了各种公开的数据，并采用了《并购统计评论》（Mergerstat Review）中针对在公开市场上收购房地产公司适用 17%~20% 的缺乏控制权折价的报道。被告专家认为，收购的折价一般高于正常销售活动的折价。因此，LRC 的农田及相关资产缺乏控制权应适用低于《并购统计评论》的折价，并最终确定具体数字为 15%。原被告双方专家对农田和相关资产的适用折扣的计算方法基本达成一致，并且被告得出的折价是 15%，原告是 15.7%，数字亦相似。

尽管 LRC 的农田和相关资产构成了其资产净值的大部分，被告专家还是将不动产和证券两项折价取了平均值，确定 LRC 缺乏控制权的折价为 10%（即 LRC 的有价证券 5% 加上 LRC 农场和相关资产 15% 之和除以 2 等于 10%）。

为了计算 LSC 缺乏控制权的折价，被告专家再次使用封闭式基金数据和 5.2% 的"调整值"。因为占 LSC 22.96% 的遗产权益是 LSC 中最大的股权，且当前 LSC 收益良好，假设买家不会愿意改变 LSC 的经营。所以被告专家认为，（低于平均水平的）5% 缺乏控制权折价是合适的。从本质上讲，专家认为，有意购买表现良好的家族企业中少数股东权益的自愿买家，"并不会认为控制权有什么商业价值"，因此缺乏控制权折价只是名义上适用于 LSC 股权。

为了确定适用于 LRC 股权的流通性折价，被告专家将 LRC 股份与限制性股票进行了比较。应用于限制性股票销售的缺乏流通性折价为 25%，被告专家考查了从 20 世纪 90 年代后期开始的限制性股票销售的三项研究，纳税人专家没有分析该资料。

被告专家认为，一些与市场性无关的因素可能也会影响限制性股票的销售价格（例如基础资产的流通性和企业困境）。故进一步研究了适用于私募配售（private placement）的折扣，他研究比较了对已注册、自由交易私募配售和未注册、未自由交易私募配售的折价。被告专家认为，这两种类型的私募配售所适用的折价之间的差异源于流通性不同，私募配售的流通性折价为 7.23%~17.6%。此外，还有三个因素（LRC 的股息支付政策、LRC 中 43.1% 股权的持股人影响经营的能力以及 LRC 几乎不可能上市）表明，对于 LRC 中的股东权益，缺乏流通性的折价应低于平均值。

还存在五个因素：投资者在确定 LRC 的资产净值时遭遇的困难、LRC 的持续回报可能性、LRC 的低管理费、LRC 出售农田及相关资产所需的等待期、LRC 在赎回股票时尽管有意愿但缺乏支付税款的能力，这五个因素指向的流通性折价与平均水平持平；但 LRC 对股票可转让性的限制表明流通性的折价应高于平均水平。

通过对标限制性股票和私募配售，加以对上述因素进行调整，被告专家确定的 LRC 股票权益缺乏流通性的折价为 18%。

为了确定 LSC 中少数股权的流通性折价，被告专家同样审查了限制性股票和私募配售数据。由于 LSC 的资产主要由有价证券组成，这些证券的价值易于确定和出售，因此专家认为，流通性折价应处于平均水平或低于平均水平。此外，专家认为，LSC 支付股息的政策、财务透明状况、提供回报的长期投资历史、低管理费、有序经营管理和并不存在对股票转让的正式法律限制，以及 LSC 首次公开发行的很小可能性，都表明 LSC 缺乏流通性折价应该低于平均水平。最终，专家得出结论，LSC 的股票权益缺乏流通性的折价为 10%。

四、分析

根据已有的事实和证据，法庭做有关未实现的资本利得税折价的分析。考虑到双方专家采用的资产评估方法、LRC 和 LSC 两公司在评估日持有的已大幅增值的非经营性投资资产以及作为 C 公司应承担的税收义务，法庭认为，自愿买方和自愿卖方会在对公司净资产估值时适用较大的折价。

法庭认为，原告专家的分析比被告专家更为精确，其关于资产流转率的分析是基于历史数据、现实数据、与管理层的交谈接触等多方面的资料，但被告方的分析只基于历史数据和对管理层经营计划的主观臆断。原被告双方都采用了周转率（即每年出售的资产数额）为参数来投射出在 LRC 资产中的占比。原告专家基于资产销售历史和与管理层的对话，确定 LRC 和 LSC 的平均资产持有期为 5 年和 8 年。被告专家也认为，LRC 和 LSC 的公司资产的持有及陆续出售会持续数年，并基于未来的资本利得税对眼下的估值进行折扣。但是，被告专家没有考虑持有期间的增值在公司税层面也会被征税。法庭根据既有事实，认为截至评估日，LRC 和 LSC 股份的假设买家一定不会忽视资产增值所引发的公司层面的税收负担，并会将其作为成本体现在未实现的资本利得税的折价中。因此，法庭接受原告方关于 LRC 和 LSC 的未实现资本利得折价的意见。根据已有的事实和证据，LRC 和 LSC 中遗产的股票权益，其未实现的资本利得税折价分别为 17.4% 和 23.6%。

关于 LRC 缺乏控制权的折价，法庭注意到，两位专家在计算 LRC 的农田和相关资产缺乏控制权的折价时使用的数据只是略有不同，得出的结论类似（纳税人专家为 15.7%，税务局专家为 15%）。且两位专家计算出的 LRC 中有价证券控制权折价均低于农田和相关资产的控制权折价。双方专家在确定 LRC 股份权益时均对农田和有价证券的折价进行了平均，纳税人专家使用的是加权平均值，税务局专家使用了直接平均。如果 LRC 的农田和有价证券持有量基本相当，那么直接平均是合适的，但 LRC 的有价证券只占其总资产很小的一部分。如果税务局专家使用了加权平均来反映 LRC 并非平均的资产组合，则其对控制权折价的分析将更适用于 LRC（并且更接近纳税人专家所评估的 14.8%）。因此，法庭认为，纳税人专家关于 LRC 少数股票权益 14.8% 的控制权折价是适当的。

在计算 LSC 股份权益缺乏控制权折价时，尽管 LSC 中 22.96% 的股票权益远低于 LRC 中的 43.1%，但税务局专家还是选择适用了同 LRC 一样的 5%。纳税人专家则考虑了这一因素，适用了较高的缺乏控制权折价。据此，法庭认为，纳税人一方专家的结论是适当的，即 LSC 少数股票权益缺乏控制权的折价为 11.9%。

关于 LRC 和 LSC 缺乏流通性的折价，法庭认为按类别衡量资产是合适的。然而，纳税人专家所做出的 36% 和 29.7% 的流通性折价，特别是在与 14.8% 和 11.9% 的控制权折价相结合的情况下，明显过高。纳税人专家使用的限制性股票折价数据已经过时，其得出的折价高于可比性研究中的参照折价。此外，法庭注意到，纳税人专家在 2000 年 3 月为赠与税准备的另一份估值报告中，认为 LSC 少数股票权益因缺乏流通性而适用 21.4% 的折价，远低于他在此处所建议的 29.7%。法庭认为前者相对比较合理。

最终，法庭得出结论，LRC 和 LSC 少数股票权益缺乏流通性的折价分别为 25% 和 20%。

法庭根据事实证据并考虑到本案的举证责任分配，将未实现的资本利得税、缺乏控制权和缺乏流通性的折价总结如表 1-4 所示，在此基础上计算出 LRC 中 43.1% 的股票权益和 LSC 中 22.96% 的股票权益的公允市场价值为 7546725 美元和 6530790 美元。

表 1-4　　　　　　　　　　　法院最终判决

项　目	LRC	LSC
资产净值（美元）	33174196	52845562
遗产中权益的资产净值（美元）	14298078	12133341
折价：		
内置资本利得税（%）	17.4	23.6
缺乏控制权（%）	14.8	11.9
缺乏流通性（%）	25.0	20.0
遗产中权益的公允市场价值（美元）	7546725	6530790

案件二　曼德尔鲍姆等诉美国联邦税务局

(Bernard Mandelbaum, et al., Petitioners v. Commissioner of Internal Revenue, Respondent)

案　　号：T. C. Memo. 1995 – 255
受理法院：美国联邦税务法院
判决时间：1995 年 6 月 12 日

一、案件事实

纳税人均系新泽西州的居民，他们提交了 1986～1990 年代际转让纳税申报表，申报将股票转让给 M 公司（Big M, Inc. 下称 M 公司）。

（一）曼德尔鲍姆家族

利昂（Leon）、马克斯（Max）和伯纳德（Bernard）是兄弟。利昂与贝弗莉（Beverly）结婚，育有四个孩子：肯尼斯（Kenneth）、贝丝（Beth）、琼（Joan）和迈克尔（Michael）。马克斯与珀尔（Pearl）结婚后，生育了三个孩子：劳伦斯（Laurence）、艾伦（Alan）和苏珊（Susan）。伯纳德离婚，有三个孩子：肯恩（Ken）、李（Lee）和吉尼（Gini）。下文中将这 15 个人统称为曼德尔鲍姆（Mandelbaum）家族。

（二）M 公司

M 公司是一家私营的家族企业，依新泽西州法律注册成为 C 公司，之后 M 公司又改为 S 公司，纳税年度自 1987 年 7 月 26 日起生效计算。M 公司以一个财政年度为周期统计收入和支出，进行纳税申报。年度报税原定于 7 月的最后一个星期六结束。M 公司后来改变了计划，将其纳税年度改为 1 月的最后一个星期六。

1. 资本结构

M 公司最初由利昂、马克斯和伯纳德创立。起初，这三位持有相同的股份，是 M 公司的三大股东。1976 年，利昂和马克斯开始将他们所持有的部分 M 公司股份转让给子女；伯纳德则于 1978 年开始将其所持有的部分 M 公司股份转让给他的子女。M 公司一直由曼德尔鲍姆家族所持有。曼德尔鲍姆家族也不打算将 M 公司公众化，比如向公众出售或寻求非家族成员的投资者。

M公司在1986~1987年这一纳税年度中有一类普通股。该普通股共计9643股,除珀尔和贝弗莉外,曼德尔鲍姆家族的其他成员都持有该类股票。M公司在1987-1988这一纳税年度重组了其公司形式。为进行资本重组,公司以6600股新发行的A类普通股(有表决权)和9637股新发行的B类普通股(无表决权)交换9643股已发行的普通股股票。A类普通股分别发给了利昂、伯纳德、劳伦斯、肯尼斯、肯恩和艾伦。B类普通股则按照资本重组前曼德尔鲍姆家族各成员所持有公司股份的比例分配给了每一位成员。曼德尔鲍姆家族的所有成员,除了珀尔和贝弗莉(因为当时还不是股东),均同意A类普通股一旦被转让,其将转变成为B类普通股。但存在例外情形,即如果受让人是董事会成员,M公司的董事会可以恢复转让股份的表决权。

2. 业务类型

M公司的业务类型单一,即在纽约州、新泽西州、宾夕法尼亚州、特拉华州、马里兰州和弗吉尼亚州的经营女装零售。伯纳德、马克斯、利昂和他们的母亲在1950年开设了M公司的第一家店。当时三兄弟都积极参与了这项业务,此后他们和他们的孩子、孙子继续经营这家公司。目前,部分家族成员都在全职管理公司业务。马克斯的儿子劳伦斯是M公司的首席执行官兼总裁。

M公司有两个零售部门:曼迪商店(Mandee Shops)和安妮·塞斯(Annie Sez,下称安妮)。曼迪商店平均商店面积为8000平方英尺,提供现代时尚流行时装。安妮平均商店面积为15000平方英尺,提供折扣款、设计师款和品牌女装(brand name)。每家商店约有15名员工。M公司雇佣了3500~4000名员工,人员随季节性而发生变化,其中包括位于新泽西州Totowa总部的250名员工。

M公司的商店主要位于人口密集的城市的市中心和主要干道上。截至1990年末,M公司的商店数量如表2-1所示。

表2-1　　　　　　　　　M公司每年商店数　　　　　　　　单位:家

年份	商店数量
1983	48
1984	60
1985	71
1986	105
1987	110
1988	107
1989	115
1990	122

女装零售竞争很激烈。竞争涉及价格、风格、选择、质量、展示、客户服务和商店位置。曼迪商店和安妮有不同的竞争对手。竞争对手包括专卖店、百货商店、工厂直销商场。

M公司从各个供应商那里购买了基本上能在公开市场上可以买到的所有商品。M公司全年在其商店中保持充足的库存，并通过广告、电视和报纸等不同的方式向公众推销其商品。同时，M公司接受信用卡付款并提供分期付款计划。

3. 管理

1982年11月4日，M公司及其当时的股东（即曼德尔鲍姆家族除了贝弗莉、珀尔、李和吉尼之外的所有成员）签署了协议（下称"第一协议"）。第一协议约定劳伦斯当选为M公司的总裁（president）；利昂当选为副总裁兼董事长（chairman）；伯纳德当选为董事会秘书兼副董事长。

第一协议于1988年6月13日被第二协议所取代。第二协议由M公司及其当时的股东（即曼德尔鲍姆家族除了贝弗莉、珀尔之外的所有成员）签署。第二协议约定劳伦斯当选为M公司的总裁；利昂当选为副总裁兼董事长；伯纳德当选为董事会秘书、副董事长兼财务主管；肯尼斯当选为房地产副总裁；肯恩当选为零售业务副总裁；艾伦当选为商品销售副总裁。

（三）M公司股票的自由交易价值（freely traded values）

在协议中，股东们约定了M公司股票的交易价值。1986年12月31日和1987年12月31日，9643股M公司普通股中每股的自由交易价值分别为7505美元和6631美元。在1988年12月23日、1989年12月15日、1990年2月1日和12月30日，9637股M公司B类普通股中1股的自由交易价值分别为7376美元、8675美元、7325美元和4397美元。

（四）股东协议

1. 基本情况

第一协议和第二协议（统称为股东协议）是针对M公司的股票而言的。股东协议由家族的法律顾问阿恩·西格尔（Arne Siegel）和会计师罗伯特·凯（Robert Kaye）共同提供。西格尔和罗伯特都是M公司的长期顾问。

西格尔和罗伯特最初仅与利昂会面，讨论股东协议的利弊。利昂再与M公司的其他股东讨论。其他股东没有派律师代表参加。股东们最终采纳了西格尔和罗伯特的建议，对这两项协议的条款没有重大改变。

第一协议规定，M公司及其股东"在管理和政策上保持M公司的连续性，做到利益最大化"，并从利昂、伯纳德、劳伦斯、肯尼斯、肯恩和艾伦中选出董事会成员。第一协议要求如果董事会职位出现空缺，则由其他董事会成员填补。新的董事必须是现任股东或现任股东的配偶。第一协议没有提供确定M公司股份转让公允市场价值的具体价格或计算方法。第一协议就此类转让规定了以下规则：第一，已故股东的遗产代表人可以将死者的股票卖给 M 公司，而 M 公司必须按照新泽西州有关法律购买其股票。M 公司有权决定在何时支付股票款项（利息为 10%）。第二，股东可以自由将 M 公司股票转让给其直系亲属。第三，除第一协议其他条款另有规定外，拟转让 M 公司股票的股东必须通知 M 公司。M 公司在 90 天内享有优先购买权，且 M 公司有权自行决定在何时支付股票款项（利息为 10%）。

第二协议规定，M 公司的股东"希望保持对 M 公司的所有权和控制权，在管理和所有权问题上保持连续性，并且尽量维持各个家庭持有相同比例的权益"。与第一协议一样，第二协议要求股东从利昂、伯纳德、劳伦斯、肯尼斯、肯恩和艾伦中选出董事会成员。第二协议也规定董事会职位的空缺须由其他董事会成员填补。新董事必须是现任股东的子女或配偶。但第二协议在 M 公司股东一致同意的情形下，可随时更改。第二协议就 M 公司股票的转让规定以下规则：第一，每位股东可将 M 公司股票自由转让给其家庭成员。第二，如果股东拟将 M 公司股票转让给家庭成员以外的人，股东必须通知其家庭成员。家庭成员在 90 天内享有优先购买权。如果家庭成员放弃优先购买权，则 M 公司在 30 天内享有优先购买权。M 公司有权自行决定在何时支付股票款项（以最优惠利率计算）。如果 M 公司也不行使优先购买权，股东可以将股票转让给家庭成员以外的人。此时，股东必须转让其所有股票，且受让人必须受第二协议的约束。第三，在股东去世后，已故股东的遗产代表人可将该死者的股票出售给 M 公司，而 M 公司必须按照新泽西州有关法律购买其股票。M 公司有权自行决定在何时支付股票款项（以最优惠利率计算），股票回购的价格仅由享有表决权的股东决定。

2. 提交赠与税申报表

从 1976 年开始，此后的大部分年份里伯纳德、利昂和马克斯提交了赠与税申报表，并报告了 M 公司股票转让给子女或已设立信托的情况。1986～1989 年，贝弗莉和珀尔均同意将赠与与丈夫分开，并提交了赠与税申报表。

3. 赠与税申报表准备

纳税人 1976～1989 年的赠与税申报表由西格尔准备。西格尔和罗伯特对 M 公司的股票进行估值，以方便纳税申报。在评估股票时，西格尔和罗伯特从 M 公司的股东权益（shareholders' equity）中减去了 M 公司由租赁权益改善而获得的资产净值，来确定 M 公司股票的总价值。之后，西格尔和罗伯特将 M 公司的总价值乘以 50%（以反映少数股权和流通性折价），再除以 M 公司的已发行股票（9643 股），以确定 M 公司的每股价值。西格尔和罗伯特确定，在 1987 年、1988 年和 1989 年，M 公司股票的每股价值分别为 1469 美元、2335 美元和 2473 美元。

纳税人 1990 年的赠与税申报表由科尔公司（Cole, Schotz, Bernstein, Meisel & Forman, PA，以下简称科尔）编制。科尔根据 M 公司当年和过去 4 年的平均收入对 M 公司的股票进行估值。科尔首先计算了这些年来 M 公司的平均收入，然后将平均收入减少 50%，以反映少数股东权益和缺乏流通性折价。科尔确定，在 1990 年的两个评估日，每股 M 公司股票的价值均为 1560 美元。科尔还确定在珀尔、利昂和伯纳德设立的信托中，股票的价值分别为 504638 美元、746972 美元和 498390 美元。

4. 税务局对赠与税申报表的审计

联邦税务局对纳税人赠与 M 公司的股票进行了两次独立的审计。两次审计期间，西格尔和罗伯特均系 M 公司的代表。税务局于 1978 年对马克斯、珀尔、利昂和贝弗莉 1976～1978 年三年的申报做了第一次审计；于 1982 年，对马克斯、珀尔、利昂、贝弗莉和伯纳德 1981 年和 1982 年的申报做了第二次审计。另外，马克斯、珀尔、利昂和伯纳德同意就税务局 1982 年的审计进行额外的赠与税评定。

5. 欠缴税款通知和修正

在税务局签发的欠缴税款通知里，税务局认为纳税人的赠与税申报额是不正确的。税务局认为，M 公司股票在 1987 年、1988 年和 1989 年的评估日，每股的价值应该分别为 2789 美元、5129 美元和 8020 美元。在 1990 年 12 月 30 日，每股价值为 3377 美元。而珀尔、利昂和伯纳德在 1990 年 2 月 1 日所设立的信托中，股票价值分别为 1092412 美元，1617006 美元和 1078887 美元。税务局还根据第 6660 条对 1988 年、1989 年和 1990 年的少缴税款做出补税通知。在 1994 年 10 月，税务局进一步补充，认为根据第 6660 条，纳税人有义务对 1987 年少缴的部分补税。

1995 年 3 月，在案件进入审判程序后，税务局请求法院允许其修改对纳税人的答复，以符合证据。法院批准了税务局的请求。税务局声称，1990 年 2 月 1 日和 12 月 30 日，M 公司股票的每股价值分别为 5127 美元和 3077 美元。这个价格是在协议中按照股东对自由交易价格的规定并适用 30% 缺乏流通性折价而计算得出的。税务局还主张珀尔、利昂和伯纳德有义务根据第 6662（a）和（g）条补上 1990 年的赠与税。

二、争议焦点

（1）确定 M 公司股票因缺乏流通性的折价。
（2）是否应因为纳税人少缴税款而适用惩罚条款。

三、判决

（一）流通性折价

1. 概述

双方已在评估日确定了 M 公司股票的公允市场价值，但所确定的公允市场价值不包括缺乏流通性的折价。庭审中，双方就流通性折价问题都引入了专家证人和证词，因此法庭需要确定合适的流通性折价。庭审记录有很多图表、事实数据、证词和专家意见。法庭必须评估所有证据并做出判断。法庭不受那些精确的数学评估公式的约束。正如法院先前判例所言，对财产的估价是一种不精确的科学（inexact science）。

在估价案件中，控辩双方主要依靠他们所请的专家做证和提供报告来支持己方在估价问题上的立场。专家证词有时可以帮助法院确定估价，有时则不能。法院并不受专家意见的约束。法庭根据其资格以及其他所有可信的证据来衡量专家的证词。根据法庭认为合理的案件事实，法庭可以完全拒绝专家的意见，也可以通盘接受专家的意见，或有选择地接受其中的一部分。

纳税人必须证明税务局发出的欠缴税款通知中的估价是不正确的。税务局则承担了其认定的新增税款的举证责任。估价是一个事实问题，必须权衡所有相关证据，以得出适当的推论。就赠与税而言，标的物的公允市场价值于赠与当日确定，通常不会考虑未来可能影响财产价值的具有不可预见性的事件。在遗产税和赠与税的语境中，公允市场价值是指自愿买方支付给自愿卖方的价格，双方对所有相关事实都有合理的了解，而且均出于自愿、不受强迫。自愿买方和自愿卖方是假设的人，而不是特定的个人或实体。假设的人的个体特征不一定与实际卖方或实际买方的个体特征相同。

公司股票的估价有特殊的规则。当股票在证券市场上市时，股票的价值通常等于其上市的市场价格。当股票没有在证券市场上市时，股票的价值等于非上市股票离估价日最近的独立交易的价值。在最近没有交易的情况下，非上市股票的价值借助公司其他的上市股票（如果有的话）的价值来确定。如果公司没有上市股票，则通过从事相同或类似业务公司的上市股票来确定。非上市股票必须考虑主体公司的净值、预期盈利能力、股息收益能力、商誉、管理层、行业地位、行业经济前景、被估值股票所代表的控制程度，以及非经营性资产的数量和类型。

通过参考上市股票来确定非上市股票的价值时，通常需要对上市股票的价值进行折价，以反映非上市股票缺乏流通性。这种折价，通常被称为"缺乏流通性折价"（或称"流通性折价"），这反映了封闭式公司的股票缺乏公开的市场，一般不易转让的事实。另外，流通性折价亦反映为了公开销售，买方可能不得不承担登记非上市股票（而使之具有流通性）的后续费用。

双方已在评估日确定了 M 公司中 B 类普通股的"自由交易"价值，并已考虑了少数人持有股票的折价。该折价反映 M 公司的股票未上市且不易上市的事实。确定流通性的折价是事实上的决定。这一决定的关键在于了解投资者在做出投资决策时所考量的基本要素。这些因素包括但不限于：

（1）公司的非公开交易证券相对于其公开交易证券的价值（如果公司没有公开和非公开交易的股票，则考虑相似公司的公开和非公开交易股票的成本）。

（2）对公司财务报表的分析。

（3）公司的股息支付能力、支付股息的历史以及先前的股息金额。

(4) 公司性质、历史、行业地位、经济前景。

(5) 公司的管理。

(6) 被估价股票所代表的控制程度。

(7) 对公司股票可转让性的任何限制。

(8) 为实现充足利润，投资者必须持有标的股票的期限。

(9) 公司的赎回政策。

(10) 将估价股票公开发行的成本，比如法律、会计和承销费。

2. 税务局的决定及其专家

税务局确定，M公司股票的自由交易价值必须折价30%，以反映其在评估日缺乏流通性的事实。税务局通过其专家保罗·R. 马亚尔基（Paul R. Mallarkey）的证词来佐证。保罗是国际会计师事务所塞德曼（Seidman）下BDO估价与评估部门东北区的主管、美国评估师协会的高级会员和商业评估高级评估师，也是特许金融分析师。

保罗使用了三项研究，以确定标的股票的流通性折价。第一项研究为证券交易委员会所出具的机构投资者研究报告。该报告基于300多笔限制性股票的非公开交易，持有这些股票的公司同时持有公开交易的同类股票。研究发现，场外非上市公司（nonreporting companies）的限制性股票流通性折价中位数在30.1%~40%之间。第二项研究为莫洛尼（Moroney）做出的"大多数法院高估了封闭型控股公司（closely held stocks）的股价"报告。该报告基于10家注册投资公司，共持有的146份限制性股票做出。研究发现，与同一发行人不受限制的股票价格相比，限制性股票价格的折价平均为36%。第三项研究为马赫（Maher）的"对少数股东权益缺乏流通性的折价"报告。该报告是根据四家相互持股公司，1969~1973年向美国证券交易委员会提交的关于其购买限制性股票的报告。通过比较同一收购日、同一公司不受限制的同类股票的市场价值，研究发现，股票的平均折价为34.73%。

鉴于这三项限制性股票的研究结论，保罗发现限制性股票通常比不受限制股票低30%~35%出售。故而，保罗得出结论，六个评估日均有30%的折扣。另外，保罗发现，持有M公司股票的风险被其规模和稳定的毛利润所抵消，这使得M公司能够保持盈利。而且，股东协议并没有严重影响M公司股票的流通性。

3. 原告方的立场和其专家

原告主张，1986~1989年应对公司股票适用75%的流通性折价，1990年适用70%的流通性折价，并以其专家罗杰·J. 格拉博夫斯基（Roger J. Grabowski）的证词作为支持的证据。罗杰是普华永道（Price Waterhouse, LLP）估值服务集团的首席专家和全国主管。罗杰对标的股票进行了评估，并对流通性折价的范围进行了计算（见表2-2）。

表 2-2　　　　　　　　　　标的股票流通性折价范围

日期	折价范围
1986 年	66%~94%
1987 年	63%~93%
1988 年	69%~95%
1989 年	73%~96%
1990 年 2 月	68%~83%
1990 年 12 月	64%~78%

　　罗杰认为：1986~1989 年适用 75% 的折扣，1990 年适用 70% 的折价；M 公司的股票"实际上是非流通性的"，并认为 M 公司的投资者必须等待 10~20 年才能使其投资具有流通性。罗杰之所以得出这个结论，主要是基于下述事实：一是 M 公司的股东必须执行股东协议；二是曼德尔鲍姆家族的成员一直拥有 M 公司的事实；三是曼德尔鲍姆家族没有计划将 M 公司公众化或寻求外部投资者；四是 M 公司的高级管理层相对较年轻，距正常退休年龄约 20 年；五是所有赠与的股票都没有从本质上改变 M 公司的表决权；六是 M 公司股息历史不稳定，投资者不确定是否会定期获得股息。

　　罗杰除了分析保罗所引用的三份限制性股票研究报告，还分析了其他四项限制性股票研究和三项关于首次公开募股（IPO）的研究。其他四项限制性股票研究分别是：戈尔曼（Gelman）的"经济学家—金融分析师方法"（四家专门从事限制性股票的封闭式投资公司，购买限制性股票的平均折价）；特劳特（Trout）的"与限制性证券转让相关的折价估算"（共同基金 1968~1972 年购买限制性股票的平均折价）；皮托克和史塞克（Pittock & Stryker）的"再读（revisited）税收裁定 77-287"；威廉米特管理协会（Williamette Management Associates，下称威廉管理协会）研究报告（报告提供了自 1981 年 1 月 1 日至 1984 年 5 月 31 日，与可自由交易的同业股票相比，33 只独立交易的限制性股票折价的中位数）。这四项研究结合其他三项研究，可以发现限制性股票转让的流通性折价为 35%。

　　罗杰还分析了有关 IPO 的研究报告。报告研究了 IPO 股票的销售价格与非上市交易的同类股票的销售价格之间的差异。罗杰分析的三项 IPO 研究分别是：埃默里（Emory）的"普通股首次公开募股中的市场价值——1980 年 1 月至 1981 年 6 月"（来源于 1985 年 9 月的商业评估新闻）；埃默里的"普通股首次公开募股中的市场价值——1985 年 1 月至 1986 年 6 月"（来源于 1986 年 12 月的商业评估评论）；威廉管理协会研究报告。三项研究发现缺乏流通性的平均折价为 45%。

　　由于 M 公司股票具有非流通性，罗杰得出结论，认为公司股票的流通性折价高于限制性股票和 IPO 研究的折价。罗杰采访了一些投资公司，以确定投资类似于 M 公司股票的公司所要求的回报率。根据投资公司的反馈，回报率介于 25%~40%。罗杰据此得出结论，投资者对 M 公司投资的要求回报率为 35%~40%。此外，他还认为投资者必须持有 M 公司的股票 10~20 年的时间。根据假定的 10~20 年持有期，和估定的 35%~40% 回报率，罗杰计算了折价范围。此外，罗杰还提及，相比前几年，M 公司在 1990 年分配了更多的利润。

4. 法院对专家的看法

保罗的分析和结论并没有使法庭信服。事实充分表明，曼德尔鲍姆家族企图对 M 公司保持控制和私人持有。法庭认为，保罗对于即使有曼德尔鲍姆家族以外的人投资 M 公司，但却无法获得任何实质权力的这一事实没有给予足够的重视。同时法庭还发现保罗没有充分考虑股东协议中的可转让性限制。尽管法庭将在下文中得出结论，这些限制在估价问题上并不具有决定性，但法庭认为股东协议对潜在投资者还是产生了寒蝉效应。因此，必须考虑股东协议对于流通性的影响。

此外，法庭也不认同保罗主要依赖对限制性股票的研究以支持 30% 折价的结论。保罗对限制性股票研究仅分析了"限制性股票"，即证券的持有期约为 2 年，他没有提供任何有说服力的证据支持 M 公司的股票是这么短的持有期。另外，限制性股票研究仅分析了上市公司的限制性股票，而 M 公司不是一家上市公司。

法庭亦不被罗杰的分析和结论所说服。第一，罗杰对公允市场价值的分析仅仅关注假设的自愿买方，但忽视了假设的自愿卖方。虽然相关事实表明原告希望将 M 公司的所有权保留在其家族中，但公允市场价值的检验依赖于假设的自愿买方和假设的自愿卖方。忽视自愿卖方的观点与资产评估法的理论相悖。在这方面，罗杰并没有考虑 M 公司股票的假设自愿卖方，也没有考虑该自愿卖方是否会以比自由交易价值（freely traded value）低 70% 的价格卖掉 M 公司的股票。法庭认为，M 公司的股东愿意以如此大的折价出售其股票这一结论是难以置信且无法接受的。

第二，法庭认为股东协议并没有罗杰所说的那么重要。根据罗杰的说法，股东协议中的优先购买权"严重限制了" M 公司股票的流通性。然而，罗杰并没有用论证说服法庭，更遑论 70% 和 75% 的流通性折价。罗杰过于依赖股东协议，然而协议中并没有向 M 公司或其他股东转让股份的价格或公式（例如每股账面价值）。在大多数情况下，特别是在经营公司的情况下，没有固定价格的优先购买权对公允市场价值（如果有的话）影响很小（这本身就包括流通性折价）。缺乏固定价格显然要比有固定价格限制的影响小。实际上，没有规定固定价格的"优先购买权"并不限制买方和股票的价格，只是规定了一种顺序，意味着潜在买家得服从购买的先后安排。该权利实际上使其他股东受益。其他股东被赋予了股票优先购买权。但优先购买权对于私人持有股票的价值的抑制效应（如果有的话）不一定有实质影响。

第三，令法庭困惑的是，罗杰没有考虑谁是假设的自愿买方。尽管罗杰对 9 位投资者进行了采访，但罗杰的受访者仅包括杠杆收购集团（leveraged buyout groups）、商业银行家（merchant bankers）和风险投资公司（venture capitalists）。这些投资者可能（并且确实）比其他投资要求更高的回报率。罗杰应该在其测试中囊括一个更具代表性的买家样本，例如 M 公司的竞争对手或独立投资者。但罗杰没有这样做。这也削弱了其结论的说服力。

第四，法庭质疑罗杰确定流通性折价的前提。罗杰根据其采访，主张购买 M 公司股票的买家的预期是 35%～40% 的年度投资回报率。法庭发现这种假设是错误的。罗杰还依赖于其假设，推断买家必须持有 M 公司股票 10～20 年才能使其投资变得有价值；这种假设也是错的。罗杰提出当前 M 公司的管理层的退休年限和其 10～20 年的假设吻合，但罗杰并未解释管理层退休年限具体会如何对 M 公司股票的流通性施加影响。

5. 法院对流通性折价的确定

法庭通过分析以下评估日的各项因素来确定流通性折价：1986 年 12 月 31 日、1987 年 12 月 16 日、1988 年 12 月 23 日、1989 年 12 月 15 日、1990 年 2 月 1 日和 1990 年 12 月 30 日。

（1）股票的私人持有和公开销售。在确定非上市股票的流通性折价的研究中，法庭通常援引相似公司的相似股权的销售情况。关于这个因素，目前已有大量的研究。法庭发现罗杰分析的 10 项研究比保罗分析的 3 项研究更为全面。罗杰的研究发现，公众公司转让限制性股票的平均流通性折价为 35%，而 IPO 的平均折价为 45%。法庭将这些数据作为被估价股票流通性折价的基准。

（2）财务报表分析。投资者通常将公司财务报表的分析视为决定公司股票价值的重要因素。财务报表包括公司运营的年度业绩（损益表）和公司年末的状况（资产负债表）。财务报表还包括与报表相关的脚注以及编制者的意见，例如独立的注册会计师关于公司状况和财务报表的列报。在分析财务报表时，需要调查的项目包括但不限于：编制者提出的意见类型；公司资本化的可靠性；公司资产负债比例；公司净值和未来的盈利能力；公司的收入和收益的质量以及公司的商誉。

在本案中，法庭发现注册会计师对 M 公司独立进行了审计，并于 1991 年 1 月 26 日、1990 年 1 月 27 日、1989 年 1 月 28 日、1988 年 7 月 30 日、1986 年 7 月 26 日和 1985 年 7 月 27 日均给出了无保留意见。

M 公司在六个评估日的资本化程度很高，资本负债比稳定。因此，M 公司能够为其运营提供必要的资金。

M 公司的净值、收入和收益也很重要。例如，M 公司及其子公司的净销售额平均每年增加约 16%；M 公司的净销售额在 1987～1991 年稳步增加，共增长 35.5%。M 公司及其子公司的净收入在截至 1985 年和 1986 年的纳税年度超过 460 万美元；1987～1990 年的所有纳税年度，M 公司的净收入超过 610 万美元；截至 1991 年的纳税年度，M 公司的净收入超过 140 万美元。法庭还发现 M 公司于 1986 年以现金支付了 5719000 美元，从竞争对手购入了 30 家零售店。现金在服装业务中占有重要地位，M 公司在每个年度都有足够的现金。鉴于 M 公司的商店在行业中得到广泛认可，法庭得出结论，公司财务的因素更趋向于使 M 公司股票在六个评估日适用低于平均的流通性折价。

（3）公司的股息政策。投资者将公司的股息政策视为决定该公司股票价值的一个因素。一方面，这个因素决定投资者是否会获得相当的投资回报率。但另一方面，公司支付少量股息或不支付股息的事实并不总是会对公司股票的流通性产生负面影响。即使公司很少支付股息，投资者也可能因为保留收益带来的股票增值和未来回报的可能性而投资公司。

在本案中，M 公司支付的股息和其净收入相比低了很多。法庭认为这个事实并非决定性的。1987～1990 年的每一个年度，M 公司的净收入超过 610 万美元。1991 年，M 公司的净收入超过 140 万美元。在这些年度中，M 公司均拥有足够的现金流。因此，M 公司股票吸引投资者的是长期回报而非当期回报。这一因素有利于得出低于平均水平的流通性折价。

（4）公司性质、历史、行业地位及经济前景。投资者通常会将公司的性质、历史、行业地位以及经济前景视为决定公司股票价值的相关因素。在本案中，M 公司并不是该行业的领导者。然而，截至六个评估日，其业务多元化且盈利丰厚。M 公司的未来看起来很光明。这一因素有利于得出低于平均水平的流通性折价。

（5）公司管理层。在确定该公司股票的价值时，投资者将公司管理层的实力视为决定公司股票价值的一个因素。在本案中，M 公司拥有业内知名且经验丰富的管理团队。根据其业绩记录，投资者有理由对 M 公司的管理团队充满信心。M 公司的政策决定进一步推动了公司的业务，而不是仅仅出于家族股东的利益。这一因素有利于得出低于平均水平的流通性折价。

（6）被转让股份的控制权程度。投资者认为，被转让股票的控制权亦是决定股票价值的相关因素。控制权反映了股东通过其对政策、程序或运作的掌控度来引导公司发展的能力。对封闭型公司的控制代表了一种价值因素，可以为股票提供更高的价值。相比少数股东权益，投资者将会为代表控制权的股票支付更高的价格。本案中的股票都不代表对 M 公司的控制。这一因素使得估价时考虑的流通性折价应与平均水平持平。

（7）对股票可转让性的限制。投资者将可转让性限制视为决定该公司股票价值的一个因素。在本案中，法庭不认为股东协议是一个主要因素，因为它没有指定优先购买权的价格（或确定价格的公式）。法庭注意到，股东协议是一份为了维护家族所有权、并为 M 公司的合法商业目的服务的可执行的法律文件。法庭不认为股东协议中包含的限制条件会严重限制 M 公司股票转让并带来大幅的流通性折价。但是，限制性因素确实会导致高于平均水平的流通性折价（但不会到达原告专家所主张的高位）。

（8）股票持有期。投资者持有其投资的时间长短是决定公司股票价值的另一个因素。如果投资者必须长期持有以获得足够的利润，则该权益流通性较低。随着持有期变长，市场风险趋于增加（且流通性趋于下降）。罗杰认为 M 公司股票的投资者必须持有其股票 10～20 年。保罗假设的时间较短，为期 2 年。法庭认为这两种假设都没有说服力。关于这个因素，法庭持中间的态度。

（9）公司的赎回政策。公司的赎回政策是决定公司股票价值时另外要考虑的一个因素。在本案中，相关事实并没有透露 M 公司是否有一套赎回政策。但是，法庭知道，M 公司至少有过一次赎回股票的先例。1974 年，M 公司以 40 万美元的现金向伯纳德赎回了 900 股。M 公司之所以这样做，是因为伯纳德与前妻离婚。在股东向家族以外的成员转让股权时，股东协议赋予 M 公司以优先购买权，但并没有设定买卖价格。

鉴于 M 公司之前发生过赎回股票的行为，法庭认为公司以自由交易价值（或更高）赎回卖方股票以使 M 公司为曼德尔鲍姆家族所持有的行为还可能继续发生。法庭认为假设的买方或卖方在考量股票价格时，会考虑 M 公司优先购买赎回。这一因素有利于得出低于平均水平的流通性折价。

（10）与公开发行相关的成本。投资者在确定非上市股票的价值时会考虑与公开发行相关的成本。如果由买方完全承担登记所购股票的成本，则流通性折价会高于平均水平；但如果买方有能力将其登记成本降至最低，则折价就会降低。本案中这一因素有利于得出高于平均水平的流通性折价。

（11）结论。根据事实以及法庭对上述因素的评估，法庭得出结论，每个评估日，标的股票的流通性折价不超过税务局所允许的 30%。法庭认为，应采用 30% 的流通性折价来确定 M 公司在相关日期的公允市场价值。

（二）对纳税人估值过低欠缴税款处罚

1. 概述

税务局确定，纳税人应在其 1987~1990 年赠与税的基础上，为估值过低承担额外的责任。纳税人辩称说，他们无需负担此责任，理由如下：

（1）被估价股票既没有被低估，估值也没有低于法定门槛。

（2）他们使用了可接受的估价方法。

（3）他们的估价结论是合理依赖专业人士的评估而做出的。

2. 《美国联邦国内收入法典》[①] 第 6660 条

根据《美国联邦国内收入法典》第 6660（a）条规定，纳税人对赠与估值过低，需承担额外的赠与税。当赠与税申报表中财产的价值低于财产正确价值的 2/3（含 2/3），即为低估。第 6660（c）规定，根据估价过低的程度，纳税人须承担的额外法律责任的范围在 10%~30%。第 6660（b）条规定，如果纳税人有证据表明其估值具有合理的基础且如实申报估值，税务局可以不再追究全部或部分的额外赠与税。第 6660（e）条规定，如果税务局拒绝批准（b）款免除，可由法院来判断税务局是否滥用自由裁量权。

[①] 《美国联邦国内收入法典》（The Internal Revenue Code of United States）是包含从实体到程序的各项税收法律规范的税收法典。本书中所引用的法律未特别说明的，均为《美国联邦国内收入法典》。

纳税人必须证明其不应该对1988年额外的赠与税负责，或者证明税务局滥用其自由裁量权；而税务局必须证明纳税人对1987年额外赠与税负有责任。税务局可以通过估价没有合理的依据或者没有如实报告估值来证明纳税人须额外承担税款。如果税务局对上述两项举证不成，则必须证明其不同意纳税人的免除额外缴税的申请并非任意任性所为，而是具有良好的基础。

根据案件事实，法庭发现纳税人1987年和1988年的赠与税申报表中财产的价值有合理的依据，并且如实申报。法庭认为税务局在判定纳税人是否应缴额外赠与税问题上滥用了自由裁量权。税务局在其答复中辩称，额外赠与税是适当的，因为纳税人"不合理地依赖"了西格尔和罗伯特的估值。他们认为，根据先前的审计和结果，纳税人应该知道这两位专业人员的估值是不合理的。对于这个说法，法庭不能同意。虽然税务局曾经质疑过纳税人的估价方法，但这一事实并不意味着纳税人就应该认为该方法不合理。关于税务局出具的审计意见，纳税人的签字并不意味着对未来几年事项达成了合意，也不是纳税人对税务局的肯认。因此，法庭发现税务局拒绝对纳税人免除1987年和1988年额外的赠与税是滥用其自由裁量权。在认定的过程中，法庭强调纳税人合理地依赖西格尔的专业知识，并如实向税务局报告西格尔的估值。

3. 《美国联邦国内收入法典》第6662（a）及（g）条

对于1989年12月31日之后的赠与税申报表，比如纳税人1989年和1990年的申报表，根据第《美国联邦国内收入法典》6662（a）和（g）条的规定，处罚适用于任何因估值过低而导致的少缴赠与税。当赠与税申报表中财产的价值低于正确价值的50%（含50%），并且由于估值过低，少缴的赠与税超过1000美元，则根据第6662（g）条的规定，处罚少缴部分的20%。第6662（a）条规定，当纳税人对于少缴部分有合理理由且如实申报，处罚并不适用。

纳税人是否有合理的理由、是否如实申报，是一个事实判断。判断的关键在于纳税人在评估其纳税义务时是否尽到正常的商业注意和谨慎（ordinary business care and prudence）义务。如果纳税人依据其经验、知识和教育，即使对事实或法律存在误解，纳税人也可能已尽到正常的商业注意和谨慎义务。如果纳税人合理地依赖专业建议，那么纳税人也可能已经尽到正常的商业注意和谨慎义务，即使专业人士的建议事后被证明是错误的。

事实显示，本案纳税人对评估所涉赠与应负的纳税义务做出了合理的努力。由于在估值和税务问题上缺乏经验，纳税人聘请了西格尔和罗伯特对标的股票进行估价。纳税人合理地信赖了两位专业顾问的判断和建议。在此事实下，纳税人无需对专业人士的建议进行事后分析。

税务局辩称，纳税人的信赖是不合理的。因为之前税务局的审计已经通知纳税人，税务局不同意他们的估价方法。但基于上述同样的理由，法庭不同意税务局的观点。法庭在这个问题上支持纳税人。

案件三　博斯卡诉美国联邦税务局

(Estate of Mario E. Bosca, Deceased, Marie A. Baker formerly
Marie A. Bosca, Executor, Petitioner v. Commissioner
of Internal Revenue, Respondent)

案　　号：T. C. Memo. 1998-251
受理法院：美国联邦税务法院
判决时间：1998年7月8日

一、案件事实

1912年，死者的父亲雨果·博斯卡（Hugo Bosca）先生开始生产和销售钱包、皮夹等皮革制品。最初，他有两个合伙人，但在20世纪30年代以后，雨果成为公司的唯一所有者。1948年，雨果先生的两个儿子，即奥西诺·H. 博斯卡（Orsino H. Bosca，下称奥西诺）和马里奥·E. 博斯卡（Mario E. Bosca，下称死者或马里奥）共同作为公司的所有人，在俄亥俄州注册成立了雨果公司。

死者和奥西诺获得雨果公司的所有权后，奥西诺成为雨果公司的副总裁和财务主管，负责公司的财务管理，还参与了雨果公司的广告、营销和促销活动。死者成为雨果公司的总裁，他的职责包括设计和销售皮革产品，采购材料，并监督其制造。

根据该公司章程，雨果公司有权最多发行2500股股票，其中2000股为每股面值100美元的普通股，500股为每股面值100美元的优先股。1980年11月3日，雨果公司向奥西诺先生签发了805份有表决权普通股的股票证书，并向死者也签发了同等数量的股票证书。这些股票是当时雨果公司唯一发行在外的股票。

死者和他的兄弟与雨果公司签订买卖协议，根据协议，公司从第一个去世的股东的遗产中回购自己的股票。1981年10月8日的买卖协议部分规定如下：

"（1）无论奥西诺还是马里奥，只要有人先去世，在其去世后，雨果公司应在该死者遗产的执行人、管理人或其他法定代表人任命后的七个月内，购买该死者去世时所拥有的所有股份以及之前曾拥有的任何股份。被继承人将其遗产转让给其妻子或者直系后代的，被继承人和先前由被继承人转让的股份的任何其他持有人应以下述价格向公司出售和转让这些股份，并且卖方应签署并向公司交付股权证明书。

股票的购买价格是股东去世前一个月末的账面价值。"

奥西诺于 1986 年 11 月 27 日去世。1987 年 7 月 6 日，雨果公司按照 1981 年 10 月 8 日协议的要求，收购了奥西诺先生的 805 股股票。雨果公司同意支付每股 1670 美元，总价 1344350 美元（805 股×1670 美元）。根据 1981 年 10 月 8 日的协议条款，雨果公司还为奥西诺先生支付了 970414.04 美元的人寿保险首付款。雨果公司将在 10 年内分期支付余下的 373935.86 美元，年利率为 9%。回购完成后，死者持有的 805 股有表决权普通股是雨果公司仅有的流通股。

1987 年 7 月 22 日，死者选举自己、妻子和 S. F. 桑德（S. F. Sander）为雨果公司的董事。S. F. 桑德是雨果公司聘请的注册会计师，死者在去世前一直担任雨果公司的董事。1987 年 7 月 23 日，雨果公司的董事会批准死者将其 50% 的雨果公司股份转让给妻子玛丽·贝克（Marie Baker）。此后，死者和妻子分别持有雨果公司有表决权的普通股 402.5 股。1987 年 7 月 24 日，董事会选举死者为总裁，克里斯多夫·博斯卡（Christopher Bosca），死者的儿子，是公司副总裁兼财务总监，并选举了 S. F. 桑德为公司秘书，死者生前一直担任雨果公司的总裁。1987 年，死者被诊断出肺癌。1987 年 8 月 21 日，他接受了切除部分肺的手术，并在术后重返工作岗位，继续为雨果公司工作至 1990 年 5 月。1988 年，死者与夫人雇佣了弗雷德里克·L. 费舍尔（Fredrick L. Fisher），先生作为其遗产筹划律师，为他们起草遗嘱。死者与夫人的遗嘱于 1990 年 5 月 25 日成立。1989 年 10 月，弗雷德里克·L. 费舍尔在会见克里斯多夫·博斯卡和死者时首次得知死者患有肺癌。1990 年 2 月，弗雷德里克·L. 费舍尔得知死者已经癌症晚期。1989 年 10 月 17 日，死者在与弗雷德里克·L. 费舍尔的一次会面中，提出将雨果公司的控制权转让给他的儿子克里斯多夫·博斯卡和安东尼·博斯卡（Anthony Bosca）的想法。弗雷德里克·L. 费舍尔建议对公司进行资本重组。1990 年 2 月，弗雷德里克·L. 费舍尔与博斯卡家族的四名成员就资本重组计划进行了交谈。1989 年 1 月 2 日，玛丽·贝克（死者妻子）给每个儿子转让了其 402.5 股雨果公司有表决权普通股中的 55 股。各方当事人同意，当时雨果公司股票的每股公允市场价值为 8708 美元。因此，玛丽·贝克女士将价值 478940 美元的雨果公司股票（55 股×8708 美元）转让给了两个儿子。转让后，雨果公司的股票持有分布如表 3 – 1 所示。

表 3 – 1　　　　　　　　　　雨果公司股票持有分布

股东	有表决权普通股	占比（%）
死者	402.5	50.00
玛丽·贝克	292.5	36.34
安东尼·博斯卡	55.0	6.83
克里斯多夫·博斯卡	55.0	6.83

1990 年 5 月 25 日，雨果公司全体股东通过了一项决议，修改了雨果公司章程，允许

公司发行最多2500股股票，其中包括1500股A类有表决权普通股和1000股B类无表决权普通股。决议规定如下："本公司授权发行的最大股份数为2500股，其中包括1500股每股面值100美元的A类有表决权普通股和1000股每股面值100美元的B类无表决权普通股。除B类无表决权股份不享有选举公司董事的表决权和向股东提交表决或批准的任何事项的表决权外，每类股份在各方面均应相同。"同日，时任总裁的死者和时任秘书的S. F. 桑德签署了雨果公司章程修正案。1990年5月25日，雨果公司的董事会还通过了以下决议：经公司全体股东批准，采用本协议中的资本重组计划和协议（以下简称计划）；在计划获得股东批准后，公司的每名高级职员有权代表公司执行计划，并采取任何其他行动，包括但不限于执行其他协议、文书或文件，以及向适当的政府部门提交该高级管理人员认为有必要或适当的文件文书，以达到本计划预期的结果。

二、背景信息

（1）目前公司有805股有表决权的普通股，每股面值为100美元。这些股份目前的分布情况如下：马里奥·博斯卡402.5股，玛丽·博斯卡292.5股，克里斯多夫·博斯卡55股，安东尼·博斯卡55股。

（2）公司的章程已经修改，并发行了每股面值为100美元的无表决权普通股。

（3）股东希望以相同数目的无表决权股票交换其有表决权股票，而公司亦希望上述交换发生。

（4）公司董事会认为，为了公司和股东的共同利益，进行此类交换是可取的。因此，本公司董事会已批准股东就其有表决权股票交换相同数目的无表决权股票。

三、协议

（一）交换

各股东应将全部有表决权的股票转让给公司。作为交换，公司应向每位股东发行与该股东有表决权的股份相同数量的无表决权股票。

（二）注销已转让的有表决权的股票

股东将其有表决权的股票转让给公司，并以此换取公司无表决权的股票时，转让给公司的有表决权的股票将被注销。

死者的儿子克里斯多夫·博斯卡和安东尼·博斯卡不是资本重组协议的缔约方。但是，雨果公司的所有股东，包括死者的儿子，都批准了该协议，并签署了公司对协议的通过决议。

根据资本重组协议的条款，死者将代表其402.5股有表决权普通股的证书转让给雨果公司。死者签署了"股权转让"协议，其中规定如下：

马里奥·博斯卡不可撤销地、无条件地转让所持有的402.5股雨果公司普通股。同时任命克里斯多夫·博斯卡作为事实上的律师全权代表死者完成上述转让。作为交换，雨果公司向持有人发行了402.5股雨果公司"B类无表决权股份"证书。同样，玛丽·贝克将其292.5股有表决权的普通股转让给雨果公司，并收到292.5股雨果公司B类无表决权普通股。最后，死者的每个儿子都将55股投票普通股的证书转给雨果公司，并获得55股"A类有表决权股票"证书。

经过上述转让，死者及其妻子拥有了公司全部的B类无表决权普通股，死者的儿子克里斯多夫·博斯卡和安东尼·博斯卡拥有了全部A类有表决权普通股。

1990年5月25日，也就是上述转让的同一天，玛丽·贝克签署了一份"股票转让书"，将她持有的292.5股B类无表决权普通股转让给了死者。

该次转让后，雨果公司的股票持有分布如表3-2所示。

表3-2　　　　　　　　1990年5月转让后雨果公司股票持有分布

股东	A类有表决权普通股（股）	B类无表决权普通股（股）	有表决权普通股占比（%）	无表决权普通股占比（%）
死者	/	695	/	100
玛丽·贝克	/	/	/	/
安东尼·博斯卡	55	/	50	/
克里斯多夫·博斯卡	55	/	50	/
合计	110	695	100	100

根据双方的约定，法庭发现：

（1）在1990年5月25日进行资本重组之前，有表决权的普通股如果占公司已发行股票的50%，则该种股票每股的公允市场价值（FMV）为11827美元；如果占公司已发行股票的25%，则FMV为9671美元。

（2）在1990年5月25日进行资本重组后立即发行的B类无表决权普通股的每股FMV为9415美元。

死者于1990年9月5日去世。在他去世时，他在雨果公司持有695股B类无表决权普通股。当时B类无表决权普通股每股的FMV为8843美元。因此，在他去世时持有的雨果公司股票的价值为6145885美元（8843股×695美元）。

1990年10月1日，雨果公司股东选举玛丽·贝克、克里斯多夫·博斯卡、安东尼·博斯卡为董事。同日，董事会选举克里斯多夫·博斯卡为总裁，安东尼·博斯卡为副总裁兼财务主管，玛丽·贝克为秘书。

玛丽·贝克以死者遗产执行人的身份，在1990年提交了遗产赠与（及代际转移）税纳税申报表（即表709）；并附上遗产与赠与税税款计算的说明，内容如下：1990年

5月25日，根据雨果公司资本结构调整，死者将自己持有的402.5股有表决权普通股换成了资本重组后发行的402.5股无表决权普通股。玛丽·贝克亦代表死者的遗产提交了纳税申报表706。该表显示，遗产总额为9604543.03美元，应税遗产总额为595915美元，可扣除总额为9008628.03美元。该报税表清楚地列明了在共计1123132美元的数额中，经调整后的应纳税额为527217美元，并据此计算了税额。这份死者遗产税申报表上申报的经调整的应纳税赠与额527217美元，没有任何来源参与资本重组。遗产税申报表的附表B是股票和债券报告，显示死者去世时持有695股雨果公司无表决权普通股价值为7575500美元（每股10900美元）。

联邦国内收入局（即被告）在遗产赠与税欠缴通知书对原告应纳税额做出的调整中，认定死者对两个儿子做出的股权赠与是与资产重组有关的。被告认定，赠与总额等于死者放弃的金额7618117.50美元（即402.5股有表决权的普通股×18927美元/股）与他收到的回报金额5859997.50美元（即402.5股B类无表决权的普通股×14559美元/股）之间的差额。因此，被告认定死者给与两个儿子的赠与价值为1758120美元。

被告进一步确定，到1990年底，被继承人应税赠与总额为2491175美元，其中与资本重组有关的赠与为主要部分。此外，税务局在欠税通知中还作了其他调整，他们认为被告遗产的应纳税额527217美元亦应调增，以反映在资本重组中对两个儿子做出的赠与。

四、法院意见

在上述遗产与赠与税的确定与申报中，原告方认为雨果公司的资本重组，即死者将有表决权的普通股转换为无表决权的普通股，不属于赠与。被告认为死者的换股实际上是一种财产转让，按照第2512（b）条的规定，该财产转让没有被客观充分地反映到收入上。除另有说明外，有关遗产税的章节参照在死者死亡时适用的《美国联邦国内收入法典》，有关赠与税的章节参照在被继承人死亡时适用的《美国联邦国内收入法典》。因此，被告认为死者在资本重组前持有的有表决权普通股的价值高于重组后取得的无表决权普通股价值，这个差额应视为死者给两个儿子的赠与。被告在对原告发出的欠税通知书中和诉讼中的立场一样，但是具体数值不同（见表3-3）。

表3-3　　　　　　　　　　　　　被告的立场

项　　目	欠税通知书	诉讼
资产重组前有表决权普通股每股价值（美元）	18927	11827
资产重组后B类无表决权普通股每股价值（美元）	14559	9415
差别（美元）	4368	2412
股数（股）	402.5	402.5
死者给儿子赠与的价值（美元）	1758120	970830

原告认为，将雨果公司有表决权普通股转换为B类无表决权普通股，死者唯一放弃

了的东西是这部分股票的投票权,资产重组对雨果公司的资产、负债或者所有者权益并没有造成任何的损失或者减少。因此,死者在雨果公司的权益并没有遭受任何的损失或者减少,也就是说,死者没有做出和重组有关的任何赠与。原告还辩称,死者所持有的402.5 股普通股所享有的投票权对雨果公司来说没有任何价值,而他的两个儿子作为雨果公司的股东,也没有从雨果公司的资本重组中获得任何利益。法庭发现,尽管原告的立场是没有赠与,但其主要观点是,死者的任何赠与都应该根据第2512(a)条进行估价,而不是根据2512(b)条。也就是说,原告主张死者向他的两个儿子赠送的是"雨果公司的25%投票权",而不是股票权益。原告进一步称,根据第2512(a)条,赠与总价值为24150美元(60美元/股×402.5股)。该价值是基于双方约定的"1990年5月25日交换之前,公司表决权的每股FMV为60美元(不附带任何权益)"。

另外,原告称,就算是根据法典第2512(b)条和赠与税条例第25.2511-1(h)(1)条对死者参与资本重组进行的"赠与"进行估价,被告的估价也是错误的。被告错误地将这笔交易作为雨果公司50%股权(每个儿子获得一半)赠与,而不是两个25%雨果公司股权的赠与行为。表3-4是原被告观点的比较。

表3-4 被告和原告观点比较

项　　目	被告观点	原告观点
资产重组前有表决权普通股每股价值(50%股权为一组)(美元)	11827	
资产重组前有表决权普通股每股价值(25%股权为一组)(美元)		9671
资产重组后B类无表决权普通股每股价值(美元)	9415	9415
差异(美元)	2412	256
股数(股)	402.5	402.5
死者给儿子赠与的价值(美元)	970830	103040

原告承担证明被告估价错误的举证责任。所有程序性规则均应依照税务法院的判例和税收法典的程序。法典第2501条规范对赠与财产的税收征收。赠与税是对财产转让这一行为而非赠与标的物征收的税种。它适用于所有赠与转让,无论赠与是直接的还是间接的,以及财产是不动产或动产、有形的还是无形的。它不仅对那些普通法中没有"价值"或对价的转让适用,而且还适用于买卖、交换和其他非正常业务过程中发生的对财产的处置,只要交易人转让的财产的价值超过为其提供的对价的货币价值。一般来说,财产在赠与日的价值被视为赠与的金额。财产的价值是指在自愿的买受人和自愿的出卖人之间,既不被强迫买卖,又对有关事实有合理的了解时转手的价格。

法庭首先否认原告的第一个论点,即死者没有就资本重组做出任何赠与。个人向公司转让财产,其价款不是足额对价时,一般会认定为个人向公司股东(根据各股东在公司中所占比例)的赠与。当个人转让给公司的财产是公司股票时,情况同样如此。死者将表决权的普通股转让给雨果公司,并以无表决权普通股的形式接收价值较低的财产。根据第2512(b)条的规定,死者所放弃的财产与所收到的财产之间的价值差异被视为赠与。原告的论点是，死者没有赠与，因为公司的股本没有因为资本重组而发生变化，或者死者只转让了对公司没有价值的投票权。显然，原告没有认识到第2512条中使用的"赠与"和"财产"一词的广泛和全面的含义。

原告的主要论点是基于"第2512（a）条和第2512（b）条下的财产估值之间存在根本差别"的理解。一方面，第2512（a）条适用于"直接赠与"，也就是说，赠与人"将财产赠与他人，但没有得到任何回报，或只收回自己拥有的部分财产"。另一方面，第2512（b）条适用于"在交换中收到的财产权的全部或部分与放弃的财产权有所不同"的情形。

法庭也反对这一论点。根据第2512条及相关案例，没有任何证据证明（a）款适用于赠与人没有收到任何回报或者只收到赠与标的一部分的"直接赠与"，而（b）款适用于赠与人收到与赠与标的不同的"其他赠与"。第2512（a）条是关于"财产赠与"的一般性规定，规定赠与日财产的价值应当视为赠与的金额。法规没有对"赠与"一词做出定义，但如上所述，国会打算在其最广泛和最全面的意义上使用该词。第2512（b）条适用于"财产转移的金额或金钱价值低于足够和充分的对价"。如果财产没有按照对价转让，则第2512（b）条规定，财产价值超过收到的对价的部分"应视为赠与"。因此，国会在立法时摒弃了"赠与意图"的主观性要求，只是关注交易的对价是否对等。在不等价转让的情况下，对财产（正常业务过程中的财产除外）进行的每一次转让，都必须缴纳赠与税。与原告提出的观点相反，第2512条（a）和（b）款没有规定不同的财产估价方法。无论第2512（a）条或第2512（b）条如何描述，赠与转让的财产的价值是自愿买方和自愿卖方之间的财产交换价格，既不受任何强制购买或出售的约束，又对相关事实有合理的了解。原告主张，根据第2512（a）条确定的"赠与"金额与根据第2512（b）条确定的"视为赠与"的金额不一致，但并没有提供相关的依据证明。

法庭同意被告的估价方法。被告对死者转让给公司的402.5股有表决权股份的价值与他收到的402.5股无表决权股份的价值之间的差额进行估价，根据第2512（b）条，两者的差额被视为赠与的价值。

最后一个问题是，死者转让给雨果公司的有表决权的普通股是作为公司股票的50%的进行单一估值，还是作为25%分别进行估值。一方面，如上所述，如果死者有表决权的股票以一个整体来估价，那么在资本重组之前，每股股票价值为11827美元。在这种情况下，死者转移到雨果公司的股票与他收到的回赠股票之间的差额为2412美元，而死者给他儿子的赠与总值将为970830美元。另一方面，如果股票的价值是按照25%分别进行估价，那么按照约定，在资本重组之前，每股股票价值9671美元。在这种情况下，死者转移到雨果公司的股票与他收到的股票之间的价值差额为256美元，那么赠与总价值为103040美元。值得注意的是，被告在对死者股票进行估价的时候，没考虑到玛丽·贝克向公司转让的有表决权的股票。

一般来说，赠与税适用于以赠与方式转让的财产。如上所述，赠与日财产的价值被视为赠与的金额。因此，为了计算赠与税，每项单独的赠与必须单独估价。法庭拒绝纳税人为获得打包折扣而在同一天将股票的单独赠与进行汇总的意图，法庭认为每一份单独的赠与必须单独估价；同样，法庭亦拒绝税务局将多数股东于同日向其家庭成员分别赠送的股票集合起来的意图，以作为"控股权"来评估这些赠与的价值。每笔赠与须单独评估的原则不仅适用于赠与人直接向受赠人捐赠，也适用于通过信托等途径间接向受赠人捐赠。

本案中，死者通过参与公司的资本重组间接地向他的两个儿子赠送了股票。在对赠与进行估价时，被告认为死者转让给公司的股票应被视为单一股票进行估价。因此，被告将死者的股票合计起来，以便对其进行估价。在法庭看来，这种做法违反了不同的赠与应该分开估价的原则。法庭认为死者虽然在资本重组中赠与了代表公司50%有表决权的股份，但是死者从未将公司50%的有表决权股份打包转让给受赠的任何一方或双方，所以应对25%的赠与股份分别估价。

案件四 麦克西诉美国联邦税务局（一）

(Estate of Gregg Maxcy, Jessie L. Maxcy and Reverend George C. Stulting, Co-Administrators, petitioners v. Commissioner of Internal Revenue, Respondent. Estate of Hugh G. Maxcy, Jessie L. Maxcy and Reverend George C. Stulting, Co-Executors, Petitioners v. Commissioner of Internal Revenue, Respondent)

案　　号：T. C. Memo. 1969 - 158
受理法院：美国联邦税务法院
判决时间：1969 年 7 月 31 日

一、案件事实

本案中与争议问题有关的事实如下：

原告方是杰西·L. 麦克西（Jessie L. Maxcy）和乔治·C. 斯图尔特（George C. Stulting）牧师，他们是格雷格·麦克西（Gregg Maxcy）遗产的共同管理人。在原告提交本案诉状之时，其主要住所地位于佛罗里达州的塞布林。格雷格于 1960 年 8 月 10 日逝世，在递交的美国遗产税申报表中，1961 年 8 月 10 日被选定为遗产价格评估日。该遗产税申报表已交至佛罗里达州杰克逊维尔的地方税务局。休·麦克西（Hugh Maxcy）为格雷格的儿子，他于 1963 年 5 月 24 日逝世。在他的美国遗产税申报表中，遗产评估日为其逝世当天。该申报表亦交至佛罗里达州杰克逊维尔的地方税务局。

在审判之日，格雷格的妻子杰西拥有格雷格和休死后剩余遗产的所有权。格雷格去世时没有立下遗嘱；根据佛罗里达州的法律，杰西有权继承他一半的财产，而休有权继承另一半。休去世了，依照他的遗嘱，杰西得到了他所有的财产。休的妻子拉菲·麦克西（Lafaye Maxcy）根据佛罗里达州法律第 731.34 条获得了遗孀权益（dower interest），但随后该权益被杰西购买了。

格雷格和休去世时都持有佛罗里达州麦克西公司（Maxcy Securities Inc.，下称麦克西公司）的股票。麦克西公司成立于 1933 年 7 月 14 日，共依法发行 250 股股票，这些股票没有任何名义上或被赋予的价值（nominal or stated value）。1933 年 8 月，公司秘书夏洛特·瓦雷娜（Charlotte Varena）向麦克西公司的股东交付了股权证书（stock certificates）：格雷格拥有代表 3 份麦克西公司股份的 1 号权证；格雷格的妻子杰西拥有代表 1

份股份的3号权证;夏洛特自己拥有代表1股股份的2号权证。夏洛特在公司股票记录簿上记录上述发行,这是对公司流通股的唯一记录。

1933年8月1日,这家新成立的公司召开了一次特别会议。会上公司授权再发行245股股份给格雷格,以换取公司所需的资产。夏洛特随后于1933年10月向格雷格交付了含245股股份的4号权证,并将本次发行记录在公司的股票记录簿上,但发行日期追溯至1933年8月1日。

此后,在1933年或1934年的某天,格雷格签署了4号权证,并把它转交给了夏洛特。他希望把245股股份转换成4份权证,其中80股转让给休,79股转让给杰西,82股留给自己,4股转让给夏洛特。夏洛特随后分别以上述分配发行了5号、6号、7号和8号权证,并将该次发行记录在1933年8月15日的245股股份转让记录中。当时,格雷格告诉杰西,他准备把80股股份送给休,79股送给她。当这245股的股份转让完成后,夏洛特认为4号权证已注销,但她并没有做任何记录表明该权证已注销。

1949年,格雷格与公司的会计师托马斯·J. P. 科克伦(Thomas J. P. Cochran)就麦克西公司的资本化事宜举行了一次会议。在那次会议上,格雷格表示或确认了他在245股流通股中拥有82股股份。托马斯建议将公司的法定股本增加到500股,将发行的股票用于交换对现有股东的债务。根据托马斯的建议,麦克西公司于1949年10月8日修改了公司注册证书,将法定股本增至500股。但是,该公司在后续并没有实际增发任何股票来偿还债务。

1951年,休向夏洛特交出了代表80股股份的5号权证,以偿还他欠公司的债务。休在权证上做了背书说明,当他把股权权证交给夏洛特时,夏洛特认为权证已被注销。1953年,夏洛特向休交付了代表4股股份的9号权证,并将该发行记录在公司的股票记录簿上,但并未记录发行原因。

在发行权证的时候,佛罗里达州的法律要求购买跟单邮票(documentary stamps),尽管公司的股票记录簿没有记录所有的权证。但夏洛特为每次发行都购买了邮票,格雷格去世时,所有以格雷格、休和杰西三个人的名义署名的权证(除了已被银行作为抵押的9号权证外)都存放在麦克西公司的保险柜里,其中包括已被注销的4号和5号。能打开保险柜的只有格雷格、休和夏洛特。杰西既不知道保险柜的密码,也从未保存过任何权证。

截至格雷格去世之日,麦克西公司已发行股票174股,包括1、2、3、6、7、8和9号权证。然而,由于麦克西公司的管理者、律师和会计以及美国税务局的工作人员记忆缺失、低效率和粗心大意,不同文件上显示的麦克西公司流通股数量和其对应的所有权并不一致。

在将80股股份转让给休之后,夏洛特做的1940年8月31日麦克西公司会议记录如下:"下列董事和高级管理人员,同时也是全体股东,出席了会议:格雷格、杰西和夏洛特。"

1939年1月14日和1940年1月12日的会议记录中也出现了类似的表述。但这些表述是错误的，因为休是股东，但不是董事。1941年9月15日及之后的会议记录显示，休被选为董事会成员，同时也是公司的股东。

格雷格去世后，他的遗产律师埃萨雷（M. L. Esarey）从夏洛特那里取得了格雷格名下的所有股票权证，包括245股麦克西公司的股权权证。该权证上有格雷格的签字，但埃萨雷没有检查公司的股票记录簿，因此她不知道该权证不再代表麦克西公司的流通股。埃萨雷为遗嘱认证准备资产清单时报告说，格雷格拥有330股麦克西公司股票。作为管理者的夏洛特签署了该报告。这些资产后来成为休的财产、杰西购买拉菲遗孀权利的基础，某些由埃萨雷准备的和麦克西公司有关的会议记录也依此做出。尽管埃萨雷后来意识到格雷格持有的股票可能并没有330股，但因悬而未决的家庭纠纷和潜在的被诉可能性，她没有在随后的诉讼程序中提及这一问题。

1934~1967年，麦克西公司向佛罗里达州州政府提交了题为《国外公司和国内公司的公司报告和纳税申报》的若干份文件。对于纳税申报单，有人提出了关于该公司已发行股票数量的问题。表4-1为麦克西公司在这些年间报告的股票数量。

表4-1　　　　　　　　　　　麦克西公司的股票数量

年份	1934~1949	1950~1962	1963~1967
流通股数量（股）	250	314.2	419

申报单由托马斯编制。1950~1962年显示的314.2股的数字是基于托马斯认为公司将进行债转股的错误假设。1963~1967年的419股，是根据税务代理人阿尔贝蒂（Alberti）提供的信息得出的，实际上确有419股股票已发行。托马斯在编制报告时未对股票记录簿进行过独立的检查，或核实其中的任何数字。

麦克西公司1934年7月31日至1967年7月31日的企业所得税纳税申报表上，有以下关于股票所有权的信息：1940年和1941年，格雷格所有权为99%（其他年份没有显示任何所有权的百分比）。1940年的申报表是托马斯编制的第一份申报表，其他的申报表都由会计师编制。格雷格在死前签署了所有申报表。夏洛特是1940年和1941年申报表的联合签署人，休是1961年申报表的唯一签署人。

1938~1967年的申报表回答了这个问题：在纳税年度的某个时候，有没有某公司、个人、合伙企业、信托公司或协会直接或间接拥有该公司50%或以上有表决权的股份。1944年、1945年、1949年、1950年、1952年、1953年、1955年和1956年，以及1958年至1963年，答案是"否"；1964~1967年，答案是"是"；其他年份则没有答案。在回答"是"的年份，1964年格雷格拥有70.8%股权；1965~1967年格雷格拥有78.75%股权。78.75%由托马斯计算，基于330股占已发行的419股中的比例。

托马斯于1963年3月3日去世，他为格雷格的遗产准备了《美国遗产税申报表》，其中表B（股票和债券）列示330股麦克西公司股票，价值495165美元。

托马斯为休的遗产准备了《美国遗产税申报表》，其中表B列示169股麦克西公司股票，价值 712335 美元。托马斯计算休的麦克西公司的股权时，这 169 股是将格雷格遗产税申报表上显示的 330 股股票除以 2，再加上 9 号权证所代表的 4 股股票而得出的。

在对格雷格发出的欠税通知书中，税务局（即被告）认定格雷格持有麦克西公司 330 股股份。在最初的答辩状中，原告声称格雷格的遗产中含有 330 股麦克西公司股份；而在修改后的诉状中，原告声称，格雷格只持有 85 股。在对修改后的诉状的答复中，被告称格雷格拥有 419 股流通股中的 330 股，或拥有 254 股中的 248 股，第三种可能是拥有在他去世时 174 股流通股中的 168 股。虽然对格雷格持有股份的数目原被告双方争执不下，但双方均同意，在休去世之日，休持有的麦克西公司股份是格雷格持有股份的一半，加上 9 号权证所代表的 4 股。

格雷格去世时，他持有 174 股流通股中的 164 股。

从格雷格去世到休去世的这段时间里，麦克西公司一直从事柑橘类水果和正在被淘汰的养牛业务。该公司拥有 18 个柑橘果园，其中三个相邻，另外 15 个不相邻。此外，该公司还拥有一家货车停站餐厅、抵押贷款和应收账款。1961 年 8 月 10 日公司净资产的公允市场价值为 2043977.97 美元（见表 4-2）。

表 4-2 麦克西公司 1961 年 8 月 10 日的净资产结构 单位：美元

项　目	公允市场价值
资产	
现金	7799.03
应收账款、应收票据及按揭［扣除分期付款销售的资本利得税（递延收入 40799.72 美元）］	436277.59
存货	3445.40
股票和债券	700.00
牛群	16950.76
马群	3400.00
柑橘果林	347700.00
未开垦地块	1131400.00
Moore Haven 牧场	262500.00
厂房和设备	77260.00
总资产	2287432.78
负债	
应付账款	69974.20
应付票据及按揭	162190.11
应付所得税	11290.50
总负债	243454.81
净资产	2043977.97

1963年5月24日（休去世之日），公司净资产的公允市场价值为1915686.57美元（见表4-3）。

表4-3　　　　　　　麦克西公司1963年5月24日净资产结构　　　　　单位：美元

项　目	公允市场价值
资产	
现金	8410.52
应收账款、应收票据及按揭［扣除分期付款销售的资本利得税（递延收入28012.24美元）］	433141.61
存货	829.46
其他流动资产	1473.13
柑橘果林	372300.00
未开垦地块	1226700.00
厂房和设备	75000.00
其他资产	3046.58
总资产	2121601.30
负债	
应付账款	43166.07
应付票据及按揭	91502.98
其他负债	71245.68
总负债	205914.73
净资产	1915686.57

在上述的两个日期，都不存在可以提高麦克西公司股票价值的商誉。由于公司资产多样性的性质，麦克西公司股票的潜在购买者在一个相对较小的市场内。因为和只购买一两种财产权益的购买行为不同，很少有买家愿意购买该股票背后所代表的如表所示资产的权益。此外，该公司的股票不如其基础资产那么受欢迎，因为股票的潜在买家可能要承担公司债务。

在上述两个日期中，麦克西公司的多数股权价值为该公司资产公允市场价值的85%。由于少数股权在一家少数人持股的公司中不受欢迎，因此少数股权的单位价值只相当于多数股权单位价值的75%。

格雷格去世时，他拥有表4-4中列示的人寿保单，这些保单已过户给密歇根州底特律的联邦银行，作为38755.86美元贷款的担保。

表4-4　　　　　　　　　　格雷格的人寿保单

公司	数量	价值（美元）
New York Life Insurance Co.	10162811	24063.50
Mutual Life Insurance Co.	3023015	12469.21
Central Life Assurance Life Society	84678	4000.00

所有转让（assignment）均以下列格式执行：

人寿保单作为抵押物的转让

一、由纽约人寿保险公司（New York Life Insurance Company，下称保险人）发布的10162811号保单及与之相关的补充合同（上述的政策和合同在下文统称为保单），投保人为佛罗里达州塞布林的格雷格。本保单下所有的债权、选择权、特权、权利、所有权和权益（all claims, options, privileges, rights, title and interest）（本合同C段规定的除外），须符合本保单的所有条款和条件，以及保险人对本保单可能拥有的优先留置权（如有）。该保单的签署人将保单的价值过户、转让和移交至密歇根州底特律联邦银行，该银行为保单的继承人和受让人。本协议的签署人与接受本次转让的受让人，一致同意本协议所载的条件及规定。

二、双方明确同意，在不减损上述一般性前提下，以下具体权利包括在本次转让中，并通过本协议予以行使：

（一）当保单因死亡或到期而产生求偿权时，向保险人要求取得净收益的独占权；

（二）在保单条款规定的任何时间以及保险人可能允许的其他时间内退保并收取退保价值的独占权；

（三）从保险人或在任何时候从其他人处获得保单上的一笔或多笔贷款或垫款，并将该保单质押或转让以作为此类贷款或垫款的担保的独占权；

（四）收取本保单的现在或以后的所有盈余、股息存款或追加款项的分配或份额，以及行使与保单有关的选择权的独占权；除受让人以相反的书面通知保险人外，盈余、股息存款和追加款项的分配或份额应按照本次转让的有效计划进行；

（五）行使保单条款所允许的或保险人所允许的所有不可没收权利，并从中获得所有利益和好处的独占权。

三、双方明确同意，只要还未退保，以下具体权利均被保留并排除在本次转让之外，且不因本协议而通过：

（一）向保险人收取伤残保险收入的权利；

（二）指定和变更受益人的权利；

（三）选择可选结算方式的权利。

但保留这些权利不应损害受让人因事故而完全放弃保单的权利，或损害受让人在本协议项下的任何其他权利；指定或变更受益人、选择结算方式应受到本次转让和受让人在本协议项下的权利的约束。

四、转让的保单是用作签署人所欠受让人债务的附属抵押品（collateral security）的。被担保债务，是指签署人在与受让人进行正常商业往来过程中产生的现存的或以后发生的债务。协议双方明确同意，受让人因被保险人死亡、保单到期或退出而收到的款项，应首先按受让人确定的下列优先顺序偿还：（1）债务本金和利息；(2) 保单保费；(3) 保险人就保单所提供的贷款或预付款的本金和利息。

五、受让人承诺并同意：

（一）从保险人收到的款项，在偿付现存债务之后，若存在余额的，受让人应向有权的第三人支付剩余款项；有权的第三人是指，在保单没有转让的情况下，依据保单条款能获得支付的人；

（二）受让人不行使退保权或从保险人处获得保单贷款的权利（以支付保费的目的除外），除非发生债务违约或未能支付到期保费的，或者受让人以特快邮件的方式向签署人发出打算行使上述两种权利通知的20天后；

（三）签署人指定或变更受益人或选择可选的结算方式的，受让人在收到通知后应立即向保险人提交保单。

六、授权保险人承认受让人的权利主张，而无须进行下列调查：受让人实施行为的原因；债务的效力或数额，是否存在违约事项；上述五（二）中提到的通知是否已发出；受让人是否已提出向其支付款项的申请。受让人通过唯一签字能行使转让的保单权利，受让人收取款项的唯一收据意味着保险人义务的解除。对保单项下的或转让的全部或部分应付款项，如果受让人要求开具支票的，支票的时间和数额均应按受让人的要求开具。

七、受让人没有义务支付任何保费、保单贷款的本金或利息（不管受让人是否获得该保单贷款）或保单上的其他费用。但若受让人从其自有资金支付上述费用的，支付的金额应作为被担保债务的一部分。该债务立即到期，并按不超过6%的年利率计息。

八、本协议赋予受让人的任何权利的行使应由受让人自行决定。除上述五（二）中的限制，受让人可以行使任何该等权利，而无须通知签署人，或征得签署人的同意，或影响签署人的责任，或免除签署人在本协议项下所转让的任何权益。

九、受让人可以取得或解除其他抵押品，可免除任何一方的主要或次要债务，可给予债务延期、续期或宽限，可申请获得转让的保单的债务收益，可行使本次转让允许的权利而从保单上获得款项，而无须考虑其他抵押品。

十、如果本次转让的条款与票据的条款或其他债务证明之间存在任何冲突，则与附属抵押品有关的保单或权利，应以本次转让的条款为准。

十一、下列各签署人均声明，其本人并不处于破产程序，其财产也并未因债权人利益而转让。

1960年6月16日签名和盖章。

（签名）夏洛特

见证人

（签名）汉斯·奥利弗（Hansel Oliver）

（签名）格雷格（L. S.）

被保险人或所有者

格雷格

佛罗里达州塞布林191号邮政信箱

地址

所有转让均记录在各自保险公司的账簿上。据此，格雷格对 Central Life Assurance 和 New York Life Insurance 的保单变更了受益人，内容如下：

当公司记录并归还时，附在保单上
CENTRAL LIFE ASSURANCE COMPANY
艾奥瓦州得梅因6号
转让后的撤销和重新指定

第8478号保单受保人格雷格（原文如此）

我作为该保单的所有者，特此撤销现有的指定受益人，包括主要受益人和或有受益人（如果有的话）；撤销该保单下现有的可选结算条款（如果有的话）。我特此请求，该指定和可选结算条款（如果有的话），应立即恢复完全有效，并服从于因该保险单而产生的对保险人有利的任何债务，并依据1960年6月16日的转让协议而服务于密歇根州底特律联邦银行的利益。

本人在此保证，该保单由本人或上述受让人拥有及控制，其他任何人士或公司（保险公司和受让人除外）均无权因出售、转让、质押或其他方式主张对上述保单的权益。

本人清楚，此项更改须在保险公司内务部进行备案，并自执行之日起生效，且不影响保险公司在备案前支付的任何款项。请备案后反馈相关信息。

保单条款中规定，因更改受益人而需向保险公司提交。本人谨此请求豁免该条款。

佛罗里达州塞布林

（城市和州）

1960年6月17日

（日期）

（签名）格雷格

所有人签名

1960年7月18日于艾奥瓦州得梅因备案

日期

Central Life Assurance Company

由 John A. Brenton 签名

变更受益人

附于编号10162811关于格雷格的人寿保险单

上述编号保单的"受益者"特此改为：密歇根州底特律联邦银行，享受权益和获得收益；剩余利益，如果有的话，则赋予被保险人的妻子杰西；或如果杰西死亡，则为被保险人的儿子休。

该变更将根据上述保单受益人条款的变更生效，特此撤销与该保单相关的现行有效的任何结算协议或可选的结算方式。

1960 年 6 月 15 日

"重要"请在两份表格上签名并注明日期

（签名）格雷格

上述保单在格雷格去世时仍然有效。格雷格去世后，联邦银行获得了 40613.47 美元的保险金。该银行随后向杰西开出了 1857.61 美元的支票，以弥补收到的金额与 38755.86 美元债务之间的差额。

在格雷格的遗产税申报单上，这三类保单的 40613.47 美元收入被计入格雷格的总遗产中，并符合配偶扣除额的条件，而联邦银行的 38755.86 美元债务作为被继承人的债务被计入可扣除额。

税务局在其签发的补税通知书中，拒绝将人寿保险收入的数额作为配偶扣除额。被告还驳回原告主张的 9600 美元的会计师费用和 4200 美元的遗孀津贴，将数额为 169529.22 美元"费用和债务"变为 155729.22 美元的"债务和费用"。被告计算的配偶扣除额如下：

由于遗产净额和转让给未亡配偶的资产数额少于调整后遗产总额的一半，因此配偶扣除额限于实际转让给未亡配偶的数额，计算方法如下：

调整后遗产总额		2314632.33 美元
减：债务和费用	155729.22 美元	
妻子的共同财产	30000.00 美元	
人寿保险	80532.71 美元	
联邦遗产税	373807.06 美元	
佛罗里达州遗产税	52751.83 美元	
减项小计		692820.82 美元
剩余遗产		1621811.51 美元
属于妻子的一半剩余遗产		810905.76 美元
加：妻子的共同财产		30000.00 美元
允许的配偶扣除额		840905.76 美元

注：所有人寿保险收入均不符合配偶扣除额条件。

现在被告承认，在人寿保险收入中有 1857.61 美元符合配偶扣除额的条件。

法庭最终认定的事实是：这 38755.86 美元的人寿保险收入不满足配偶扣除额的条件。但为了计算转让给妻子的资产数额，人寿保险收入确实减少了格雷格经遗嘱认证的遗产债务。

二、争议焦点

目前本案待决的问题是：

（1）格雷格和休在他们去世之时所拥有的麦克西公司股份的数量（双方同意，法庭也认可对格雷格持有股份的数量将决定休持有的数量）。

（2）格雷格、休在各自遗产估价日所持麦克西公司股票的公允市场价值。

（3）能作为配偶扣除额从格雷格的遗产总值中扣除的保单收益的金额。

三、判决

本案根据《美国联邦国内收入法典》第 2031 和 2032 条做出判决。

格雷格于 1960 年 8 月 10 日逝世，其一半遗产留给儿子休。休于 1963 年 5 月 24 日去世。本案首先争议的是格雷格去世时持有麦克西公司的股票数量。原被告双方都同意，根据法庭对格雷格所持股份数量的认定结果来确定休持有的麦克西公司股份数量。

麦克西公司成立时，格雷格获得了代表 3 股的 1 号权证，他的妻子杰西和公司秘书夏洛特分别获得了代表 1 股的 3 号权证和 2 号权证。此后不久，格雷格收到了代表 245 股的 4 号权证。第一个问题是，格雷格是将其名下的 4 号权证转换为休名下的 5 号权证、杰西名下的 6 号权证、格雷格名下的 7 号权证和夏洛特名下的 8 号权证，还是除了 4 号权证外，另外发行了 5 号、6 号、7 号和 8 号权证？法庭发现，4 号权证确实是被转换成了 5 号、6 号、7 号和 8 号权证。

被告认为，4 号权证并没有被转让、赎回或注销。该权证表面没有注销标记，各项官方报告在某种程度上印证了该权证继续有效。但调查结果表明，各项报告并不一致。报告的撰写者在审判中的证言表明，他们都没有认真地核实任何具体的已发行股份数目。因此，法庭认为已有报告对股票所有权问题几乎没有证明价值。

显然，最重要的记录是公司的股票记录簿。记录明确表明，5 号、6 号、7 号和 8 号权证是用 4 号权证交换而来的。夏洛特对股票记录簿负责。她做证说，在发行 5 号、6 号、7 号和 8 号权证时，4 号权证被注销，她认为收到 4 号权证这一行为足以注销该权证。

虽然夏洛特的证词中，她不确定日期和金额是否正确，但她确信格雷格是要转让 245 股股票的。法庭相信转让 245 股股票的记录正确反映了实际交易。5 号、6 号、7 号和 8 号权证所代表的 245 股股票总数与 4 号权证代表的 245 股股票一致，这种情况并不仅仅是巧合。法庭注意到格雷格本人曾表示，1949 年麦克西公司的流通股只有 245 股，而他拥有 82 股。

本案双方都认为，公司在 1933 年或 1934 年增发的 245 股股票违反了其只授权发行 250 股股票的章程。此外，增发股票需要公司决议，而公司的正式会议记录中没有关于增发股票决议的内容。因此，从整个记录中法庭发现，发行的 245 股股票是由 4 号权证转换而来的，公司赎回了 4 号权证。格雷格的签名出现在 4 号权证的背面，根据佛罗里达州的法律，这是有效的背书。该权证被送到公司秘书夏洛特处注销。夏洛特认为公司已经注销 4 号权证，并发行了 5 号、6 号、7 号和 8 号权证以作为交换。

双方均同意 4 号权证已经被注销。这意味着在格雷格去世当天，麦克西公司共有 174 股流通股股票。然而，被告认为，即便 4 号权证转换成 5 号、6 号、7 号和 8 号权证，杰西名下的 6 号权证所代表的 79 股股票仍然是格雷格的股票，因为该证书从未交付过。法庭同意被告的观点。

杰西做证说，她从来未持有过任何麦克西公司的股票。所提供的证据表明，杰西名下的 6 号权证一直存放在麦克西公司的保险柜里，而杰西是无法打开保险柜的。因此，法庭认为，6 号权证从来没有被实际交付给杰西。

原告指出，格雷格本打算将 6 号权证所代表的 79 股股票作为礼物送给杰西，并让公司记录该转让。原告援引了若干案例（38 Am. Jur. 2d 856，sec. 51；99 A. L. R. 1077，152 A. L. R. 427，23 A. L. R. 2d 1173），这些案例是为了说明一项规则：即使没有实际交付权证，该行为也足以有效地将股份转让给权证上指定的人。原告请求法庭在佛罗里达州没有先例的情况下找出并确认可适用于该州的一般规则，并主张 6 号权证已经有效地转交给了杰西。他们将本案与《佛罗里达州统一股票转让法案》适用的案件区分开，因为 1943 年通过的该法案不应有溯及力。

法庭也认为佛罗里达州目前没有与本案相同的案例。但佛罗里达州也有一些案例，涉及必须交付权证才能使股票转让生效。这些案例都没有体现原告所援引的"一般规则"，且这些案件无论在《佛罗里达州统一股票转让法案》通过前或是通过后都发生过。

在尤尔科特诉美林、林奇、皮尔斯、芬纳和比恩案［Eulctte v. Merrill, Lynch, Pierce, Fenner and Beane, 101 So. 2d 603（Fla. Dist. Ct. App. 1958）］中涉及的问题是，原告的祖父在 1932 年和 1936 年以原告的名义购买了股票，他的赠与是否有效？在这个案例中，虽然有一些证据表明，祖父在购买股票时并不打算赠送礼物，但地方上诉法院并没有完全根据这个理由做出决定。决定提到：法庭同意首席法官的结论，即如果奥托·卡什帕（Otto Kaspar）不具有完全地、不可撤销地放弃对股票的支配和控制的意思，那么则不能认定证据足以构成完整的赠与。此外，交付作为核心要件，在本案中也没有达成，因为本案上诉人不仅没有权证，而且也从未见过权证。关于交付的要求，可参见《佛罗里达州统一股票转让法案》第 614.03 条。由于缺乏有效的赠与必要条件，该案所有权的设立和上诉人的追偿的基础并未得到支持。

还可参见在佛罗里达州法律下决定的普雷斯曼诉美林、皮尔斯、芬纳和比恩案

[Pressman v. Merrill Lynch, Pierce, Fenner & Beane, 113 Ohio App. 70, 170 N. E. 2d 762 (Ohio Ct. App. 1960)]。

在库布勒诉库布勒案［Kuebler v. Kuebler, 131 So. 2d 211 (Fla. 1961)］中，地方上诉法院重申了必须交付股票才能进行有效转让的要求，即使是股票已在受让人名下。该案案情是，虽然路易斯（Louis）的行为使796股股票以他的名义重新发行，但不管是在路易斯逝世前还是逝世后，上诉人并没有将股票完整地赠与并转让给路易斯。若要使交易完成、使上诉人获胜，除了需要上诉人重新发出赠与意向、交付所有权并放弃支配和控制外，还必须有其他的条件。法院后来对意见进行了修改：在联权共有股票（joint tenancy stock）的情况下，取消了"放弃支配和控制"的要求。

而在本案中不存在这种情况。

在"适当考虑"这些相关案例的基础上，法庭认为，根据佛罗里达州法律，如果没有向受赠人实际交付权证，则股票赠与归于无效。由于没有交付代表79股股权的6号权证，所以在格雷格在世期间，他并未将股票的所有权转让给杰西。因此，格雷格在去世时持有麦克西公司174股流通股股票中的164股。

对于格雷格和休的遗产中所含的公司资产在各自估价日的价值，双方当事人已达成共识，其金额已在事实调查结果中列明。唯一剩下的问题是，麦克西公司多数股权的公允市场价值是否会因为其缺乏市场流通性而有折价。

原告方的两名专家证人做证说，在对和麦克西公司类似的公司估值中，要对其基础资产进行折价后才能得出股票的公允市场价值。拥有收购小型企业经验的注册会计师丹尼尔·唐尼（Daniel Downey）做证称，他建议客户不要购买小型企业的股票，而是要购买其基础资产，以避免承担或有负债或未披露的负债。

不动产评估师马里昂·麦库恩（Marion McCune）做证说，在他看来，麦克西公司股票在这两个估价日中都有可能因为"金字塔"原则（pyramid principle）而大幅折价。他将这一原则运用到麦克西公司的资产，解释如下："在金字塔中，有大量的人可以买一片树林，或一块土地，或一个或更大的牧场。但当你继续往金字塔顶端爬的时候，很可能会发现有人竟然能一只手买一个大牧场，另一只手买6861英亩的牧场、树林。"因此，只要缩小市场规模，就会毫无例外地遭遇打折。他的结论是，麦克西公司的多数股权价值将比其基础资产的公允市场价值低15%，而少数股权还需要再折25%。

在本案查明事实的情况下，被告同意少数股权折价25%，但反对多数股权的折价，因为多数股权的所有者能导致公司清算，然后将资产出售而仅收回基础资产的公允市场价值。因此，被告认为，应按其所占的基础资产的公允市场价值比例来评估多数股权价值，而不应按照金字塔原则而折价。

法庭必须判断被告观点是否站得住脚，从而进一步判断能导致公司清算的多数股权价值，是否真的比麦库恩估算的价值要高。事实上，麦克西公司多数股权的买家是否会进行公司清算并将资产出售并不重要，重要的是必须找到一位愿意采取这种做法的买家。麦库恩的观点是，这类买家相对较少，而且不容易以超过资产公允市场价值85%

的价格找到。

《遗产税条例》第 20.2031-1（b）条规定：“财产的公允市场价值，是指财产在自愿买家与自愿卖家之间交易的价格，并无任何强制买卖的情况，而双方均对有关事实有合理的认识。”在本案中，法庭需要确定有意愿出售麦克西公司股票的人能从有意愿购买股票的人得到的价格，而不是买家最终可能支付的价值。

法庭认为麦库恩的证词对股权价值进行了理性的分析。在没有相反证据的情况下，法庭认为，多数股权价值为其基础资产在估值日的公允市场价值的 85%。本案双方均认为休去世时持有的份额属于少数股权，其价值又为多数股权价值的 75%。

截至格雷格去世时，他向密歇根州底特律联邦银行转让了三份保单作为 38755.86 美元贷款的担保。这三份保单的受益人都是格雷格的妻子杰西，不过其中两份保单将联邦银行列为未偿还贷款的受益人。格雷格去世后，联邦银行向有关保险公司收取了 40613.47 美元①的保单收益，偿还了格雷格的 38755.86 美元的未偿贷款后，将余额 1857.61 美元汇给杰西。

被告承认，银行汇给杰西的 1857.613 美元符合法典第 2056 条②规定的配偶扣除额条件。问题是，保单剩下的部分（38755.86 美元）是否属于"由死者转给未亡配偶"的财产。

原告认为，根据佛罗里达州的法律，杰西将保单收益用于偿还格雷格的债务。如果佛罗里达州的法律确实是这样规定的，那么很显然，可将整个保单收益作为配偶扣除额从遗产中扣除。

在其他司法管辖区的案例中，当被保险人将其人寿保险保单转让给债权人作为担保时，保单受益人通过代位求偿权（subrogation）获得了对遗产的债权，从而有权从遗产中获得保单收益。而一般只在被保险人有意向这么做的情况下才允许这种代位求偿权。

原告没有提到，且法庭也没有发现，有任何佛罗里达州的法律或案例支持：当保单收益被用于偿付被保险人的债务时，受益人拥有对被保险人财产的代位求偿权。然而，根据佛罗里达州的法律，被指定作为抵押品的保单受让人对该保单及其收益拥有广泛的权利。正如佛罗里达州最高法院在莫恩诉威廉姆斯案［Moon v. Williams, 135 So. 555, 557（1931）］中所述：依据人寿保险单条款转让该保单，使得受让人与在保单转让前的被保险人处于同等地位，也即享受在转让前被保险人在保险单项下的一切权利和责任。可以说，这相当于将受让人替换为保单当事人。

---

① 这些数字已经确定。然而，原告透露（被告也同意），这存在一些数学错误。实际保险收入比规定的数额少了 80.76 美元，因此被告承认符合配偶扣除额条件的数额为 1776.85 美元。

② 法典第 2056 条规定，未亡配偶的遗赠（a）允许的配偶扣除额。出于第 2001 条所征税款的目的，应税遗产的价值，除了受到（b）、（c）和（d）的限制，等于遗产总值减去死者传给未亡配偶的财产价值。在确定遗产总值时，转给未亡配偶的财产价值也包含在内。

人寿保险单是一种通过法律行为得以主张的权利（chose in action）①。除非某些合同条款禁止转让保单，否则保单可作为财产转让。

在班克罗夫特诉西部案［Bancroft v. West，174 So. 327（1937）］中，佛罗里达州最高法院在没有考虑被继承人债务的其他偿还来源的情况下，判定被指定作为抵押品的保单的受让人有权获得比保单指定受益人更高的保单收益。在旅行者公司诉塔拉哈西银行和信托公司案［Travelers Ins. Co. v. Tallahassee Bank and Trust Co.，133 So. 2d 463，467（1961）］中，佛罗里达州地方上诉法院判定，如果受让人有权获得保单收益，那么受让人实际上是受益人，而投保人仅享有赎回权益。

此外，如果保单被指定为抵押品，佛罗里达州的法律规定，代位求偿权受到被保险人本身拥有的权利的严格限制。这在乌勒里诉沥青公司案［Ulery v. Asphalt Paving Inc.，119 So. 2d 432，436（Fla. Dist. Ct. App. 1960）］中得到了支持。在该案中，佛罗里达州的地方上诉法院仔细区分了上文提到的班克罗夫特诉西部案，该案的保单是作为被保险人债务的担保，而不是作为第三人债务的担保。在前文提到的旅行者公司诉塔拉哈西银行和信托公司案中，当被保险人选择终止保单，但受让人却没有使保单继续的权利时，保险公司需要对保单受让人负责。保险公司主张其应代受让人对被保险人遗产的权利，法院在驳回时说：在这里法庭所面临的并不是传统的代为求偿权情形，即一方偿还另一方的债务，并拥有债权人的权利；而是保险公司和银行之间直接存在着债权债务关系，没有任何适用代位求偿权的任何依据。

将上述原则应用于本案，佛罗里达州的法律赋予联邦银行广泛的权利来管理格雷格的人寿保险保单，格雷格对保单的权利仅限于将其用于偿还未还贷款。此外，这些保单担保的是格雷格的个人债务，而不是第三方的债务，这并不属于"传统的代位求偿权情形"。在这种情况下，银行实际上已经取代了格雷格。只有银行的意愿，而不是格雷格或杰西的意愿，决定了遗产是否最终会被用于偿还被保单担保的债务。法庭发现，对类似情况可能赋予代位求偿权的其他司法管辖权的案例，并不适用于本案。因此，根据佛罗里达州法律，杰西无权要求补偿用于偿还格雷格债务的38775.86美元保险收益。法庭进一步认为，该金额不属于格雷格传给杰西的财产，因此该部分的保险收益不符合配偶扣除额的条件。

虽然上述内容支持了被告的观点，即上述收入不属于配偶扣除额的一部分，但法庭认为被告在其签发的欠税通知书中计算配偶扣除额是不恰当的。

在计算移交给杰西的剩余遗产时，被告从格雷格的遗产总值中减去了人寿保险收益，还减去了需要偿还的遗产债务155729.22美元。然而，155729.22美元包括了银行的38755.86美元债务，该笔债务已由人寿保险收益偿还，而不属于应由剩余遗产偿还的债务。因此，在计算传给杰西的剩余遗产时，剩余遗产应该增加38755.86美元。

---

① 在英美法中，个人财产分为"choses in action""choses in possession"。"chose in action"是指可通过诉讼主张或执行的财产权，如无形资产。"chose in possession"是指由所有者在物理上实际拥有的有形财产，可通过交付而转移。

案件五 麦克西诉美国联邦税务局（二）[①]

(Estate of Gregg Maxcy, Jessie L. Maxcy and Reverend George C. Stulting, Co-Administrators, Petitioners-Appellants-Cross Appellees, v. Commissioner of Internal Revenue, Respondent-Appellee-Cross Appellant. Estate of Hugh G. Maxcy, Jessie L. Maxcy and Reverend George C. Stulting, Co-Executors, Petitioners-Appellants-Cross Appellees, v. Commissiner of Internal Revenue, Respondent-Appellee-Cross Appellant)

案　　号：T. C. Memo. 1969 – 158
受理法院：美国联邦第五巡回上诉法院（United States Court of Appeals, Fifth Circuit.）
判决时间：1971 年 4 月 13 日

一、案情简介

原告不服美国税务法院判决而提起上诉。上诉法院巡回法官格温（Gewin）认为，根据佛罗里达州的法律，公司总裁在世时将股票权证赠与妻子，是有效的。在计算联邦遗产税时应考虑，尽管妻子的手中并未实际持有过权证，但以妻子的名义重新发行的权证，已经被记录在公司股票记录簿上，也反映在了所得税申报表中。该权证被存放于公司的保险柜中，一直作为公司股东、管理人员和董事的妻子，杰西是有权打开保险柜的，该保险柜是用来保管其个人财物的。

撤销并发回重审。

二、判决

巡回法官格温认为：

本案涉及的是，出于遗产税目的，79 股麦克西公司（Maxcy Securities, Inc.）股票的所有权。法庭唯一需要确定的事项是，格雷格·麦克西（Gregg Maxcy）是否将这 79 股股票作为一份有效的赠与送给了他的妻子。法庭认为赠与是有效的，法庭决定推翻税务法院的初审判决。

[①] 本案判决在 1971 年 4 月 13 日被撤销。

税务局的结论是，这部分股票属于死者的遗产，并认为存在少缴的遗产税[1]。上诉人向税务法院起诉，要求重新确定这一缺额，主张这 79 股股票在 1933 年已赠与给死者的遗孀杰西·L. 麦克西（Jessie L. Maxcy）。税务法院认为，根据佛罗里达州法律，该赠与是无效的，并确定格雷格的遗产税为 229827.02 美元。

对于本案事实并没有实质性争议。1933 年，格雷格签署了代表麦克西公司 245 股股票的股票权证，并让公司秘书夏洛特·瓦雷娜（Charlotte Varena）发行了 4 份股票权证，每份股票权证代表的股票数量各不相同，总计 245 股。4 份权证分别以他自己的名义、妻子杰西的名义[2]、儿子休·麦克西的名义、秘书夏洛特的名义发行。每一份权证均由总裁格雷格和秘书夏洛特正确签署并加盖公章，然后存放在麦克西公司办公室的保险柜里。在格雷格去世后，那些权证是在保险柜中被发现的。税务法院庭审中的证词表明，在权证存入保险柜之前，除了杰西，所有人都收到了权证；且除杰西外，所有人都知道保险柜的密码，并且可以随时打开保险柜。

佛罗里达州法律的一个既定原则是，赠与的存在与否是一个法律问题，需要对交易事实和情况进行审查后才能确定。为了构成有效的赠与，赠与人必须同时具有放弃对财产的支配权和将财产交付受赠人的意思。交付可以是实际的，也可以是推定的。

在本案中，有充分的证据表明，格雷格打算赠与妻子一份礼物。税务法院中无可辩驳的证词证实，死者曾多次向妻子、公司秘书和会计表示，他认为赠与已经完成。历年来公司会议记录和所得税申报单中均反映出他妻子拥有大量的公司股权。这 79 股股票在公司股票记录簿上反映了杰西的所有权。除了没有实际的实物交付，杰西的权证与其他三份权证是相同的，赠与已经完成。税务局并未提供证据以支持与之相反的情形。总而言之，法庭的审查并没有发现格雷格任何声明或行为与他向妻子做出有效赠与的意图相抵触。在权证和其他私人文件放在一起之前，格雷格没有将权证实际交付给妻子，这样做只是出于方便，而丝毫不违背他的赠与意图。

税务局观点的关键在于，依据佛罗里达州法律，股票的交付情况并不足以支持死者放弃对权证支配权的意图，因为其遗孀并没有实际拥有过权证。法庭拒绝采纳该狭隘适用佛罗里达州法律的观点，因为法庭相信，在这种情况下，法院将认为死者履行了充分的交付。

重要的是，这份股权在没有交换对价的情形下由丈夫转让给了妻子，该转让在佛罗里达州的法律中被认定为赠与；要建立相反的观点，需要清晰明确的证据。此外，死者通过签发一份新的权证，并指示在公司股权记录簿上反映妻子对股票的所有权，意味着其正式地将 79 股股票的所有权转让给妻子。再加上转移所有权意图的证明，该转让足

---

[1] 该部分股份有一半属于休·麦克西（Hugh Maxcy）的遗产。休是格雷格唯一的孩子，在他父亲去世三年后即 1963 年也去世。二人遗产被提出联合上诉。美国税务局就休的遗产提出了保护性交叉上诉（protective cross appeal）。

[2] 在此之前，杰西拥有麦克西公司 5 股原始股份中的 1 股是毫无争议的。

以构成有效的交付或赠与的完成。

税务法院认为杰西从未实际拥有股票所有权,税务局非常重视这一观点。税务局称,杰西不知道公司保险柜的密码,因此她不能打开保险柜。他们认为,正是因为格雷格从来没有把股票放在杰西所能控制的地方,所以格雷格并未打算放弃对股票的控制权,事实上他也从来没有把股票交给他妻子。法庭认为则相反。从这个案件事实和情况来看,法庭相信杰西从法律上确实有权取得保险柜里的物品。从公司成立之初,其记录和账簿中就一直显示,杰西持有10%以上的股份,是公司的董事和管理人员。毫无疑问,1933年适用的佛罗里达州法律也承认她对公司财产的权利。

此外,记录中没有任何证据表明杰西曾被拒绝使用保险柜。记录中关于保险柜的内容并不限于麦克西公司的业务记录。庭审中双方辩论时,法院要求律师提供明确的宣誓书,说明保险柜的内容物,并提供杰西有权接近保险柜的事实。上诉人提交了由公司秘书夏洛特和杰西撰写的宣誓书。这些宣誓书清楚地表明,杰西通过夏洛特使用保险柜用于保管其个人物品,包括契约、家传珠宝和银器。

在充分考虑记录的事实证据后,本院认为,在事实和法律层面上,杰西自由使用保险柜的权利足以证明死者将权证置于保险柜的行为构成了实际的交付。法庭认为,推定的交付标志着格雷格将79股股票赠与妻子是有效的。在巴伯诉巴伯(Barber v. Barber)案中,佛罗里达州最高法院认可了推定交付原则,称:交付问题在很大程度上取决于标的物的性质和地点。

杰西名下的股票权证存放在公司的保险柜中,而杰西一直是股东、管理人员和董事。要求杰西在物理上转移并占有股票权证是一种象征主义,法庭不认为佛罗里达州法院会纵容这种象征主义。所以法庭判决推翻对格雷格和休遗产的判决。关于确定可扣除的额外律师费和开支数额、适用的赠与税(如有),以及双方都认为有必要对二者遗产进行的其他调整,均发回重审。

案件六　邦德诉美国联邦税务局

(Ewayne Bond and Karen R. Bond, Petitioners, v. Commissioner of
Internal Revenue, Respondent)

案　　号：100 T. C. 32
受理法院：美国联邦税务法院
判决时间：1993 年 1 月 19 日

一、案件事实

在提交起诉书时，原告居住在新墨西哥州的阿尔伯克基。1986 年 12 月 12 日，原告向麦克西·L. 安德森（Maxie L. Anderson）基金会捐赠了两艘热力飞艇。安德森基金会是根据联邦税法典第 170（c）（2）条成立，并可根据第 501（c）（3）条获得免税的组织。1986 年 12 月，应原告的要求，希德·卡特（Sid Cutter）对飞艇进行了价值评估，以供原告于 1986 年申报所得税。卡特很熟悉飞艇，他在评估时亲自检查了飞艇，详细计算了其各个组成部分的价值，得出这些部分的公允市场价值（FMV）为 60000 美元的结论。卡特先生当时做了书面计算、日程安排和笔记，但在本案庭审时却找不到这些记录。

在 1987 年 4 月 15 日，也就是原告申报 1986 年所得税截止日之前，卡特完成了 8283 表 B 节"非现金慈善捐款"中评估摘要的第二和第四部分。在 8283 表的"捐赠财产信息"第二部分中，卡特先生的意见是：①明确捐赠财产为热力飞艇；②证明其评估的公允市场价值为 60000 美元；③将飞艇的整体物理状况总结为"2 个热力飞艇处于适航状态，可免于联邦航空局（FAA）的年度检查"。

在"鉴定人证明"部分中，卡特证明，他不是捐赠人、受赠人、捐赠人获得捐赠财产的来源方、或受雇于捐赠人或受赠人或与之相关的人，他与捐赠人或受赠人的关系亦不会导致理性人质疑其作为评估人的独立性。在同一份证明文件中，卡特亦声明，他是一名估价师，有资格对待估对象做出判断，他所收取的估价费用并非根据待估物品价值的百分比计算，如虚报或欺诈性虚报评估价值，可根据第 6701（a）条被处以民事罚款。

卡特于 1987 年 1 月 8 日签署了 8283 号表格，并在其中表明他是世界气球公司的总裁，该公司位于新墨西哥州阿尔伯克基市东北部 4800 号尤班克（Eubank）。除了表格

8283所列的两艘飞艇之外，卡特没有编制单独的书面评估，原告在提交1986年申报表截止日前也没有收到单独的书面评估报告。原告按时提交的1986年所得税申报表中，扣除了60000美元的慈善捐赠扣除额。为了证明这项扣除，原告在表格后附上了由卡特编制的表格8283。税务局对原告1986年的所得税申报表进行审计，审计开始后不久，卡特向税务局提供了一封日期为1989年9月21日的信函，其中包含关于其资质和飞艇评估的声明，如下所示：

"多年的航空经验及我参与建造这些特殊飞艇的经验都使我得以胜任专业评估的工作。飞艇的建造基于航空和热气球的原理。在制造飞艇之前，我已经具备制造热气球的经验。我在卡特飞行服务公司为父亲工作的时候获得了最初的经验。我17岁时获得了私人飞行员执照，18岁时获得了商业飞行员执照，21岁时获得了飞行教练证书。我23岁加入空军，驾驶喷气式飞机和重型运输机。1952年开始定期为卡特飞行服务公司工作，1963~1974年任总裁，1974年至今任副总裁兼董事会成员。卡特飞行服务涉及租赁、销售和服务，受到美国联邦航空局的认证。我是一名合格的航空器修理工，有修理飞机和气球的丰富经验。我有大约22000小时的飞行时间，其中1200小时在直升机上，4000多个小时在气球上。我从1971年就开始参与热气球飞行。我现在是世界气球公司的总裁，该公司除了向公众提供娱乐机会外，还参与销售、服务、飞行员服务和飞行员培训。公司拥有FAA Part 141飞行学校和FAA认证的维修站。我组织过两届世界热气球锦标赛和五届阿尔伯克基国际气球嘉年华。我是美国气球联合会、国家航空贸易协会、国家航空协会以及飞机所有者和飞行员协会的成员。我曾担任空中出租车会议的董事会成员，并且是美国气球联盟的工作人员。我参加了所有主要气球制造商组织的维修培训学校，自1979年以来一直是FAA指定的气球飞行员测试的考官。

"我用来评估邦德捐赠给安德森基金会的两艘热力飞艇的方法是我所说的'残余价值法'，也就是飞艇的各个部件的价值。我做出这样的预估：1986年的再销售价值为150000美元，重置价值约为500000美元。由于委托人的飞艇位列世界上最大的飞艇之一，它们具有明显的原始价值，但具体的数字我很难做判断。"

在欠税通知中，税务局不认可原告所要求的计算所得税时对慈善捐赠做出扣减，"因为热力飞艇是否具有所谓的'公允市场价值'仍旧在争议中"。然而，根据被告对法庭的回复，在其简易判决动议的法律备忘录中，被告放弃了上述论点，只是声称不允许扣减，因为原告没有按照1984年《赤字削减法》和适用的条例的要求，在其所得税申报表中附有对飞艇的适格估价。

二、法院意见

简易判决适用于满足以下情况的案件："如果请愿书、答辩书、交叉答辩状、证词、供认书和任何其他法庭可接受的材料,以及宣誓书(如果有的话)表明,双方当事人对案件事实问题没有争议,争议点仅存在于法律问题,则法庭做出简易判决是适当的。"非(简易判决的)动议方如果反对简易判决程序,不能仅仅依托其辩词,还必须提供"存在事实性争议问题"的证据。动议一方有对不存在事实争议问题的举证责任。在决定是否做出即决判决(即简易判决结果)时,法庭会从对当事人最有利的角度来得出结论。如果对所涉事实有任何合理的争议或怀疑,就必须否决简易判决动议。由于法庭调查结果所载的事实是没有争议的,显然,本案可以适用简易判决。因此,剩下的唯一问题是应批准哪一项动议。

1984年《削减赤字法》第155条的有关部分如下:

(a)财产捐赠证明

(1)一般情况下。在1984年12月31日之前,部长应根据1954年《联邦国内收入法》第170(a)(1)条,规定任何个人都可根据该法典第170条对第(a)(2)款所述的捐赠进行扣除。

(A)为所捐赠财产取得符合资格的评估;

(B)在首次申报扣除上述捐赠的申报表上附上估价摘要;

(C)在报税表上附加法规要求的额外资料(包括捐赠财产的成本基准及取得日期)。

该条例要求纳税人提供适格的价值评估。

(2)第(1)款适用的捐赠。

(A)如果该捐赠属于财产;

(B)如果该财产的申报价值超过5000美元。

(3)评估摘要。就本款而言,评估摘要的格式及所载资料,应符合条例的详细规范。该摘要应由对财产做出适格估价的评估师签字,并应包含该评估师的纳税人识别号。上述摘要须由受赠人条例规定的方式予以承认。

(4)合格评估。"合格评估"是指由适格的评估师所做的评估,其中包括:

(A)对评估的财产的描述;

(B)该财产在捐赠做出之日的公允市场价值,及做出该价值评估的基本依据;

(C)一份"该评估是出于缴纳所得税目的"的声明;

(D)评估师的资格证明;

(E)评估师的签名;

(F)规章中规定的额外资料。

根据法律规定,联邦税务局于1984年12月31日发布了暂行条例,于1988年5月5日发布了与暂行条例相同的正式条例。法规的第1.170A-13节如下:

(c)……

(2)证明要求。

(i) 一般情况。除本节（c）（2）（ii）规定的情况外，对本款（c）所适用的主张慈善捐款扣除的捐赠者必须符合以下三项要求：

（A）对所提供的财产进行合格的评估［如本节（c）（3）所定义］；

（B）将完整的评估摘要［如本节（c）（4）所定义］附于捐赠人首次要求扣减捐赠款项的纳税申报表上。

……

（3）合格评估。

（i）一般情况。就本条（c）项而言，"合格评估"一词系指具有下列条件的评估文件：

（A）不早于估价财产的捐赠日之前60天做出的估价，亦不迟于本条第（c）（3）（iv）（B）段所指明的日期做出的估价；

（B）由合格的评估师编制、签署并附有清晰的签署日期［在本条第（c）（5）段的意义范围内］；

（C）包括本条第（c）（3）（ii）段所要求的资料；

（D）不涉及本条第（c）（6）款所禁止的评估费。

（ii）合格评估中包含的信息。合格的评估应包括以下信息：

（A）对财产做出足够详细的描述，可以使得不熟悉该财产类型的人能够确定待估价的财产即是（或将要成为）捐赠的财产；

（B）就有形财产而言，该财产的实际状况；

（C）捐款给受赠人的日期（或预期日期）；

（D）捐赠人或受赠人或其代表就所捐赠财产的使用、出售或其他处置订立（或预期订立）的任何协议，例如包括：

①临时或者永久限制受赠人使用或者处分捐赠财产的权利；

②保留或授予任何人（受赠人组织或参与合作筹款的受赠人组织除外）以购买或其他方式获得捐赠财产的收益或财产的占有权，包括对捐赠证券的表决权；或指定拥有此类收入、占有权或获取权的人；

③指定用途的捐赠财产。

（E）合格评估师的姓名、地址和纳税人识别号；如该名符合资格的评估师以合伙人、任何人的雇员（不论是个人、公司或合伙企业）或由并非捐赠人的人聘用的独立承包商的身份进行评估，则须注明姓名、地址及纳税人识别号码（如第6109条另有规定，则须注明号码）。

（F）签署评估书的合格评估师的资格包括：评估师的背景、经验、教育程度，以及专业评估协会的会员资格（如有）；

（G）说明评估是为所得税目的而编制的；

（H）评估财产的日期；

（I）财产在出资日期（或预期日期）的评估公允市场价值（FMV）（在第

1.170A–1（c）(2) 节的含义内）；

（J）用以确定 FMV 的估值方法，例如收入法、市场法或重置成本减去折旧法；

（K）估价的具体依据，例如具体的可比销售交易或统计抽样，包括使用抽样的理由和所用抽样程序的说明。

（iv）特别规则。

……

（B）收到合格评估的时间。根据第 170 条的规定，捐赠人必须在首次提出抵扣要求的纳税申报单（包括延期申报单）的到期日之前收到合格的评估报告。如果是在修改后的纳税申报单上首次提出抵扣申请，则应在提交修改申报单的日期之前收到合格的评估报告。

（4）评估摘要。

（i）一般情况。就本条（c）项而言，除非本节（c）(4)(iv)(A) 项另有规定，"评估摘要"一词系指符合下列条件的评估摘要：

（A）采用美国国内收入局规定的表格制作（表格 8283）；

（B）由受赠人 [如本条第（c）(4)(iii) 段所述] 签署并注明日期 [如本条第（c）(4)(iv)(C)②段所述]；

（C）由编制合格评估 [在本条（c）(5) 段含义内] 的合格评估人 [在本条（c）(3) 段含义内] 签字并注明日期；

（D）包括本节第（c）(4)(ii) 段所要求的资料。

评估摘要应当包括以下内容：

（A）捐赠人的姓名及纳税人识别号码（如捐赠人是个人，则为社会保障号码；如捐赠人是合伙企业或公司，则为雇主的识别号码）；

（B）对财产做出足够详细的说明，使一般不熟悉财产类型的人能够确定所估价的财产是所捐赠的财产；

（C）就有形财产而言，简要说明捐款时该财产的全部有形状况；

（D）捐赠人取得财产的方式（例如购买、交换、赠与或遗赠）和取得财产的日期；如果财产是由捐赠人或为捐赠人创造、生产或制造的，则应就此做出说明，并大致说明财产完成的日期；

（E）按第 1016 条调整的财产的费用或其他依据；

（F）受赠人的姓名、地址和纳税人识别号码；

（G）受赠人收到财产的日期；

（H）就 1988 年 6 月 6 日后所做的慈善捐款，须提供一份声明，说明该慈善捐款是否以廉价出售方式做出，以及受赠人就有关捐款所做出的兑价；

（I）根据本节（c）(3)(ii)(E) 段的规定，签署估价摘要的合格估价师的姓名、地址，以及（如第 6109 条及其下的规例另有规定，须有纳税人识别号码）

其识别号码，以及其他人士的识别号码；

(J) 该财产在捐赠当日经评估的公允市场价值；

(K) 本节第（c）(5)(i) 段所述估价人的声明；

(L) 估价人声明：

(1) 评估所收取的费用并非本条第（c）(6) 款所禁止的类型；

(2) 自估价人签署估价摘要之日起，根据联邦收入法典第 31 条 330 款（c）项，由估价人编制的估价文件视为无效。

(M) 表格可能指明的其他资料。

(C) 原始受赠人的签名。为受赠人签署估价汇总表的人，应当获得受赠人的正式授权。

被告税务局称，根据第 1.170A-13（c）(2)(i)(A) 条的规定，原告并未做出对飞艇价值的评估，亦未在 1986 年所得税申报表上附加对飞艇的书面评估报告，不满足对所得税进行捐赠扣除的条件。但原告辩称，他们遵守了法律法规的要求，有资格根据"实质合规原则"进行捐赠扣除。泰勒诉税务局案（Taylor v. Commissioner, 67 T.C. 1071）中规定的实质合规测试如下：需要回答的关键问题是，这些要求是否与"法典规范的核心或实质"有关。如果是这样，严格遵守所有法律和规章规定是原告得以扣除的前提条件。除此之外，如果要求是程序性的或目录性的，因为它们不涉及事情的本质，而是为了有序地进行业务，那么即使并非严格地遵守，它们也可以通过实质性的符合来实现。

根据这一判例，法庭必须研究法典第 170 条是强制性的还是程序性的。首先，170 的实质显然是允许纳税人在进行所得税计算时对慈善捐款进行扣除。而所得税条例第 1.170A-13 条的目的是帮助税务局处理和审计捐赠扣除的申报表。但是，条例要求的申报内容与捐赠人是否做出了慈善捐赠这一事件的实质无关。因此，法庭得出结论，条例要求的报告是程序性的，不是强制性的。

毫无疑问，这两个热力飞艇的捐赠是在纳税年度进行的，捐赠的对象（即飞艇）在原告所得税申报表上的扣除额是由合格的评估师做出的评估，且受赠人有资格接受慈善捐款。事实上，除了评估师的资格外，所有这些事实都出现在原告提交的表 8283 中。此外，评估师的姓名、职称、工作地点以及分配给其雇主的身份证号码也出现在表格 8283 上。评估师的资格在被告代理人开始审计时立即提供给其代理人。因此，并不存在"原告未能及时对捐赠财产进行评估，从而未能确定所得税申报捐赠扣除的价值"的情形。相反，原告满足了确定捐赠的实质或实质所需的所有要素，仅仅是没有取得并在其所得税申报表中附上一份单独的书面评估。在这种情况下，否认捐赠扣除将构成一种不必要或不合理的决定。

因此，法庭的结论是原告基本上遵守了所得税条例第 1.170-13A 条，并有权享有所申报的捐赠扣除。驳回被告的动议，准许原告的动议。

案件七　伯奎斯特和肯德里克诉美国联邦税务局

(Bradley J. Bergquist and Angela Kendrick, et al., 1 Petitioners v. Commissioner of Internal Revenue, Respondent)

案　　号：131 T. C. 8
受理法院：美国联邦税务法院
判决时间：2008 年 7 月 22 日

一、案件事实

在提交起诉书时，原告居住在俄勒冈州。原告安吉拉·肯德里克（Angela Kendrick）、罗伯特·尚格劳（Robert Shangraw）、斯蒂芬·罗宾逊（Stephen Robinson）、林恩·芬顿（Lynn Fenton）和哈利·金斯顿（Harry Kingston）都是麻醉学专业医生，并且都在俄勒冈州执业；另一名原告约翰·冈恩（John Gunn）是注册会计师。下文提到的原告都是指医生。

1994~2001 年，原告以大学麻醉公司（University Anesthesiologists, P. C., 以下简称 UA）的雇员和股东身份从事医学工作。该公司是一家专门从事麻醉学的医疗专业服务公司。这些年间，冈恩担任 UA 的首席执行官和股东。

通过 UA，原告为俄勒冈健康与科学大学医院（Oregon Health & Science University Hospital, OHSU）的患者提供医疗服务，该医院是位于俄勒冈州波特兰市的一家公共教学和研究医院。UA 是 OHSU 医院麻醉医疗服务的唯一提供者。原告还担任 OHSU 医学院麻醉学系的教学人员。UA 和原告按月签订雇佣合同，该合同并不包括竞业禁止或非竞争性条款，但规定了一旦其在 OHSU 医学院的教学人员的职位终止，则立即终止合同。

在本案中涉及的股票捐赠行为发生之前，几位原告和冈恩分别持有于 1994 年以每股 1 美元的价格购买的 UA 有表决权普通股 100 股。

除 UA 外，约有 30 个医疗实践专业组（如妇产科医生、心脏科医生、放射科医生和骨科医生）通过独立的医疗专业服务公司与 OHSU 建立联系，其方式类似于原告，即向 OHSU 的医院提供专业医疗服务并担任 OHSU 医学院教员，承担教学职责。与医疗专业服务公司的管理方式一样，每年年底 UA 会支付奖金、工资和预付费用，并在所得税申报时做出抵扣。UA 从未向其股东宣布或实际支付现金股息，其唯一重要的账面资产是应收账款。

20 世纪 90 年代末，经过仔细的考虑和讨论，OHSU 的行政管理层决定，将目前这些独立（通过各自的专业服务公司）为医院提供服务的专业团体合并为一个单一的医疗实践小组，由专业的服务公司控制和管理，该管理公司由 OHSU 直接管理。接受这项改革是所有这些独立的医疗服务团体继续与 OHSU 合作的前提。合并后，在 OHSU 医院执业的医生（包括原告）将离开各自独立的医疗专业团体和医疗专业服务公司，并成为这个新成立的单一联合医疗团体（免税专业服务公司）的雇员，经营和提供医疗服务。同时，为协助规划和实施合并，成立了由冈恩担任成员的 OHSU 业务运营指导委员会。

1998 年，OHSU 管理层成立了 OHSU 医疗集团（下称 OHSUMG），属于 501（c）（3）免税专业服务公司。这个合并后的单一医疗集团计划将当时隶属于 OHSU 不同医疗专业组的 30 个医生纳为其成员。该合并目标的达成日期初步定于 2001 年 1 月 1 日，但由于某些未明确的原因，目标日期被重新安排在 2001 年 7 月 1 日。

最初的设想是，OHSUMG 向其旗下雇用的所有医生提供一项不受《雇员退休法》约束的政府养老金计划，目的是为医生提供灵活多样的退休选择。为了该计划，OHSUMG 管理部门向税务局申请了对其专项回复的裁决文书，根据裁决，OHSUMG 被视为政府机构，而 OHSUMG 拟订的养老金计划将被视为第 414（d）条所指的 ERISA（养老金）政府豁免计划。OHSUMG 的管理层和律师对税务局签发该回复持乐观态度。然而，如果意外情况出现，即 OHSUMG 没有从税局得到有利的税收裁定，则 OHSUMG 管理层要制订符合养老金法律的非政府养老金计划。罗宾逊作为 OHSUMG 养老金委员会的成员，向委员会提出了几个可行的合规计划，并进一步制定了如何向医生们"兜售"这些计划的策略。尽管一些医生倾向于政府计划，但总体而言，原告和其他 UA 麻醉师并没有偏好，只是想确保 OHSUMG 在组成一个统一的机构之后是有养老金计划的。

1999 年初，冈恩参加了由医疗集团管理协会（Medical Group Management Association）主办的会议。在讨论中，冈恩了解到，在缴纳联邦所得税时，如果将医学专业服务公司的股票捐赠给学术附属机构，可以获得大量的慈善扣除额，这是全国许多医生都在做的事。会议结束后，为讨论合并计划，冈恩与 UA 的律师、UA 的会计师和 OHSUMG 的首席执行官进行了讨论。他们提出：如果作为合并的一个步骤，使原告和其他 UA 麻醉师将其在 UA 的股票捐赠给 OHSUMG，并要求相应的慈善捐款扣减，会带来怎样的税收利益和其他后果？

1999 年 6 月 7 日，UA 召开了一次股东大会，向 OHSUMG 捐赠 UA 股票的潜在税收优惠被描述为"实际上是向每个 UA 股东提供 15 万的'巨额（税收）暴利'"。

2001 年 2 月 27 日，OHSU 麻醉科主任和 UA 主席向股东发送了一封电子邮件，声明：

"随着OHSUMG成立的时间越来越近，我们需要会面并深入讨论向OHSUMG捐赠（UA股票）的意义。如您所知，我们认为这样做有一些显著的税收优势。我想在3月6日星期二下午4：30召开股东大会。其目的将是讨论这一过渡以及法律和税务方面的影响。在以后的阶段，如果有必要的话，我很高兴邀请***（UA的律师）和***（UA的会计师）来回答您可能提出的任何问题。"

2001年4月，UA的律师通知每个股东，向OHSUMG捐赠其UA股票以及申请与之相关的慈善捐款扣除的步骤。

根据UA律师概述的计划，一类新的无表决权UA股票将以分配股息分红的形式发行。律师认为，这一步是为了遵守俄勒冈州的法律。根据该州法律，医疗专业服务公司的多数有投票权的股票必须由持有执照的俄勒冈医生持有。接着，律师的计划是UA股东分两个阶段向OHSUMG捐赠股票：在合并之前，向OHSUMG捐赠新发行的UA无表决权股票，并申请与之相关的大量慈善捐款扣除；合并后，向OHSUMG捐赠其UA有投票权股票，并要求与之相关的有可能的额外慈善捐款扣除额。

UA律师认为，该项计划将通过UA股东捐赠其大部分UA股票，同时保留对UA的控制权以避免违反俄勒冈州法律，又可最大化UA的慈善捐赠扣除金额。合并完成后，UA不再有医生和病人，UA也将不再运营，但将在一段时间内继续存在，仅为收回合并后在外的应收账款。预计合并后，UA的清算费用将使UA的应纳税收入减少至零。

2001年5月9日，税务局联系了OHSUMG的一名律师，通知其OHSUMG不会被视为政府机构，拟订中的养老金计划也不会获得豁免。为了有更多的时间说服税务局承认其计划，OHSUMG管理层将合并计划推迟到2002年1月1日。2001年5月23日，根据上述UA律师的计划，UA宣布派发股票股息，向28名UA股东按照1股有表决权股票发4股无表决权股票的比例进行派息。在股息发放后，每个UA股东分别持有100股有表决权股票和400股无表决权股票。

2001年6月6日，UA聘请霍利亨（Houlihan）估价顾问对所捐赠的UA股票进行估值。在给霍利亨的一封信中，UA的律师详述了该合并计划，并写道OHSUMG将"在重组完成后成为所有医生的雇主，包括（UA）麻醉师。"

2001年6月，冈恩从UA的首席执行官位置退下来，被返聘为其商业顾问。2001年7月1日，UA聘请林达·约翰逊（Lynda Johnson）担任首席行政官（CAO），主要是为了该项合并计划。2001年9月8日，根据OHSUMG的要求，UA工作人员开始准备现金流预测工作。OHSUMG要求的现金流量预测，是在假设2001年底所有UA麻醉师已在OHSUMG工作，UA不再运行的情况下编制的。2001年9月10日，UA会计师、UA律师和原告会面讨论合并计划以及向OHSUMG捐赠UA股票的计划。会议做出的最终决定是，原计划的UA股东捐赠股票的计划将于2001年9月14日继续进行。

2001年9月14日，28名UA股东中的24名每人向OHSUMG捐赠了40股UA有表决权股票和所有400股UA无表决权股票。同一天，包括冈恩在内的其余四位UA股东，向 OHSUMG 捐赠了所有 100 股 UA 有表决权股票和所有 400 股 UA 无表决权股票。在上述捐赠发生时，UA 股东的股票每股价值为 20 美分。

OHSUMG 的执行管理层接受了 UA 股票的捐赠。在捐赠时，预计 OHSUMG 的管理层不会从捐赠的 UA 股票中获得任何经济利益，且 OHSUMG 管理层也不会收到任何股息或分配；而他们实际上也没有从 UA 收到任何股息或分配。

2001 年 10 月 5 日，霍利亨评估了 2001 年 8 月 31 日捐赠的 UA 有表决权和无表决权股票，每股价值为 401.79 美元，也就是说冈恩捐赠总额 200895 美元，其他原告共捐赠 176787 美元。

2001 年 10 月 23 日，由于税务局没有发出原告所请求的裁决，OHSUMG 董事会同意执行符合养老金法案 403（b）的养老金计划，该计划将于 2002 年 1 月 1 日生效。2001 年 10 月，原 UA 的眼科、骨科、综合保健科和小儿外科的独立医疗小组合并到 OHSUMG，小组的医生成为 OHSUMG 的雇员。

2001 年 11 月 11 日，金斯顿、冈恩会见了 UA 的律师和会计师，讨论 UA 麻醉师是否应该向 OHSUMG 捐赠剩余的 UA 股票。会议认为第二次捐赠无利可图，因为 UA 股票的价值不足以支付第二次对捐赠扣除的评估费用。因此，第二次的捐赠没有发生。

2002 年 1 月 1 日，隶属于 OHSU 的剩余医学专业小组及其医生（包括 UA 的麻醉师）合并到 OHSUMG，成为 OHSUMG 的员工。合并后，UA 不再作为麻醉服务提供者而经营，只是收取其应收账款。合并后，应收账款等利益在支付费用后，以奖金和遣散费的形式分配给 UA 麻醉师。

2002 年 1 月 8 日的信中，OHSUMG 的总裁通知金斯顿，OHSUMG 将记录其收到捐赠的 UA 股票的价值为零。他解释说："根据我们的法律和会计顾问的建议，我们将所有捐赠股份的总价值定为 0 美元。"这是基于对 2002 年 UA 现金流量的估值，且经过了 OHSUMG 工作人员的审查。财务数据表明，UA 的业务在 2003 年结束，预计的现金支出总额将接近现金收入总额，因此不会给 OHSUMG 留下可以使其获利的留存价值。为筹备 2002 年 1 月 29 日的 UA 股东大会，2002 年 1 月 8 日，OHSUMG 总裁向 UA 股东发出了一封信函，同时附上霍利亨的评估报告。会议前，UA 向每个股东提供了非现金慈善捐款表（表 8283），反映了霍利亨对所捐赠 UA 股票的评估公允市场价值。会议前，UA 的律师和会计师建议每个 UA 股东不要带自己的税务顾问参加会议。

2002 年 1 月 29 日，UA 股东大会上，UA 股东讨论了他们应如何完成 2001 年联邦所得税申报表，如何确定和 UA 股票捐赠相关的慈善捐款扣除额。在会议上，几个股东表示，所主张的扣减额比 8283 表上允许的要低，UA 的律师和会计师建议股东们最好不要偏离表 8283 的金额，以免引起税务局的注意。如果税务局联系，亦不要与其讨论捐款事宜。在该次股东大会上，UA 的律师和会计师进一步建议股东们不要向自己的税务顾问展示 UA 股东大会的会议记录或 2002 年 1 月 8 日 OHSUMG 总裁的信。证据表明，原告遵守了这一建议，而且原告显然在捐款方面没有咨询任何独立且不参与捐赠 UA 股票计划的律师或会计师。

2001年联邦所得税申报表中，股东们使用了霍利亨的评估价值，即每股401.79美元的有表决权和无表决权股票。28名UA股东中有26名声明对该捐赠进行了所得税申报计算中的慈善捐款扣除，其余两名股东表示没有做该项扣除。如果将慈善捐款限制暂时搁置一边，原告在2001年联邦所得税申报表中的应纳税所得额中扣除了176788美元的慈善捐款，冈恩则扣除了200895美元的慈善捐款。将法律规定的慈善捐款限制考虑在内的话，一些捐款的扣除额将会结转到以后的年份。

在审核了原告及其他UA股东的纳税申报表后，被告（税务局）于2001年9月14日裁定UA的股票没有价值，不允许他们对与该股票相关的捐赠进行慈善捐款扣除。在审判前，基于专家评估，被告同意UA股票的价值为每股有表决权的股份37美元，每股无表决权的股份35美元，并且允许原告在此程度内扣除慈善捐款。

二、法院意见

《美国联邦国内收入法典》（26 USC）第170（a）（1）条允许扣除一年内的慈善捐款。慈善捐赠金额等于被捐赠财产的公允市场价值（FMV）。即在捐赠之日，"该财产将在自愿买家和自愿卖家之间进行易手的价格，不受任何购买方或出卖方的强迫，且双方都有对相关事实和知识的合理认识。"一般而言，就联邦所得税而言，财产在被估价时，只考虑估值日当天"根据市场条件和当日可获得的事实，而不考虑后见之明"。后续事件"不被视为确定公允市场价值的参考，除非它们在估值日可合理预见。"因此，如果可以合理预见，法院可以考虑相关的后续事件，"因为他们可以由自愿的买方和自愿的卖方预见，因此会影响财产的估价"。在审理估价案件时，初审法院会收到相关证据并允许专家证人做证。法院可以接受一位专家对另一位专家意见的意见，可以选择接受专家意见的哪一部分。原告的专家和被告的专家对UA股票价值的巨大差异主要源于是否将UA视为持续经营（going concern）。原告的专家于2001年9月14日对UA持续经营的状态进行了评估，他们认为在2002年1月1日，UA是否被纳入OHSUMG仍不确定。

在仔细考虑了审判证词和其他证据（包括信件、电子邮件、会议记录、财务报表和手写笔记）后，法庭得出结论：截至2001年9月14日，UA不应被视为持续经营，且UA股票的捐赠是由于UA（以及其他医疗团体）即将合并到OHSUMG。根据证据，毫无疑问，如果在2001年年底或之后不久没有合并的现实可能性，原告就不会向OHSUMG捐赠UA的股票。

原告在诉状中夸大了与OHSUMG养老金计划相关的问题和该计划延迟的重要性，并且不存在可靠证据证明OHSUMG提供符合政府养老金计划是合并的必要条件。OHSUMG提供符合政府要求的养老金并不是合并的要求，而只是其潜在的好处。合并是在没有政府计划的情况下进行的，这一事实证明了原告论点的错误。此外，除了原告在审判中做出的有利于自己的证词外，记录中没有证据表明UA管理层和原告认为OHSUMG

有可能不能提供符合政府要求的养老金计划。法庭认为，目前关于养老金的证据表明他们唯一真正关心的是，通过合并，OHSUMG 确已制定了某种形式的养老金计划。此外，截至 2001 年 9 月 14 日（UA 股票捐赠日期），所有相关人员都知道 UA 和 UA 麻醉师很可能参加 2002 年 1 月 1 日的合并。并没有任何证据显示，UA 管理层或原告在任何时候向任何人表示，对计划合并存在任何的保留意见，或可能拒绝参与合并。UA 两位关键的股东（冈恩和罗宾逊）持有 OHSU 或 OHSUMG 董事会或委员会职位，并参与规划和实施合并——冈恩在计划合并前几个月从 UA 的 CEO 一职上退下来，被一名几乎完全负责合并工作的 CAO 取代。

原告试图从两封电子邮件和一份手写说明中找证据以支持他们的论点，即在他们看来 2002 年 1 月 1 日的合并是不确定的。然而，原告过分强调了这一证据。从上下文来看，这些声明的证明力不够，并不能说明 2001 年 9 月 14 日，合并是否会发生尚不确定。虽然 2002 年 1 月 1 日作为准确的合并日期可能尚未确定，但在 2001 年 9 月，UA、OHSU 和 OHSUMG 管理层都做出了 2002 年 1 月合并会发生的准确承诺。针对上述事实，一个合理知情和自愿的买方或卖方当然会知道并且会考虑到这样一个事实，即从 2001 年 9 月 14 日到 2002 年初，UA 将不再是经营实体。由于这一原因，原告专家在对 UA 股票的估值中错误地将 UA 视为持续经营。由于对股票的估值没有正确的前提作支撑，法庭在确定捐赠的 UA 股票的公允市场价值不以原告证据为参照。

原告还称，即使他们在 2001 年 9 月 14 日知道 2002 年 1 月 1 日 UA 将不再运营，捐赠的 UA 股票价值也至少应该为每股 114 美元。法庭拒绝接受原告对 UA 股票的替代估值，因为它没有出现在任何专家报告中，也没有在原告的声明中得到充分解释。被告方专家认为，UA 是一个资产组合，在 2001 年 9 月 14 日就已知或可知，2002 年 1 月 1 日 UA 很可能将不再运营。他认为，UA 应被视为在 2002 年 1 月 1 日以后不会继续运营，因此并不能采用收益法和市场法进行估值（因为这两种方法通常以业务的持续经营作为前提）。在此情况下，基于资产的方法（asset-based approach）将是最准确的估值方法。为了估算 UA 的总权益，被告的专家首先单独估算了 UA 资产和负债的公允市场价值。与以资产为基础的分析方法一样，被告的专家审查了 UA 的资产负债表，以确定资产和负债的账面价值。被告专家之后对该等资产及负债的账面价值做出调整，得出以下结论：截至 2001 年 7 月 31 日，UA 的总资产价值为 3658887 美元，总负债价值为 2200500 美元，总股本价值为 1458387 美元。当考虑到 UA 股票的非控制性、非市场性时，被告的专家对 1458387 美元的 UA 股票价值应用了 35% 的缺乏控制性折扣（lack of control discount）和 45% 的缺乏市场性折扣（lack of marketability discount），使得调整后的公允市场价值为 521373 美元。被告的专家适用的 35% 的缺乏控制权折扣是从对医疗保健行业的上市公司并购的一项研究调查中得出的。该研究比较了被收购实体在宣布被收购前的股价与收购企业实际支付的每股价格之间的差异。研究表明，1999 年和 2000 年，医疗保健公司在合并前的股票价格相对于收购后的股票价格平均折扣约为 35%——专家认为这是由于缺乏控制权造成的。接着，被告的专家又研究了医疗保健型公司的限制性股票（restricted stock）和首次公开发行（IPO），得出了45%的缺乏市场性折扣。限制性股票研究比较了上市公司自由交易股票与限制性但类型相似的股票价格。研究表明，1983~2000年，医疗保健公司的限制性股票交易的平均和中间折扣约为39%，相对于其不受限制的对应公司的平均和中间折扣约为22%——被告的专家将其归因于缺乏市场性。IPO研究比较了公司上市前在非公开市场上出售的股票的价格与上市后不久股票的公开市场价格。研究表明，1975~1997年，上市前股票相对于上市后股票价格的平均折扣和中间折扣分别约为44%和46%，被告的专家认为这是缺乏市场性带来的折扣。

然后，被告的专家将已贴现的UA股票价值521373美元除以14000（UA流通股数量），得出有表决权的UA股票每股价值37美元。在多项研究的基础上，专家随后对无表决权的UA股票因欠缺投票权给与了额外5%的折扣，导致无表决权的UA股票每股价值35美元。

原告并未针对被告的专家分析或其所依据的研究指出重大缺陷，所以法庭决定采用被告专家提出的折扣和价值结论。根据被告专家的估值、被告对UA股票价值的让步以及被告对原告享有与之相关的慈善捐款扣减权利的认可，法庭得出结论，2001年9月14日，UA有表决权股票和无表决权股票的每股价值分别为37美元和35美元。原告只有在税务局允许的数额范围内才有权享受慈善捐款减免。

根据法典第6662（h）条的规定，纳税人要对由于错误的估价而导致的少缴税款部分承担40%的准确性相关罚款。第6662（h）（2）（A）条规定，如果纳税申报表上申报的财产价值为正确价值金额的400%或以上，则存在上述法典概念上的"估价错误"。但是，即使估价错误存在，如果由该错误而导致的少交部分少于5000美元，也无需处以罚款。

另外，第6662（h）条施以的罚款不适用于纳税人对该部分有合理理由且是善意行事的情况。第6664（c）（1）条规定了允许170条扣除的情况，只有满足财产的价值是基于"合格评估师"做出的"合格评估"，并且纳税人对捐赠财产进行了善意调查（good faith investigation）时，170条规定的慈善扣除才得以允许。

被告称，原告没有善意行事，也没有善意调查捐赠的UA股票的价值。法庭同意被告的意见。从一开始，2002年1月1日即将捐赠UA股票的计划就被提交给UA股东，作为获取潜在"15万美元"横财的一种方式。原告受过良好教育，有充分的理由能够认识到鉴于2002年UA可能不再是经营实体，其股票估值如此之高是不谨慎的。原告对下列事实清晰地知晓：2002年1月8日，OHSUMG总裁已决定将UA的捐赠股票以零的价格登记；虽然捐赠财产在受赠人手中的价值一般不作为公允市场价值的判断标准，但原告至少应该注意到OHSUMG和他们自己报告的差异。此外，2002年1月29日的UA股东大会建议原告不要带自己的税务顾问，并要求他们对税务顾问隐瞒信息，这一事实亦应提示原告注意到所申报的捐赠是不准确的。

原告辩称，他们真诚地依赖于霍利亨评估以及UA律师和会计师的建议。但是，法庭上的诚信不允许原告盲目地依赖UA顾问的建议。法庭注意到，根据联邦所得税规章

(CFR) 第 1.6664-4 (c) (1) (ii) 条, 如果建议是基于"纳税人知道, 或有理由知道,"不真实或不合理的前提而做出, 那么则认为纳税人不应该依赖于顾问的建议。这款特别适用于纳税人没有寻求真正独立于计划交易的顾问的情况。

法庭的结论是, 原告没有对其捐赠的 UA 股票的价值进行善意诚信的调查, 也没有真诚行事, 所以第 6664 (c) (1) 条中合理理由的例外不适用。捐赠的 UA 股票的价值在原告的联邦所得税申报表 (有表决权和无表决权股票每股 401.79 美元) 中超过了确定的正确价值的 400% (有表决权和无表决权股票分别是每股 37 美元和 35 美元)。由于估值错报而少缴的部分是否超过 5000 美元 (即判断是否适用第 6662 (h) 条规定的 40% 的罚款), 将取决于根据第 155 条对每一名原告计算的少缴税款的数额。根据第 155 条, 如果在争议年份内, 每位原告少缴的税款超过了 5000 美元, 则每个人应承担第 6662 (h) 条中与准确性相关的 40% 罚款。又根据第 6662 (a) 和 (b) (1) 条, 由于疏忽或不遵守法规而导致少报税款的部分, 纳税人可能要承担 20% 与准确有关的罚款。当纳税人"未能做出合理的尝试, 以确定纳税申报表上扣减、抵免或豁免的正确与否, 而在理性及审慎的人看来, 在这种情况下, 该报税表'过于理想而不真实', 则属疏忽。"

鉴于法庭面前的证据, 法庭的结论是, 原告存在疏忽。根据第 6662 (h) 条, 原告无需承担 40% 的罚款 (因为根据第 155 条计算, 每位原告的少缴税款额不超过 5000 美元), 但是须承担第 6662 (b) (1) 条 20% 的罚款。

案件八　查尔斯上诉案

(Appeal of Charles P. Hewes)

案　　　号：2 B. T. A. 1279
受理法院：美国税务上诉委员会（United States Board of Tax Appeals.）
判决时间：1925年11月9日

一、案件事实

纳税人是宾夕法尼亚州伊利市的居民。1896年，纳税人向格林（Greene）交付抵押贷款800美元，并收到了格林的一份土地契据。该土地未经改良，尺寸为40×330（英尺），位于伊利商业区的第12街和第13街之间。当时纳税人并没有支付现金，也没有登记契据。1903年，纳税人向格林表达了解除抵押贷款合同的意愿，并表示他愿意将土地交还给格林。抵押贷款合同解除后，但土地却并未被交还。

争议土地被格林取得时，他正担任巴伯沥青公司（Barber Asphalt Paying Co.，下称巴伯公司）的总裁，通过对与争议土地毗邻土地进行修缮的相关工作，格林在公开拍卖（sheriff's sale）中取得了争议土地的市政留置权（municipal lien）。为使该土地在司法上得以确认所有权，格林将其转给了纳税人，也就是他的律师。毗连的土地所有者称，该土地因财产法上的公共利益而应该属于公共区域（public alley）。纳税人取得该土地后不久就提起了非法擅自进入（trespass）的诉讼，但却败诉了。这成为纳税人要将土地重新转让的理由。

1912年6月8日，纳税人给巴伯公司写信，内容如下：

"关于贵方在4日的信件中提到的土地事宜，我感到没有着落。我想我只有1%概率可以赢得将土地收回的诉讼，我们应该做好和解的准备。我认为对方当事人的想法是给我1000美元，并让我签署一份放弃诉讼的声明，在我讨论和解方案之前，我需要知道贵方到底想要什么。在给格林的信中，我请求他接受500美元，因为500美元超过留置权的价值。

"如果贵公司愿意接受500美元，我会与对方当事人交涉。另外，我反对根据与贵公司的长期协议（indefinite agreement）而向对方当事人提起诉讼。坦白地说，我根本不知道我诉讼的目的是什么。请贵方尽快确定数额。如另要付费，希望金额尽可能的低。"

1915年1月12日，巴伯公司给纳税人写了这样一封信：

"感谢贵方9日来函，很遗憾您对诉讼结果不抱希望。我们的副总裁在1912年6月11日的信件中已经明确表示了我们对于这个问题的立场，即：在和解中，我们将接受500美元作为我们应得的份额，但我们不会分担任何的诉讼费用，不管是什么结果。"

1912年7月，纳税人在伊利市的普通诉讼法院对毗邻土地业主提起了驱逐诉讼（action of ejectment），理由是这些业主途经争议土地才到达各自的土地，而伊利市也被列为共同被告。1915年6月1日，法院做出了对纳税人有利的判决。1915年6月2日，纳税人以1896年12月28日的放弃诉讼契约向巴伯公司支付500美元，作为转让财产应付的全部款项。随后，契约被登记下来。

该普通法院判决在1916年5月得到了宾夕法尼亚州最高法院的确认。然后纳税人向某些毗邻业主提起了非法入侵诉讼，并获得了一笔从1912年6月到1915年6月，金额为4202.28美元的收益。这笔钱在1918年连本带利向纳税人进行了支付，并作为纳税人当年的纳税申报单中的收入的一部分。

1913~1916年，纳税人提出以6500美元的价格将争议土地转让给毗邻业主。1916年5月之后，毗邻业主提交了一份衡平法上的禁令之诉，请求法院对纳税人干涉他们使用争议土地进行限制的方式使用争议土地。1917年2月，该法案被驳回，且判决被宾夕法尼亚州最高法院确认。

对于纳税人而言，该土地的总成本为5750美元，包括500美元的买价和5250美元的律师费。1918年，这片土地被纳税人以33230美元的价格出售。纳税人以现金为基础申报。税务局局长根据该土地在1913年3月1日的公允市场价值，计算出售该片土地的利润为6500元，并裁定纳税人在1918年的少缴税款4691.33元。纳税人据此提出上诉。

二、争议焦点

纳税人对税务局做出的1918年欠缴所得税4691.33美元的裁定上诉，因此，本案需要确认纳税人在1918年出售争议土地时的收入。

三、判决

本案所争议的是1913年3月1日纳税人不动产的公允市场价值（FMV）。《1918年税收法》（Revenue Act of 1918）第202（a）条规定：为确定因出售或处置不动产、动产或混合财产而取得的收益或遭受的损失，其依据应为：第一，在1913年3月1日以前取得的财产的，依据其当时的公允市场价格（fair market price）或者价值（value）；

第二，在 1913 年 3 月 1 日或者以后取得的财产，依据为其成本（cost）。

在 1913 年 3 月 1 日之前，本案所涉财产的所有权属于纳税人，这是由宾夕法尼亚州最高法院在休斯诉米勒案（Hewes v. Miller，254 Pa）作为判例法而决定的。税务局认为，自 1913 年 3 月 1 日起，该财产的价值等于纳税人在 1916 年向毗邻业主提出出售物业的价值，即 6500 美元。另外，纳税人的专家证言证明自 1913 年 3 月 1 日起该财产价值约为 3 万美元。但 1915 年 6 月，巴伯公司认为该财产价值如此之低，以至于接受了 500 美元的全额赔偿，并认为最终胜诉的机会非常渺茫，因此拒绝承担任何费用。

显然，如果所有声称拥有土地所有权的人，包括伊利市，都愿意把土地转让给愿意购买的人，那么这块土地的价值就远远超过 500 美元。如果出售邻近的土地，那么几位专家所言的 3 万美元的价值显然是合理的。但是，相邻土地的价值对确定该争议土地的价值并不具有决定性的作用。如果某块土地的现有条件与毗邻土地的条件相同，那么后者的销售价值能帮助确定前者的价值。但这并不意味着，两块土地只要毗邻就具有相同或近似的价值，因为一块地的价值是依据每平方英尺的价格来确定的。

法庭要确定的是在 1913 年 3 月 1 日该土地的公允市场价值，并不能将后续发生的事件纳入参考。法庭应该考察在信息完全的情况下，自愿的买家和自愿的卖家之间确定的该土地的公允市场价值。然而，在当天或接近当天的时候，并没有人提出要买这块地。纳税人本人在 1916 年提出以 6500 美元左右的价格出售；但没有人愿意购买。最接近 1913 年 3 月 1 日的价值表达载于 1912 年 6 月 8 日纳税人给巴伯公司的信中。他在信中说："信件中提到的土地事宜，我感到没有着落。……我认为对方当事人的想法是让我签署一份放弃诉讼的声明，而向我支付大约 1000 美元。在我讨论和解方案之前，我需要知道贵方到底想要什么……如果贵公司愿意接受 500 美元，我将会与对方当事人交涉。"

纳税人在这封信中并没有表示出当时这块土地的公允市场价值。他唯一的希望是通过驱逐诉讼来和毗邻业主达成和解，并与巴伯公司平分款项。巴伯公司对该信件的答复没有在证据中呈送。但 1915 年 1 月 12 日（即 1913 年 3 月 1 日之后的近两年），法庭发现该公司说："我们的副总裁在 1912 年 6 月 11 日的信件中已经明确表示了我们对于这个问题的立场，也即：在和解中，我们将接受 500 美元作为我们的份额，但我们不会分担任何的诉讼费用，不管是什么结果。"

法庭认为，如果纳税人当时认为这块土地在 1913 年的价值为 3 万美元，他应该立即向巴伯公司支付 500 美元，使其与该土地脱离干系。如果巴伯公司认为该土地价值 3 万美元，那么它就不可能把自己的收入限制为 500 美元，另外，法庭也无法想象在土地价格为 3 万美元时，毗邻业主会拒绝仅支付 6500 美元以获得土地。

根据现有证据，法庭只能得出这样的结论：在 1913 年 3 月 1 日，该地的公允市场价值不超过纳税人有义务为此支付的 500 美元。但确定纳税人在 1918 年出售土地所获得的收益时，应考虑额外的资本支出即 5250 美元的律师费。由此产生的总成本（由于没有迟于 1913 年 3 月 1 日，公允市场价值已被证明）应从 1918 年收到的 33230 美元中扣除，这样计算出纳税人 1918 的应纳税所得后再确定税收欠缴额。

案件九　沃特森协会诉美国联邦税务局

（W. W. Watterson Assoclation, Petitioner v Commissioner of
Internal Revenue, Respondent）

案　　号：14 B. T. A. 370
受理法院：美国税务上诉委员会
判决时间：1928 年 11 月 20 日

一、案件事实

苏打公司（Natural Soda Products）是以提取天然苏打水为主营业务的一家公司。然而，由于建造厂房和购买装备花费了近 20 万美元，公司负债累累，卷入诉讼。原告（即纳税人 W. W. Watterson）是一位银行家，他与苏打公司于 1915 年 5 月达成协议愿意自筹经费、自负开销来运营苏打公司，期限为 15~40 天。试运行结束后，原告有权在下述规定条件下，在不超过三年的时间内继续运营公司：

第一，原告有权支付设备运营、修理、改进、增加或改造的费用，并在其认为必要或适宜的情况下，修建铁路（construct spur railway tracks），铁路总支出不得超过 20000 美元。这部分的费用视为原告提供给苏打公司的贷款。

第二，如有经营利润，优先偿还原告在生产经营活动中所遭受的损失或者所发生的费用，或为上述目的而垫付的任何款项。扣除上述支出后仍有盈余的，用于偿还苏打公司现有的债务。

第三，在公司运营期间，苏打公司应解决未决诉讼。经双方同意，因诉讼解决所收到的款项的一半支付给原告，以偿还其根据本协议支出或垫付的必要费用。剩下的款项则用于偿还苏打公司的债务。经双方同意，在试运营结束后，如果原告不愿意再继续经营公司，则苏打公司不对原告在试运营期间产生的任何支出或损失负责，且原告对试运行期间生产的产品享有所有权。若原告选择继续运营公司，则有权以后续运营所产生的利润偿还在试运营期间所遭受的损失或所发生的费用。上述协议生效执行。

原告于 1915 年 5 月 25 日以每股 2.5 美元的价格，买入苏打公司 11491 股股份。票面价值为每股 10 美元。在接下来的一年半时间里，原告继续购入股票期权（further options on stock），持股总数达到 14001 股，超过苏打公司法定股本的 50%。原告通过信托机制实施股票期权计划，受托人由原告指定。

1915年5月原告租下工厂前，苏打公司除了一些小实验外，基本没有生产过任何商品，亦没有商业运营。截至1917年12月31日，原告以42500美元的价格向苏打公司出售其未到期部分的租约。在租约存续期间，该工厂运营产生的营业净利润在1916年达到26139.53美元，在1917年达到182080.92美元。

本案被告联邦税务局在1917年仅允许30000美元作为投入资本（invested capital）。原告主张更多的投入资本，包括7.5万美元的租赁苏打公司的厂房费用，和5万美元购买股票期权的费用。

二、争议焦点

本案需要裁判的问题是：原告是否可以将对工厂的租赁费用和购买股权的费用纳入他的投资中，如果允许，则这些投入在1915年12月23日的具体价值如何。进一步说：

（1）免费租赁一家从未进行过商业运营的制造厂，协议规定出租方仅在未来盈利时可共享收益。在这种情况下，该租赁物的价值是否计入投入资本。

（2）购买一公司的股票期权，但该公司已破产，且从未进行过商业运营。所持有的股票期权的价值是否计入投入资本。

三、判决

这里涉及的唯一问题是，原告租赁的制造厂及股票期权的价值，是否计入投资资本。如果计入的话，在估价日当天上述价值为多少。租赁物无疑是财产，其取得时的价值可以计入投入资本。租赁物的耗竭可以从总收入中进行适当的扣除。那么现在面临的问题是，1915年12月23日租赁物的价值是多少？

原告对租赁物的估价为75000美元。原告承认，这纯粹是他基于未来的判断和预期得出的一个估计数字。正如他所言，过往历史不可以作为计算的依据。苏打公司没有进行商业生产。原告曾经对公司进行短暂的运营，可能销售过一些产品。从1915年5月到12月，原告致力于公司的运作，包括修建了支线铁路、筹集经营资金等。尽管原告心存希望，但事实却并非如此。证据显示，1915年12月，租赁物实际上没有耗费原告任何成本。法庭找不到该厂生产出任何有形的、有商业价值的产品，以支持这75000美元的支出。也即，在1915年12月，原告关于租赁物的估价纯粹是推测。因此，在这一问题上法庭支持被告，维持被告的决定。

基于同样的理由，上述关于租赁物价值的判决同样适用于苏打公司的股票期权。尽管事实上工厂和设备确实花费了20万美元，试运行也令原告很满意，但是更为重要的是，这个项目没有在商业层面落实下来。尽管后续证明了经营苏打是赚钱的，但在1915年12月（即估价日），项目投入在实际运作中并没有被敲定。如果在接下来的几年里，项目没有被证明是成功盈利的，那么这个工厂的价值会是多少呢？没有相关事实可以佐证。这些设备可能被高价买卖，也可能被贱卖。所以在估价日，工厂是唯一可以作为估价基础的资产，但事实是公司处于破产状态（所以原告也不能将工厂价值作为其投入资本）。法庭认为，在1915年12月，股票期权的价值也纯粹是推测，不能计入投入资本。

所以，法庭支持被告税务局。

案件十　脉冲组件国际公司诉美国联邦税务局

(Pulsar Components International, INC., Petitioner, v. Commissioner of Internal Revenue, Respondent)

案　　号：T. C. Memo. 1996 – 129
受理法院：美国联邦税务法院
判决时间：1996 年 3 月 14 日

一、案件事实

脉冲组件国际公司（Pulsar Components International, Inc., 下称脉冲公司）是本案原告，向法院起诉，要求重新确定美国国内收入局（税务局，即本案被告）对其发出的截至 1985 年 7 月 31 日的欠缴 382771 美元联邦所得税的裁定。税务局认为，在原告主张的 2922000 美元高管薪酬中，有 822000 美元是不合理的；后在其修正的答辩中指出，薪酬中的 2324170 美元是不合理的，因此将原告的所得税欠缴额增加至 1089369 美元；税务局亦称，根据《美国联邦国内收入法典》第 6661 条，原告还须缴纳附加税。

法庭必须确定原告支付的薪酬是否合理，进而可根据《美国联邦国内收入法典》第 162 条将该薪酬作为业务费用而扣除。除非另有说明，所有条款（section）均引自《美国联邦国内收入法典》，所有规则（rule）均引自《税务法院实务和程序规则》（Tax Court Rules of Practice and Procedure）。在下文中，法庭分别称托马斯·F. 拉维亚诺（Thomas F. Laviano）和彼得·T. 沃尔（Peter T. Woll）为托马斯先生和沃尔先生。法庭把他们统称为高管。

本案的部分事实已经确定。原告在向法院起诉时，其主要办公室在纽约希克斯维尔。原告提交的联邦所得税申报表中表明，其会计年度结束于 1985 年 7 月 31 日，且使用的是收付实现制。

（一）原告

原告是一家经营搜寻（locate）、购买（purchase）和销售（sell）计算机芯片、电子元件和集成电路的"第三层芯片经纪公司"（third-tier chip broker）。原告及其前身脉冲组件公司（Pulsar Components, Inc., 下称组件公司）是该行业的领跑者，公司的盈利渠道为利用微芯片制造商的生产能力和计算机制造商的生产需要间的供需不平衡而获利。原告在市场低供给高需求的时候，利用其掌握的"经纪人、存货、分销商和制造商网络"等资源落实供应源，能够确保稳定的供应源是原告发展的重要动力。

与竞争对手不同的是，原告借鉴了纽约华尔街一些大型证券公司的交易方式，并以此获得了经济利益。原告的交易员在一个交易大厅里工作，买卖交易在几秒钟内就完成。在业务中，原告的交易员不会提高零件的销售价格，而是按市场价格计算。也就是说，当原告能够将客户需要的集成电路与能够找到的集成电路匹配起来时，他就可从买卖价格之间的差价中获利。原告的存货极少，存货周转率高，也没有与制造商达成过书面协议。原告通常不订购尚未有买主的货物，在绝大多数情况下，都是先有了买家才有了后续的下单等业务。

（二）原告的所有者

托马斯先生和沃尔先生是在小学就认识的老朋友。他们在 1979 年 10 月以 2000 美元现金成立了组件公司。托马斯先生占 75% 的股份，沃尔先生占 25% 的股份。组件公司的总部设在托马斯先生父母家的地下室。他们用纸牌桌和折叠椅作为办公桌椅，并租用了电话。在他们的领导下，组件公司蓬勃发展，并成为一个成功的商业实体。由于行业波动性很强，每年的总收入都有很大差异，组件公司报告了 1979 年 11 月 30 日到 1982 年 11 月 30 日的纳税年度的业绩（见表 10-1）。

表 10-1 组件公司 1979~1982 年经营业绩

项 目	1979 年 11 月 30 日	1980 年 11 月 30 日	1981 年 11 月 30 日	1982 年 11 月 30 日
销售额（美元）	251588	5061159	1876555	2061989
销售毛利（美元）	5349	1499411	779655	832036
销售毛利占销售额百分比（%）	2.1	29.6	41.5	40.4
应税所得（美元）	-110	-4592	4136	32967
留存收益（美元）	-110	-14691	-11562	23806

1982 年秋季，两位高管同意将部分股权转让给公司，这样沃尔先生就可提高自己的持股比例，而托马斯先生的弟弟约翰·拉维亚诺（John Laviano，下称约翰）也可成为股东。原告（即脉冲组件国际公司）是在 1982 年 8 月 3 日成立的，从成立当天至 1985 年 7 月 31 日，托马斯先生拥有 55% 的股份，沃尔先生拥有 40% 的股份，约翰先生拥有剩下的 5% 股份。原告董事会由托马斯先生、沃尔先生和约翰先生组成。新公司于 1982 年 12 月 1 日开业。

新公司与组件公司经营完全相同的业务；仅有的变化是名称中增加了"国际"一词和调整了所有权比例。组件公司在原告成立之前的所有账户、供应源，以及由其培训的所有员工，均转移至原告。

1. 托马斯先生

托马斯先生是原告的总裁。1977年，他获得圣约翰大学会计学学士学位。大学毕业后，托马斯先生在美国半导体专业公司（Semi-Specialists of America, Inc., SAI）工作了一年。SAI是美国规模最大、利润最高的半导体经纪公司之一，也是电脑芯片和其他电子元件的中间商。在工作期间，托马斯先生深入了解了SAI的业务，之后开始进军这个行业。在本案所涉年度内，托马斯先生每周工作约60~80小时，每年52周，是一个不折不扣的工作狂，致力于原告事业的成功。

2. 沃尔先生

沃尔先生是原告的秘书兼财务总监。1977年，他以优异的成绩从耶鲁大学毕业，获得了经济学和政治学的学士学位。大学毕业后，沃尔先生在华尔街做了一年的美国国债交易员，先是在A. G. 贝克公司（A. G. Becker, Inc.）工作了一年，后来在第一国际货币市场（First International Money Markets）工作。在贝克公司，他离职当月的销售业绩在排行榜上名列第三；在第一国际货币市场也做得很好。1979年9月，他离开第一国际货币市场，与托马斯先生一起成立了组件公司。在本案所述年度内，沃尔先生每周为公司工作约50~80小时，和托马斯先生一样也是一名敬业的员工，他全身心地投入公司的业务中。

3. 高管职责

高管管理着原告方方面面的事务。他们履行了公司所有行政和管理职能，监督所有员工，他们的工作使公司事业获得成功：两位高管担任联席首席交易员，负责监管所有的采购和销售，批准所有的交易；买卖零件、报价并监督所有的交易商；招募、面试、雇佣和培训雇员。

他们是原告的行政管理人员，对利润最大化、长期业务规划、办公自动化、现金管理、实体工厂扩建、市场营销等所有管理职能直接负责。在不交易的时候，沃尔先生专注于行政职能，负责现金支付、现金收入、账单、应收账款和审查信贷。沃尔先生还与原告的会计师、律师和银行打交道，并监督记账员。两位高管还监督着运输人员，亲自检查原告收到的每一个零件，以确保这些零件质量过关。

（三）原告的业务

在1983~1985年的三个纳税年度，原告的扣除退款及折让的毛收款（gross receipts net of returns and allowances）[1]、毛收入（gross income）[2]、账面收入、应税收入、高管薪酬、高管薪酬所占的百分比以及股东权益如表10-2~表10-4所示（四舍五入至

---

[1] IRS将"gross receipts"定义为"会计主体在会计年度从所有来源收到的总金额，不减去任何成本或费用。"

[2] "gross income"是"net receipts"减去销售货物的成本，再加上其他收入。"net receipts"等于"gross receipts"减去退还给顾客的价款和折让（returns and allowances）。

最接近的金额)。

表 10-2　　　　　　　　　1983~1985 年纳税年度的收入　　　　　　单位：美元

项目	1983 年	1984 年	1985 年
毛收款	2671061	29763657	10693635
账面净收入	88903	1796032	3546647
应税所得	88903	1823904	3546647
高管薪酬	26000	1449000	2922000
毛收入	279158	5415936	4830348

表 10-3　　　　　　　　　1983~1985 年高管薪酬百分比　　　　　　单位：%

截至 7 月 31 日的纳税年度	毛收款	毛收入	账面净收入	应税所得
1983 年	1.0	0.9	29.2	29.2
1984 年	4.9	26.8	80.7	79.4
1985 年	27.3	60.5	82.4	82.4

注：用高管薪酬分别除以毛收款、毛收入、账面净收入和应税所得，得到高管薪酬百分比。

表 10-4　　　　　　　　1983~1985 年资产、负债和权益　　　　　　单位：美元

截至 7 月 31 日的纳税年度	总资产	总负债	权益
1983 年	116298	52395	63903
1984 年	900935	500000	400935
1985 年	961032	450	960582

(四) 原告的高管薪酬

1. 概述

两位高管分别与原告签署了一项雇佣协议，高管每人每年能获得 65 万美元的薪酬。

2. 沃尔先生的努力

沃尔先生承认自己是少数股东，并且他表明，在没有签订雇佣协议的情况下，托马斯先生可以随意设定对他的薪酬。为解决沃尔先生的担忧，两位高管首先做的事情就是组建了新公司（即本案原告），赋予沃尔先生更高份额的股权。在公司成立后，沃尔先生继续尝试着磋商以获得更高的薪酬；但另一方面，托马斯先生希望限制沃尔先生的薪酬。虽然沃尔先生从来没有威胁过说，如果不增加薪酬就会辞职，但他一直试图说服托马斯先生增加他的薪酬，他曾告知托马斯先生，公司所在行业的其他公司高管薪酬的行情。沃尔先生所报告的同行业公司薪酬行情所依据的大部分信息来自竞争公司。

两人经过多次讨论后达成以下一致：从 1982 年 11 月 5 日起，高管薪酬定为每年 65 万美元，为期三年。这个薪酬包括了行业中其他工作人员的职能，沃尔先生认为自己担

任了原告首席交易员、经理和管理者的角色。他们也讨论了是否应该支付补贴（commissions），但最后决定严格执行工资标准。考虑到所在行业的周期性，原告可能没有能力支付每年65万美元的薪酬，但当原告有足够的资金时，每年少付的薪酬都将补回。

1982年11月1日，原告董事会开会决定，沃尔先生和托马斯先生今后三年的薪酬定为每年65万美元。

3. 原告请求作为高管报酬的款额

在1983年7月31日至1985年7月31日的每一纳税年度，两位高管均受雇于原告。原告在其联邦企业所得税申报表中扣除以上年份的高管薪酬，具体如表10-5所示。两位高管在原告中的股权份额如表10-6所示。

表10-5　　　　　1983~1985年纳税年度高管薪酬的申请扣除额　　　　　单位：美元

截至7月31日的纳税年度	申请扣除		总计
	托马斯先生	沃尔先生	
1983年	11000	15000	26000
1984年	729000	720000	1449000
1985年	1461000	1461000	2922000
总计	2201000	2196000	4397000

表10-6　　　　　1983~1985年纳税年度高管的股权份额　　　　　单位：%

截至7月31日的纳税年度	托马斯先生	沃尔先生
1983年	42.3	57.7
1984年	50.3	49.7
1985年	50.0	50.0

4. 董事会关于未足额支付（undercompensation）的决定

原告董事会于1984年8月6日举行会议，报告说，两位高管的实际薪酬都低于其雇佣协议中约定的数额。虽然每年有权获得65万美元，但实际得到的数额如表10-7所示。

表10-7　　　　　1983年和1984年高管实际获得的薪酬　　　　　单位：美元

高管	1983年	1984年
托马斯先生	11000	729000
沃尔先生	15000	720000

董事会决定，原告欠托马斯先生56万美元，欠沃尔先生56.5万美元；原告将在截至1985年7月31日的应纳税年度前偿还以上债务。

(五) 原告的雇员

原告雇用了许多雇员负责买卖电子元件。大多数雇员在受雇于原告之前并没有电子行业经验。高管为培训新雇员成为交易员,让新雇员坐在他们旁边观察他们如何工作,并回答新雇员的问题。一段时间后,新雇员需要独立完成一些简单任务,能正确完成任务的新雇员将为一些信誉良好的账户服务。通过这样的方法,高管训练提高新雇员的交易技能。从1980~1984年,大约有8名雇员离职并从事了与原告相竞争的业务。

原告还雇用了辅助销售和采购业务的雇员。辅助性雇员包括1~3名运输和收货部的雇员、1~2名秘书、1名记账员和1名履行行政职能的雇员。

原告向雇员支付的薪酬,是高管认为与每位雇员的技能和经验相称的,并且能在竞争激烈的行业中留住该雇员所需付出的价款。履行不同职能的雇员获得的薪酬不同。与旧组件公司不同,原告没有养老金计划。原告向雇员提供的福利是带薪假期和医疗保险。

原告的销售和采购人员的薪酬是基本工资加上超过每月销售配额的销售佣金,而无其他奖金;佣金从2%~15%不等,平均佣金是雇员完成交易的毛利润的10%。佣金是销售或采购人员每年收到的大部分薪酬。在1984年和1985年日历年度,原告向其销售和采购雇员支付的薪酬如表10-8所示。

表10-8　　　　　1984年、1985年销售和采购雇员的薪酬　　　　　单位:美元

雇员	1984年	1985年	总计
约翰(John)	515397	196000	711397
迈克尔·拉维尔(Michael Lavelle)	263764	148000	411764
肯尼斯·福斯特(Kenneth Forster)	172004	34695	206699
金妮·奈泽尔(Ginny Neitzel)	105139	38199	143338
李·阿克里(Lee Ackerly)	138319	0	138319

原告依据其盈利能力向其辅助性雇员支付工资和偶尔的月度奖金。在盈利能力较低的时期不发放奖金。在盈利能力较高的时期,奖金水平一般,发放奖金的目的是让辅助性雇员分享利润。

(六) 原告的留存收益和股息政策

原告在截至每年7月31日的1983年、1984年和1985年纳税年度的留存收益分别为62903美元、399935美元和959582美元。在这3年内,原告派发的股息如表10-9所示。

表 10 -9　　　　　　　　　　1983～1985 年派发股息　　　　　　　　单位：美元

截至 7 月 31 日的纳税年度	托马斯先生	沃尔先生	约翰先生
1983 年	0	0	0
1984 年	5500	4000	500
1985 年	35750	26000	3250
总计	41250	30000	3750

原告的留存收益从 1983 年 7 月 31 日的 62903 美元增加到 1985 年 7 月 31 日的 959582 美元，增幅约为 1425%；股东权益从 1983 年 7 月 31 日的 63903 美元增加到 1985 年 7 月 31 日的 960582 美元，增长了 1403%。尽管原告在 1985 年 7 月 31 日有现金盈余，但由于业务需要保留了现金（而未做分红）。

（七）高管的其他实体

高管除了对原告拥有股权外，还联合或单独经营其他商业实体。这些实体在合作关系中是平等的合作伙伴，组建这些商业实体的目的是增加原告在行业内的市场占有率，并且使批量购买的折扣得以适用。

原告的财务服务、营销服务和管理咨询服务由高管经营的其他实体提供。在高管的管理下，原告有时会涉足（并代表）其他实体的运营。

二、判决

法庭再一次面临着联邦所得税中最有争议的问题之一，即在一家少数人持股的公司中，如何扣除支付给股东或雇员的薪酬。

使用收付实现制的纳税人如要想扣除雇员薪酬，该薪酬必须：在应纳税年度为纳税人从事贸易、经营活动提供服务而支付的；数额是合理的；性质是普遍和必要的。虽然每个标准都可能出现争议，但最困难的问题是合理性标准。正如法院所指出的：在"股东或雇员认为其有权从盈利甚至亏损公司中获得反映其技能和付出的薪酬"与"税法规定的扣除薪酬的合理性标准"之间，本身就存在一种紧张关系。对企业家或雇员来说合理的东西，对税务人员来说往往是不合理的。但是，"合理"一词必须从最广泛和最全面的意义上反映雇员的内在价值。

本案双方都认可，高管薪酬是原告的一项普遍和必要的费用。因此，在下文法庭将从其他两个方面进行讨论。

（一）原告支付的薪酬是否合理

1. 概述

薪酬是否合理，需要将支付给雇员的薪酬与其所提供的服务价值进行比较来判断。

这种判断针对的是每一位雇员的薪酬单独做出的,而不是针对全体雇员的总体薪酬做出的。这种判断是一个事实问题。在庭审中,税务局的认定被预先认为是正确的,而原告有证明被告判断错误的证明责任。

许多有关判例列举了做出"是否合理"这一事实判断时需要考虑的因素,包括:①雇员的胜任能力;②雇员的工作性质和范围;③雇主业务的规模和复杂性;④支付的薪酬与雇主总收入和净收入的比较;⑤总体经济现状;⑥薪酬与股东分配和留存收益的比较;⑦可比公司中可比职位的现行薪酬率;⑧雇主对所有雇员的薪酬政策;⑨以前年度支付给该雇员的薪酬数额;⑩雇主的财务状况;⑪雇主与雇员之间是否为公平交易;⑫雇员是否为雇主的债务提供担保;⑬雇主是否向雇员提供养老金计划或利润分享计划;⑭雇主是否报销雇员个人支付的业务费。在分析这些因素时,对待那些收到薪酬的雇员有能力控制支付薪酬的公司的案件法庭必须格外审慎。在这样的情形下,法庭必须明确,所谓的薪酬所支付的是雇员提供的服务,而不是公司的分配利润(distribution of earnings)。

2. 雇员的胜任能力

雇员优异的工作能力可以证明高薪是合理的。

本案中高管的教育背景、工作培训经验和奉献精神,使其特别适合从事公司原告的业务。他们熟悉并控制了原告经营的方方面面,工作极具热情,工作效率高。他们是原告取得成功的主要原因。高管杰出的胜任能力证明了高薪是合理的。由销售决定的盈利能力,以及高管的野心、创造力和执行力,是原告成功经营的主要原因。在该因素上,原告占有利地位。

3. 雇员工作的性质和范围

雇员的职位、工作时间、所履行的职责,以及对企业成功在一般意义上的重要性,都可以证明高薪是合理的。

高管履行了公司所有的行政和管理职能。他们执行和监督了几乎所有的交易活动;监督公司的日常运营,包括监督和指导员工、做出商业决策。考虑到高管的工作一直在公司业务成功中所发挥的重要作用,法庭认为他们对原告的业务来说是不可或缺的。原告壮大成长直接归功于他们的技能、奉献精神和创造力。在该因素上,原告占有利地位。

4. 雇主业务的规模和复杂性

法院在决定薪酬是否合理时,考虑了纳税人业务的规模和复杂性。

原告是一家高度专业化的半导体贸易公司,其瞬间交易操作需要专业知识。原告所在行业竞争非常激烈,成千上万的竞争者试图寻找和销售与原告相同的零部件。由两位高管运用并指导下属的独特的交易方法,使原告在一个高度竞争的行业得以生存并盈利,获得超过1000万美元的总收入。在该因素上,原告占有利地位。

5. 薪酬、毛收入和净收入的比较

法院将销售收入、净收入和薪酬的资本价值进行比较，以确定薪酬的合理性。

在本案讨论年度，高管薪酬占毛收款的27.3%，占毛收入的60.5%，占（扣除高管薪酬前的）账面净收入的82.4%，占（扣除高管薪酬前的）应纳税所得的82.4%。

考虑到高管的胜任能力、工作性质和范围，以及在以前年度支付薪酬不足的情况，法庭认为，这些百分比是合理的。1983年，原告向高管支付的薪酬低于约定薪酬，而在当年，高管成功帮助原告将其总销售额从1983年的2671061美元增加到1985年的10693635美元。法庭还发现，尽管其向高管支付了巨额薪酬，原告在该年度报告的应税所得超过了995460美元。在该因素上，原告占有利地位。

6. 总体经济状况

该因素考虑的是，一个企业的成功是否归因于总体经济状况，而不是具有商业头脑的、努力工作的雇员。总体经济状况可能影响企业的业绩，并间接体现员工对公司的影响程度（如果有的话）。例如，下行的经济状况往往表明，员工的技能对一家在经济不景气时期成长起来的公司来说是非常重要的。

由于原告所在行业利用了计算机芯片和半导体市场的供应不平衡，该行业在高增长和高盈利后通常会迎来急剧下降。在1985年，因供需失衡的市场开始自我纠正，原告面临着销售下降、竞争越来越激烈的挑战。尽管原告的毛收款显著下降，但其应税所得、留存收益和股东权益均有增长。在如此不利的经济状况下，高管的技能和努力是原告成功的重要因素。在该因素上，原告占有利地位。

7. 薪酬与股东分配和留存收益的比较

如果公司未能满足最低股息支付额的标准，那么向高管支付的薪酬实际上（全部或部分）应认定为是股息。但另一方面，公司是没有必须付息的义务的。即使公司不派息，股东仍有可能因为股票的升值（例如通过留存盈利）而表示满意。

历年来，原告都有定期分配红利和支付股息。在确定雇员薪酬的合理性时，法庭通常采用假设的独立投资者标准，来确定在给高管支付工资后股东是否获得了公平的投资回报。公司将小部分利润作为股息向股东支付，并不代表薪酬是不合理的。原告在盈利期间积累了足够的盈余是为应对低盈利时期，原告可能需要保留部分盈余；原告董事会在考虑上述因素后，决定是否支付股息及股息金额。法庭不会在本案事实的基础上对董事会的商业经营判断（business judgement）进行事后猜测；法庭认为董事会关于支付股息及股息金额的决定是合理的商业决策。原告在1985年支付了65000美元的股息。股东权益从1983年7月31日的63903美元增加到1985年7月31日的960582美元；留存收益从1983年7月31日的62902美元增加到1985年7月31日的959582美元；留存收益的增长极可能带来股票价值的增长。一名假想投资者会认为，959582美元的留存收益是可观的表现。此外，两位高管还从原告的利润中获得股息；每股股息从1984年7月31日的95美元增加到1985年7月31日的617.50美元。显然，原告的股票对投资人来

说是非常具有吸引力的；高管通过股息按份额分享了原告的利润。在该因素上，原告占有利地位。

8. 可比公司中可比职位的现行薪酬率

在该因素上，原告和被告都有专家证言。专家证言有助于法院了解需要专业的培训、知识或判断的领域。然而，法院不受专家意见的约束。法庭依据专家能力和记录中所有可信证据来衡量专家证言。法庭决定案件的事实在什么情况下适当时，对于专家意见，法庭可全盘否定、全盘接受或部分接受，这取决于专家意见是否与本案事实吻合。

原告专家保罗·R. 多夫（Paul R. Dorf，下称多夫）是新泽西州上鞍河薪酬公司（Compensation Resources, Inc.）的总经理。被告专家 E. 詹姆斯·布伦南三世（E. James Brennan Ⅲ，下称布伦南）是密苏里州切斯特菲尔德布伦南·汤姆森公司（Brennan, Thomsen Associates, Inc.）的总裁；布伦南先生已在本法院做证不少于 13 次。

两位专家都没有说服法庭。多夫先生的证言并不令人信服，因为他的证词与可比公司中可比职位的现行薪酬率并不相关，对眼下的争议解决没有帮助。对多夫先生的证词整体进行考量后法庭发现，他是站在原告的立场上出庭做证的（并非中立专家）。对于布伦南先生，法庭也不再相信了；在以前的案件中，法庭很难接受布伦南先生所谓的"专家"意见。与过去一样，在本案中，法庭难以接受他的结论，因为这些结论并非基于类似业务的数据，即计算机芯片和半导体行业第三方供应商的业务数据。法庭对布伦南先生"专家"证言的定位是，"在缺乏类似业务重要信息的情况下，高管的合理薪酬水平可以通过参考布伦南先生调查的行业数据来准确确定"。双方在该因素上都不利；法庭认为该因素是中性的。

9. 雇主对所有雇员的薪酬政策

法院在确定薪酬是否合理时，会考虑企业支付给其他雇员的工资。法庭将关注这一因素，以确定是否仅仅因为高管具有股东身份，其薪酬就不同于原告其他雇员的薪酬。一个合理的、长期的、一贯适用的薪酬政策就是合理薪酬的证据。原告根据董事会的判断，向其雇员提供具有竞争力的薪酬以留住雇员。原告向其销售和采购雇员支付基本工资、佣金和福利，向其他员工支付工资、某些福利和偶尔的奖金。双方在该因素上都不利；法庭认为该因素是中性的。

10. 以前年度支付的薪酬数额

雇员在以前年度提供了服务，但雇主在本年支付薪酬的，可在本年扣除支付的薪酬。因此，雇主必须表示其打算偿付欠薪的意图，并明确欠薪金额。

原告已满足上述两项要求。原告董事会发现，截至 1984 年 7 月 31 日的两个纳税年度，高管并没有收到雇佣协议约定的 1125000 美元的薪酬。董事会决定，原告在 1985 年内支付欠薪。在 1983 年和 1984 年，原告现金流不足（尤其是在 1983 年），又设法留存资金；因此原告将高管的部分薪酬延迟支付了。在该因素上，原告占有利地位。

11. 雇主过去及现时的财务状况

原告经营规模变大了，盈利能力变强了：股本从1983年7月31日的63903美元增至1985年7月31日的960582美元，增长了1403%。在该因素上，原告占有利地位。

12. 雇主和雇员之间是否为公平交易

如果雇主和雇员之间的交易不公平，那么支付的薪酬很可能是不合理的。

被告认为，原告向高管支付的部分薪酬是不合理的，因为该部分薪酬超过了雇佣协议中约定的数额。法庭并不同意该观点。原告本可以通过修改雇佣协议来为高管支付额外报酬，这样一种形式上的约束（协议）是不能体现实质的。薪酬的支付当然是经过高管同意的，且高管有能力让在其控制之下的原告批准增加薪酬。但是，对于原告是否未经公司手续就向高管支付的薪酬金额的问题，是存疑的。正如法院在利文森和克莱因公司诉税务局案（Levenson & Klein, Inc. v. Commissioner）中所指出的："众所周知，少数人持股的公司往往采取非正式行动；在口头对话中做出的决定，往往没有及时的书面记录，而是用行动记录的。"对于少数人持股的公司，法院可能很少或根本不重视是否满足公司在形式上的手续要求。

法庭发现，在判断是否是经过公平谈判而得出薪酬水准时，高管持股比例是最为相关的。一方面，沃尔先生是小股东，一直想方设法提高持股比例和薪酬水平；另一方面，托马斯先生是大股东，他希望原告保留现金作为流动资金。法庭认为沃尔先生与原告之间的谈判是公平的。

考虑到托马斯先生是原告的控股股东，法庭需要调查是否存在一位独立投资者，会向托马斯先生支付他在1985年收到的薪酬。在考虑托马斯先生为原告提供的服务性质和服务质量，以及其服务对假定投资者的投资回报的影响后，法庭认为，独立投资者会同意向托马斯先生支付薪酬。在该因素上，原告占有利地位。

13. 雇员是否为雇主的债务提供担保

法院在判断薪酬是否合理时，会考虑雇员是否亲自担保雇主的债务。雇员对雇主债务提供个人担保可能使雇主向雇员支付更高的薪酬。

公司在1984年6月20日从长岛第一国家银行（First National Bank of Long Island）取得50万美元的贷款；高管为该笔贷款提供了个人担保。乍一看，该因素似乎有利于原告。然而，法庭牢记，原告从银行收到50万美元的贷款后，就立即将该笔贷款借给高管，且没有收取利息。高管从原告处获得无息贷款的事实否定了高管担保债务的事实。该因素对本案双方均不利，法庭认为它是中性的。

14. 缺乏养老金计划或利润分享计划

法院在确定合理薪酬时会考虑是否存在养老金计划或利润分享计划。如果雇主没有为雇员提供养老金计划或利润分享计划，则雇主可向雇员支付更高的薪酬。

本案原告没有养老金计划。这一因素有利于原告。

15. 业务费的报销

法院在确定合理数额时，亦会考虑业务费用的报销问题。如果雇员因代表雇主支付的业务费用未获偿还，则雇主可向雇员支付较高的薪酬。

原告已经向高管偿还了以其自有资金为原告支付的业务费用。然而，原告并未记录这些费用的确切数额。此外，这些费用都是为了公司利益而发生的。该因素对双方均不利，法庭认为它是中性的。

16. 关于薪酬合理性的结论

上述因素大多有利于原告，且没有一个因素有利于被告。法庭的结论是：1985年付给托马斯先生的1461000美元属于该年度的合理薪酬；同样的，1985年支付给沃尔先生的1461000美元也是合理薪酬。

（二）高管的薪酬是否是为原告服务的

根据被告的说法，原告无权扣除所有支付给高管的薪酬，因为该薪酬还包括高管为其他相关实体提供服务而应获得的部分薪酬。法庭不同意该观点。虽然高管也向其他有关实体提供了某些服务，但这些服务是以原告的名义提供的。法庭认为，公司支付的薪酬是为公司服务的。

（三）结论

综上所述，法庭得出结论，原告可扣除支付给托马斯先生的1461000美元和支付给沃尔先生的1461000美元。法庭已经考虑了被告提出的所有相反论点，但法庭认为这些论点是毫无根据的，也不在上面的讨论范围内。

案件十一　格罗斯诉美国联邦税务局

(Walter L. Gross, Jr., and Barbara H. Gross, Petitioners v. Commissioner of Internal Revenue, Respondent. Calvin C. Linnemann and Patricia G. Linnemann, Petitioners v. Commissioner of Internal Revenue, Respondent)

案　　号：T. C. Memo. 1999 - 254
受理法院：美国联邦税务法院
判决时间：1999 年 7 月 29 日

一、案件事实

案件争议的股票是 G&J 百事可乐瓶装公司（G & J Pepsi-Cola Bottlers, Inc., 下称 G&J）的股票，该公司 1969 年于俄亥俄州成立。G&J 的运营可以追溯到 20 世纪 20 年代，当时由两对夫妇合伙经营，分别是艾萨克·N. 贾森（Isaac N. Jarson）、埃丝特·M. 贾森（Esther M. Jarson）夫妇和 L. 沃尔特·L. 格罗斯（Walter L. Gross）、内尔·R. 格罗斯（Nell R. Gross）夫妇；其中沃尔特、内尔夫妇是创始人。1992 年（也就是涉案赠与发生的这一年），创始人去世，G&J 的所有权转移到创始人的某些亲属手上——格罗斯家族［其中包括一些林纳曼（Linnemann）家族的成员］和贾森（Jarson）家族。1992 年，通过直接持股和信托持股，每个家族持有 G&J 已发行股票的 50%。1982 年，G&J 选择成为 1954 年《美国联邦国内收入法典》第 1371 条所指的"小企业"（即 S 公司）来进行纳税。根据 1982 年 11 月 1 日的协议（S 公司协议），G&J 的股东同意维持公司"S 公司"的形式至少 10 年。事实上，直至 1992 年 7 月 31 日，G&J 一直保持着 S 公司的形式，在当时亦没有进行改变的计划。此外，1982 年 10 月 29 日签署的一项限制格罗斯家族成员之间转让 G&J 股份的协议（《格罗斯家族限制转让协议》）到 1992 年 7 月 31 日仍然有效，该协议明确规定 G&J 不能改变 S 公司的形态。截至 1992 年 7 月 31 日，G&J 已发行了 19680 股无面值普通股。1992 年，G&J 的运营和投票权主要由格罗斯和贾森家族高级成员掌握。G&J 的股东们相处得很好，虽然经营理念有差异但不影响公司运营，也没有股东想出售自己的股份。1992 年，G&J 开始销售瓶装的七喜、Dr. Pepper 和五种不同的百事可乐。通过与百事可乐、Dr. Pepper 和七喜签订的特许经营协议，G&J 拥有在几个地区范围内对百事公司生产的各种软饮料进行瓶装和分销的独家权利。1992年的G&J是一家管理良好的公司,是第三大独立的百事可乐罐装商,拥有作为其工厂和仓库的大部分房地产的所有权,还拥有超过800辆车(包括拖拉机、卡车和拖车)。此外,G&J拥有约11400台软饮料自动售货机。G&J将其生产的软饮料销售给超市、便利店、批发商店、加油站便利店、药店、自动售货机公司、餐馆、酒吧、午餐柜台和特许经营店。1992年,G&J大约有24000名顾客。

1988~1992年,G&J的营业收入、总收入和股东分红稳步增长。在此期间,分配给股东的资金几乎等于公司的全部收入,如表11-1所示。

表11-1　　　　　　　　　　G&J的收入情况　　　　　　　　　　单位:美元

年度	营业收入	其他收入	总收入	股东分配
1988	15680903	2050232	17731135	17778483
1989	18150034	1329796	19479830	19458148
1990	21623537	2323068	23946605	24032651
1991	23796119	542321	24338440	24126041
1992	23258506	4327367	27585873	28188889

1992年7月31日,沃尔特·格罗斯(Walter Gross)向自己的三个孩子每人赠送了124.5股G&J的普通股。每份赠与代表G&J已发行股票的0.63%。沃尔特和芭芭拉·格罗斯(Barbara Gross)(统称格罗斯夫妇)在提交美国赠与税申报表(表709)时各自申报了他们认定的股票赠与价值的一半。格罗斯夫妇根据1992年7月22日商业估值公司(Business Valuations, Inc.)编制的报告得出股票赠与的价值,由于每股价值是5680美元,故沃尔特的赠与价值为2121480美元。

1992年7月31日,帕特里夏·林纳曼(Patricia Linnemann)向自己的两个孩子每人赠送了187.5股G&J的普通股。每份赠与代表G&J发行股票的0.95%。帕特里夏和卡尔文·林纳曼(Calvin Linnemann)(统称林纳曼夫妇)在提交美国赠与税申报表(表709)时各自申报了他们认定的股票赠与价值的一半。林纳曼夫妇也是根据1992年7月22日商业估值公司编制的报告,得出其股票赠与的价值为2130000美元。

而税务局最终认定的事实为,在1992年7月31日,两对夫妇向他们子女分别赠送的G&J每股股票的公允市场价值为10910美元。

二、法院意见

1992年7月31日,沃尔特和帕特里夏都向自己的孩子赠送了G&J的普通股。沃尔特和帕特里夏是格罗斯家族的成员,格罗斯家族拥有G&J一半的流通股。他们的每个孩子得到的股票在整个公司股票的比例中不超过1%。纳税人和税务局对该部分股票的公允市场价值的意见不一,双方认可的是赠送的每一股的价值是相等的,但具体价值几何则持有不同意见。纳税人认为赠与日G&J股价为5680美元/股,而税务局则认为是

10910 美元/股。

《美国联邦国内收入法典》第 2501 条规定，个人在该日历年内以赠与方式转让财产视为应税财产；第 2512 条规定，"如果赠与是以财产形式做出的，（财产）在赠与之日的价值应被视为赠与的金额"。计算赠与税时对赠予物的估价的价值标准为公允市场价值（FMV），即自愿买方与卖方之间的财产易手的价格，交易不存在强买强卖，并且双方都知道相关的事实。估值是一个事实问题，根据 142（a）条规定，原告对估值负有举证责任。法庭认为，在赠与日 G&J 股票的价值为 10910 美元每股，下文将解释原因。

原被告双方都参考了专家证词来确定赠与股票的价值。原告引用的是商业评估师大卫·麦考伊（David O. McCoy）的专家报告，麦考伊是法院认可的专家鉴定证人。他的报告是证据中的直接证词，他还撰写了一份反驳对方专家证人的报告，该报告作为补充证据的证词。原告打电话给评估专家查尔斯·A. 威尔霍特（Charles A. Wilhoite），查尔斯撰写了第二份反驳对方专家的报告，法院亦接受查尔斯的专家证人身份及证词的适格性。被告则联系了评估专家穆克什·巴贾杰（Mukesh Bajaj）博士，巴贾杰准备了两份报告，一份用以说明赠与日当天 G&J 少数股权的价值，另一份则是为了反驳原告专家麦考伊的第一份报告。法院认可巴贾杰的专家证人身份，他出具的报告是法庭接受的直接证词。

双方专家意见的主要分歧是：

（1）在确定 G&J 股票价值时，税收对 G&J 收入的影响是否应该考虑在内。

（2）缺乏市场性对 G&J 股票带来的折价。

（3）G&J 的权益成本。

首先是麦考伊的专家意见。在专家意见书中，为确定 G&J 普通股中少数股权的公允市场价值，他使用了三种不同的方法进行估值，分别是市场价格比较法（market price comparison method）、未来自由现金流折现法（discounted future free cash-flow method）和收益法（capitalization of earnings）。麦考伊对于第二种和第三种方法得出的结果，给予了同等的权重，但是对于第一种方法得出来的结果只给予 1/3 的权重。据此，原告专家确定了 G&J 股票的加权平均价值，并附加了缺乏市场性的折价，最后得出 5680 美元每股的结论。

未来自由现金流折现法是这样一种估值方法：麦考伊将 G&J 视为能在无限长时间内不断产生现金流的资产组合，然后对每个未来期间产生的现金流进行折现，以求得 G&J 股票的现值。1992 年，各种专业协会陆续发布了规范专业性的商业评估师行为的标准指南。麦考伊特别指出，《专业评估师统一实务标准》（Uniform Standards of Professional Appraisal Practice，USPAP）要求评估师要了解、理解并正确使用公认的方法和技术以得出可信的结果。麦考伊进一步证实，为了符合标准规则，评估师在对 S 型公司进行估价时，有必要将税收对公司的影响考虑在内。为符合这一预设要求，麦考伊适用了 40% 的企业所得税税率，以引入一个虚拟的税负，这一税负将对公司未来的收入产生影响，并进而影响到估价（因为公司价值由未来收益的贴现值得出）。

同时，封闭型公司的限制性股权交易是缺乏市场流通性的。麦考伊先生做证说，基于他的经验，缺乏市场性的股票可以向自由交易的股票转化，但平均折价在30%以上。而G&J除本身是封闭型公司以外，其股票转让还受到进一步的限制。根据已有协议，G&J的股票转让还附有优先购买权的限制。所以，公司股票既缺乏可交易市场，又受到转让限制，因此需要更大的折价（至少35%）。

麦考伊为反映真实市场价格，得出G&J的权益资本的成本（cost of equity capital）是19%。将G&J与小规模的上市公司相比，麦考伊先生总结了G&J权益性投资成本中的若干组成因素：一是无风险收益率为2.1%；二是权益风险溢价为7%；三是公司特别风险调整为1%；四是小规模资本风险溢价为4.8%（尽管将上述比例相加得到的数字是15%，但是麦考伊先生额外又增加了4个点，据他解释，15%是"名义上"的，而实际上则会因为通货膨胀的因素而使"真实的"数字为19%）。

接下来是被告专家巴贾杰的意见。巴贾杰表示他的任务是确定G&J普通股中少数股权的公允市场价值。他使用的估值方法是现金流折现法。他同时参考了与G&J具有可比性的公司的价值。被告专家也对G&J缺乏市场性进行了折价，得出了10910美元每股的结论。G&J是一家S公司，且根据估值专家从G&J管理层得到的信息，G&J会一直保持S公司的状态，所以巴贾杰进一步预设，公司的所有盈利会持续不断地全部分配给股东。在此情形下，公司所得税适用零税率（a zero-percent corporate tax rate）是合理的，同时，股东层面的个人所得税不在公司贴现率的考虑范围内。

关于G&J的股票欠缺市场性，巴贾杰主张适用25%的折价。他回顾了市场性折扣的有关研究，并将研究分为两类：上市公司出售限制性股票的研究，以及限制性公司的股价与成功上市（IPO）的公司股票的对比研究。关于第一类，巴贾杰博士的结论是，公司和交易的特点各不相同，且这类型的缺乏市场性折扣大约是10%~15%。关于第二类，巴贾杰博士认为这些结果对确定G&J的适用折扣没有帮助，原因有二：一是许多上市前的非公开市场交易可能并没有以公允市场价值进行；二是仅对一部分成功上市的公司进行调查分析是片面的，因为这些公司前后股价的对比会使折扣增加。因此，他从自己的实证分析入手，考虑到G&J慷慨的派息政策和由严格的转让要求带来的更大的市场交易限制，最后保守估计缺乏市场性折价是25%。巴贾杰博士采用了15.5%的权益资本成本和8.25%的债务资本成本，得出加权资本成本是14.4%。其中，股本成本通过CAPM（capital asset pricing model）模型算出，使用7.46%的无风险收益率、7.74%的长期市场风险溢价和1.09的β系数。而债务资本成本则通过观察G&J的实际借款成本得出，1991年4月，G&J以8.25%的利率借入发展所需的资金，比当时9%的基准利率低了0.75个百分点。

原告对巴贾杰博士的证词提出了异议。第一，原告认为巴贾杰博士对少数股权权益的公允市场价值的判断不应被接受，因为它是由"科学上不可信任的方法"（scientifically unreliable methodologies）得出的结论（根据联邦法院的证据规则，法官不仅要判断证据的相关性，同时要判断其可信赖程度）。第二，原告认为巴贾杰博士援引的数据和他的实证分析都未经发表,也没有经历同行检验。第三,巴贾杰博士的数据在1992年是无法获得的,一个自愿的买家和一个自愿的卖家在没有途径获得巴贾杰博士所主张的数据的情形下,是不可能达成适用巴贾杰博士所主张的市场性折价后的成交价格的。所以原告主张法庭不应接受巴贾杰博士的数据和分析。法庭不同意。

在先前的判例道伯特诉梅里尔道公司案(Daubert v. Merrell Dow Pharm. Inc., at 585 - 587,下称道伯特案)中,最高法院做出了"一般性可接受"测试的判决,科学类证据是否被接受的主导标准现在已经被联邦证据规则第702条取代(Federal Rules of Evidence. Fed. R. of Evid. 702)。702条规定如下:如果涉及科学、技术或其他专业性知识的证据有助于帮助庭审了解证据或发现事实,那么出庭做证的证人可以因为其专长、经历、教育背景或培训经历而被法庭认可为专家,他的证言亦可被法庭接受为专家证词。根据该规则,法庭认为巴贾杰博士的科学性的证据不仅相关,而且可靠。因为最高法院非常明确地表示,道伯特案不仅适用于科学类的知识,同时适用于基于技术或其他专业类型知识的案件。巴贾杰博士(事实上麦考伊先生亦是)的证词是具有技术本质的,因此,道伯特案确立的证据规则在此处适用。

正如法庭之前一直的表达,估价是事实问题。巴贾杰博士适用了他认可的金融工具,分析得出现金流量的贴现值,这同样是原告专家麦考伊所采用的方法。原告并未主张现金流贴现法在判断企业现值时是不可靠的。在多年的审判中,法庭亦非常倚重通过未来的现金流折现来判断现值的方法。双方专家所争议的,是适用于该方法的某些数字,而非该方法本身。鉴于此,法庭认为原告向法庭提出的,被告专家使用了不可靠的估值方法的主张,不被采纳。因为原被告专家在估值时用的是同一种方法,所涉争议只是不同数字和假设的适用。法庭回应原告方的最后一点质疑,即巴贾杰博士所使用的数据在1992年是无法获得的。巴贾杰博士的样本中包含了1980~1996年间的157个交易,其中有78个发生于赠与日之前,79个发生在赠与日之后。原告所援引的案件中指出,"估价应聚焦于已存在的事实、环境等因素"[纽豪斯诉税务局案(Estate of Newhouse v. Commissioner, 94 T. C. at 231],但是,这并不意味着,考虑后续发生的但是可能对前序事实有影响的事件是不合理的[吉尔福德诉税务局案(Estate of Gilford v. Commissioner, 88 T. C. 38, 52 - 53, 1987 WL 49260)]。法庭不否认巴贾杰博士指出的"自愿的买卖双方本可做出的判断",法庭接受巴贾杰博士的证词。他说,基于之前和之后相似的交易,自愿的买卖双方可以做出精确合理的估价。因为"在估价日之后发生的交易其经济背景和交易主体的地位和之前比较并无变化"。法庭对这一点表示同意。出于上述原因,法庭驳回原告方提出的不予采纳被告专家意见的动议。

在用贴现现金流方法估值时是否要考虑税收的影响,是双方专家意见的最大分歧。事实上,巴贾杰博士修改了他的计算,最终用40%的企业所得税税率代替了他最初设想的0企业所得税税率。在扣除应付利息后,巴贾杰博士计算的公司市值从2.86亿美元下降到了1.88亿美元,降幅为34%,这一结果与麦考伊计算的加权平均值(约1.72亿美元)相差不到10%。

原告认为，税收不仅影响其专家证词所指的内容，同时亦影响税务局对纳税人做出的调整，法庭必须予以考虑。原告将两份美国联邦税务局的文件作为证据：《收入、遗产和赠予税估价指南》和《遗产税审核员考试技术手册》。法庭阅读了这两份文件，认为它们既没有指出税收对估价的影响，也没有在反面佐以证明。这两个文件都缺乏分析性的支持，法庭不认为这两个文件说明税务局在做出应纳税额调整时不可避免地会考虑税收因素，尤其是在用现金流量折现法估计 S 公司的企业价值的案件中。即使法庭将这两份文件按照原告所期望的那样进行解读，原告仍未能证明他们所援引的税务局发布的文件构成了一种强制性规范（force of a regulation or ruling），所以也不能构成对税务局适用"禁反言"原则（equitable estoppel principal）。"禁反言"原则适用于阻止一方否认他自己的观点，哪怕另一方依靠这一观点对前一方造成了损害。原告并未说服本庭在此处适用"禁反言"原则，所以，税务局在对 S 公司进行估值时未将假设的企业所得税税率考虑在内并没有触发"禁反言"。

麦考伊列出了公司选择 S 公司的形式后，对股东产生的 8 项成本。列举的成本突出了三个关键领域，直接指向了"税收因素的影响"。首先，麦考伊指出了一种可能性，如果 S 公司分配给股东的收入少于其全部收入，那么实际分配可能不足以支付股东的税收义务。在理论层面，法庭不认为税收是对 S 公司预期成本的一个可靠衡量标准，在任何情况下，"因为要偿付股东们的税收义务，G&J 就不去足额派息"都是一个不合理的假设。G&J 有着强劲的增长历史和将全部利润用于股东分红的记录，原告并没有让法庭看到 G&J 不按照这个模式继续下去的证据。此外，麦考伊还谈到了 G&J 公司可能失去有利的 S 公司地位的风险，并建议法庭用能够反映该种可能性的企业所得税税率来量化潜在的损失。但是法庭认为，在没有足够事实支撑的情况下，将公司的未来收益适用一个不打折的企业所得税税率再计算现值的方法是不合理的。

下面对查尔斯先生的证词做出判断。查尔斯先生被问及，巴贾杰博士使用贴现现金流法对 G&J 的股票估值，同时假设公司税率为零的做法是否合理。查尔斯认为巴贾杰博士估值时没有考虑"已知的纳税金额"，但是尚不清楚他所说的"已知纳税金额"是指本来只有 C 公司需要交纳的企业所得税，还是从 S 公司转到股东所得的所得税。事实上，法庭认为查尔斯先生的证词是不清楚的，他无法说服法庭相信巴贾杰博士应该采用一个假设的公司税率而不是零税率。法庭认为，股东们期望减轻 S 公司的总税收负担，进而获得的利益，法庭认为在对 S 公司估值时不能忽略这种节省开支的意愿。任何未来现金流量的现值都是三个变量的函数：现金流的数量、贴现率、递延期间。贴现率反映了随着时间的推移，投资者对投资金额所要求的回报率。如果贴现率是股东的税后回报率，那么现金流就需要进行税收因素的调整。如果采用税前贴现率，那么现金流就不需要进行税收调整。由于巴贾杰博士假定了税前贴现率，所以现金流不需要进行调整。所以法庭认为查尔斯先生对被告专家没有考虑税收因素进行估价的批评是错误的。

法庭接下来考虑专家证词中的缺乏市场性折扣。在这一点上，法庭主要参考专家的资质和有关证据的可信度。尽管法律和公司已有的协议对股票交易施加了较严格的限制

（这些限制显然影响了公司股票的市场流通性），但是法庭认为巴贾杰博士的证词更具说服力。考虑到这项调查本身的主观性和不精确性，法庭最后认为 25% 的市场性折价是恰当的。

双方争议的最后一个焦点是估值时使用的权益资本的成本，原告专家意见为 19% 而被告专家意见为 15.5%。法庭认为，麦考伊先生如何得出 19% 没有说清楚，他首先说"我们需要得到的回报率是通过与具有类似风险的投资回报率进行比较来确定的"，然后他将 1991 年 12 月开始的各种投资从"长期政府债券"到"极端风险投资"进行排序，其中一组包含"CC 证券"和"超小型的公司"显示"到期收益率"为"18%＋"，另一组排名靠后的包含了"CC 债券"和"小型公司"的"到期收益率"为"21%＋"。麦考伊选择 19% 的原因是这个数值在小公司的到期收益率取值范围内，而且还考虑了 4.8% 的"预期小公司股票风险溢价"，但是在庭审中他又表明，G&J 不属于这里说的"小公司"，一句话——他对这个问题的分析让人无法信服。

法庭认为巴贾杰博士的证词是可信的。他认为截至估价日，G&J 的加权平均资本成本为 14.4%。他运用 CAPM 模型推出权益资本成本，并利用 G&J 的实际借款成本算出 G&J 在估值日债务资本的成本。事实上，1991 年 G&J 8.25% 的借款利息比最优惠利率低了 0.75 个百分点，到估价日，最优惠利率已经降到了 6%。此外，在麦考伊引用的排名中，紧挨着"超小型公司"的"小型公司"的资本回报率是 15%，这个类别下的数字原告和被告的主张都是一致的，因此法庭认为 G&J 在赠与日的权益资本成本为 15.5%。

鉴于上述的原因，法庭最后的结论是：在赠与日，赠与股票的价值为每股 10910 美元。

案件十二　沃尔玛及其子公司诉美国联邦税务局

(Wal-Mart Stores, Inc. and Subsidiaries, Petitioners, v. Commissioner of Internal Revenue, Respondent)

案　　号：T. C. Memo. 1997 – 1
受理法院：美国联邦税务法院
判决时间：1997 年 1 月 2 日

一、案件事实

(一) 背景

1. 概况

原告（纳税人）是由一系列公司组成的集团公司，为财务会计和税务需要，使用权责发生制作为会计方法。集团在数年内都以合并集体申报的方式递交纳税申报表，集团的母公司是沃尔玛（Wal-Mart，下称沃尔玛或母公司）。当其向法院提出诉请时，母公司的主要营业地点是阿肯色州的本顿维尔。

在所有相关时期，库恩（Kuhn's-Big K）公司和爱德华兹（Big K Edwards）公司是母公司的两家附属公司，山姆（Sam's Wholesale）是母公司的分公司之一。法庭在下文中使用沃尔玛这个名称来统称母公司（不考虑山姆）、库恩和爱德华兹，使用"原告"一词来统称沃尔玛和山姆。

山姆是会员制的批量出售型折扣商店。沃尔玛是向大众开放的零售商店。每个沃尔玛都包含多达 37 个商品类别，包括家居用品、电器、自动化和五金用品、电子产品、玩具、糖果和宠物用品、男装、女装、童装。

存货是原告最重要且最有价值的资产，对他们的成功至关重要。原告努力维持足够的库存以满足其客户的需求，同时最大限度地减少库存的资金总额（the dollar amount）。衡量沃尔玛存货管理高效的一个标准是其存货周转率（销量/存货）。在 1983 年的纳税年度，沃尔玛存货周转率为 4.5，而其竞争对手的平均周转率约为 2.8。沃尔玛存货管理高效的另一个例证是，许多其他公司（包括国内和国外）都在向沃尔玛寻求关于存货管理的经验。

2. 被告的调整

被告（美国联邦税务局）向原告发出两份少缴税款通知书，一份针对1983～1984年的纳税年份，另一份针对1985～1986年的纳税年份。两份通知都是被告不认可预计的存货减少（shrinkage）①，导致原告的期末存货价值增加。被告认定的原告申报表中期末存货少报的应纳税所得额如表12-1所示。

表12-1 　　　　　被告认为原告纳税申报表中少报的存货价值　　　　单位：美元

纳税年度	低估部分
1983年	24276994
1884年	7837122
1985年	20394840
1986年	1196045

被告不允许的"存货减少"与当事人称之为"汇报期末段"（stub period）有关。一般而言，汇报期末段是从应纳税年终之前的最后实物盘点（physical counts）日期到应纳税年终之间的时间。在某些情况下，沃尔玛在下一年1月进行实物盘点，在2月登记库存。上述情形下，汇报期末段是从紧挨着1月实物盘点前的日期到应纳税年终之间的时间。在其他情况下，沃尔玛在2月份连续两次登记1月份库存。在这些情况下，汇报期末段是1月第一次盘点到下一年第二次1月盘点之后的应纳税年终之间的时间。如果新商店在应税年终之前没有进行实物盘点，则汇报期末段是从商店开业日期开始到应纳税年终结束的期间。

3. 原告（纳税人）经营范围

沃尔玛是美国大型商品零售店的最大运营商之一。其中许多商店每天24小时向公众开放。在争议年份里，沃尔玛商店和山姆的数量如表12-2所示。

表12-2 　　　　　　　　　原告的商店数量　　　　　　　　　　单位：家

纳税年度	沃尔玛	山姆
1983年	642	3
1984年	745	11
1985年	859	23
1986年	980	49

① 账面库存超过实际存货的价值。

在争议年份里,沃尔玛购买和销售标有制造商名称的产品,以及具有自营品牌的产品。原告的购买金额和净销售额的零售价值如表12-3所示。

表12-3 原告的购买和销售情况 单位:美元

年份	购买金额		销售金额	
	沃尔玛	山姆	沃尔玛	山姆
1983	3543245308	41192081	4566514170	37364011
1984	4808957832	232156657	6068673313	221585916
1985	5855108264	749927690	7501658005	776483444
1986	8037262151	1608040382	9933879035	1670806324

一个标准的沃尔玛商店在相应的纳税年度占地平均为53000平方英尺、55000平方英尺、57000平方英尺和59000平方英尺,原告的零售空间总面积从1983年纳税年度的2770万平方英尺增加到1986年纳税年度的6300万平方英尺。沃尔玛商店提供60000~90000种特定类型的商品(以下简称存货单位),而山姆提供3500~5000存货单位的商品。

沃尔玛通过其分销系统获得了大约80%的利润,沃尔玛的配送中心从1984年的6个增加到1987年的10个。在后续年份,原告的总配送中心空间超过700万平方英尺,每个配送中心每年收到并运送超过3000万件商品,相当于每个工作日96个拖车负荷。

(二)原告存货的商业实践

1. 存货的会计记录系统概述

存货的会计要求是在每个期间分配可供销售的商品成本——销售成本和期末存货的价值。纳税人可以使用永续盘存制(the perpetual system)或定期盘存制(the periodic system)进行分配。在这两种制度下,每次购买的成本与购买同时记录,并且每次销售的收入与每次销售同时记录。但根据纳税人是使用永续盘存制或定期盘存制在记录时有所不同。

在定期盘存制下,不会记录商品销售时的数量或成本。通常在年底进行实物盘点以确定期末存货项目和价值。销售成本是剩余金额,在此期间实际销售的货物成本与损耗费用之间没有区别。在永续盘存制下,销售的商品的成本和/或数量在销售时与销售同时记录。因此,永续盘存制持续显示自当前期间开始以来销售的商品的成本和/或数量以及在任何给定时间在库或应在库的商品的成本和/或数量。定期执行实物盘点是为了确认纳税人账簿中所述的存货准确性,并对账簿进行调整以使其所述的存货与实际存货相协调。

2. 原告存货核算方法

根据《美国联邦国内收入法典》第 1.472-1 条和第 1.472-8 条所得税规定，原告使用永续盘存制，沃尔玛使用后进先出法（last in, first out）来确定期末存货商品，确定存货零售定价方法。根据法典第 1.472-2 条，基于最早收购成本来评估存货数量的任何增加部分。在每月末，沃尔玛都会采用成本补偿法（cost complement），将存货余额从零售余额转换为推定成本。沃尔玛的内部月度财务报表显示存货损耗（经过估计和验证）是销售成本的增加。

山姆并未使用零售价格方法，山姆使用先进先出法（first in, first out）来确定期末存货价值。

3. 循环盘点（cycle counting）

原告没有计算他们每个商店的实际年末库存。他们在一年中的不同时间计算每个商店的库存（称为循环盘点）。在原告所处行业中，使用循环盘点且在年底不进行实物盘点是很常见的。原告使用该方法，是因为他们无法在纳税年度的最后一天对所有商店/会员俱乐部的库存进行实物盘点。循环盘点对他们来说也是有利的，因为它对业务运营的破坏性较小，并且它能够使管理层全年接收有关内部运营的有效性和外部行为变化的信息。信息的不断流动促进了管理层及时对损耗趋势做出反应。

在争议年度里，原告的独立审计师是安永会计师事务所（E&Y），E&Y 建议沃尔玛可以使用循环盘点，因为：第一，沃尔玛拥有准确的零售会计记录；第二，沃尔玛保留了与其内部审计部门合作的独立盘点服务（counting services）；第三，沃尔玛以前的实物盘点并未对零售记录产生重大影响。E&Y 证实了原告在争议年度的财务报表（包括损耗计算）符合美国一般会计原则（generally accepted accounting principles，GAAP），并在每年都发布了无保留意见。E&Y 定期审查原告关于存货减少的会计处理方法，包括在汇报期末段的累计减少。E&Y 未曾建议原告改变其记录存货减少的会计方法。

4. 实物盘存

在存货盘点时，原告会核实损耗或超额的数量。一般来说，沃尔玛大约每 11~13 个月盘点一次商店的库存。如果开设新店，原告在商店开张后至少 6 个月内不计算库存。原告也不计算 11 月、12 月和 1 月第 1 周的库存。在 11 月和 12 月期间，沃尔玛专注于圣诞节，这是一年中最繁忙的时期之一，其库存量达到最大值。在 1 月的第 1 周，沃尔玛的员工开始了圣诞节假期休假，同时门店集中处理客户退货的问题，沃尔玛的库存普遍处于 1 月份的最低点。

沃尔玛计算了 1 月后 3 周内部分商店的盘点情况。其中一些盘点的结果是在同年 1 月公布的，而其余盘点结果是在随后的纳税年度的 2 月公布的。对于那些在 1 月盘点并在 2 月发布的门店，经核实的库存减少的情况并没有影响当年的期末库存盘点。表 12-4 显示了发生在 1 月的盘点数量，1 月发布的 1 月库存数量，以及在有关纳税年度中 2 月公布的 1 月的库存数量。

表 12-4　　　　　　　　　沃尔玛 1 月和 2 月公布的库存数　　　　　　　单位：存货单位

年份	1 月存货数量	1 月发布	2 月发布
1983	39	39	0
1984	73	9	64
1985	73	1	72
1986	93/95	0	93/95

在这些年中，实物盘点发生的概率在 3~9 月最高。

一般来说，为商店准备盘点需要 4~6 周的时间。在盘点开始前 45 天，沃尔玛的内部审计部门会在盘点前将一份准备文件寄给商店。商店完成文件的目的是确保盘点的准确性和一致性，并与账面盘存（book inventory）进行对账。该文件包括商店准备的详细说明，以确保有效盘点；还包括 13 个时间表，这些时间表在盘点当天前已经审核或完成。

参与盘点的人员包括独立盘点人（18~40 人）、沃尔玛防损部门（1~2 人）、内部审计部门（1~3 人）和运营部门（1~2 人）。E&Y 相关人员也会在随机选择的商店中出席盘点，通过重新计算结果来测试盘点的准确性。商店中所有可销售的商品在实物盘点当天由独立盘点人盘点，并根据库存的零售价值计算。

沃尔玛在商店开业时进行盘点，每家商店的盘点时间均为一整天，大约上午 8 点开始，下午 6 点结束。此后，留在店内的盘点人会将实物盘点结果和账面盘存进行核对。这些对账结果会被保留，以供其内部审计部门进行审查，由于审查对账需要时间，原告在下月前不会登记实物盘点的结果。

山姆的实物盘点程序与沃尔玛的程序基本相同，只是山姆在营业时间之前进行盘点，并且盘点在 4~5 小时内完成。此外，在纳税年度，山姆通常要进行两次盘点，盘点的对象是物品本身而不是零售价格。山姆的实物盘点有时发生在 1 月份，并且在实物盘点后的第二天登记盘点结果。与沃尔玛不同，山姆保留了记录，记录中列出了在任何特定日期库存中物品的数量和成本。

除了在每个山姆俱乐部进行的实物盘点外，山姆的工作人员还定期对库存中的特定产品进行物料审核。在物料审核中，山姆的工作人员对特定存货归类的现有货物进行了盘点，并将盘点与山姆俱乐部的库存状态报告进行核对。任何差异都将被立即登记。物料审核由山姆俱乐部经理自行决定每天或每周进行。

（三）库存减少的核算

1. 概况

存货的不正常（亦可称为损耗）减少每天发生，是零售业务的固有成本。减少的原因包括盗窃、损坏、破损、腐败和簿记错误。尽管不能完全消除损耗，但可以通过一定的方法减小损耗，包括使用防损设备、员工参与监管、盗窃起诉、安全设备、安保人员培训、账簿登记、建立有效的会计控制系统。根据记录，在圣诞节和复活节等节假日，库存的不正常减少率特别高。

2. 沃尔玛针对损耗的回应

在20世纪80年代早期，本案争议年度前，沃尔玛完善了计算机系统，以提高其存货核算的准确性。沃尔玛采用各种其他技术来减少涉案年度里的损耗，例如闭路摄像系统、防盗警报以及对员工招聘和绩效的严格审查。沃尔玛不聘请任何可能盗窃的应聘人，沃尔玛专注于员工培训，以减少簿记错误。考核商店经理的一个重要部分就是基于他/她减少损耗的能力，并且规定过度损耗的商店员工没有资格获得奖金。高于预期损耗率的商店经理需要参加关于损耗的内部研讨会，如果高损耗持续，他们将被降级或终止劳动合同。

零售业不正常的损耗减少了利润，并且被原告视为反映管理不善、对员工士气造成不利影响的指标，原告旨在减少损耗，并且他们投入了大量资源来降低和监测损耗。原告的管理层每周都会讨论损耗问题，他们也经常与董事会的审计委员会以及区域经理和商店经理讨论这个问题。

3. 原告月损耗计算

沃尔玛通过将实物盘点到纳税年度末的商店销售额乘以零售损耗率（以销售额的百分比表示）来估计从每个商店实物盘点到纳税年度末的损耗。对于新店而言，沃尔玛根据其高级管理层确定的固定比率估算损耗率。在1983年和1984年的纳税年度，新店的零售损耗率为销售额的3%。在1985年和1986年的纳税年度，损耗率为销售额的2%。沃尔玛从商店开业之日起到商店首次盘点之日使用固定比率。

沃尔玛在商店进行第一次盘点后，计算了该商店的损耗率，方法是将商店在零售时经第一次盘点确认的损耗除以从商店开业之日起到存货盘点日止期间的销售额，计算出的损耗率受到沃尔玛高级管理层制定的某些最低限额和最高限额的限制，这将在下面进一步讨论。在沃尔玛商店进行第二次盘点后，与上述方法类似，计算了损耗率。不同之处在于它使用了第一个和第二个盘点核验的损耗，并使用了从商店开业日开始，到第二次盘点日结束的销售额。在沃尔玛商店进行第三次盘点后，它以与前两年类似的方式计算了该商店的损耗率，不过它使用了第一、第二和第三个库存验证的损耗，并使用了从商店开业日期到第三个库存日期结束期间的销售额。在沃尔玛进行第四次及随后的盘点后，零售损耗率的确定基于最近三次历史损耗率的滚动平均值。将当前库存和前两个盘点核验的零售损耗量除以从第三个盘点日期开始到当前盘点日期结束期间的销售额来计算损耗率。

上述上限限制是沃尔玛高级管理层编制的备忘录中规定的内部指导原则。沃尔玛的所有商店都遵循这些准则。沃尔玛的内部审计部门根据加权的5年平均值向各运营部门的控制人员和副总裁推荐了适用的最高限额和最低限额，并且向沃尔玛总裁推荐了这些指导方针。沃尔玛的总裁是这些准则的最终制定者，一旦制定和实施，这些准则一直有效。上限和下限应用如下：①如果计算的损耗率低于下限，则将损耗向上调整至与下限相等；②如果计算出的损耗率超过上限，则向下调至等于上限；③如果计算的损耗率是超额，则比率由最低限额取代。在实践中，上限很少使用，下限经常使用。作为最低限额和最高限额应用的一个例子，表 12-5 包含了 1986 年纳税年度的信息，该信息说明了如何调整计算的平均损耗率。

表 12-5　　　　　　　　1986 纳税年度部分商店的平均损耗率　　　　　　　　单位：%

商店	估算	适用	水平
201	-1.08	-1.08	估算结果
397	-3.90	-1.08	上限
531	-0.27	-1.00	下限
782	+0.32	-1.40	下限

山姆一直通过将固定比率 0.2% 乘以月销售额来确定其山姆的损耗率预测。包括新成立的山姆在内的所有店面都没有对 0.2% 的比率适用上下限进行限制。0.2% 的比率由原告的高级管理人员根据他们对仓库运营的历史结果进行分析确定。山姆的损耗只占公司整体年度损耗的一小部分，因为山姆的仓库规模允许它除了每年两次完整的实物盘点外，还可以持续进行日常物料盘点。但山姆低估了损耗率。山姆实物盘点周期内的销售额：1985 年为 597954000 美元，1986 年为 1314344000 美元。山姆在实物盘点周期的损耗：1985 年为 567000 美元，1986 年为 4669000 美元。山姆在 1985 年和 1986 年实际库存销售额的百分比为 0.27%。

4. 关于月损耗的调整

原告调整了他们的存货账户，以反映店面的实物盘点的结果。每次原告进行实物盘点时，他们都会调整任何过高或过低的损耗率，以便他们的账簿和记录反映库存情况，并通过实物盘点进行验证。这个过程贯穿在实物盘点的周期中，将持续一整年。

5. 年末分配和后进先出效应（LIFO effects）

沃尔玛估计每家商店的损耗率，而不是每个商店的每个部门的损耗率。在每个待考察的年度结束时，沃尔玛汇总所有商店记录的汇报期末段损耗的估计值。然后，沃尔玛根据 12 月采购回顾报告（the December purchase recap report）中报告的每个部门在年内验证的所有损耗的相对数量，将每个部门的估计损耗总额进行分配。在每个纳税年度结束时，沃尔玛按照在日记账上的报告，在每个部门之间分配期末存货（扣除损耗）。对于 1984 年、1985 年和 1986 年的纳税年度，分配是根据各部门期末存货的相对价值（按分配的损耗净额计算）做出的。1983 年纳税年度，分配是根据 1984 年 1 月份的实物盘点结果做出的。而母公司的其他商店（库恩和爱德华兹）通过相同方式进行了单独分配。

母公司、库恩和爱德华兹都有自己的后进先出方法。原告为每个实体单独运用后进先出方法计算。原告分别记录了母公司、库恩和爱德华兹的部门按照实物盘点验证的损耗。原告还将累计预估的汇报期末段损耗单独分配给实体的每个部分。原告没有将损耗估计数分配到单个商店的层级。原告亦没有对个别商店进行年终分配和对账或针对每个店运用后进先出方法计算——年终分配和后进先出方法计算都是在部门范围内进行的。

为了编制财务报表和联邦所得税申报表，原告报告了相同的损耗。除沃尔玛外，其他大型零售企业也会估算汇报期末段损耗，以销售额百分比的方法来估计损耗在零售业中是很普遍的现象。

二、争议焦点

沃尔玛公司及其附属公司诉请法院重新确认被告提出的少缴联邦所得税决定，被告认定的少缴金额如表12-6所示。

表12-6　　　　　　　　　被告认定的少缴金额　　　　　　　　　单位：美元

纳税年终	少缴金额
1984年1月31日（1983纳税年度）	9937545
1985年1月31日（1984纳税年度）	4084255
1986年1月31日（1985纳税年度）	9381626
1987年1月31日（1986纳税年度）	8206962

法院需要确定原告对存货损耗（即不正常减少）的估计是否被允许。

三、拉罗（Laro）法官的判决

1. 概述

法庭必须确定原告对年终存货损耗的估计是否被允许。根据代顿哈德逊公司诉税务局案［Dayton Hudson Corp. & Subs. v. Commissioner, 101 T. C. 462（1993）］，法庭认为如果纳税人对其存货的核算方法是合理的，那么纳税人有权使用年度损耗估计。法庭将坚持自己在该案中持有的态度。如果原告的存货计算方法合理，法庭不会干扰他们估算存货的方法，包括他们对年终损耗率的估计。换句话说，如果原告能证明他们的存货估算方法符合行业或企业的最佳会计原则（the best accounting practice）以及能清楚地反映收入，原告将胜诉。

在展开论述之前，法庭要先确定本案中专家的资格。本案中原告有两名专家证人，被告有三名专家证人。法庭有广泛的自由裁量权来评估每位专家分析的可信性，并据此进行权衡。法庭必须根据每一位专家的资格以及所有证据来评估和权衡他们的意见。法庭不受专家意见的约束，特别是当它与法庭的判断相反时。法庭可以全盘采纳专家的意见，也可以全盘否定，当然也可以只采纳专家的部分意见。

法院认可的原告的第一位专家证人罗伯特·M. 齐默尔曼（Robert M. Zimmerman）是零售业损耗研究方面的专家，同样也是一般会计原则（GAAP）方面的专家。自1959年以来，齐默尔曼一直是注册会计师（CPA），他作为合伙人和董事在一家国家会计师事务所工作了15年，专门负责零售行业的会计业务。齐默尔曼先生目前在零售行业担任顾问，并多次撰写关于零售会计和财务控制的文章。齐默尔曼先生拥有纽约大学的会计学学士学位和税务硕士学位。

法院认可的原告的第二位专家证人托马斯·E. 多弗勒（Thomas E. Doerfler）是统计专家。多弗勒博士担任统计咨询已超过25年，目前他在多元化的国际管理和技术咨询公司担任该领域的高级顾问。多弗勒博士拥有戴顿大学（the University of Dayton）的数学学士学位和艾奥瓦州立大学（Iowa State University）的统计学硕士学位。在此之前他曾在本法院和其他法院参与了和抽样统计有关的案件。

被告的第一位专家证人史蒂文·艾略特·费伯格（Steven Elliott Fienberg），被法院认可为统计专家。费伯格博士是卡内基梅隆大学（Carnegie-Mellon University）的教授，他教授本科和研究生统计学。费伯格博士拥有哈佛大学的统计学博士学位，此前他曾作为联邦、州和地方法院的专家出庭做证。费伯格博士目前担任贝叶斯分析国际学会（the International Society for Bayesian Analysis）会长，并担任统计科学委员会（the Committee of Presidents of Statistical Sciences）主席。

法院认可的被告的第二位证人专家大卫·W. 拉鲁（David W. LaRue），是一名财务、税务和存货会计方面的专家。拉鲁博士是弗吉尼亚大学（the University of Virginia）的副教授，拥有休斯敦大学（the University of Houston）的税务和会计博士学位。他擅长联邦税务和会计领域，并且多次写过相关文章。

被告的第三位专家证人詹姆斯·厄内斯特·惠勒（James Earnest Wheeler），被法院认定为财务和税务会计专家。惠勒博士是密歇根大学（the University of Michigan）会计学教授，并拥有伊利诺伊大学（the University of Illinois）会计博士学位。惠勒博士专门教授联邦税务和会计领域课程，他经常撰写相关文章。

法院还认可原告在辩论过程中另外两名证人作为专家，即查尔斯·贝茨（Charles Bates）和詹姆斯·布拉多（James Bradow），这两名证人出现在庭审中的辩论。贝茨博士被认为是税务会计的专家，他在庭审中反驳费伯格博士的观点。他是毕马威（KPMG Peat Marwick）的负责人，领导其经济分析小组，特别关注经济学领域的统计应用（计量经济学）。他拥有罗切斯特大学（the University of Rochester）的硕士学位和经济学博士学位。另一位辩论中的原告专家证人是布拉多先生，他是计量经济学的专家，出庭反驳惠勒博士观点。布拉多先生是一名注册会计师，也是E&Y的合伙人。

2. 最佳会计原则（best accounting practice）

原告认为，他们估算损耗率的方法符合行业中的最佳会计原则。被告则声称并非如此。被告辩称，零售业并没有"一个估算损耗率的行业标准"，其他零售商使用的是原告方法的变种,而不是严格遵循原告的方法。被告表示,沃尔玛在零售行业的竞争对手在不同的时期采取不同的损耗率策略,并根据沃尔玛使用的损耗率的上限和下限动态调整损耗率。惠勒博士认为,原告的损耗率估算方法不符合美国一般会计原则。原告的总体财务报表符合会计原则,但是他们估计的损耗率并不符合。被告认为,E&Y 是没有资格发表观点的,因为损耗率并不是财务报表的关键指标。

最高法院表示,"贸易或商业中最佳会计原则"与一般会计原则保持一致。因此,如果符合一般会计原则,原告的存货核算方法将符合法庭双重证明标准测试的第一个要求。法庭认为它确实符合一般会计原则。原告估计汇报期末段损耗占销售额的百分比是一种被广泛接受的行业惯例。原告一贯遵循这种做法,并且他们在财务报表中利用由此产生的估计结果。原告的财务报表经 E&Y 认证,符合一般会计原则。

被告质疑原告财务报表的准确性,并认为 E&Y 的鉴证与损耗率的估计无关。法庭不同意这个观点。E&Y 的审计意见明确地显示了财务报表符合一般会计原则和审计准则。被告提请法院专注于关键性的会计概念,并据此得出结论:即使原告对存货损耗的估计不当,E&Y 也能够提出无保留意见。法庭不认可。法庭未发现原告的存货会计方法不符合一般会计原则。原告的证人小詹姆斯·A. 沃克(James A. Walker, Jr),注册会计师及沃尔玛目前的高级副总裁兼审计师做证,沃尔玛的损耗计算方法符合一般会计原则。被告针对沃克先生证词的反驳没有说服力,而且法庭发现沃克先生的证词与罗伯特·朗格(Robert Lundgren)的证词一致。朗格先生也是一名注册会计师,他是 E&Y 的合伙人,负责指导沃尔玛在相关年度的审计,并批准了公司对财务报表的意见。

原告的损耗率计算方法得到财务会计准则委员会(Financial Accounting Standards Board)第 6 号声明的支持。第 6 号声明指出:

> 26. 资产具有三个基本特征:(a)它体现了可能的未来收益,包括直接或间接为未来净现金流入做出贡献的能力;(b)特定实体可以获得利益并决定他人是否也可获得利益,(c)对其交易会导致该实体所有权或控制权利益变动。
>
> ……
>
> 33. 一旦获得,资产将继续作为该实体的资产,直到该实体合并该资产并将其转移给另一实体或将其用于其他实体,或某些其他事件或情况破坏未来的利益或转移该实体获得该资产的能力。

由于原告动态调整他们的存货(这是他们最大的资产),这一行为真实、准确地反映了年末存货价值,原告的会计损耗率计算方法符合第 6 号声明。如果原告没有做出这些调整,那么他们剩余的存货价值就会因为损耗价值的遗漏计算而被过分夸大。向客户出售商品时无法实现资产带来利益的指标。

法庭尊重零售行业会计原则。在没有具体指导的情况下,可以通过参考行业成员普遍遵循的准则,以建立一个可以普遍接受的贸易和行业标准。根据《美国联邦国内收入法典》第 1.471-2（a）(1) 条所得税规则规定，存货必须符合贸易或业务中的最佳会计原则。原告估算汇报期末段损耗率的方法与零售业中使用的最佳实践一致并且相当。与大多数主要零售商一样，原告使用循环盘点，这在零售业中被广泛接受。原告的实物盘点过程由独立的盘点业务人员指导和监督，原告的内部审计员，防损部门以及独立审计员，严格审慎地指挥盘点的进行并审查。原告的竞争者同样将估计汇报期末段率认为是损耗占销售额的百分比，这是行业的最佳实践。同时，原告在发给美国证券交易委员会的报告中也使用了同样的损耗估计率。

法庭得出结论，原告的存货计算方法包括他们对年终损耗率的估计，符合"贸易或商业中最佳会计原则"这一要求。下面法庭转向第二个检验标准。

3. 纳税人使用的会计方法清楚地反映了收入

存货会计受《美国联邦国内收入法典》第 446 及第 471 条规制。第 471 条规定了存货的一般规则，规定存货的会计方法必须尽可能符合贸易或商业的最佳会计原则，并必须清楚地反映收入。第 446（a）条规定了税法会计的一般规则，计算应纳税所得额的会计方法一般必须以计算账面收入的会计方法为基础。当计算应纳税收入的会计方法不能清楚反映收入时，第 446（a）条赋予了税务官员广泛的权力，可就清楚反映收入的方法做出规定。根据第 446（b）条行使权力享有很大的自由，除非明显违法，否则不得进行干扰。如果纳税人对税务局官员的权力及判断提出异议，则必须证明税务局官员的决定明显违法，或明显武断。第 446（b）条赋予税务官员的权力涉及改变总体会计方法以及有关报告任何收入或开支项目的具体方法。

税务局官员根据第 446（b）条拥有广泛的权力，但这并不意味着他们可以随意改变纳税人的会计方法。举例来说，如果纳税人使用一种能清楚反映收入的会计方法，税务局官员不能仅仅因为他们相信其他方法能更清楚地反映收入，就要求更改成另一种方法。同样，法庭也允许纳税人即使在收到税务局官员质疑的情况下，继续使用能清楚反映收入的会计方法。

当纳税人根据第 446（b）条质疑税务局官员的权力时，法庭会询问有关的会计方法是否清楚反映了收入。这个问题的答案并不取决于纳税人的方法是否优于税务局官员的方法，而是需要分析案件的事实和情况。法庭认为，需要考虑的一个关键事实是，纳税人是否一直在使用合理的符合一般会计原则且在业界很普遍的方法。法庭认为，用于财务会计和联邦所得税目的的会计的处理并不总是一致，在一般会计原则下可接受的会计方法可能不适用于联邦所得税目的，因为它不能清楚地反映收入。但同时第 446（b）条也明确规定，当一种会计方法按照某一贸易或业务的公认条件或惯例，反映出在某一特定贸易或业务中一贯适用的会计原则时，它通常被认为清楚地反映了收入。

在这方面，法庭认为本案属于《美国联邦国内收入法典》第 1.446 条第 1（a）(2) 款一般会计方法的考虑范围，原告始终按照符合一般会计原则的方法计算他们的损耗估计。在这种方法下，他们一般根据 3 年的滚动平均每月估计损耗，在每次实际计算后加以修正。每次盘点存货时，他们都会调整之前任何低估或高估的损耗率，使得账簿和记录能反映存货的数量。

通过将原告账面记录上的总损耗量（已登记的损耗量）与每年实际计算的总损耗量（已核实的损耗量）进行比较，可知原告估算方法是合理的。表12-7比较了年度会计期间已登记的销售损耗占销售额的百分比，以及两次实物盘点之间的已核实的销售损耗占销售额的百分比。

表12-7　　　　　　　　　　损耗占销售额的比例　　　　　　　　　　单位：%

年份	登记	核定
1983	1.47	1.48
1984	1.11	1.06
1985	1.36	1.37
1986	1.00	1.00

表12-7反映了实物盘点周期的损耗与纳税年度的损耗的情形，法庭接受上述数据。这两个指标涵盖从纳税年度开始到实物盘存日，反映了两个损耗量都与损耗量估计的时间段的销售额相关。此外，考虑到实物盘点时的调整，将应纳税年度开始时的每月估计值与实物盘点日期相结合，反映了实物盘点日期内当年的实际损耗率。从年初到实物盘存日，预计的损耗率加上本年度实际盘存调整的部分是由实物盘点核定的该期间的实际损耗量。

法庭可以更肯定地确定原告损耗期是从一次实物盘点到下一次实物盘点之间的时间，即这是通过实物盘点可以验证损耗量的时间段。然而，仅对这一时期进行分析是不恰当的，因为它忽略了原告会计方法的重要部分，即在盘存周期的最后一天做出的调整，将账面存货调整到实物盘存确定的数量。然而，如果进行了这种调整，在确定汇报期末段预计损耗的合理性方面进行分析对法庭是无益的，因为在实物盘点时，原告使用的会计方法得出的结果与实物盘存一样精确。因此，任何单独对实物盘点周期进行的分析，要么忽略了原告的年度会计方法的基本部分（即在实物盘点时登记的核对调整数），要么表明了该方法在实物盘点时是准确的。这些分析都没有正确评估汇报期末段估计值。

通过将实物盘点的未调整结果与调整后的账面金额进行比较，实物盘点有助于检验原告损耗会计计算方法的总体准确性，存货损耗量会影响原告的存货余额和年度收入确定。如表12-7所示，原告对每个纳税年度的存货损耗调整合理地表示了由该年实物盘存核实的损耗量。在1986年的纳税年度，两个数字是相同的。在1983年和1985年的纳税年度，这些数字在0.0001%之内。在1983年和1985年，登记在账金额均低于实物盘点核实的总量。仅在1984年的纳税年度，登记金额超过了实物盘点，而且多报仅为0.0005%。这些适度的差异表明，原告采用的损耗方法反映了合理的结果。相比之下，被告的决定将使原告遗漏相应年份的损耗估计数，分别为3360万美元、4020万美元、

6210万美元和6790万美元。

可以看出原告损耗估计的第二种方式是确定损耗与销售之间的关系。被告依赖费伯格博士的证词来证明这种关系不存在。法庭不认为这个证词具有说服力。法庭根据现有证据支持损耗与销售之间关系,根据销售情况,商店的损耗量将增加或减少。例如,销售量的增加会导致购买量增加,随着购买量的增加,货物丢失或账面登记的错误也会增加。销售量的增加导致更多的库存被放置在待售的货架上,随着货架商品的增加,由于破损、盗窃和错误标价导致的货物损失也将增多。销售量的增加导致商店中的客户流量增加,并且随着越来越多的客户进入商店,销售人员与客户的比例下降,使得监控盗窃变得更加困难。销售额的增加导致额外销售人员的增加,随着销售人员的增加,员工偷盗也会增加。

考虑到这种关系,法庭发现,通过比较以下两组数据可以得出,原告对损耗的估价方式更合理:①汇报期末段损耗估计的零售价值与同期核实损耗量;②个别汇报期末段估计可归因于汇报期末段的损耗(通过下一年的实物盘点进行验证)。汇报期末段的核定损耗等于损耗量除以汇报期末段的销售额,或者除以整个实物盘点周期的销售额。表12-8显示了此分析。

表12-8　　　　　　核定可分配至汇报期末段的损耗过程

汇报期末段销售额(万美元)

公司	1983年	1984年	1985年	1986年	总计
母公司	239489.4	320731.6	414748.4	545737.9	1520707.3
库恩	23054.2	29999.2	35371.4	42496.7	130921.5
爱德华兹	11226.5	15049.1	15765.0	18294.5	60335.1
总计	273770.1	365779.9	465884.8	606529.1	1711963.9

实物盘点期间的销售额(包括汇报期末段,万美元)

公司	1983年	1984年	1985年	1986年	总计
母公司	408498.9	506308.7	695146.2	890872.2	2500826.0
库恩	38900.5	46512.9	55154.0	65667.1	206234.5
爱德华兹	19089.0	24448.9	26679.3	29603.6	99820.8
总计	466488.4	577270.5	776979.5	986142.9	2806881.3

汇报期末段销售额占实物盘点之间的销售额的比例(%)

公司	1983年	1984年	1985年	1986年	总计
母公司	58.7	63.4	60.0	61.5	61.0
库恩	59.3	64.5	64.1	64.7	63.5
爱德华兹	58.8	61.6	59.1	61.8	60.4

续表

确认的损耗总计（万美元）					
公司	1983 年	1984 年	1985 年	1986 年	总计
母公司	4066.3	6754.3	6854.2	9925.3	27600.1
库恩	553.2	815.9	610.0	730.2	2709.3
爱德华兹	329.8	355.8	335.3	431.2	1452.1
总计	4949.3	7926.0	7799.5	11086.7	31761.5
根据损耗率分配给汇报期末段的核定损耗（万美元）					
公司	1983 年	1984 年	1985 年	1986 年	总计
母公司	2382.9	4275.5	4112.5	6084.2	16855.1
库恩	328.0	526.3	391.0	472.4	1717.7
爱德华兹	193.9	219.1	198.2	266.5	877.7
总计	2904.8	5020.9	4701.7	6823.1	19450.5

现在，法庭将每年汇报期末段估计值与核定的可分配至汇报期末段（反映在表 12-8 中）的损耗进行比较（见表 12-9）。

表 12-9　核定损耗与损耗估计的比较过程

根据汇报期末段损耗率分配给汇报期末段的核定损耗（万美元）					
公司	1983 年	1984 年	1985 年	1986 年	总计
母公司	2382.9	4275.5	4112.5	6084.2	16855.1
库恩	328.0	526.3	391.0	472.4	1717.7
爱德华兹	193.9	219.1	198.2	266.5	877.7
总计	2904.8	5020.9	4701.7	6823.1	19450.5
汇报期末段预计损耗（万美元）					
公司	1983 年	1984 年	1985 年	1986 年	总计
母公司	2798.3	3399.6	5417.8	6019.7	17635.4
库恩	405.9	405.6	577.7	533.9	1923.1
爱德华兹	155.6	215.1	218.5	236.4	825.6
总计	3359.8	4020.3	6214.0	6790.0	20384.1
高估（低估）预计（万美元）					
公司	1983 年	1984 年	1985 年	1986 年	总计
母公司	415.4	-875.9	1305.3	-570.7	274.1
库恩	77.9	-110.7	186.7	61.5	215.4
爱德华兹	-38.3	-4.0	20.3	-30.1	-52.1
总计	455.0	-990.6	1512.3	-539.3	-437.4

注：表中负数表示低估。

如表 12-9 所示，法庭通过实物盘点核验的损耗率的追溯分配（retrospective allocation）导致每个汇报期末段的损耗率都高于或低于争议的损耗估计值。然而，法庭认为这是预料之中的，因为沃尔玛在估算损耗率时没有进行事后估计，在进行估算时，它也没有在此比较中使用后续盘点的结果。尽管如此，法庭认为，法庭将沃尔玛的估计值与事后所做估计进行比较，有助于证明沃尔玛的方法是合理的。沃尔玛的估算过程导致母公司商店的损耗率被低估了两年（1984年和1986年）和高估了两年（1983年和1985年）。同样，库恩和爱德华兹低估了几年的损耗，并高估了其他年份的损耗。

法庭得出的结论是，沃尔玛的损耗估算显然反映了收入，沃尔玛已经达到了法庭的上述提到的两步检测标准（two-prong test）中的第二个。法庭支持原告的观点。

4. 关于山姆

损耗与销量的相关性亦支持山姆的估算。根据数据显示，山姆在1985年和1986年纳税年度的损耗估计是具有合理性的。在这些年里，原告通过山姆的实物盘点确认了损耗，金额为523.6万美元。在同一时期，山姆的销售额为19.12亿美元。因此，山姆在两年期间的损耗约占销售额的0.27%，或略高于实际使用的0.2%。法庭得出结论，山姆的损耗估计值是允许的。

上述结论的得出已经考虑了被告所提出的所有论点，并且已在前面进行了阐述，法庭认为与上述相反的论点是不成立的。

案件十三 迈克尔和卡罗琳等诉美国联邦税务局

(Michael W. and Caroline P. HUBER, et al.,[①] Petitioners v. Commissioner of Internal Revenue, Respondent)

案　　　号：T. C. Memo. 2006 – 96
受理法院：美国联邦税务法院
判决时间：2006 年 5 月 9 日

一、案件事实

背景：本案所涉争议是，1997~2000 年依据《美国联邦国内收入法典》第 2501 条，原告迈克尔·M. 休伯（Michael W. Huber）、卡罗琳·P. 休伯（Caroline P. Huber）、塔比瑟·A. 休伯（Tabitha A. Huber）、汉斯·A. 休伯（Hans A. Huber）和劳雷尔·D. 休伯（Laurel D. Huber）在其申报美国赠与税申报表（表 709）中填报的有关赠与休伯公司（J. M. Huber Corp.）股票的事项。休伯公司股票为非公开上市股票。原告以休伯公司股东交易股票的价格作为评估赠予的基础，股票价格是由独立的评估师根据不同的交易做出的。本案的争议点是，这些（股票）交易是否符合独立交易原则（arm's length transactions）。法庭认为，这些交易是符合独立交易原则的，法庭支持原告以此为基础对赠予做出的估值。

原告在提交起诉书时居住在新泽西州。

（一）休伯公司

1883 年 J. M. 休伯（J. M. Huber）创立了休伯公司。休伯从德国移民到纽约，开启其印刷事业。休伯公司总部位于新泽西州爱迪生市，经营多元化业务，在相关年份的年销售额超过 5 亿美元。虽然休伯公司为私人控股公司，但其治理结构力求效仿上市公司，与股东保持高度沟通。在相关的纳税年度内，休伯公司大约有 250 名股东是休伯家族成员，还有 3000~5000 名与休伯家族没有关系的雇员。休伯公司由董事会管

[①] 以下原告的案件在此整理如下：Tabitha A. Huber，案卷号 3054 – 03；Hans A. Huber 和 Laurel D. Huber，案卷号 3553 – 03；Michael W. 和 Caroline P. Huber，案卷号 1212 – 04。

理，董事会成员大多数不是休伯家族成员。休伯公司的 CEO、总裁兼董事长彼得·弗朗西斯（Peter Francis）是原告的主要证人之一。彼得是休伯的曾孙，1993 年以来担任董事长，1994 年以来担任休伯公司的总裁。

根据休伯公司章程决定，公司股票不在公开市场上交易。自 1993 年以来，休伯公司每年聘请安永事务所评估公司的股票。然而，当休伯公司把股票转给非营利组织时（非营利组织允许持有股份或将股份出售给符合条件的股东），股东有权利不这样做（seek waiver）。现在，休伯公司股份由休伯家族成员、休伯基金会（一个非营利性慈善组织）以及包括大学在内的各种独立非营利性组织持有。

虽然休伯公司没有正式的股票回购计划，但公司章程授予其从股东手中赎回股票的权利：董事会可以做出赎回授权，并设定赎回价格。1996~2000 年，董事会批准了 14 次赎回。1996 年，休伯公司以安永评估的价格回购了股票。1997~2000 年间的赎回，赎回价格亦为安永评估价格，但赎回率不到 5%。参与赎回的股东一部分为希望清算股份的休伯家族的股东；另一部分为接受股份捐赠的非营利组织，包括麻省理工学院、达特茅斯大学、希区柯克医学院、汉密尔顿大学、自然保护协会和计划生育组织。每笔交易均以安永评估的价值来确定赎回价格。

休伯公司章程规定，公司有权以章程规定的价格购买向休伯家族成员以外的人出售的股票。该章程规定，如果股东试图将其股票出售给未经章程认可的买家，休伯公司有不可撤销的选择权，用以选择以要约价格（the offer price）、账面价值（the book value）或依据章程规定公式的计算价格（the formula price set by the bylaws）中的最低价购买股票。该章程允许将休伯公司股票出售给休伯家族成员，包括休伯直系后代及其配偶和子女，以及受益人为上述人员的信托基金和休伯基金会。该章程还允许股东在获得董事会的同意后向独立的非营利组织出售股票。

（二）安永报告

自 1993 年以来，休伯公司每年都聘请安永对休伯公司进行评估，并由休伯公司审计委员会主席审查其评估报告。安永不向休伯公司提供其他审计服务。每年，安永都将休伯公司与可比上市公司进行比较，来评估休伯公司股票的价值。由于休伯公司股票缺乏市场性，安永将自由交易的股票价值折价 50%。休伯公司股东并不会收到安永报告的副本，但可查阅报告。休伯公司及其股东将安永报告用于以下目的：

（1）评估休伯公司向非营利组织赠送的股份的价值。
（2）评估给休伯公司 CEO 授予和行使股票期权（stock options）的价值。
（3）确定休伯公司董事会成员的薪酬。
（4）评估休伯公司的整体绩效。
（5）评估休伯公司从股东手中赎回的股票价值。

在安永完成评估报告之前，休伯公司中没有人会知道股票价值是多少或需要折价多少。彼得先生没有提前收到过报告。

(三) 股东间的交易

1994~2000年，休伯公司股东之间大约有90笔公司的股票交易。股东并没有义务以安永的评估价格来出售他们的股票。不同交易双方的关系各不相同，有些关系就像父母和孩子、祖父母和孙辈之间的关系一样亲密，有些则像信托人与远房表亲的配偶一样疏远。其他非营利组织向休伯家族成员出售股票的交易，都以安永评估价格来进行。

1997~2000年的纳税年度，原告均及时提交了美国赠与税申报表，报告了他们将休伯公司股份赠与其直系后代的相关事宜。原告采用安永的评估价格作为股份的赠与价值。在审判期间，以下两宗交易作为原告90宗交易的代表：与布朗（Brown）遗产的交易（以下简称布朗遗产）；与安妮·福斯特（Anne Foster）信托的交易（以下简称福斯特信托）。

(四) 布朗遗产交易

埃伦·梅滕斯·布朗（Ellen Mertens Brown）是休伯家庭的第三代成员，于1992年去世。布朗女士去世时拥有30多万股休伯公司股票。布朗女士的儿子布鲁斯·希利（Bruce Seely）和继子乔治·布朗（George Brown）被指定为布朗遗产的共同执行人。执行人打算卖掉布朗女士在休伯公司的部分股份，以支付遗产税。但因这些股份价值尚未最终确定，执行人从美国税务局获得了延期五年缴纳遗产税的许可。1997年年中，执行人与美国税务局达成了遗产税问题的共识，约定在1998年3月16日缴纳遗产税。

1997年秋天，休伯家族成员之一的希利，为筹集必要资金以支付遗产税，出售了布朗遗产中的休伯公司的股份。希利对布朗遗产的受益人负有受托责任，同时他也是受益人之一，他有义务为遗产中的休伯公司股份取得最佳的出售价格。希利每年都会收到安永评估报告的摘要，他熟悉评估内容。此外，希利还参加了休伯公司的年度股东大会，担任无表决权董事，并收到了休伯公司的季度报告、经营计划和预算计划。1997年10月，希利和乔治作为布朗遗产的共同执行人，向25位买家出售了共计52796股休伯公司股票。25位买家中，大部分是远亲或受托人（trustee），其中两名买家W. 安东尼·布鲁克（W. Anthony Brooke）和彼得·S. 布洛克（Peter S. Brock）在本案中出庭做证。布鲁克是希利二表亲的丈夫。布鲁克先生拥有工商管理硕士学位，他目前经营着一家名为JMH Capital的私人公司。布鲁克先生会定期收到休伯公司的五年计划、年度预算、月度财务报告和年度报告，并对其进行审查。布洛克是希利的堂兄，二人偶尔见见面。布洛克先生是一名建筑师，拥有普林斯顿大学学士学位和加州大学建筑学硕士学位。他在休伯公司的董事会和其他几个委员会任职了13年。所有从布朗遗产购买了休伯公司股票的人都依据安永的评估价值支付了购买价款。

（五）福斯特信托交易

安妮·H. 福斯特（Anne H. Foster）是休伯家族的第三代成员，于1988年去世。在她的配偶雷蒙德·福斯特（Raymond Foster）也去世后，福斯特信托的受益人变成她的四个孩子和三个非营利组织。1998年，埃里克·戈茨（Eric Goetz）和福斯特的女儿林恩·辛恩（Lynn Zinn）一起成为福斯特信托的共同受托人。戈茨和辛恩也是福斯特遗产的共同执行人。当时，福斯特信托持有约9.6万股休伯公司股票。戈茨不是休伯家族的成员，也不持有任何休伯公司股票。

1999年，福斯特信托需要213000美元以支付包括法律费用及会计费用在内的信托开支，并支付雷蒙德遗产应缴付的遗产税。作为共同受托人，戈茨和辛恩通过若干种方式筹集了该笔资金，其中之一是将休伯公司股票以安永评估价格出售给其他几位家庭成员和一家非营利组织。通过出售股票，他们筹集了大约3万美元。

埃里卡·戴德（Erika Dade）不仅是布朗的孩子和福斯特信托的受益人，也是购买休伯公司股票的人。她会参加休伯公司的年度会议，收到休伯公司的季度报告和来自其各部门的业绩报告，并对其进行审查。她曾是休伯公司董事会成员和审计委员会成员。她经常参与讨论公司的事情。她对安永的估值很了解，熟悉评估方法。据她所知，从来没有人对安永的估值有异议，其他股东都是以安永估值价格买卖股票，董事会也在利用该价值来确定他们的薪酬，衡量休伯公司的业绩。

（六）欠缴税通知

被告（税务局）向原告发出欠缴税通知。原告及时向本法院提交了起诉书，对被告认定的欠缴提出异议。

被告同意安永报告中休伯公司股票自由交易（freely traded）的价值，不同意的是因缺乏市场性适用的折价。被告所依据的是其专家评估经济公司（Appraisal Economics, Inc.）出具的报告。

安永自1993年开始，评估休伯公司股票价值时一直采用50%的折价，而被告的专家在1997年、1998年、1999年和2000年分别采用30%、25%、45%和30%的折价。股票估值的差异如表13-1所示。

表13-1　　　　　　　　原告与被告对股票的估值　　　　　　　　单位：美元

年份	原告价值	被告价值
1997	45.75	64.05
1998	51.50	77.25
1999	47.50	52.25
2000	58.00	81.20

被告拒绝接受安永的估值的另一个原因是，他们认为股票并未按照公允市场价值出售。那么在庭审中首先需要回答的问题是，是否存在休伯公司股票的公允市场价值，以确定原告赠与的价值？

二、争议焦点

涉及休伯公司股票的各项交易是否构成公平交易？

三、判决

（一）举证责任

被告辩称，根据《美国联邦国内收入法典》第 7491（a）条，举证责任应由原告承担，并不发生举证责任倒置（shift）。但法庭并不认同，因为本案结果是由优势证据规则（preponderance of evidence）决定的，而不受《美国联邦国内收入法典》第 7491 条的影响。

（二）休伯公司股票出售的独立交易性质（arm's-length quality）

依据《美国联邦国内收入法典》第 2501 条，在纳税年度内因赠与转让财产的，对该行为征收赠与税。不论转让是通过信托还是其他方式，也不论是直接赠与还是间接赠与，均征收赠与税。赠与的价值为财产转让之日的价值，且以赠与人赠与财产的价值，而不是受赠人收到的财产的价值或受赠人获得的利益为衡量标准。转让财产的公允市场价值是指"该财产在自愿买方和自愿卖方之间的交易价格，买卖双方并未被强制，且对相关事实有合理了解"。折价转让或交易对价不足时，赠与价值为财产的转让价值超过接受报酬的部分。在确定非上市股票的价值时，正常经营的公司在估值日前后的合理时间内进行的公平交易的股票销售价格，是衡量股票市场价值的最佳标准。

以安永评估价格出售休伯公司股票是否符合独立交易原则是本案双方当事人的争议焦点。原告主张相关交易符合独立交易原则，并引用莫里西诉税务局案（Morrissey v. Commissioner）和考夫曼诉税务局案（Estate of Kaufman v. Commissioner）予以支持。在莫里西诉税务局案中，一家家族企业聘请美林证券公司（Merrill Lynch）评估少数股权价值。两名股东以美林证券公司的评估价格向第二大股东出售股票。两位卖家都做证说，价格是公平的，且销售并未受到强制。第九巡回上诉法院认为，这两笔交易符合独立交易的要求，因为：①不存在特别密切的家庭关系；②不存在强制销售；③卖方没有理由怀疑一家信誉良好的公司对股票的独立估值；④有证据表明，卖方无意向买方赠送礼物。原告列举上述各个原因来支持其主张，而被告认为这些原因并不适用于本案。

法庭拒绝适用莫里西诉税务局案，因为该案中的纳税人对公司股票的估值是基于合伙企业以赠与的形式将其部分份额的转让，而不是出售股份。纳税人是一对夫妻，他们将合伙企业的份额转让给他们的孩子和两个非营利组织。根据转让协议，受让人签订确认协议，分配应得的份额。孩子们聘请评估师评估该部分份额。本案纳税人援引莫里西诉税务局案称，"确认协议"是赠与价值的确凿证据，因为该协议是与现实发生的真实独立交易"功能相当"的独立交易。法庭不同意上述观点，因为本案事实与上述案件不同。本案中发生了实际的销售，在没有强制出售的情况下，那些非营利组织以安永评估价格购买了休伯公司股票，得到了它们能得到的东西。显然，这与被引案件中被指定接受礼物的情况不同，该案在事实方面是可区分的。

双方当事人分析了休伯家族关系、卖方是否受到强制、股东使用安永估值的合理性以及交易双方意图，对交易是否为独立交易得出各自的结论。因此，法庭大致也遵循这一框架，审查双方当事人提出的各个论点。

（三）休伯公司股东之间的关系

被告提请法庭注意，本法院对关联各方（例如家庭成员）之间的交易一直都会进行密切的审查，并经常得出"并非公平交易"的结论。法庭认为被告对该问题的描述过于狭隘，而且忽略了对本案结果至关重要的事实。被告关注的是在关系密切的家庭成员之间发生的销售，好像认为就只有这么几笔。事实上，在1994~2000年间，休伯公司的股东进行了90多宗涉及不同关系的交易：①直系亲属之间的交易；②远亲之间的交易；③休伯公司股东与独立非营利组织之间的交易。每笔交易都是以安永评估价来进行的。

被告还表示，在布朗遗产交易中存在"不当行为"（taint of impropriety），因为希利和他的孩子是购买部分股票的信托的受益人。然而，希利信誓旦旦地做证说，他不知道该信托购买了股票，因为与他联系的是受托人，而该受托人同时也是其他信托的受托人，且该受托人没有指明具体是哪个信托购买了股票。此外，布朗遗产中有5.2万多股休伯公司股票，而那些以安永评估价为销售价格的特定交易，只涉及其中的1236股股票。在许多交易中，销售方没有理由接受人为压低的价格。在布朗遗产交易中，希利还以安永评估价将股票卖给了甚少见面的、关系并非特别密切的远方亲戚，也即二表亲的丈夫。因此，希利没有理由以低价出售这些股票。相反，希利有理由以公平价格出售股票，因为作为遗产的共同执行人，他对遗产受益人负责。同样，戈茨做证说，他绝对清楚自己在出售股票时是福斯特信托的受托人。

因此法庭得出结论：在记录的90多宗销售中，那些发生在联系甚少或没有联系的人之间的交易，以及因具有受托义务而会努力获得最有利的价格的人之间的交易，将亲密家庭成员之间的交易"中和"了。法庭认为，休伯公司股东之间存在的各种不同的关系，是证明公平交易存在的一个积极指标。

(四) 强制

被告认为，布朗遗产和福斯特信托的股票出售是在"强买强卖"下进行的，因此该销售不属于符合独立交易原则的销售。被告援引了艾姆·米尔斯公司诉税务局案（Acme Mills, Inc. v. Commissioner）。在艾姆·米尔斯公司诉税务局案中，法院发现，纳税人受到了债权人"非常坚决的强迫"，要求纳税人出售房产以偿还债务。而本案中没有这样的强迫。在没有紧迫的时间限制下，布朗遗产出售股票以支付遗产税。遗产执行人多年来一直在计划出售这些股份，同时也等待着纳税义务的确定，以决定到底需要筹集多少资金。在与美国税务局达成一致后，布朗遗产有5个月的时间缴付遗产税税款，但布朗遗产在1个月之内就卖掉了股票。希利做证说，他在几周内筹集了支付遗产税所需的资金，而出售股票也并未受到压迫。显然，布朗遗产交易中没有类似于艾姆·米尔斯公司诉税务局案的强迫行为。同样，在福斯特信托交易中，戈茨做证说，他也没有受到出售股票的压力，出售股份是为了支付信托的预算债务，是筹集资金的方式之一。除了卖掉股份，戈茨还有其他筹资途径。

(五) 安永报告

休伯公司适用安永评估价来确定董事会成员的薪酬、衡量休伯公司的财务绩效。自1993年以来，休伯公司一直与安永合作，以便为需要对休伯公司股票估值的不同情况进行独立估值。

被告试图从多个角度证明安永报告的不可靠，以说明交易各方对休伯公司股票的价值缺乏合理了解，并且缺乏"实现股票的公允市场价值的动机"。首先，被告指出，布朗遗产交易使用的是11个月前的安永评估价；而福斯特信托交易使用的是8个月前的安永评估价。被告引用了安永随后的估值报告，显示每股价格分别上涨了5.75美元和10.50美元。被告认为，由于时间的推移，卖家失去了"部分增加的利润"。

然而，被告这一论点忽视了证据。做证的各方表示，自上次估值以来，休伯公司的财务状况并没有发生重大变化，且做证各方都表现出他们对休伯公司股票价值具有独立的了解。此外，法庭不认为8个月或11个月的时间间隔是不合理的。在胡克诉税务局案（Hooker Indus. v. Commissioner）中，13个月前的评估结果也能作为"市场价值的最佳标准"。

被告辩称，交易各方没有看到安永报告副本，并未得到合理的通知。然而事实是，包括证人在内的休伯公司的股东，会定期收到休伯公司的报告，与CEO讨论公司事宜，参加股东大会，并参与休伯公司的董事会和委员会。此外，股票的买家之一布鲁克做证说，他确实看到了安永的报告。股东是否看到这份报告并没有影响法庭的结论：交易各方是有渠道了解报告的，因为休伯公司的运作方式为股东提供了很多机会去了解该公司和安永的评估方法，而且证据表明，很多交易事实上就是这样做的。

与被告提出的另一论点相反，法庭也没有发现在本案中的股票交易存在捐赠意图。没有证据支持捐赠意图这一论断，而且恰恰相反，许多证据都指向反面。例如，如果休伯公司的股票的评估价被人为压低，CEO 不会接受，因为这既不利于其自身经济利益，也不利于休伯公司及其股东的经济利益。这家百年老店的成功和 250 名股东对安永评估价的普遍接受，强烈表明以安永评估价出售的股票，卖家完全有理由相信是符合独立交易原则的。

被告认为，交易过程中谈判的缺乏，说明卖方并未持一种寻求最佳交易价格的态度。然而，被告没有举出任何以谈判为公平交易必要因素的判例。事实上，判例的观点恰恰相反。金贝尔诉美国案（Kimbell v. United States）中写道："对交易价格或条件进行谈判并不是判断交易是否真实的必要因素，尤其在交易价格是由客观因素确定时更是如此。"胡克诉税务局案写道："股票的出售价格就是其价值的最佳证据，即使不存在价格谈判或一个可以接受的第三方估值。"

被告主张的最后一个论点是，休伯公司股票的销售并非基于独立销售原则。被告认为，休伯公司股东因没有公开出售股票，从而没有获得最佳交易价格；最佳交易价格应该是高于安永评估价的。被告认为，"一个毫无关联的个人或公司愿意支付高于休伯公司设定的价格来投资该公司"。休伯公司章程为公司提供了优先购买权，即向非家庭成员出售股票的，公司有权以高于安永评估价的价格购买该股票。被告认为该章程规定证实了其观点。对此，法庭并不同意。

法庭拒绝休伯公司必须通过上市才获得股票交易的公允价值的观点。长期以来，对于由少数人持股的公司，法院一直认可其股东有保持公司少数人持股状态的权利。此外，彼得在证词中表示，保持休伯公司私有是确切的商业目的，因为保持私有能提高公司的核心价值，利于对公司业务的长远打算。被告将其论点进一步推进：当交易作为"向特定主体转让利益，或在未经充分考虑的情况下输送利益"[①] 的机制时，维持封闭性公司的家族控制这一正当的商业目的就会被置于脑后了。被告再次狭隘地只关注几个交易，而忽视了大多数利用安永评估的股票价值的情况。例如，他们主张，在慈善捐赠的情况下，较高的价格是更具吸引力的，因为这会带来更大的税前扣除。法庭拒绝被告的观点，即近 250 名股东为了使与他们关联甚少或没有关联的人可以少交遗产税，都和谐地接受人为压低的休伯公司股票估值。此外，被告认为公开发行股票会获得更高价格，这纯属假设；而且被告提供的唯一证据，是被曲解了的休伯公司章程。被告认为回购条款提供的价格高于安永评估价。按照被告的逻辑，如果向第三方出售股票，休伯公司行使优先购买权，则会以高于安永评估价的价格回购该股票。这是不正确的。虽然章程中规定的公式价格可能高于安永评估价，但被告忽略了一个事实，即任何回购都是公式价格、账面价值或第三方报价三者中的最低价。没有任何证据表明存在这样的潜在买家，会以高于安永评估价的价格购买休伯公司的股票。

[①] 参见案例 Estate of True v. Commissioner 和 Bommer Revocable Trust v. Commissioner。

(六) 结论

原告辩驳了莫里西诉税务局案中列出的所有因素，而且案件的相关事实也使他们的理由比莫里西诉税务局案中纳税人的理由更有说服力。法庭的结论是，休伯公司股票的销售是公平合理的销售；在原告的赠与税申报表上，休伯公司股票的评估价是最佳参考价。

案件十四 莱特诉美国联邦税务局

(Estate OF W. Clyde Wright, Deceased, Brian R. Wright, Executor, Petitioner, v. Commissioner of Internal Revenue, Respondent)

案　　号：T. C. Memo. 1997-53
受理法院：美国联邦税务法院
判决时间：1997年1月29日

一、案件事实

W. 克莱德·莱特（W. Clyde Wright，下称莱特或死者）死亡时，住在纽约州的奥齐戈县。在提交起诉状（petition）时，遗嘱执行人（原告）居住在纽约州的维斯塔尔。原告选择使用1990年10月20日的作为遗产税的替代估价日（alternate valuation date）[①]，以评估死者在威尔伯（Wilber）公司的股票价值。在死者去世时，他拥有威尔伯公司201408股（占威尔伯公司共847524普通股中的23.8%），威尔伯公司持有威尔伯银行（以下简称为威尔伯银行或银行）100%的普通股，威尔伯银行是一家联邦特许银行。威尔伯公司的股票没有在任何证券交易所上市，也很少在场外交易市场进行交易。表14-1列出了截至1990年10月20日威尔伯公司的前10名股东，以及每个股东拥有的股份数量和比例。

表14-1　　　　　　　　威尔伯公司前10大股东持股情况

威尔伯公司的前10大股东	拥有的股份数量（股）	持股比例（%）
莱特的遗产	201408	23.8
大卫·威尔（David Wil）	80000	9.4
法罗内（Farone）信托基金会	78000	9.2
马格德琳·法罗（Magdeline Farone）信托	36764	4.3
安娜·法罗（Anna Farone）信托	36764	4.3
圣十字耶稣会（Jesuits of Holy Cross）	31412	3.7

[①] 为征收遗产税对死者财产进行估价的日期。该日期并非死者的死亡之日，通常由遗产管理人或执行人选择是适用死者死亡之日还是替代估价日。

续表

威尔伯公司的前10大股东	拥有的股份数量（股）	持股比例（%）
斯特林·哈灵顿（Sterling Harrington）	30872	3.6
希森·雷曼·赫顿（Shearson Lehman Hutton）	16624	2.0
鲁斯·福克斯（Ruth Fox）信托	12804	1.5
布莱恩·R.莱特（Brian R. Wright）	12592	1.5
合计	537240	63.3

　　截至1990年10月20日，上述股东已持有威尔伯公司股票多年，表14-1中未出现的股东主要是多年来持有少量股票的威尔伯公司雇员，或持有少量股票的当地投资者和慈善信托基金。威尔伯银行成立于19世纪70年代，是纽约州奥尼昂塔地区的一家社区银行。威尔伯银行有着良好的业绩表现，业务开展主要依赖于当地农村经济。威尔伯银行的业务主要包括农业、消费和房地产贷款，以及为小企业和个人提供银行服务。在20世纪70年代，纽约银行试图收购威尔伯银行，它对威尔伯银行的全部股票发出远高于股票账面价值和场外交易价格的收购要约，但最终以失败告终。

　　20世纪80年代，威尔伯银行开发了强劲的贷款组合，从80年代中期到1990年9月，威尔伯银行的总资产稳步增长，总体盈利能力保持不变。1990年2月，威尔伯公司宣布增加股息。同年，由于储蓄和贷款危机，当美国的大部分银行业经历衰退时，威尔伯银行却通过收购另一家当地银行的两家分行，扩大了其在奥尼昂塔地区的业务。截至1990年9月30日，威尔伯银行持有的资产总额为28459万美元。威尔伯公司的普通股每年约有1万股在场外交易市场交易。一般而言，威尔伯公司的股票交易量每次不超过500股。1990年10月，公司每股平均售价在50美元左右。在1990年10月20日，有大约50名投资者在等待收购威尔伯公司的股票。公司章程规定，未经至少66%（2/3）股东批准，不得兼并、合并、解散或出售公司的全部或大部分资产。

　　1991年1月20日，原告及时提交了死者的联邦遗产税申报表，原告选择在遗产税申报表上使用1990年10月20日作为替代估价日。以对死者在死亡之日所拥有的201408股威尔伯公司的股票进行估价，原告在联邦遗产税申报表后附上了一封由Alex Sheshunoff & Co. 公司（原告的第一位专家，一家全国性投资银行公司，专门评估银行和银行股票）的评估结果。其中，专家在考虑各种因素后，将威尔伯公司201408股股票的价格认定为7653504美元，即每股38美元。在审计过程中，税务局（即本案被告）从商业评估服务公司（Business Valuation Services，Inc.，BVS）处获得了对死者在威尔伯公司持有的201408股股票的评估价值。被告的专家考虑了与原告相同的基础因素，但采用了控制溢价，对死者在威尔伯公司持有的201408股股票估价为13562815美元，即每股67.34美元。

二、争议焦点

被告认为死者遗产的联邦遗产税少缴 2275040 美元。本案要确定的是，在 1990 年 10 月 20 日（替代估价日），威尔伯公司 201408 股普通股的价值。

三、斯威夫特（Swift）法官的判决

公允市场价值的定义是财产在自愿买家和自愿卖家之间转手的价格，交易是不受强迫的买卖，买卖双方对相关事实也有合理的了解。公允市场价值的问题涉及事实问题，法官必须权衡所有相关证据并做出适当的推论。在评估股票价值时，股票在证券交易所、场外交易市场或其他地方的售价往往是衡量其价值的最佳证据。除了股票的销售价格外，通常还会考虑到其他因素和价值因素，尤其是针对非上市公司股票估价时。根据《美国联邦国内收入法典》第 20.2031-2 条股票和债券的估价条款和美国国税局收入规则（Internal Revenue Service Revenue Ruling）与股票估价相关的其他因素包括以下几点：①一般经济前景和特定行业的状况和前景；②公司股票和财务状况的账面价值；③公司的盈利能力；④股息的支付能力；⑤企业是否具有商誉（goodwill）或其他无形价值；⑥从事相同或者类似业务的公司股票的市场价格；⑦公司的净资产；⑧待评估的股票体量（the size of the block of stock）。原告的第一位专家证人针对威尔伯银行的评级，是建立在与其他拥有类似总资产的美国银行的比较之上，主要是在资产回报率、股本回报率、资产质量（特别是不良贷款）和流动性上的评级，如表 14-2 所示。

表 14-2　　　　　　　　　　威尔伯银行在美国的评级

比较因素	数值及与其总资产类似的银行的比较
资产回报率（return on assets）	4%（处于高位）
股本回报率（return on equity）	21%（处于高位）
不良资产	41%（处于低位）
流动性（liquidity）	31%（处于低位）

1990 年 10 月，地方投资银行公司 First Albany 发布了一份独立报告，将威尔伯银行评为 1990 年每股收益预估最高的银行。在所有纽约州北部的商业银行中，First Albany 报告建议投资者购买四家银行或银行控股公司的股票，其中一家就是威尔伯公司。在本案中，威尔伯公司的股票在估价日当天及前后在场外市场以每股 50 美元的价格进行小额交易。两方专家证人似乎都将这一数字作为评估死者持有的威尔伯公司 201408 股股票价值的起点。原告的第一位专家证人评估威尔伯公司的股票价格为 7653504 美元，即每股 38 美元，主要采取的方法是：①可比市场估价法：将威尔伯公司的账面价值、每股收益、市净率、调整后的账面价值和调整后的收益与同等规模但公开交易的银行或银行控股公司进行比

较；②收益或投资价值估价法：计算威尔伯公司的净现值和未来收益以及使用12%回报率的投资回报。此外，虽然在做出每股38美元的估价时，原告专家证人考虑了股票体量，但他没有考虑一个具体的、单独的折扣或溢价百分比来反映待评估股票体量。

对估价日之后10年的公司业绩，原告第一位专家证人做出了低股息收益率、低资产增长率、低净收入增长率、低平均资产回报率和低平均股本回报率的预测。在审判中，原告的第二位专家证人关注了待评估股票的规模、能够购买大宗股票的投资者（即银行和其他金融机构）的有限类型和数量以及监管限制。这些因素都会阻碍投资者购买股票。原告的第二位专家证人认为，如果全部201408股股票同时在售，则每股约50美元的销售价格并不能准确反映投资者愿意支付的价格。因为他认为，每股50美元的高价只能成交15000~20000股威尔伯公司的股票。在合理时间内，增加的股票供应将涌入市场，导致股票市场价格下降，低至每股34美元。原告的两位专家证人认为，控股权溢价不应适用于死者的201408股股份，因为他们认为股份（相当于威尔伯公司股份的23.8%）并不构成控股，根据他们估价和对待估股票数量的分析，原告专家证人得出结论，截至1990年10月20日，威尔伯公司201408股股票的价值为7653504美元，即每股38美元。被告的专家证人主要依靠市场交易方法进行估价，得出截至1990年10月20日，死者持有的威尔伯公司股票价值为13562815美元，即每股67.34美元。被告的专家证人承认，1990年10月，经济陷入衰退，东北地区受其两个主要产业（国防和金融业）的影响，经济尤为困难。然而，针对纽约地区的奥尼昂塔而言，被告专家证人认为，该地区（临近农村，与国防和金融业联系少）不太可能受到国家总体和东北地区经济形势的影响。被告专家证人认为，原告专家证人对威尔伯公司股票价值评估结果存在不合理的偏低，与威尔伯公司历来强劲的财务状况不符。被告专家证人很大程度上依赖于一个假设情形进行评估，即单个投资者或投资者团体（购买者）可能会购买死者的全部股票（即总计威尔伯公司23.8%的股票），并使用股权迫使法罗内家族信托、圣十字耶稣会（the Jesuits of Holy Cross）等其他持股慈善信托以及其他现有的威尔伯公司股票持有人将其股票也出售给购买者，使购买者能够获得至少51%的股权或有效控制威尔伯公司。被告专家证人认为他的假设具有成为现实的可能性，因此认为控制权溢价应当为每股50美元的35%。最后，被告的专家证人认为，虽然威尔伯公司的股票市场薄弱，但并不缺少有意愿的买家，股票体量不应当被认为是估价的重要因素，不应当适用阻塞折价（blockage discount）①。

基于双方专家证人和First Albany报告中使用的可比市场数据，类似于威尔伯银行的区域银行的平均股票市场价格约为每股22美元。虽然法庭得出结论，原告专家证人对威尔伯银行未来财务状况、盈利能力和整体表现做出了不合理的低预测，但法庭发现相比被告专家证人，原告在整体上更加可信，他们采用的评估方法和提出的意见相对正

---

① 税法中承认，在一些情况下，大宗股票不如小额股票那样容易转手变现。大宗股票出售价低于小额股票出售价的部分，称为阻塞。

确。被告的专家证人意见对可比市场的分析是矛盾的，且解释有些粗略。但是法庭确实同意被告的专家证人对于威尔伯银行财务状况更为积极的预测。虽然威尔伯银行在 1990 年面临不良贷款数量增加的困境，但法庭并不认为这反映了威尔伯银行的盈利能力永久下滑。总的来说，威尔伯公司的股票市场很大，地区投资界也认为威尔伯公司的状况良好。然而，鉴于威尔伯公司股东的忠诚度，法庭对被告假设的情形做出判断，认为投资者购买死者全部股份以及另外 27.2% 的股票，从而获得 51% 股份控制威尔伯公司的情况并不太可能在现实中出现。在这种情况下，没有可靠的证据表明，死者持有的 201408 股股票有公司控股权。同时，被告的专家证人得出结论认为死者持有的 23.8% 利益应当在某种程度上视为假设 51% 控制权的一部分，这一假设忽略了在威尔伯公司章程中提到的兼并、合并、解散或出售全部或绝大部分银行资产应当获得至少 66%（2/3）的股东同意。被告认为，控制溢价是合理的，因为死者所持有的股票可以控制董事会的一名成员，从而对公司行为产生重大影响，并可能导致银行被出售。但是，在确认控制权溢价的确存在时，考虑的不仅仅是"影响"。基于法庭对原告专家证人意见的分析（隐含地反映了阻塞折扣），法庭使用原告专家证人计算的每股 38 美元作为起点，并基于威尔伯银行优秀的财务状况上调这个数字，考虑威尔伯公司股票在场外交易市场中每股 50 美元平均销售价格，法庭得出结论，在 1990 年 10 月 20 日，威尔伯公司的 201408 股股票价值为 9063360 美元，每股价格为 45 美元。

案件十五　赫克诉美国联邦税务局

(Estate of Richie C. Heck, Deceased, Gary Heck, Special Administrator, Petitioner v. Commissioner of Internal Revenue, Respondent)

案　　号：T. C. Memo. 2002-34
受理法院：美国联邦税务法院
判决时间：2002年2月5日

一、案件事实

(一) 介绍

里奇·C. 赫克（Richie C. Heck，下称死者）于1995年2月15日死亡（亦为本案估价日），加里·赫克（Gary Heck，下称原告）是死者遗产的特别管理人。在提交诉请时，原告住在加利福尼亚州的圣罗莎。死者遗产中包括630股股票，占加利福尼亚 F. 科贝尔（F. Korbel & Bros.）公司发行在外的普通股的39.62%。原告在1996年5月15日及时提交了表格706，即美国遗产税（和隔代财产转移税）申报表。原告并未根据《美国联邦国内收入法典》第2032条选择可替代估价日。在遗产税申报表中，原告评估的股票价值为16380000美元，即每股26000美元。而被告则认为股票价值应为30177000美元，即每股47900美元。

(二) 科贝尔公司的组织架构和运营

科贝尔公司成立于1903年，业务始于1860年，当时科贝尔家族的三兄弟在加利福尼亚州格内维尔购买了土地用于伐木。10年后，他们在这片土地上种植了葡萄，并于1882年生产出第一瓶香槟。从那时起，科贝尔公司使用传统的香槟生产方法（methode champenoise）生产香槟。

赫克（Heck）家族于1954年收购对科贝尔公司的控制权。1976年，阿道夫·赫克（Adolf Heck，死者的丈夫）成为1900股普通股的唯一股东；至1984年，阿道夫和死者各拥有950股；1984年，加里·赫克（也即本案原告）收购了380股（其中190股来自阿道夫和死者）；同年，阿道夫去世，科贝尔公司从他的遗产中赎回了其剩余760股中的 310 股，其余 450 股通过信托方式成为死者利益。1987 年之前，原告购买了 450 股信托股份，他共有 830 股股票（占 1590 股已发行股票的 52.2%），并留给死者 760 股股票。1989 年，为了两个孙子女的利益，死者又转移了 130 份信托股份。最后死者留下了 630 股价值存在争议的股票。

科贝尔公司主要生产经济实惠的优质香槟。1992~1994 年，香槟销售额约占科贝尔公司总销售额的 70%，白兰地占此类销售额的约 27%，而葡萄酒占约 3%。1995 年初，科贝尔公司 95% 的毛利润归功于香槟的销售，而归于白兰地的销售则低于 5%。

截至估价日，科贝尔公司拥有 1800 英亩的土地资产，大部分落座于索诺玛县。其中有 1099 英亩土地为科贝尔公司的业务活动所用。在估价日，土地的价值为每英亩 2000 美元。

1986 年 1 月，科贝尔公司选择作为 S 类公司［法典第 1361（a）（1）条所指］。该决定在估价日已经生效。科贝尔公司的财务报表和纳税申报表按日历年度编制。

（三）科贝尔公司和福曼公司之间的分配

1965 年，科贝尔公司与丹尼尔（Jack Daniel Distillery Lem Motlow, Prop.）公司签署了营销协议，授予丹尼尔公司在全球购买、销售和分销所有科贝尔公司产品的权利。此后，丹尼尔公司被布朗·福曼公司（Brown-Forman）公司兼并。1987 年，福曼公司签约成为科贝尔产品的独家经销商。

1991 年，科贝尔公司和福曼公司订立了一份新的分销协议。双方约定在 1998 年 5 月 1 日后，任何一方提前 5 年的书面通知均可终止该分销协议。根据该协议，科贝尔公司授予福曼公司在美国香槟和白兰地产品的分销权，但科贝尔公司通过其内部葡萄酒商店出售的权利不包括在内。该协议于 1994 年 10 月修订，授予福曼公司全球分销权。除了有关科贝尔公司产品的分销外，该协议还赋予福曼家族对科贝尔股票优先购买权（right of first refusal）。在这方面，协议规定如下：

> "优先购买权。如果赫克家族的任何成员有意将他/她在科贝尔的股票出售给非阿道夫的直系后裔的第三人时，他/她应以书面形式通知福曼，并提供预期购买者的姓名、购买要约的副本、股份数量和每股价格。福曼应在收到此类通知后 30 天内决定是否以现金价格购买该股票并支付。如果福曼未在规定的 30 天内购买此类股票，则可以按照规定的价格出售给预期购买者，而无须向福曼承担任何进一步的义务，这意味着福曼丧失优先购买权利。如果存在购买 50% 或以上的科贝尔股票的潜在非阿道夫的直系后裔的买家，赫克和福曼没有行使其优先购买的权利。"

(四) 财务状况

1986~1994 年,科贝尔公司的销售和净收入如表 15-1 所示。

表 15-1　　　　　1986~1994 年科贝尔公司的财务状况　　　　　单位:美元

年份	营业收入	净收入
1986	76955000	17527000
1987	76955000	25317000
1988	86920000	20177000
1989	79294000	12728000
1990	78646000	11961000
1991	75677000	7735000
1992	77551000	6720000
1993	78569000	7179000
1994	82758000	11955000

截至 1994 年 12 月 31 日,科贝尔公司经审计的资产负债表显示其资产价值为 83985000 美元,负债为 10115000 美元(流动负债为 5456000 美元,长期负债为 4659000 美元),股东权益为 73870000 美元。在科贝尔公司的资产中,有一笔 2209000 美元的应收票据来自 KFTY,这是一家由原告拥有的公司。

1994 年,尽管香槟销售额下降了 11%,但本土传统香槟的销售额增长了 4%。1994 年,科贝尔公司的香槟销售额增长了 6%;这一年,虽然科贝尔公司仅占美国香槟总销售额的 8.8%,但它占本土香槟市场的 47.6%。

(五) 被告专家证人

被告提供赫伯特·T. 斯皮罗(Herbert T. Spiro)博士作为专家证人,就该封闭式公司(closely held companies)股权的估价做证。斯皮罗博士是美国估价协会(American Valuation Group, AVG)的总裁,负责指导和进行各类商业企业的估价研究。法院接受斯皮罗博士作为专家证人的参与,法院收到 AVG 的书面报告作为斯皮罗博士的直接证词及其反驳原告证词的书证。在他的直接证词中,斯皮罗博士认为,截至估价日,股票的公允市场总价值为 30300000 美元,即每股 48100 美元。

为评估价值,斯皮罗博士采用了市场法和基于现金流折现法(discounted cashflow method)的收益法。然后,他根据这两种方法对评估应用了 15% 的"流动性折价"(liquidity discount)和"由 S 类公司额外风险"导致的 10% 折价率,风险包括"可能丧失 S 类公司地位和股东应纳所得税义务"。他通过将 70% 的加权因子应用于收益法下每股的"指示值"（indicated value）（36150 美元）和 30% 的加权因子应用于市场法来调和这两种方法，最终"加权"股票价值为 44868 美元。他解释说"由于缺乏完美的可比对象，市场法的权重较低，为 30%"。最后，他上调了该值以解释某些非经营性资产：1099 英亩的超额土地（规定价值为 2000 美元—英亩，总价值为 2198000 美元）和 525 万美元的"超额现金"（excess cash）。上调之前，他也适用了部分折价，包括 25% 的"少数股权"折价和 25% 的"流动性"折价，将价值减少到 1236375 美元，即每股 778 美元。考虑到土地价值无法由少数股东轻易实现，他选择了额外的 25% 的少数股权折价。他同样将 25% 的少数股权折价（但不是流动性折价）适用于超额现金的评估，得出评估价值为 3939000 美元，即每股 2477 美元。在对非经营性资产的价值进行上述调整后，他得出科贝尔公司的股票价值为 48123 美元（48100 美元，四舍五入）和死者持有的 630 股总值 30300000 美元（四舍五入）。

（六）原告专家证人

原告由穆克什·巴贾杰（Mukesh Bajaj）博士作为专家证人，就该封闭式公司的估价做证。巴贾杰博士是 LECG 公司的执行董事，处理财务和损害赔偿业务。巴贾杰博士拥有金融和商业经济学大学教授的履历，曾就估价问题进行过演讲，并已参与过多次商业评估的诉讼。法院接受巴贾杰博士作为专家证人，已收到他的书面报告作为他的直接和反驳被告证词。在他的直接证词中，巴贾杰博士得出的结论是，截至估价日，股票的公允市场总价值为 18707000 美元，即每股 29694 美元。

巴贾杰博士拒绝采用市场方法，转而采用现金流折现分析法。他拒绝采用市场法的理由是没有与科贝尔公司类似的公开交易公司。

巴贾杰博士的现金流折现分析法导致科贝尔公司的净经营资产价值为 72041711 美元。在此基础上，他（同斯皮罗博士一样）为非经营性资产增加了额外金额：5517000 美元，其中包括 2198000 美元的超额土地，1110000 美元（死者人寿保险收入）和 2209000 美元的 KFTY 应收票据。然后，他扣除了 4918000 美元的计息债务，从而得出估价日科贝尔公司公允市场价值为 72640711 美元。

巴贾杰博士对其现金流折现法所得的价值进行了 35% 的折价，其中包括 25% 的流通性折价（marketability discount）和额外的 10% 折价以反映福曼公司的优先购买权产生的负面影响。加之，巴贾杰博士所说的死者少数股东权益的购买者无法影响股息分配，股息分配将由控股股东原告酌情决定，折价率总计为 35%。巴贾杰博士认为，估价日科贝尔公司股权的可出售少数股权价值为 47216462 美元，因此，死者 630 股股票的价值为 18707162 美元，即每股 29694 美元。

二、争议焦点

根据 1999 年 4 月 16 日的少缴税款通知，被告确定原告少缴 5427983 美元。目前的争议是被告对原告遗产中股票价值的增加是否合理。

三、J. 哈珀（J. Halpern）的判决

（一）介绍

法庭必须确定死者 630 股科贝尔公司股票在估价日的公允市场价值。这些股票以每股 26000 美元的价格申报遗产税。根据巴贾杰博士的专家证词，原告现在认为，估价日每股的价值为 29694 美元。法庭将原告提高股票价值理解为一种让步，法庭接受这种让步。被告认为原告缴纳的遗产税不足，股票价值应为每股 47900 美元。根据第 142（a）条规则，原告承担举证责任。

（二）法律依据

《美国联邦国内收入法典》第 2001（a）条针对美国公民或居民的应纳税遗产的转让进行征税；第 2001（a）条规定，被继承人的遗产总额包含其死亡时所有财产的价值，包括不动产、动产、有形财产或无形财产，且不论财产位于何处。

公允市场价值是联邦遗产税中确定财产价值的标准方法，将公允市场价值定义为：财产在自愿买方和自愿卖方之间转手的价格，既不受到任何买卖强迫，同时双方对相关事实有合理的了解。自愿买方和自愿卖方是假设的人，而不是特定的个人或实体，他们的特征不一定与实际买方或卖方的特征相同。假设自愿买方和卖方致力于实现最大经济效益。股票估价，要根据估价日公司财务和业务状况进行确定。待评估股票不在公开市场上进行交易的，则估价考虑的因素包括资产净值、未来的盈利能力和股利支付能力。其他相关因素包括特定行业的经济前景、公司在业界的地位、公司的管理、待估价股票所代表的对公司的控制程度、从事相同或者类似业务的上市公司的股票或者有价证券的价值。

（三）专家意见

1. 介绍

本案中，当事方依赖专家证词来确定估价日股票的公允市场价值。事实上，被告唯一的证人就是斯皮罗博士。原告证人除了巴贾杰博士外，还有死者的儿子、遗产管理人，即本案原告——科贝尔公司的总裁兼董事会主席，以及大卫·法里斯（David Faris）——科贝尔公司助理兼副总裁。此前，法里斯先生是皮森蒂和布林克（Pisenti & Brinker，下称皮森蒂）税务部门的合伙人，他负责监督科贝尔公司的所得税申报，负责代表死者财产做提交遗产税申报表的准备、为遗产税目的进行价值评估。1989 年，他

帮助死者为子孙设立了信托。赫克先生没有就股票价值做证，尽管法里斯先生做证说，皮森蒂对遗产的估价是遗产税申报表中股票价值的基础，但案件审理中原告所主张的价值由巴贾杰博士做出。

法院在审理估价案件时，往往会听取专家证人的意见。然而，法庭不受任何专家证人意见的约束，在行使法庭的审判权时，法庭可以接受或拒绝专家证词。法庭可以完全接受专家陈述的意见，也可以只接受部分。估价是一种"近似的"判断，如果得出的数值落入考虑所有证据后应得的范围之内，则该结论即为法庭所接受。

2. 专家意见的分歧

巴贾杰博士和斯皮罗博士对是否利用市场法（如可比公司法）评估股票存在分歧。此外，尽管两位专家都使用现金流折现方法对股票进行估价（巴贾杰博士完全使用，斯皮罗博士部分使用），但他们对该方法的具体适用存在严重分歧，法庭将分析两位专家的论点。

（四）斯皮罗博士的估价方法

1. 介绍

可比公司法，通常用于评估一家封闭式公司的股票。在某些情况下，根据《美国联邦国内收入法典》第2031（b）条规定强制使用。该条规定，非上市股票或证券股票的价值"应考虑在交易所上市的从事相同或类似业务的公司股票或证券的价值"。

双方存在争议在于：①斯皮罗博士选择的罗伯特·蒙达维（Robert Mondavi，下称蒙达维）公司和南戴瓜葡萄酒（下称南戴瓜）公司作为可比公司是否符合第2031（b）条针对可比公司的要求，即与科贝尔公司拥有相同或相类似业务；②斯皮罗博士实际上只使用了蒙达维一家公司作为可比公司，估价中是否允许使用单一可比对象；③斯皮罗博士选择的财务比率的适当性以及他对这些比率的调整。

2. 斯皮罗博士选择的可比公司：蒙达维和南戴瓜

（1）斯皮罗博士的方法。斯皮罗博士首先确定了根据标准工业分类代码（Standard Industrial Classification Code，SIC）2084列出的1317家与葡萄酒、白兰地和其他烈酒相关的公司。在这些公司中，他只识别出了11个可公开交易的公司，又否定了这11个中的9个作为潜在的可比对象。因为它们要么规模太大或多样化（或两者兼而有之），要么太小或无利可图，抑或是以与科贝尔公司不同的商业模式运营。斯皮罗博士找到了两家与科贝尔相似的公司，即蒙达维和南戴瓜。

斯皮罗博士参考了蒙达维公司和南戴瓜公司1994年财政年度中价格与收益的比例，即市盈率（P／E）和经营现金流量（P／OCF）比率，利用可比公司法针对截至估价日的科贝尔公司股票进行估价。对蒙达维公司来说，这两个比率简化后倍数分别为17.51倍和9.57倍；而对于南戴瓜公司，分别为22.09倍和14.54倍。斯皮罗博士考虑到科贝尔公司的额外风险因素（下面将讨论科贝尔公司与可比对象之间在公司规模、产品组合和消费模式上的不同），将科贝尔相应指标的倍数"调整"到了 13 倍的市盈率和 8 倍的经营现金流量，应用这些衍生的倍数，确定了平均价值为 86945 美元。

（2）可比性。尽管蒙达维公司和南戴瓜公司在很多重要方面与科贝尔公司存在差异，但斯皮罗博士仍选择其作为可比对象。

规模比较：1994 年，就收入和总资产而言，南戴瓜公司规模大约是科贝尔公司的 10 倍；蒙达维公司 1994 年的总收入是科贝尔公司的两倍多（176236000 美元/82758000 美元），蒙达维公司在年底的总资产约为科贝尔的三倍（244236000 美元/84443000 美元）。

产品线比较：虽然科贝尔公司生产一些白兰地和少量的葡萄酒，但它本质上是一家单一的产品公司，生产经济实惠的优质香槟。1992 年，南戴瓜公司的产品包括佐餐葡萄酒、甜酒、起泡酒、进口啤酒和蒸馏酒，起泡葡萄酒仅占公司 1993 年总出货量的 3.79%。

截至估价日，科贝尔公司以两个品牌 Armstrong Ridge 和 Korbel 销售其香槟。南戴瓜公司则以多种品牌销售其产品，包括 Paul Masson，Inglenook，Manischewitz，Almaden 和 Taylor California Cellars 等用于葡萄酒，Corona 用于啤酒。虽然南戴瓜公司还生产和销售六种不同品牌的起泡酒，并在 1994 年保持了起泡酒市场 32% 的份额，但所有的起泡酒都采用较廉价的查马法（Charmat）流程或转移方法生产，而科贝尔公司则只使用香槟酿造法（methode champenoise，一种更高端的香槟酿造方法）生产香槟酒。南戴瓜公司占据香槟的低端市场，而科贝尔公司则是优质香槟的主要生产商，控制着近 50% 的香槟高端市场以及 8.8% 的本土市场。1985~1994 年，低端和高端香槟市场表现不同。通过查马工艺方法（低端市场）生产的香槟销售在 1985～1994 年间逐步下降。1994 年，较廉价的查马法工艺制造的香槟的销售额下降了 11%；1993 年，南戴瓜公司的起泡葡萄酒销量反映了 1994 年的这一趋势，比 1993 年下降了约 8%。与此形成鲜明对比的是，1994 年科贝尔公司香槟销售额增长了 6%。在其带动下，1994 年本土香槟酿造商整体销售额增长了 4%。蒙达维公司则以七种不同的品牌销售优质葡萄酒，但它几乎不产生起泡酒。

其他因素比较：斯皮罗博士做证说，截至估价日，与蒙达维公司和南戴瓜公司相比，科贝尔公司规模较小，盈利能力较强，增长速度较慢。与南戴瓜公司或蒙达维公司相比，科贝尔公司资产负债率和权益负债率相对较低。

斯皮罗博士总结了科贝尔公司与蒙达维公司和南戴瓜公司之间的差异，总体如下：

"两家可比公司生产、销售许多产品，科贝尔公司基本上只生产两种产品，即香槟和白兰地。与两个可比对象相比，科贝尔公司在一个财政年度的收入差异大。科贝尔公司的收入差异来自香槟消费的习惯，即香槟和美国热爱庆祝活动和举办派对密切相关，这导致了季节性销售模式，大多数销售发生在感恩节和新年前夕的假日。相比之下，葡萄酒全年消费更加稳定，通常用于晚餐或社交。科贝尔公司缺乏产品多样化，同时维持相对较小的规模，这会增加投资者风险，所以投资者会有更高的投资回报。"

原告做证说葡萄酒的生产和销售与香槟的生产和销售之间存在以下显著差异：在瓶中的二次发酵使得后者的生产比葡萄酒的生产更复杂，更昂贵，更耗时；事实上，香槟的销售并没有从所谓的"法兰西骗局"（French Paradox）中获益（即报道中将每日适量的红葡萄酒与心血管健康联系起来）；并且，香槟的联邦消费税高于葡萄酒。

（3）斯皮罗博士的观点。斯皮罗博士认为，蒙达维公司和南戴瓜公司都像科贝尔公司一样生产一种葡萄酒，科贝尔公司同这两家一样压榨葡萄、发酵葡萄汁和装瓶，该可比性是合理的。

3. 法庭不接受将蒙达维和南戴瓜作为可比较公司

斯皮罗博士讨论了蒙达维公司和南戴瓜公司以及科贝尔公司之间的相似点和不同点，他计算了蒙达维公司和南戴瓜公司的市盈率与经营现金流倍数。然而，当他将这些倍数应用于科贝尔公司时，他只提到了蒙达维公司，并以蒙达维公司的基数向下调整了待估股票。法庭没有看到南戴瓜公司如何影响斯皮罗博士的可比性分析。在法庭看来，斯皮罗博士实际上无视南戴瓜作为可比对象。假设情况确实如此，被告未能说服法庭相信并采纳斯皮罗博士的可比公司分析。在霍尔诉税务局案（Estate of Hall v. Commissioner[①]）中税务机关的专家只选择了一家可比公司。拟议的可比公司美国礼品公司（American Greetings）之所以被选中，是因为它与待评估赫曼卡片（Hallmark Cards）公司均属于贺卡行业的领头羊。税务机关的专家得出的结论是，美国礼品公司"是赫曼卡片公司唯一合理的可比公司，因为它们具有类似的产品组合和资本结构，并服务于同一市场"。法庭否定了税务机关专家提交的估价报告，因为他运用市场法估价时只参考了单一的可比公司。法庭认为，当"一家公司具有独特的个性特征时，可能会扭曲比较"。单一样本几乎不能反映一个群体的一般情况。所以，斯皮罗博士在他选用的可比公司方面并未说服法庭。

即使法庭认同斯皮罗博士同时将南戴瓜公司和蒙达维公司作为可比对象，法庭仍然会否定在本案中使用市场法。在德斯蒙德诉税务局案（Estate of Desmond v. Commissioner[②]）中三家公司都在同一行业，而不仅仅是类似的业务（生产和销售油漆和涂料）。但在本案中，蒙达维公司和南戴瓜公司充其量只是从事类似的业务。根据《美国联邦国内收入法典》第2031（b）条和第20.2031-2（f）条遗产税规则，从事类似业务的上市公司（publicly held companies）可以作为可比对象，如加洛诉税务局案（Estate of Gallo v. Commissioner[③]）中在对美国最大的葡萄酒生产商的股票估价时，法庭批准了纳税人的专家使用由酿酒、蒸馏、软饮料甚至食品加工业的公司作为参照。上述案

[①] Estate of Hall v. Commissioner, 92 T. C. 312, 1989 WL 10688 (1989).
[②] Estate of Desmond v. Commissioner, T. C. Memo. 1999-76.
[③] Estate of Gallo v. Commissioner, T. C. Memo. 1985-363.

件的专家使用了至少 10 家公司作为比较公司。又比如霍尔诉税务局案①中法庭采纳的一份专家报告，报告采用了基于与 6 家近似公司进行比较的市场方法。如果类比的公司相似性不大，则所需的可比数据的数量一定会增加，目的是将扭曲的风险最小化。在这种情况下，法庭认为蒙达维公司和南戴瓜公司与科贝尔公司不够相似，所以法庭不允许单独使用这两家公司的市场方法。

法庭认为，斯皮罗博士不恰当地应用了蒙达维公司和南戴瓜公司作为可比对象适用了市场法。后续与市场法相关的争议无须再进一步讨论。

4. 结论

本案适用可比公司法评估股票价值是不适当的。

（五）利用现金流折现法对科贝尔公司股票进行估价

1. 介绍

本法院认为两位专家证人采用的现金流折现法是评估公司股票的合适方法。法庭不认可市场法，法庭仅根据现金流折现法来评估一家封闭式公司的价值。

2. 对现金流折现法的分析

（1）介绍。在特鲁诉讼税务局案（Estate of True v. Commissioner②）中，法庭对现金流折现法描述如下：

> "现金流折现法是一种估算收入的方法，它根据公司未来预期所实现的经济价值折现到现在。该方法综合考虑公司的收入增长、支出和资本结构，以及其运营所在的行业。对标的公司未来现金流量现值的预估根据适当的风险调整回报率确定。"

巴贾杰博士和斯皮罗博士就现金流折现估价方法的要素达成一致：科贝尔公司在 5 年（1995~1999 年）间的现金流量的贴现现值加上科贝尔公司在第 5 年末的剩余价值（折现回现值），加上非经营性资产的价值，减去长期债务，再适用适当的折价（例如缺乏流通性折价）。然而，他们对所有要素都存在不同意见，包括预计收入、经营成本、资本支出、纳入折现因子的回报率、非经营资产的性质和数量、长期债务的数额以及折价的性质和数量。法庭认为两位专家证人的观点都没有完全的说服力。下文法庭将讨论和评估两个专家证人用现金流折现法评估股票价值时不同观点的。

（2）预计现金流。

①销售。在预测 1994 年后科贝尔公司的销售增长时，巴贾杰博士确定 1995 年的销售额将增长 2%，1999 年的增长率将稳步上升至 4.5%，1999 年后的增长率将继续增

---

① Estate of Hall v. Commissioner, 92 T. C. 312, 1989 WL 10688 (1989).
② Estate of True v. Commissioner, T. C. Memo. 2001 - 167.

长。斯皮罗博士预计 1995 年销售额增长 4.5%，1996 年、1997 年和 1998 年分别增长 4.0%、3.5% 和 3.0%，此后每年增长 3%。斯皮罗博士的预测主要基于 1994 年和 1995 年第一季度科贝尔销售的强劲增长。

法庭认为斯皮罗博士的销售增长假设更为现实。1995 年的预计增长是基于科贝尔公司 1994 年的销售增长，随后几年的增长适用的是 1992～1994 的 3% 增长率，这与自 1984 年以来年复合增长率 3.1% 没有实质性差异。巴贾杰博士对销售增长预测较为温和，是基于整个香槟行业的预计销售额，其中包括低端市场的销售。此外，法庭发现科贝尔公司最近的销售历史中没有证据证明 1999 年及之后的销售增长率为 4.5%。

②营业收入。巴贾杰博士预计 1995 年及以后每年年度营业税前利润（总收入减去销售成本、消费税、折旧、高管薪酬以及销售支出、一般性支出和管理支出）为销售收入的 12%。他的预测是基于 1990～1994 年这 5 年间的简单平均营业利润率。斯皮罗博士预计 1995～1999 及以后年度的营业利润率为销售收入的 13.3%。斯皮罗博士分别计算了营业利润率预测的每个成本要素，在某些情况下基于 2 年平均值，其余情况基于 5 年的平均值计算。在计算 1990～1994 年的平均年度一般性支出和管理支出时，斯皮罗博士没有将科贝尔公司在 1993 年产生的 420000 美元的促销费用计算在内，斯皮罗博士将其归入推出新产品（Armstrong Ridge 香槟）的费用。斯皮罗博士认为，这是一项特殊的、非经常性的成本，在未来几年中，将由福曼根据福曼协议承担。法庭不认同斯皮罗博士将 1993 年促销费用视为非经常性费用。原告做证说，新产品促销是科贝尔公司一个经常性业务。尽管福曼协议使科贝尔公司无须承担为科贝尔香槟或白兰地支付营销或销售费用（"品牌费用"），但科贝尔公司在协议生效之后产生了相关的促销费用，而原告证实科贝尔公司的促销费用支出可能随时出现类似的"飙升"（spike）。计算 5 年间的平均年度原告成本，其中纳入引进新产品相关的一年特殊促销费用似乎是合理的。

斯皮罗博士批评巴贾杰博士依靠简单的 5 年平均值来预测年度营业利润率。针对销售商品的成本，斯皮罗博士使用 2 年平均值进行预测，他认为："巴贾杰仅使用一个简单的平均值是不合理的。"斯皮罗博士使用 5 年平均值来预测高管薪酬以及一般性支出和管理支出。他认为科贝尔公司 1990～1994 年的年度营业利润率无法显示趋势。在这一问题上，斯皮罗博士未能就"巴贾杰博士使用 5 年简单平均值是不合适的"说服法庭。至少，5 年平均值具有一致性的优点，因此，相比斯皮罗博士的方法法庭更倾向于使用 5 年简单平均值作为基础。法庭修改巴贾杰博士的方法是因为应当考虑少量的其他收入，巴贾杰博士在反驳证词中考虑到了这一点。巴贾杰博士的预计利润率基于 1990～1994 年间未加权的算术平均营业利润率，包括"其他收入"，为 12.3%。法庭认为，在现金流贴现方法下，该假定营业收入是适当的。

③现金流调整。要确定现金流量，就需要加上折旧、减去营运资本（working capital）和增加资本支出来调整税后收入。1990～1994 年间，折旧率平均为销售收入的 3.8%，1993 年和 1994 年均为 4.1%。巴贾杰博士基于 5 年平均值，预计折旧率为销

售总额的3.8%，斯皮罗博士基于2年平均值，预计为销售总额的4.0%。尽管这5年中有4年的折旧率百分比在增长，但争议点在于是用2年还是5年。在这一点上，两位专家都没有正面回应，法庭认为巴贾杰博士的分析比斯皮罗博士的分析更彻底，因此法庭将采纳他的5年平均值作为决定因素。

巴贾杰博士和斯皮罗博士预计存货支出将保持不变，占销售收入的50%。然而，巴贾杰博士将"其他营运资本"（包括现金）预测为销售额的5%，而斯皮罗博士预计非存货营运资本为销售额的3.5%（两种情况均基于历史数据）。斯皮罗博士通过对1993年和1994年的平均营运资本水平（11.7%）进行贴现来证明他采用较低数字的合理性，理由在于存在"超额现金"。但是根据法庭对科贝尔公司非营运资本的分析，法庭不相信科贝尔公司在1993年和1994年保留了超额现金。法庭相信巴贾杰博士根据历史表现对营运成本水平的预测是合理的，且有相关计算过程支撑。

斯皮罗博士预计科贝尔公司每年的资本支出相当于1995年的400万美元，之后每年都是如此。巴贾杰博士预计年度资本支出将等于折旧加上科贝尔公司年销售额增长的30%。巴贾杰博士预测，资本支出将增加足以使科贝尔公司的固定资产净额与销售比率保持在30%的水平，这略低于1990~1994年间此类比率的平均值。两位专家都指出了对方方法中不合理之处：巴贾杰博士认为斯皮罗博士的方法最终将导致负的净资产价值，斯皮罗博士认为巴贾杰博士预计的资本支出增长在1995~1999年间将高出他预计的销量增长两倍之多。

科贝尔公司在1985~1994年间的财务报表显示，虽然折旧每年增加，但资本支出（"购买的土地、厂房和设备"）在同一时期出现了大幅波动，1990年出现了2315000美元的低点，在1991年出现了6142000美元的高点。因此，法庭认为斯皮罗博士每年400万美元的资本支出预测是合理的。相反，法庭在科贝尔公司的历史财务状况中找不到支持巴贾杰博士对不断增加的年度资本支出的预测的证据。

（3）投资回报率。现金流折现方法涉及计算可预期未来现金流量的现值。现金流量的现值等于现金流乘以贴现因子（小于1）。贴现因子通常表示为1加收益率的倒数，即一个期间内的贴现因子 $= 1/(1 + r)$。巴贾杰博士和斯皮罗博士同意将现金流折现方法应用于科贝尔公司现金流的回报率，即科贝尔的"加权平均资本成本"（weighted average cost of capital，WACC）。巴贾杰博士计算出WACC为14.22%，斯皮罗博士将其计算为16.54%。他们唯一的重大分歧是WACC的组成部分，即权益资本成本。巴贾杰博士计算出权益资本成本为14.70%，斯皮罗博士将其计算为16.71%。

法庭不需要对权益资本成本进行扩展讨论，因为在计算WACC时，在其他条件相同的情况下，权益资本成本越高（百分比越大），WACC就越大。而使用现金流贴现方法，WACC越大，预期现金流的现值越低。基于现有证据，法庭采用巴贾杰博士的权益资本成本。巴贾杰博士依靠资本资产定价模型［仅考虑系统（或市场）风险］来计算权益资本成本，而斯皮罗博士则基于所谓的累积法［注重非系统性（或个人）］来计算投资者在投资科贝尔公司时将面临的风险。基于现有事实,两位专家都没有用他们的想法说服法庭。法庭较认同,14.70%(巴贾杰博士提出的)是科贝尔公司权益资本成本的合理数字,因此法庭认为 WACC 是 14.22%。

(4)现值计算。在计算现金流量的现值时,巴贾杰博士采用了年末法(截至年底时的现金流量折现),而斯皮罗博士采用了年中法(假定现金流在年中确定并从年中进行折现)。根据年中法,1 年的现金流量被视为已提前在年中收到,因此年度的贴现因子比起年末法略大(折价本身的金额略小)。鉴于相同的现金流量但折现因子较大,现金流量的现值更大。

双方认同:①大约 60%的科贝尔香槟销售发生在该日历年的最后一个季度;②多达 20%的此类销售发生在 12 月的最后一周。由于科贝尔公司的收入在全年没有均匀分布,法庭不认为斯皮罗博士使用年中法的结果比巴贾杰博士使用年末法更准确,因此法庭采用了年末法。

(5)增加科贝尔公司非经营性资产的价值。这里的问题是,在确定股票价值时,是否应将某些非经营性资本的价值纳入现金流折现法来确定价值。

①超额土地、保险资金、KFTY 应收账款。双方均认同,超额土地构成非经营性资本,价值 2198000 美元,应当增加科贝尔公司现金流现值,保险收益 1110000 美元同样如此增加。双方专家在如何处理 KFTY 的应收账款 2209000 美元方面存在分歧,但他们均认可将其考虑在现金流现值内。法庭认为,上述非经营性资产总额为 5517000 美元。

②超额现金。斯皮罗博士认为,1994 年 12 月 31 日科贝尔公司持有的 5250000 美元现金是非经营性资产,称之为"超额现金"。为确定适当的"标准化"现金水平,斯皮罗博士通过考察与总收入相关的历史现金水平,最终他确定占总收入的 6.55%。在确定股份价值时,他仅纳入了部分反映无法强制分配现金的少数股东的超额现金。巴贾杰博士得出的结论是,没有超额现金,并且在他的反驳证词中,他有说服力地解释了他的结论。他对历史数据的解释令人印象深刻,他提到原告需要为一些意外事件保留资金。根据他的证词,法庭认为没有由"超额现金"构成的非经营性资产。

(6)科贝尔公司因长期负债导致价值减少。搁置巴贾杰博士和斯皮罗博士在处理 KFTY 的应收账款的争议,其他分歧在于长期银行借款的当期部分是营运资本还是长期负债的一部分。被告表示,任何由此导致的股票价值差异都是无关紧要的,而选择何种处理方法是估价师的选择。法庭认为应当将当期部分视为长期负债。

(7)折价。

①专家证言。巴贾杰博士认为这些股票的欠缺基础流通性(marketability)折价率为 25%。巴贾杰博士随后又增加了 10%的基础流通性折价,这一增加归因于福曼持有的优先购买权以及他所称的"代理问题",即小股东无法影响大股东对现金分配的控制权。这两项折价的增加导致巴贾杰博士最终确定 35%的流通性折价率。

斯皮罗博士确定了基础的 15%流动性折价,由于科贝尔作为 S 类公司相关的风险增加，因此增加10%。最终，斯皮罗博士的总流动性折扣为25%，适用于根据市场和收入法确定的价值（即不包括非经营资产价值的股票价值）。斯皮罗博士对非经营性资产采用了特定的单独折价：25%的少数股权折价，其后适用于"超额土地"的25%流动性折价和适用于"超额现金"的25%少数股权折价。

②流通性（marketability）与少数股权折价（minority discounts）。法庭已经认识到，缺乏流通性折价与待评估的少数股东权益折价之间存在区别。就像法庭在安德鲁斯诉税务局案（Estate of Andrews v. Commissioner①）案中提道：

> "少数股权折价旨在反映股票价值的下降，少数股票并没有传递出对一家封闭式公司控制权。另一方面，缺乏流通性折价旨在反映一个封闭式公司没有现成的股票市场这一事实。虽然这两个折价之间可能存在一些重叠，因为缺乏控制可能会降低流通性，但应该记住，即使是非公开公司的控股股份的交易，也因为没有一个现成的私募市场缺乏流通性。事实上，如果公司要公开销售其股票，就必须支付浮动成本。"

③缺乏流通性的基础折价。巴贾杰博士25%的流通性折价是基于一些实证研究，斯皮罗博士在他的反驳证词中并未发现巴贾杰博士的分析存在问题。

斯皮罗博士引用了许多相同的实证研究，表明流动性折价的范围可以从10%~45%不等。他表示，平均折价通常超过35%。然而，斯皮罗博士得出的结论是，考虑到优先购买权，股票的基础流动性折价应当设定为15%。斯皮罗博士未能在其主要报告或反驳报告中明确说明他选择适当的流动性折价处于可接受的折价范围中的较低水平的理由。在他的证词中，他提出有一个专门的购买者群体会根据投资以外的因素为基础来评估股票价值（他们会将科贝尔公司视为未来可能的合资伙伴）。斯皮罗博士未能量化解释他如何通过调整分析以考虑该因素。实际上，这一因素最近已被第九巡回上诉法院辛普洛特诉税务局案（Estate of Simplot v. Commissioner②）中予以驳回。法庭不认为斯皮罗博士的该项证词具有说服力。

综上，法庭认为巴贾杰博士提出的25%的基本折价率的分析是令人信服的，因此，法庭接受25%的缺乏流通性折价率。

④额外折价。第一，缺乏控制的折价。巴贾杰博士将其全部35%的折价视为缺乏流通性的折价。然而法庭认为他在预计折价中考虑了来自少数股权（或缺乏控制权）所有者无法强迫大股东原告分配股息。巴贾杰博士对少数股权折价考虑了类似于斯皮罗博士在解决与科贝尔公司S类公司地位相关的问题时所考虑的因素。法庭认为巴贾杰博士和斯皮罗博士基本达成了关于缺乏控制权折价的共识，法庭将其视为少数股权折价。

---

① Estate of Andrews v. Commissioner, 79 T. C. 938, 953, 1982 WL 11197 (1982).
② Estate of Simplot v. Commissioner, 249 F. 3d 1191, 1195 (9th Cir. 2001), revg. 112 T. C. 130, 1999 WL 152610 (1999).

第二，优先购买权折价。两位专家都同意适用优先购买权的折价是有道理的。斯皮罗博士将优先购买权视为基础的 15% 流动性折价的一部分，巴贾杰博士将其优先购买权和少数股权缺乏控制权的视为额外 10% 折扣一部分。

相比斯皮罗博士，巴贾杰博士认为优先购买权阻碍流通性更加显著。他认为，由于优先购买权，福曼始终是待售的科贝尔公司股票的潜在竞标者。他进一步解释称，由于多年来福曼一直是科贝尔香槟和白兰地的唯一经销商，因此福曼比任何潜在的外部竞标者都更了解科贝尔公司。因此，任何其他外部投标人都不得不花费大量的精力和金钱来了解科贝尔公司，否则在竞争力上会大大劣于福曼。由于福曼因其独家经销商的地位而拥有特殊利益，因此它将有一种动力，推高股票价格，使其超出潜在买家基于预期现金流现值愿意支付的价格。根据巴贾杰博士的说法，这两个因素对股票的潜在竞标者起着重大的威慑作用，因此，上述因素可能会降低股票价值。

在反驳证词中，斯皮罗博士回应称，科贝尔公司并不是"如此复杂的组织以至于投资前期的分析成本很高"。斯皮罗博士认为，巴贾杰博士对福曼的优先购买权的关注"更适用于复杂的高科技公司，知识产权的'隐藏'价值可以使准确的分析变得困难和昂贵，特别是对于外部投资者"。斯皮罗博士认为优先购买权应当有部分折价，如上所述，已将其作为基础 15% 流动性折价的一部分。

第三，额外折价的总计。法庭同意巴贾杰博士的观点，即有必要考虑福曼的优先购买权适用额外 10% 的折扣以及考虑投资者对未来股息清算政策（future dividend-liquidation policy）（即买方的少数股东地位）缺乏控制权。法庭将大部分折价归于巴贾杰博士和斯皮罗博士都提及的少数股权问题。巴贾杰博士和斯皮罗博士也认为优先购买权会降低股票价值，但在基本原理和因子选择上不一致。法庭认可 10% 是对优先购买和少数股权适当的折价率。

第四，AVG 对非经营性资产价值的折价。巴贾杰博士对科贝尔公司的估价适用 35% 的流通性折价，其中包括非经营性资产。斯皮罗博士对科贝尔公司的估价适用 25% 的流动性折价，不包括非经营性资产，并且他对非经营性资产进行了额外的折价。法庭否定了斯皮罗博士 25% 的少数股权折价适用于"超额现金"，因为法庭认为科贝尔公司在估价日未保留任何超额现金。法庭否定斯皮罗博士将 43.75% 的少数股权/流动性折价率组合应用于超额土地，支持巴贾杰博士对科贝尔估价（包括超额土地）中适用的 35% 总折价率。法庭认为没有理由将少数股权折价限制在科贝尔公司的特定资产上，即使它们作为非经营性资产相比科贝尔公司的经营性资产更易分配给股东。正如法庭在弗莱明诉税务局案（Estate of Fleming v. Commissioner[1]）所认为的，少数股权折价一般"反映少数股东无力通过强制清算来按比例获得公司的净资产价值"。

⑤结论。根据上述现金流贴现法，考虑某些折价，法庭认为，截至估价日，该股票的公允市场价值为 20269736 美元，即每股 32174 美元（见附录）。

---

[1] Estate of Fleming v. Commissioner, T. C. Memo. 1997–484.

（六）结论

法庭重新确定了原告少缴的联邦遗产税，法庭认为，截至估价日，股票价值应为 20269736 美元。

附录：科贝尔公司 630 股股票估价（截至 1995 年 2 月 15 日）

估计的项目	1994 年	1995 年	1996 年	1997 年	1998 年	1999 年
销售额（美元）	82757920	86482026	89941307	93089252	95881829	98758386
净收入（Net Income）							
税前收入（12.3% 营业利润率，美元）	10637289	11062780	11449977	11793477	12147281	10637289
所得税（1.5%，美元）	-159559	-165942	-171750	-176902	-182209	-159559
净收入（美元）	10477730	10896838	11278227	11616575	11965072	10477730
现金流的调整							
折价（销售额 3.8%，美元）	3286317	3417770	3537391	3643513	3752819	3286317
营运资本增加（增量销售额的 55%，美元）	-2048258	-1902605	-1731370	-1535972	-1582051	-2048258
资本支出（美元）	-4000000	-4000000	-4000000	-4000000	-4000000	-4000000
年终现金流（美元）	7715789	8412003	9084248	9724116	10135840	7715789
折现率（WACC,%）	14.22	14.22	14.22	14.22	14.22	14.22
现金利息系数 $[1/(1.1422)^n]$	0.8755	0.7666	0.6712	0.5878	0.5145	0.8755
现金流现值（美元）	6755173	6448641	6097347	5713891	5214890	6755173
现金流现值总计（美元）	30229942						
现值回归（美元）	47861436						
经营性资产现值（美元）	78091378						
非经营性资产价值（美元）	5517000						
长期债务（美元）	-4918000						
科贝尔公司企业价值（w/o 折价，美元）	78690378						
科贝尔公司企业价值（35% 折价，美元）	51148745						
630 股股票价值（美元）	20269736						
每股面值（美元）	32174						

案件十六　弗曼诉美国联邦税务局

(Maude G. Furman, Donor, Deceased, and Estate of Maude G. Furman, Deceased, Robert G. Furman, Executor, Petitioners v. Commissioner of Internal Revenue, Respondent. Royal G. Furman, Donor, Deceased, and Estate of Royal G. Furman, Deceased, Robert G. Furman, Executor, Petitioners v. Commissioner of Internal Revenue, Respondent)

案　　号：T. C. Memo. 1998 - 157
受理法院：美国联邦税务法院
判决时间：1998 年 4 月 30 日

一、案件事实

(一) 死者

罗亚尔（Royal）于 1990 年 6 月 29 日去世，他的妻子莫德（Maude）于 1992 年 6 月 12 日去世，他们都是佛罗里达州的居民。死者遗产代理人罗伯特（Robert）在提起诉讼的时候居住在佛罗里达州，他是死者的五个孩子之一。

(二) 弗曼 (Furman) 公司

弗曼公司（FIC）是一家 1959 年在佛罗里达州成立的公司，主要营业地在佛罗里达州。自成立以来，弗曼公司是 C 类公司，其股票从未在公开市场进行交易过。弗曼公司是由莫德、罗亚尔和罗伯特共同创立的，公司设立的目的是在罗亚尔结束 35 年快递员生涯之后，可以收购并经营一家汉堡王连锁餐厅。在弗曼公司建立之前，他们一直居住在伊利诺伊州的芝加哥。

从 1959 年建立到 1980 年 2 月，弗曼公司的资本情况如下：莫德 30 股，罗亚尔 30 股，罗伯特 40 股。尽管夫妻俩有 5 个孩子，但是罗伯特是唯一一个在弗曼公司拥有普通股权益或参与公司管理的孩子。

汉堡王公司（BKC）是一家总部位于佛罗里达州迈阿密的公司，是全球第二大连锁餐厅的经营商，仅次于麦当劳。自 1967 年以来，汉堡王公司一直是品食乐（Pillsbury

公司的全资子公司。品食乐公司于1989年被大都会集团收购。

弗曼公司自成立以来，一直只进行汉堡王餐厅特许经营业务。在审理之日，弗曼公司经营着27家汉堡王餐厅，主要分布在佛罗里达西海岸。1959年5月弗曼公司在佛罗里达州北迈阿密海滩开设了汉堡王第12号店（汉堡王连锁店最早的餐厅之一），从此进入快餐行业。罗亚尔和莫德搬到佛罗里达州经营这家新餐馆，而罗伯特则留在芝加哥，在一家保险公司工作。

就在12号店开业两周后，罗伯特接到了汉堡王公司联合创始人之一詹姆斯·麦克拉摩（James McLamore）的电话，告诉他罗亚尔已经住院。罗伯特去了佛罗里达，随即开始在12号店工作。罗亚尔康复后，罗伯特决定留在佛罗里达帮忙管理弗曼公司。从那以后，罗伯特一直从事快餐业。

1961年，弗曼公司以15000美元的价格购买了3家在大芝加哥地区开设汉堡王餐厅的公司20%的股份。1962年，应麦克拉摩先生的要求，罗伯特搬回芝加哥，参与芝加哥地区业务的管理和运营，并最终成为芝加哥业务的执行副总裁和董事会成员。罗伯特在芝加哥的管理职责包括批准新餐厅的选址、监督新餐厅的建设、雇用和培训员工。截至1969年11月，芝加哥分公司直接经营37家汉堡王餐厅，并获得芝加哥地区另外29家汉堡王餐厅的特许经营许可权。

1970年，在对芝加哥分公司进行公司重组后，弗曼公司将其在芝加哥分公司中的权益出售给了一家名为"自助服务餐厅"（Self-Service）的公开上市的汉堡王特许经营商。作为股份的交换，弗曼公司获得了自助服务餐厅普通股，后来弗曼公司以大约222000美元的价格出售了这些股份，同时还出售了面值为868500美元的由自助餐厅作为承兑人的支票。出售之后，在向自助服务餐厅管理过渡期间，罗伯特受雇于该餐厅并提供协助。

1971年罗伯特结束了受雇于自助服务餐厅的协助工作。他留在了芝加哥，直接拥有、管理5家汉堡王餐厅并参与管理威斯康星州密尔沃基的6家汉堡王餐厅（占27%的股权份额）。1973年，弗曼公司收购了佛罗里达州迈尔斯堡现有的一家汉堡王餐厅。1976年，罗伯特回到佛罗里达州后，弗曼公司收购了三家现有的汉堡王餐厅，分别位于佛罗里达州西海岸的萨拉索塔、布莱顿和夏洛特港（1976年收购），并签订了区域内的特许独家经营协议。这份交易的价格为500000美元，其中现金支付300000美元，剩下200000美元体现在了特许独家经营的合同中，分5年支付。区域特许独家经营的协议授予弗曼公司5年内可以在佛罗里达州的马纳蒂（Manatee）、萨拉索塔（Sarasota）和夏洛特（Charlotte）建立、拥有和经营汉堡王餐厅的权利，以及在佛罗里达州的李镇（Lee）建造、拥有和经营汉堡王餐厅的优先购买权（统称为特许独家经营权的范围）。协议还规定，如果弗曼公司在1981年8月26日之前可以使6家汉堡王餐厅成功开业并投入运营，则公司可获得从完成目标日起至1986年8月在上述规定的地域范围内，对已有的汉堡王餐厅股份的优先购买权。

回到佛罗里达后，罗伯特搬到佛罗里达州萨拉索塔全职工作，为弗曼公司挑选店址，获取融资，并监督新餐馆的建设，同时继续监督现有弗曼公司所有餐厅的运营。截至 1980 年 2 月 2 日，弗曼公司已在上述地域开设了 7 家汉堡王餐厅。截至 1981 年 8 月 24 日，弗曼公司总共拥有 9 家汉堡王餐厅。由于在 1981 年 8 月 26 日之前，弗曼公司已经有超过 6 家汉堡王餐厅在营业，所以在 1986 年 8 月之前，弗曼公司都有在这些地区优先购买股权的权利。

（三）弗曼公司的专家证人

1959 年第 12 号店开业后，弗曼公司聘请了休·B. 希林顿（Hugh B. Shillington）为公司的外部会计，协助税务和财会事项。希林顿是佛罗里达州希林顿费伊（Shillington & Fay）会计师事务所的负责人，曾经担任其他汉堡王特许经销商的外部会计，由汉堡王公司推荐到弗曼公司。希林顿费伊会计师事务所审查了弗曼公司 1979~1981 财年的财务报表，希林顿曾建议弗曼公司保留 7 年的财务记录。希林顿于 1995 年去世。

路易斯·B. 蒂什勒（Louis B. Tishler）1959 年从西北大学法学院毕业后，一直在芝加哥地区从事法律工作。从 1962 年起，他即从事和特许经营有关的主要业务。他代理过许多著名的特许经销商，包括唐恩都乐（Dunkin' Donuts）和麦当劳等，还代理过汉堡王和丘奇炸鸡（Church's Fried Chicken）的多家加盟商。20 世纪六七十年代，他代表汉堡王加盟商收购了 100 多家餐厅。蒂什勒从 1967 年开始担任弗曼公司的代表。

（四）1980 年的赠予

到 1976 年特许独家经营的协议执行的时候，汉堡王公司通过了一项新政策，要求特许经营商必须是其所经营公司的控股股东。弗曼公司当时未满足该控制要求，但罗伯特向汉堡王公司口头承诺会收购弗曼公司的控股权。尽管罗伯特早有承诺，但直到 1980 年汉堡王公司对罗伯特再次提出要求的时候才付诸行动。为了满足汉堡王公司的要求，1980 年 2 月 2 日，死者各自赠送 6 股弗曼公司普通股给罗伯特。在 1980 年股权赠送之前，死者都没有参与弗曼公司的日常管理或运营。

截至 1979 年 9 月 30 日，弗曼公司普通股的账面价值为 1033601 美元。截至 1980 年 2 月 2 日，弗曼公司的普通股从未宣布或实际支付任何股息。在罗伯特、希林顿和蒂什勒的协助下，死者将他们各自赠送的 6 股弗曼公司股票的价值定为 62016 美元（每股 10336 美元），并及时提交 1980 年股权赠与有关的纳税申报表。1980 年股权赠与之后，弗曼公司发行在外的普通股如下：罗亚尔持有 24 股，莫德持有 24 股，罗伯特持有 52 股。股权赠与之后，死者在遗嘱上签署了附属条款，规定他们所持有的弗曼公司剩余普通股将平均分配给除罗伯特之外的其他子女。

（五）1981 年的资本结构调整（资本重组）

在 1980 年或 1981 年，汉堡王公司要求弗曼公司的所有股东亲自担保弗曼公司对汉堡王公司的债务。两位死者都不愿意接受汉堡王公司的要求，而罗伯特愿意承担作为唯一担保人的责任，前提是死者同意放弃他们在弗曼公司的投票权。罗伯特提出此要求的原因在于死者遗嘱的条款，罗伯特的兄弟姐妹最终将拥有所有死者在弗曼公司的剩余股份。当时年龄超过70岁的死者承认他们基本上不参与弗曼公司的管理事务，罗伯特在公司具有的主导作用。他们同意在以下条件下放弃他们的投票权：①罗伯特将继续积极领导弗曼公司；②弗曼公司将保持完整；③死者将从其对弗曼公司的投资中获得固定收入；④死者将免除任何对弗曼公司债务担保的义务；⑤死者的股权可以转让给除罗伯特以外的其他子女。

为了使弗曼公司所有的有表决权股票都归于罗伯特，并满足死者的上述条件，罗伯特和死者同意对弗曼公司进行资本重组，死者可以将他们的普通股转为优先股。在重组之前，在蒂什勒的协助下，弗曼公司向美国国税局询问并收到回函，告知拟议的普通股和优先股的交换符合第368（a）（1）（E）条所指的需要缴纳所得税的重组。

1981年8月24日，弗曼公司修改了公司章程，授权发行5000股无面值有表决权普通股和6000股面值100美元的无表决权累计优先股。优先股不包含参与、转换或赎回的权利。1981年8月24日，两位死者分别以之前的24股普通股换得了3000股的新优先股。虽然资本重组间接地解决了汉堡王公司要求每位普通股股东亲自担保弗曼公司债务的要求，但资本重组并非汉堡王公司所直接要求的。截至1981年9月30日，弗曼公司普通股账面价值为1109400美元。死者没有提交任何1981年赠与税申报表报告他们可能因为参与资本重组而进行的捐赠转移。重组后，死者立新的遗嘱，将其持有的优先股转给除罗伯特以外的子女。截至庭审日，所有的优先股都处于发行在外的状态，优先股所有股息都已经及时宣布和支付，罗伯特是唯一一个亲自对弗曼公司债务进行担保的股东。

（六）遗产税申报表

罗亚尔于1990年6月29日去世，莫德于1992年6月12日去世。罗伯特作为死者的私人代表，及时提交了所需的遗产税申报表。遗产税申报表反映了1980年的股票赠与。对罗亚尔的遗产征收额外遗产税的审查期限已过。

（七）欠税通知

1996年3月11日，被告美国联邦税务局发出三份欠缴通知：①莫德赠与税通知；②遗产税通知；③罗亚尔赠与税通知。遗产税通知中提到，两名死者在1980年赠与的股票的公允市场价值（FMV）为147600美元（每股24600美元），而不是他们在申报表中所报告的62016美元（每股10366美元）。而莫德赠与税通知和罗亚尔赠与税通知中均认定死者在资本重组中作为交换的24股弗曼公司普通股公允市场价值为540540美元（每股22522美元），而收到的3000股优先股公允市场价值只有300000美元（每股100

美元），相当于每人对罗伯特赠予了 240540 美元（不包括每年 3000 美元的免税额）。

税务局在遗产税通知中裁定了以下内容：①1980 年 2 月 2 日莫德转给罗伯特的 6 股弗曼公司普通股的公允市场价值是 147600 美元而不是申报的 62016 美元。所以计算遗产税时应在应纳税遗产中增加调整后的 85584 美元应税赠与。②1981 年 8 月 24 日，莫德以她 24 股普通股换 3000 股优先股，普通股的公允市场价值应是 540540 美元（22522 美元/股），优先股的公允市场价值应是 300000 美元（100000 美元/股），因此，遗产税中还应包括 237540 美元的应税赠与。

（八）折扣和溢价

1. 少数股东权益

1980 年 2 月 2 日和 1981 年 8 月 24 日，两位死者当时都属于少数股东，均无权强迫弗曼公司购买"关键人物保险"（该保险对商业经营活动中的"关键人物"死亡或丧失工作能力对经营实体造成的损失进行赔偿）。

2. 不存在控制权溢价

1980 年 2 月 2 日，除了罗伯特之外没有任何股东可以通过获得 12 股普通股而取得弗曼公司的投票控制权。因为只有罗伯特一个人可以通过 1980 年的股票赠与获得控制权，所以假设一位第三方买家购买了莫德和罗亚尔的股票，是不用支付任何控制权溢价的。

3. 缺乏市场性

1980 年 2 月 2 日和 1981 年 8 月 24 日，弗曼公司所面对的情况是：①汉堡王公司没有制定汉堡王特许经营权的回购计划或政策；②高利率导致汉堡王特许经营权销售低迷；③弗曼公司的股票没有现成的市场。

上述每个因素都导致弗曼公司的股票缺乏市场性。

4. 少数股权合并和缺乏市场性折扣

1980 年 2 月 2 日，每位死者无偿转让弗曼公司的 6 股普通股的公允市场价值按少数股权和市场性折扣 40%计算。1981 年 8 月 24 日，在资本重组过程中，每位死者转让的 24 股弗曼公司普通股的公允市场价值，属于少数股权合并，按照市场性折扣 40%计算。

5. 罗伯特是关键人物

在 1980 年的赠与和资本重组时期，罗伯特积极管理弗曼公司，弗曼公司没有雇用任何有资格接替罗伯特管理公司的人。罗伯特的积极参与、经验、业务关系以及作为汉堡王特许经营商的声誉，为弗曼公司的价值做出了贡献。确切地说，正是罗伯特的人脉促成了 1976 年的收购，他在为新餐馆选址、监督其建设和开业方面的专业知识，对弗曼公司利用特许经营协议带来的扩张机会至关重要。罗伯特过早死亡、伤残或辞职的可能性，会导致弗曼公司业务价值和未来现金流的不确定性。虽然可以雇用一名专业管理人员来代替罗伯特，但仍然存在下列风险：①在雇用接替者之前弗曼公司缺乏管理；②职业经理人要求比罗伯特获得更高报酬的风险；③职业经理人表现不如罗伯特。罗伯特是弗曼公司管理的关键人物，缺少他会对弗曼公司产生负面影响。1980年2月2日，每位死者无偿转让弗曼公司的6股普通股的公允市场价值包括10%的关键人员折扣。1981年8月24日，在资本重组过程中，每位死者转让的24股弗曼公司普通股的公允市场价值也受到关键人物10%的折扣影响。

最终，应确定1980年2月2日，莫德和罗亚尔向罗伯特无偿转让6股弗曼公司普通股的公允市场价值为82859美元（13810美元/股）。1981年8月24日，莫德和罗亚尔各自将24股弗曼公司普通股交换为3000股弗曼公司优先股，他们各自转让的普通股的公允市场价值为424552美元（17690美元/股）。

二、法院意见

（一）弗曼公司股票的公允市场价值

《美国联邦国内收入法典》第2501（a）条规定对个人赠与征税。第2512（a）条规定，财产在赠与日的价值应视为赠与金额。本案中法庭必须确定的问题是1980年2月2日死者无偿转让给罗伯特的弗曼公司普通股的价值，以及1981年8月24日资本重组中死者放弃的普通股的价值超过他们在交易所获得的优先股的价值（如果有的话）。

估价是一个事实问题，而事实判断必须权衡所有相关证据，得出适当的推论。公允市场价值是指出于联邦遗产和赠与税的目的，自愿购买人向自愿出售人支付的价格，两者都对所有相关事实有合理的理解，并且都没有被强迫买卖的情形。自愿的买方和自愿的卖方是假设性的人，而不是具体的个人或实体，这些假设性人的个人特征不一定与实际卖方或实际买方的个人特征相同。自愿买卖方都被推定为致力于实现最大的经济利益。就联邦赠与税来说，标的财产的公允市场价值在赠与日当天确定，通常情况下，不会考虑日后可能会影响标的财产价值的未来事件。少数人持股公司的股票估值适用特别规则。上市公司股票的市价是其股票的基准，而最近的独立交易价格通常是非上市公司股票价值的体现。非上市股票的价值是不能根据实际销售价格确定的，参照从事相同或者类似业务的可比上市公司股票的价值，以及参考其他与价值有关的因素确定。法庭必须考虑的因素是知情的买家和知情的卖家会考虑的因素。纽豪斯诉税务局案（Estate of Newhouse v. Commissioner）确立了"被广泛接受为确定公允市场价值的适当标准"，具体包括下列需要考虑的因素［这些因素实际上与第20.2031-2（f）条所列的遗产税登记要求相同］：

（1）企业的性质和企业自成立以来的历史。

（2）整体经济前景，特别是个别行业的情况和前景。

（3）股票的账面价值和公司财务状况。

（4）公司的盈利能力。

（5）派息能力。

（6）企业是否具有商誉或其他无形价值。

（7）股票的销售情况和待估值股票的多少。

（8）从事相同或类似业务的公司的股票的市场价格（这些公司的股票在一个自由和公开的市场或在一个交易所或场外交易市场积极交易）。

由于估值不能简化为机械式的应用，而且在确定缺乏公开市场的股票的公允市场价值方面存在固有的不精确，法庭认为这些问题最好通过协商，而不是通过双方专家激烈对垒来解决。估价案件中，当事各方主要依靠专家意见来支持其估价立场。法庭则根据每位专家的证明资格和记录中的所有证据来评估专家的意见。

1. 被告专家证人

被告专家证人是休·杰克逊·谢尔顿（Hugh Jackson Shelton）。谢尔顿自1987年以来一直受雇于被告并担任估值工程师，在此期间他完成了大约10项业务估值。谢尔顿拥有田纳西大学工业工程学士学位和韦伯斯特大学商业管理硕士学位。

在被告提交的专家证人报告中，谢尔顿声明他具有某些专家资格和证书，但实际上他并没有这些所声称的资格。谢尔顿在报告中还说，他是美国估价师协会（American Society of assessors）的成员，但他从未加入过该协会。谢尔顿不能证明他有资格进行商业估值，法庭在估价时会将此纳入考虑。谢尔顿使用了资本化收益法来对1980年股票赠与时弗曼公司的股价进行评估。利用资本资产定价模型（CAPM），谢尔顿计算了弗曼公司的加权平均资本成本（WACC），再利用尚未扣除利息、所得税、折旧、摊销时的利润（EBIDT）计算整个公司的整体价值。在评估1980年股票赠与时，谢尔顿根据弗曼公司1979财年的10个月损益表预测了整个财年（12个月）的收益，将其资本化得到了1980年2月时弗曼公司的价值。至于1981年8月弗曼公司的价值，谢尔顿在1980年EBIDT的基础上增加5%得出。确定弗曼公司的β系数为1.0后，谢尔顿使用CAPM计算出18.44%的股权成本。由于汉堡王是第二大快餐连锁，谢尔顿认为其波动性不会比整个快餐业大多少，弗曼公司的β系数为1.0是合理的。但是谢尔顿没有在报告中进一步解释选择β系数的原因，也没有提供证据证明他调查过类似上市公司的该系数。根据弗曼公司的账面价值而不是市场价值对债务和股权进行加权，谢尔顿得出WACC为11.0%。

据1980年和1981年双方规定的无风险利率分别为11.86%和14.4%，谢尔顿的结论显然是错误的。得出的是税后数字，根据公司边际企业所得税率的估计值加权平均资本成本。在算出11%的WACC后，谢尔顿试图把其转为税前WACC，最后算出18.4%的税前WACC，并用于对弗曼公司进行估值。但是，税前WACC在金融界不被接受，同时法庭也不理解为何谢尔顿要用边际税率来计算税后的数字，然后再把其转回税前数字。最后，谢尔顿再计算WACC时使用40%的边际税率让人费解，因为根据弗曼公司从1979~1981年的损益表中,边际税率分别为4.96%、1.25%和31.69%。

谢尔顿最后算出弗曼公司于1980年2月2日、1980年9月30日和1981年8月24日的企业价值总额分别为2764114美元、3481369美元和3655427美元。然后他将1980年和1981年的企业价值按照17%进行折扣适用,以反映少数股东、缺乏市场性和控制权溢价折扣的因素,从而得出1980年2月和1981年8月弗曼公司每股价值分别为22942美元和30340美元。如果仅考虑1980年股票赠与的免税额,按照被告的说法,1980年和1981年,两名死者的应纳税赠与①分别为137652美元和425160美元,则1981年,两名死者少申报的应纳税赠与分别为75636美元和425160美元。法庭认为,除了谢尔顿对佛罗里达州西海岸经济增长前景的预估,法庭拒绝接受他其他分析和结论。

法庭认为评估一家几乎不可能上市的小型私人控股公司不适合使用CAPM和WACC。谢尔顿使用未经证实的、与规定金额不符的无风险利率和风险溢价来计算权益成本,以及武断地得出β系数,无法让人信服。β系数是一种衡量系统性风险的指标,是一种反映个人证券回报率与市场整体回报率之间关系的系数。上市公司的β系数经常被公布,或者可以根据股价和收益数据来计算。由于β系数的计算需要历史数据,所以该系数不能用于一家少数人持股公司的股票。无法计算β系数是CAPM模型在评估一家少数人持股公司的一个重大缺点,可以通过使用可比上市公司来解决这个困境。但是谢尔顿对于汉堡王公司在快餐行业地位的说明未经证实,很难成为弗曼公司β系数取值为1.0的充分依据。也就是说,谢尔顿估算弗曼公司的β系数是基于汉堡王公司在行业的地位,而不是基于弗曼公司股票相对于整个市场的波动性。而WACC通常用于计算反映公司资本结构各组成部分加权平均成本的贴现率,要计算WACC就要知道公司债务和权益的市场价值,但谢尔顿使用的是账面价值权重而不是市场价值。另外,EBIDT的计算也有错误,谢尔顿预测了5%的增长率,但是1981财年EBIDT的实际增长率达到61%。谢尔顿的报告中还详细计算了10家汉堡王餐厅的重置成本,但是这与企业估值貌似并没有什么关联性,因为企业价值是由未来盈利前景决定的,而不是由净资产价值决定。总而言之,谢尔顿的专业技能让人无法信服。

2. 原告专家证人

原告提供的是IPC集团公司的伯恩斯(Burns)和奥利弗(Oliver)的专家报告,伯恩斯和奥利弗都有商业估值方面的经验,除了本科学历外,他们还在西北大学凯洛格管理学院获得了金融硕士学位。虽然伯恩斯和奥利弗还没有成为正式的估价师,但法庭相信他们有资格进行商业估值。IPC对弗曼公司股票的估值采用资本化收益法和EBITDA倍数法两种方法。

根据收益法,IPC认为1980年股票赠与和1981年资本重组转让的股票价值分别为7388美元/股、4273美元/股。IPC使用股东可获得的净经营现金流(NCF)确定标准

---

① 本案中两名死者是夫妻,所以赠与免税额是合并计算的。

化收益，并根据非现金费用进行调整。在评估 1980 年的股票赠与时，IPC 使用了 1979 年前 10 个月财政年度的 NCF。计算该股 1981 年 8 月的市值时，采用了过去 3 年净经营现金流量的加权平均数。IPC 用 CAPM 模型来确定投资者在 1980 年 2 月和 1981 年 8 月的预期回报率。为了反映长期收益增长的影响，IPC 从预期收益率中减去了一个增长因子，并确定了 1980 年赠与的股票资本化率为 21.38%，以及对资本重组中转移的股票进行估值的资本化率为 25.50%。

第二种估价方法是未扣除的利息、所得税、折旧等费用的 EBITDA 倍数法。IPC 确定弗曼公司 1979～1981 年的 EBIDT：在对 1980 年赠与进行估值时，IPC 使用了 1979 财年 EBIDT 的倍数，而用 1979～1981 财年 EBIDT 加权平均数对资本重组中转让的股票进行估值。确定企业总价值后，进行各种调整，如减去未清偿债务的价值，确定总股本价值，再将其转换为每股股本价值，确定 1980 年 2 月每股股票价值为 20842 美元，1981 年 8 月每股为 26245 美元。在这个基础上进行 30% 的少数股东折扣、35% 的市场性折扣和 10% 的关键人物折扣（总共是 59.05% 的折扣），最终确定 1980 年 2 月和 1981 年 8 月的弗曼公司股票价值分别是 8535 美元/股、10747 美元/股。根据上述计算，罗亚尔和莫德 1980 年的应税赠与多报了 10806 美元，1981 年的应税赠予没有多报。

法庭认为伯恩斯和奥利弗是合格的专家证人。这两位专家证人的意见表明收益法对弗曼公司进行估价不可行，因为收益法计算的价值比 1981 年 8 月的账面价值要低。但法庭认可收益法是一种可行的方法，是因为他们的资本化率过高而导致了计算结果的不合理。在从预期回报率中扣除长期增长因素后，IPC 扣除了 1980 年 8% 的资本化率和 1981 年 7% 的资本化率。这些数字与 IPC 在其报告中引用的对投资价值通胀的估计相同，因此所使用的增长因素仅代表名义收益增长的预期。弗曼公司是一个不断发展的公司，其实际销售和盈利增长是可以根据现有餐厅的数量增加以及新店铺建设进行预估的。

法庭接受 IPC 的 EBIDT 倍数法下的估值，但是不接受少数股东和市场性折扣的比率。根据弗曼公司的增长潜力和当时的经济状况，5 倍增长率不合理。在资本重组时，弗曼公司只有 9 家汉堡王餐厅开业，但拥有在佛罗里达州西南部 4 个人口增长迅速城镇的优先购买权（即那些在特许经营权涵盖范围内的区域）。

法庭认为 IPC 没有恰当地考虑弗曼公司的增长潜力，6 倍的 EBIDT 才是弗曼公司股票估值的合理倍数，原告在确定 1981 年 8 月的股价时对 EBIDT 进行加权是正确的，使用 3 年的财报数据更能准确提供收益的情况。最后，法庭同意 IPC 在计算 EBIDT 倍数后做出的调整，弗曼公司股票在 1980 年 2 月价值为 25574 美元/股，1981 年 8 月价值为 32759 美元/股。

3. 折价

（1）少数股东权益。少数股东权益折扣反映了少数股东无法通过强制支付股息或清算来实现按比例分配公司净利润或净资产价值。虽然少数股东权益折扣与缺乏市场性折价在概念上不同，但判断两种折价的具体数值都是事实判断的问题。由于1980年的赠与和1981年的资本结构调整中转让的股票都是少数股权，因此在其估值中采用少数股权折价是适当的。自愿买卖测试是一项客观测试，要求从假设的卖方的角度分析潜在交易，不考虑受让人的身份和持股情况。因此，1980年的股票赠与使罗伯特获得了弗曼公司的控制权这个事实不应该考虑进去。原被告都认为少数股权折价应该适用于1980年股票赠与和1981年资本重组中死者的股票转让的情形，但是被告专家证人把本是相互矛盾和对立的少数股权折价和控制权溢价同时适用是不恰当的。法庭认为，如果没有足够的折价，无论弗曼公司有多成功，也没有投资者会购买其少数股权，因为在一家不付股息、其股票无交易市场的公司中持有的少数股权价值实在是很有限。原告专家证人报告中引用了三篇专业分析文章，确定30%的少数股权折价，法庭认为是合理的。法庭不同意被告专家证人报告中提出的存在决定性投票权的可能性，因为在估值时是假设转让给一个自愿的买家，不能考虑实际受让人的现实情况。

（2）市场性折价。双方对适用的市场性折价百分比存在争议。因为缺乏市场性而折价反映了一个少数人持股的公司股票没有现成交易市场的事实。确认这个折价率的关键在于了解投资者在做出投资决策时所使用的基本价值要素，主要包括：①类似公司股票的成本；②对公司财务报表的分析；③公司的股息支付能力和股息支付历史；④公司的性质、历史、行业地位和经济前景；⑤公司的管理；⑥随股票转移的控制权；⑦对可转让性的限制；⑧投资者必须持有股票以实现充分回报的期限；⑨公司的赎回政策；⑩公开发行股票的成本和可能性。

1980年2月和1981年8月限制弗曼公司股票市场性的因素包括：①弗曼公司从未支付其普通股股息；②公司由一个人管理和控制；③转让的股票属于少数股东权益；④长期持有才能实现收益；⑤弗曼公司没有赎回普通股的习惯或政策；⑥由于弗曼公司的年销售额仅在700万美元范围内，因此不太可能上市；⑦弗曼公司股票没有二级市场。虽然弗曼公司具有增长的巨大潜力、表现良好的资产负债表以及强劲的盈利增长，但法庭亦发现对可销售性的客观因素估值影响重大。原告专家证人报告中引用四篇分析文章得出平均市场性折价是33%，但是法庭认为这是错误的，因为引用的文章仅分析了持有期限为2年的限制性股票，而法庭预计，投资者对于类似弗曼公司这种少数人持股公司的股票将会长期持有，因此这样的引用不恰当。

（3）少数股权合并和缺乏市场性折价。被告认为该折价率为17%，而原告认为少数股权合并折价是30%，缺乏市场性折价是35%（综合就是54.5%的折价），法庭综合以往的案例得出在该案例中折价率取值为40%合适。

（4）关键人物折价。如果公司在很大程度上依赖于一个人的服务，并且该人因死亡或丧失工作能力而无法再为公司提供服务，则投资者在购买股票时会期望存在某种形式的折扣，以弥补该关键员工的损失。尽管弗曼公司本可以为罗伯特购买一生的"关键人物保险"，但少数股东无法强迫弗曼公司购买此类保险，而弗曼公司事实上也没有此类保险。

法庭发现罗伯特是弗曼公司的关键管理人物，弗曼公司没有第二层级的管理人员，因此罗伯特的人脉、经验和管理经验对弗曼公司非常重要。尽管经营一个汉堡王餐厅看起来很标准化，但是弗曼公司是一个不断壮大的公司，罗伯特的职责远远超出了现有餐厅的经营范围。此外，由于汉堡王公司对弗曼公司的成本、扩张机会、竞争以及利润都有很大的控制权，罗伯特与汉堡王公司创始人的私人关系对弗曼公司来说也很重要。因此，法庭同意原告的意见，在对1980年2月和1981年8月弗曼公司进行估值时，给与关键人物10%的折价率。

4. 估值结论

（1）两位死者在1981年用以交换弗曼公司优先股的24股普通股公允市场价值是424552美元。

（2）两位死者在弗曼公司资本重组中收到的3000股优先股公允市场价值是121552美元。

（3）在扣除每年3000美元的免税额之后，每位死者在资本重组中给与罗伯特的应税赠与金额为121552美元。另外，法庭认为1980年股票赠与中罗伯特从莫德那里获得的6股普通股公允市场价值为82859美元。

（二）增加税收

1. 未提交1981年赠与税申报表

如果在1981年纳税年度没有及时申报赠与税，每延迟一个月，就要多缴纳应纳税额的5%，但最高不超过应纳税额的25%。如果纳税人能够证明其未及时申报赠与税是出于合理理由而不是故意不缴，就可以不多缴延迟纳税罚款。法院的经验显示，当纳税人表明自己合理信赖会计师或者律师的建议，认为不需要提交申报表时，即便最后证明中介的建议是错误的，这也属于合理理由。蒂什勒和希林顿建议死者在资本重组中不需要进行赠与税申报，因为死者转让出去的普通股和收到的优先股价值是等值的，不存在差价。

被告认为，因为死者没有根据对弗曼公司的正式评估来确定他们的转让是否属于应税赠与，应适用延迟申报导致的税款增加。法庭认为被告此处的观点不合理，因为在事实调查过程中，可以看到作为专业人士的蒂什勒在餐厅特许经营方面有着很丰富的经验。在进行资本重组的时候，他已经担任了弗曼公司的律师将近15年。蒂什勒代表弗曼公司处理的税务问题包括：①1980年赠与时，他曾建议死者提交赠与税申报表并在报税表上签了名；②蒂什勒曾代表弗曼公司就资本重组向税务局发出过咨询函件。跟蒂什勒一样，希林顿是一名跟弗曼公司有长期合作关系的注册会计师，他从1959年开始就一直为弗曼公司准备所得税申报表和财务报表的工作，对弗曼公司的财务状况非常熟悉。另外，作为佛罗里达州其他汉堡王特许经营商的会计，他可以将他对行业趋势、行业平均水平和惯例的了解应用到弗曼公司的估值上。因此，法庭认为，死者当时没有提交申报表是出于对蒂什勒和希林顿专业知识和建议的信赖，是合理的，不需要承担延迟申报罚款。

2. 疏忽

法典第6653（a）条规定，如果少缴税款的任何部分是由于疏忽或故意无视规则或条例，则应按少缴税款的5%加征税款。法庭认为，死者当时没有提交申报表是出于对蒂什勒和希林顿专业知识和建议的信赖，是合理的，不需要适用该条规定。

案件十七　德斯蒙德诉美国联邦税务局

(Estate of William J. Desmond, Deceased, Donn Kemble, Executor, Petitioner v. Commissioner of Internal Revenue, Respondent)

案　　号：T. C. Memo. 1999 – 76
受理法院：美国联邦税务法院
判决时间：1999 年 3 月 10 日

一、案件事实

死者威廉·J. 德斯蒙德（William J. Desmond，下称死者）于 1992 年 6 月 17 日去世。去世时，死者居住在加利福尼亚州的奥兰治县。

1993 年 9 月 22 日，本案原告（即死者的遗产执行人）提交了一份遗产税申报表。原告选择 1992 年 12 月 17 日作为遗产的替代估值日。在提交申请时，原告居住在加利福尼亚州纽波特海滩。

死者去世时持有 136000 股德弗特（Deft）公司的股票，占德弗特公司已发行股份总数的 81.93%。德弗特公司是未上市的封闭型公司（closely held），所有持股股东都签署了限制性股权转让协议；该协议规定股东转让股票时，公司的其他股东具有优先购买权。

德弗特公司是一家制造和销售用于飞机、卡车和建筑设备的涂料的股份公司，德弗特公司还生产和销售木材着色剂。与其他油漆公司一样，由于其产品的特性，德弗特公司属于危险废料产生者。从 1974～1991 年，德弗特公司有三座处理其产生的危险废料的工厂。废料处理这一事件使得德弗特公司面临着巨大的潜在环境责任。

在死者的遗产税申报表上，原告称，死者持有的德弗特公司股权的公允价值为 6160576 美元，这包括由于德弗特公司的潜在环境责任而扣减的 2306250 美元。该数字由毕马威（KPMG）会计师事务所计算得出。

除了德弗特公司的股票，死者还拥有位于纽波特和戴尔斯的两处不动产。原告申报纽波特不动产在估值日的公允市场价值为 80 万美元；该不动产于 1994 年 5 月 6 日以 699933 美元的净价出售；申报维尔斯的不动产在估值日的公允市场价值为 28 万美元，该不动产在 1994 年 7 月 29 日以 267782 美元的净价出售。被告美国联邦税务局认定死者欠缴 1055053 美元联邦遗产税，并根据法典第 6662 (b) (1) 条处以 11011

美元的罚金①。

二、争议焦点

（1）死者持有的德弗特公司股票权益的价值。
（2）位于加利福尼亚州纽波特海滩的不动产（纽波特不动产）和加利福尼亚州印第安维尔斯的纳瓦霍路45-550号的不动产（维尔斯不动产）的价值。

三、瓦斯奎兹（Vasquez）法官判决

（一）死者持有的德弗特公司权益的价值

股票权益包含在死者的总遗产价值中，死者的总遗产价值以其死亡之日或遗嘱执行人选择的替代估价日的公允市场价值计算。

公允市场价值是指在自愿买方和自愿卖方之间，既没有任何强制的购买或出售，又对相关事实有合理了解的情况下，财产在买卖双方易手的价格。自愿买方和自愿卖方是假定的人。

由于封闭性公司的股票没有公开的交易市场，因此很难确定其公允市场价值。这种股票的估值是一个事实判断问题，而不是数学问题。评估封闭性公司少数股权的最佳方法是参考在评估日之前或之后的合理区间内发生的独立交易（arm's-length sales）买卖股票的价格。

在缺乏第三方独立交易的情况下，法院通过考虑公司的净资产、预期盈利能力、派息能力、管理层、商誉、行业地位、行业经济前景以及同类上市公司股票的价值等因素来判断股票的公允市场价值。应用这些因素没有固定的公式，赋予每个因素的权重由每个案件的事实和情况决定。在评估封闭性公司股票的价值时，有时会在价格上适用缺乏流动性折扣，以反映少数持股欠缺公开的市场，且不易转让的事实。这一折扣也包含了未上市的股票在未来可能登记公开发售的费用。法院在确定适当的流动性折扣时审查的因素包括：①类似的上市或非上市公司股票的成本；②公司财务报表的分析；③公司的股息支付能力、支付股息的历史；④公司的性质、历史以及在行业中的地位和经济前景；⑤公司的管理；⑥待估值股票的控制权程度；⑦对公司股票可转让性的任何限制；⑧投资者必须持有标的股票的期限；⑨公司的赎回政策；⑩完成股票公开发行的成本。

此外，当待估股权达到一定数额时，可能会出现控制权溢价（control premium）。控制权溢价是多数股权对公司的控制能力相关的附加价值。

---

① 所有条款（section）均引自在死者死亡之日生效的《美国联邦国内收入法典》，所有规则（rules）均引自《税务法院实务和程序规则》。

1. 关于不动产股票公允市场价值的专家报告

在审理案件时，法院往往会寻求专家意见，但不受任何专家意见的约束，法庭可以接受或拒绝呈给法庭的全部或部分专家意见。此外，只要是在证据所指示的数值范围内，法院可以不受限制地确定待估财产的具体价值。本案原被告双方依据专家意见主张死者持有德弗特公司股权的公允市场价值，以及该权益是否应适用任何折扣或溢价及其具体金额。原告对这些问题负有举证责任。

（1）原告专家。原告依赖希金斯-马库斯-洛维特（Higgins，Marcus & Lovett）公司（下称 HML）编制的报告，认定估值日死者持有德弗特公司股权的公允市场价值为 6266000 美元[1]。

首先，HML 用三种方法计算无任何折扣的德弗特公司 100% 权益的价值（即股票未调整的价值），三种方法分别是：①净资产价值法（资产法）；②现金流贴现法（收益法）；③可比上市公司法（市场法）。

根据资产法，HML 确定估值日未调整的价值为 12070000 美元。HML 认定德弗特公司有形资产的公允市场价值是其账面价值；然后，从该有形资产的公允价值中减去德弗特公司的负债[2]。接着，HML 计算德弗特公司无形资产的价值，方法是将德弗特公司当前可持续盈利能力超过其有形资产正常预期回报的部分（如果有的话）资本化。但 HML 认为事实上并不存在该超过的部分，因此，德弗特公司的无形资产被认定没有价值。最后，HML 将德弗特公司的有形资产净值（12070000 美元）与无形资产净值（0）相加，得到资产法下的未调整价值。

HML 根据收益法确定股票未调整价值为 8109000 美元。首先，计算出德弗特公司在估值日期后 5 年的现金流量的现值（4271000 美元）和使用 19% 贴现率计算的第 5 年终值（3838000 美元）的现值，将这两者相加即是收益法下的未调整价值。

根据市场方法，HML 审查了 8 家主要从事生产和销售油漆涂料的上市公司。这些公司拥有与德弗特公司相似的分销渠道、业务和财务特征。HML 选择了与德弗特公司最相似的两家公司——生长集团（Grow Group）、普拉特兰伯特公司（Pratt & Lambert），确定了两家公司的平均市盈率（price to earnings）。

尽管这两家公司与德弗特公司最相似，但在销售额、总资产和总市值方面，它们远远大于德弗特公司。鉴于这些差异，HML 对两家上市公司的平均市盈率进行了 30% 的下调，但又增加了 25% 的控制权溢价，以反映参照可比公司是少数股权价值。最后确定市场法下未调整的价值为 10410000 美元。

得出上述三种方法下的未调整价值后，HML 对每种方法进行加权平均，算出的加权平均未调整值为 10196000 美元。

---

[1] 原告还提交了一份由 Tuerk & Associates 编制的报告，以分析潜在的环境负债对股票流动性的影响。法庭发现那个报告毫无用处，因此法庭不采纳它。
[2] 这些负债不包括德弗特公司的潜在环境负债。

然后，HML 对加权平均未调整值应用了 25% 的缺乏流动性折扣。HML 参考了几项针对封闭型公司中少数股东权益的市场性折扣的研究，得出结论：对于少数持股，缺乏流动性折扣的合理范围是 25%~45%。然后，HML 运用以下几项指标分析德弗特公司缺乏流动性折扣的具体情形：①公开市场的可得性（the availability of public market）；②公司最近的财务业绩；③公司和行业未来的前景；④公司的分销政策；⑤对股票转让的限制；⑥股票的预期持有期；⑦公开发行的成本或可能性（expectation）；⑧现有的股东数量；⑨权益的规模和对权益的控制情况；⑩潜在的环境责任。基于上述因素，HML 得出结论：德弗特公司缺乏流动性折扣应该落在区间的低端。HML 强调了被估值的权益规模的重要性（适用较低的折扣），且围绕德弗特公司的潜在环境负债（适用较高的折扣）存在相当大的不确定性。根据上述因素，HML 得出的结论是，缺乏流动性折扣应为 25%。

HML 从加权平均未调整价值中扣除了 25% 的市场性折扣，并得出结论，在估值日，德弗特公司全部股权的公允市场价值为 7647000 美元。然后，HML 将这 100% 权益的公允价值除以已发行股票的数量（166000 股），得出德弗特公司每股公允市值为 46.07 美元。而后将德弗特公司每股公允价值乘以死者所持有的股份数量（136000 股），得出死者在估值日持有的德弗特公司权益的公允价值为 6266000 美元。

（2）被告专家。被告依赖于业务估值服务（Business Valuation Services）有限公司（下称 BVS）编制的报告。BVS 的分析仅限于确定死者对德弗特公司权益适当的缺乏流动性折扣，而没有计算德弗特公司的未调整价值。

被告表示，BVS 假设德弗特公司未经调整的价值（包括对潜在环境负债的考虑）为 10200000 美元，认为死者对德弗特公司权益适当的流动性折扣应在 0~5%，其在确定流动性折扣时没有考虑到德弗特公司的潜在环境负债。

2. 法院的分析和结论

如前所述，法庭可以接受或拒绝双方提供的全部或部分专家意见。法庭认为，相对于 BVS，HML 报告更好地表示了死者持有的德弗特公司权益的公允市场价值。法庭拒绝 BVS 报告，部分采纳 HML 报告。

（1）法院认可的估值方法。HML 报告根据三种不同的估值方法确定了德弗特公司股权的加权平均未调整值为 10196000 美元。但其中资产法的应用是不恰当的，因此，法庭在确定死者的德弗特公司股权价值时将此种方法排除。被告不反对 HML 根据收益法和市场法计算未调整价值。法庭也认为 HML 在这两种方法下的未调整价值的计算是合理的。所以，法庭认定，收益法下未调整价值为 810.9 万美元，市场法下未调整价值为 1041 万美元。法庭认为这两种方法具有同等的权重。

（2）缺乏流动性折扣。第一，折扣是否适用。缺乏流动性折扣反映了少数股权缺乏公认市场的客观事实。双方都同意德弗特公司股票是不易交易的封闭式股票。因此，法庭将对两种方法下的未调整值适用缺乏流动性折扣。

第二，折扣中应考虑的要素。HML 对加权平均未调整值应用了 25% 的市场性折扣。HML 在确定折扣金额时考虑了许多因素，包括德弗特公司的潜在环境责任。法院一贯认为，公司潜在的责任会影响公司股票的价值，因为假定买方在谈判德弗特公司权益的购买价格时会考虑这些潜在的责任。因此，在评估死者德弗特公司股权的价值时亦必须考虑这些潜在的责任。被告辩称，对德弗特公司的潜在环境责任应用折扣是不恰当的，因为这些责任已经包含在收益法和市场法下的未调整价值计算中。法庭同意被告对市场法的看法，但不认同对收益法的看法。

根据收益法，HML 通过资本资产定价模型（capital asset pricing model，CAPM）将德弗特公司的未来现金流适用一定的贴现率折算成现值。贴现率代表公司的预期股本回报率。

CAPM 模型使用了多个变量，其中包括代表公司对市场波动敏感度的 β 值。德弗特公司的 β 值是根据 8 家类似油漆和涂料公司的 β 值确定的。被告税务局认为，油漆和涂料公司的 β 值会比其他公司高得多，因为大多数油漆和涂料公司都有潜在的环境责任带来的负债，这会使得这些公司的投资回报更加不稳定。所以，被告认为 β 值已经包括了潜在环境负债对公司的影响，在确定适当折扣时再次考虑潜在环境责任这一因素是不恰当的。

法庭不支持被告的看法。因为被告只是单纯陈述，但在审判中并未提供有关证据证明原告选择的 8 家油漆和涂料公司的 β 值高于其他公司。所以，法庭得出结论，收益法下的未调整价值并未包含德弗特公司的潜在环境责任，HML 在确定缺乏流动性折扣时考虑德弗特公司的潜在环境责任是恰当的。因此，在用收益法确定未调整价值时，法庭对于潜在的环境责任要适用一定折扣。

根据市场法，HML 参考了两家与德弗特公司类似的油漆和涂料公司的市盈率来确定未调整的价值。被告认为，该参数已经包括了这两家公司面临的潜在环境问题，在确定适当的折扣时就不应再次考虑。被告的专家证实，油漆和涂料公司的市盈率参数较低，这与行业相关的潜在环境负债有关。对于较低市盈率，原告没有提供任何其他解释。法庭的结论是，HML 使用的可比性市盈率参数的确考虑了潜在环境负债。因此，在得出未调整价值后这一因素不应该再次被计入。

第三，计算折扣。对于死者的德弗特公司股权，法庭必须确定适当的缺乏流动性折扣。法庭的判断基于记录在案的所有证据，尤其是对税务局令 Rev. Rul77 -287，1977 -2 C. B. 319 中讨论的因素予以特别关注。

以下因素有利于得出一个较高的流动性折扣：①德弗特公司的股票没有公开市场；②德弗特公司的利润率低于行业平均水平；③德弗特公司的所有股票均受限制性股份协议约束，该协议规定公司其他股东有待售股票的优先购买权；④鉴于德弗特公司的规模和盈利能力，公司在未来不太可能公开发行股票；⑤股权规模大，难以找到买家；⑥德弗特公司有很大的潜在环境负债。只有一个因素偏向得出较低的流动性折扣，即德弗特公司在历史上的分红表现较好，公司将大部分利润都以高于市场平均的方式分配给了股东。

法庭经过考虑，适用30%的流动性折扣。30%中包括了10%的潜在环境责任的影响。接着，法庭对收益法下得出的未调整价值适用这30%的流动性折扣，但对市场法下的未调整价值适用20%的流动性折扣。

（3）控制权溢价。评估股权时，对控制权溢价的考虑是必要的。该权益使得股权持有人可以单方面地指导公司行动、选择管理层、决定是否分红、重新安排公司的资本结构，以及决定是否清算、合并或出售资产等重大事项。原告专家做证说，根据加州法律，死者生前持有81.93%的德弗特公司控股股权可以做出包括出售公司所有资产、解散公司在内的任何决定。HML在市场法的计算中采用了25%的控制权溢价。

控制权溢价是适当取决于计算股票未调整价值的估值方法。当适用的估值方法本身就是适用于控制权的，那么则无须再考虑控制权溢价。收益法的前提是德弗特公司延续现行政策，公司并不会发生清算、解散等控制权上的变动。因此，这种方法计算出的未调整价值是少数股东权益的价值，故将控制权溢价应用于未经调整的价值是合适的。市场法是基于和可比性公司的公开交易股票的比较，该方法计算出的未调整价值也是少数股东权益的价值，所以控制权溢价在市场法下也是适用的。

法庭认为，HML确定25%的控制权溢价在市场法下是合理适当的。法庭决定把这个数字一并用于收益法确定的未经调整的价值①。

（4）结论。法庭采用收益法和市场法计算出死者在估值日持有的德弗特公司股权的公允市场价值如表17-1所示。

表17-1　　　　　　　　　　　公允市场价值　　　　　　　　　　　单位：美元

项　　目	收益法		市场法	
未调整价值		8109000		10410000
减：流动性折扣				
非环境部分	20%	1621800	20%	2082000
环境部分	10%	810900	0	
加：控制权溢价	25%	2027250	0	
100%权益的公允价值		7703550		8328000
乘：死者份额	81.93%	6311519	81.93%	6823130
乘：权重	50%	3155759	50%	3411565
死者持有的德弗特公司股权的公允市场价值				6567324

---

① HML已将控制权溢价计入其根据市场法确定的未调整价值中；因此，法庭不再单独地将控制溢价用于该方法下的未调整价值。

（二）不动产价值

遗产税申报表显示，原告对位于纽波特和维尔斯的两处不动产在估值日的公允价值分别估计为 80 万美元和 28 万美元。在估值日后的 20 个月内，两处房产的出售金额均低于死者遗产税申报表上报告的公允价值。原告声称，根据其实际销售价格，纽波特不动产和维尔斯不动产的公允价值应分别为 699933 美元和 267782 美元。

法律规定，纳税人在遗产税申报表上提交的价值是纳税人承认的，如果没有确凿的证据证明申报的价值是错误的，则不能用较低的价值代替。

1. 纽波特不动产

在审判中，房地产经纪人马克·卡德鲁奇（Mark Cardelucci）出庭做证，陈述了纽波特的不动产从遗产执行人选定的估价日到该房产后来被出售（这一段过渡期）的市场状况。卡德鲁奇做证说，纽波特不动产在过渡期间，情况没有发生重大变化。他认为纽波特不动产在遗产税申报表上的价值被高估了。

被告没有提供任何与卡德鲁奇的结论相矛盾的证据。法庭得出的结论是，纽波特不动产在估值日的公允市场价值为 699933 美元。

2. 维尔斯不动产

原告未能提供任何证据，证明在估值日维尔斯不动产的公允市场价值等于 20 个月后的销售价格。法庭的结论是，原告未能提供有力的证据，证明在遗产税申报表上已经承认的金额是错误的。所以法庭认定，维尔斯不动产的公允市场价值为 28 万美元。

案件十八　波加蒂洛诉美国联邦税务局

(Estate of Charles A. Borgatello, Deceased, C. Norman Borgatello and Josephine E. Donnelly, Co-Executors, and C. Norman Borgatello, Successor Trustee to the Charles A. Borgatello Living Trust, Petitioners v. Commissioner of Internal Revenue, Respondent)

案　　　号：T. C. Memo. 2000 – 264
受理法院：美国联邦税务法院
判决时间：2000 年 8 月 18 日

一、案件事实

美国联邦税务局（即被告）确定查尔斯·A. 波加蒂洛（Charles A. Borgatello）联邦遗产税欠缴额为 3424504 美元。现在需要解决的问题是，截至 1994 年 1 月 12 日，山谷改善公司（Valley Improvement Co., Inc., 下称 VIC）82.76% 股权的公允市场价值是多少。为了评估 VIC 82.76% 的股东权益，首先需要确定在 1994 年 1 月 12 日，VIC 拥有的两个购物中心——北蒙特西托村（Montecito Village North，下称 MVN）和南蒙特西托村（Montecito Village South，下称 MVS）——的公允市场价值。双方当事人就 VIC 的其他资产价值已达成一致。除非另有说明，所有条款（section）均引自《美国联邦国内收入法典》，所有规则（rule）均引自《税务法院实务和程序规则》（Tax Court Rules of Practice and Procedure）。波加蒂洛于 1993 年 7 月 12 日去世，去世时为加利福尼亚州（以下简称加州）居民。

为了评估波加蒂洛先生的资产，遗产执行人选择了 1994 年 1 月 12 日为估价日。在 1994 年 1 月 12 日，VIC 拥有 MVN 和 MVS 的 100% 股权。根据双方当事人约定，在这一天，VIC 拥有总价值为 318.8 万美元的其他资产（此为双方认定的事项），如表 18 – 1 所示；VIC 的总负债为 2543000 美元。VIC 在估价日的净资产价值等于 MVN 和 MVS 的价值加上 64.5 万美元（318.8 万美元的资产减去 254.3 万美元的负债）[①]。

[①] 根据当事人的说法，净资产价值一般是资产与负债之间的差额，其中资产已调整为公允市场价值，负债已调整为反映最终支付的金额。

表 18-1　　　　　　　　　　　其他资产价值　　　　　　　　　　　单位：美元

资产	公允市场价值
不动产	2081110
有形动产	195000
投资	343180
其他资产	568000

二、争议

遗产管理人主张，MVN 和 MVS 的总价值为 13375000 美元（其中 MVN 为 8375000 美元，MVS 为 5000000 美元）。结合 VIC 其他资产已确定的价值，遗产管理人认为，波加蒂洛先生持有的 VIC 的 1037 股股票价值 7542101 美元。被告认为，MVN 和 MVS 的合计价值为 15799000 美元（其中 MVN 为 9925000 美元，MVS 为 5874000 美元）。结合 VIC 其他资产的价值，税务局认为波加蒂洛先生所拥有的 VIC 的股权价值为 9930000 美元。

三、程序事项

在解决 MVN 和 MVS 的公允市场价值问题以及波加蒂洛先生对 VIC 的股权问题之前，首先需要审理本案专家出具的评估报告的证据效力问题。遗产管理人委托评估机构对 MVN 和 MVS 进行了若干次估价。其中一位不动产评估师韦恩·霍登（Wayne Holden）对波加蒂洛先生去世当天的 MVN 和 MVS 进行估价，并出具了在 1994 年 1 月 14 日完成的评估报告（以下简称霍登报告一）。随后，遗产管理人要求霍登先生对选定的估价日（1 月 12 日）的 MVN 和 MVS 进行评估。霍登先生在 1994 年 2 月 21 日的两封信中对以前的评估进行了更新（以下简称霍登报告二）。霍登报告二调整了霍登报告一中关于购物中心价值的结论，以适应波加蒂洛先生去世当天到估价日之间 6 个月的不动产市场变化。根据霍登报告二，遗产管理人选择了估价日。

在本案的审查过程中，遗产管理人向被告提供了霍登报告一和霍登报告二。后来，在诉讼期间，遗产管理人提供了卡洛斯·A·卡德纳斯（Carlos A. Cardenas）在估价日对 MVN 和 MVS 估值的两份报告（以下简称卡德纳斯报告）。卡德纳斯报告既没有用于遗产税申报表的编制，也没有在审核期间提交给美国税务局。但是在审判中，遗产管理人并没有使用霍登报告一、霍登报告二或卡德纳斯报告。遗产管理人使用了霍登先生对 MVN 和 MVS 在估价日的价值进行了更新的报告（以下简称霍登报告三）。

被告对 MVN 和 MVS 的价值评估是以大卫·马克斯（David Marx）编写的两份评估报告（共一册，以下简称马克斯报告）为基础的。马克斯先生在其阅读了霍登报告一、霍登报告二和卡德纳斯报告后编写了一份摘要报告，引用了原告专家报告的部分背景数据和结论。马克斯先生特别采用了蒙特西托－圣芭芭拉地区的空置率和公允租金价值作为背景数据，并认同遗产管理人的专家们对最高和最佳使用（highest and best use）、分区（zoning）、场址（site）和改善（improvement）的分析以及对社区描述（neighborhood description）。马克斯先生的每一份报告的前两页都载有马克斯先生给被告律师的附信，日期为1999年3月7日。两封信均载有以下免责声明："本摘要报告仅对持有（in possession of）霍登报告一、霍登报告二和卡德纳斯报告的个人或实体生效。"本院同意这些报告中的事实数据，并以为三份报告关于场址、改善、分区和其他描述方面的事实是可信的。马克斯先生并未对分区、场地及改善分析，也未对最高及最佳用途分析或社区描述做出评估，但是这些事项在马克斯先生的阅读记录中认定为有效。

在本案的审理过程中，遗产管理人拒绝接受马克斯报告、霍登报告一、霍登报告二和卡德纳斯报告。但法庭将霍登报告一、霍登报告二作为证据，有条件地接受马克斯报告，对卡德纳斯报告的证明力持保留态度。法院要求双方当事人解释马克斯报告和卡德纳斯报告的证据的证明力。

遗产管理人对马克斯报告的证明力提出了几个质疑理由。最主要的一点是，遗产管理人认为，根据《联邦证据规则》第802条，卡德纳斯报告是不应被法庭接受的传闻证据（inadmissible hearsay）。如果否认卡德纳斯报告的证据力，则根据上述免责声明，马克斯报告将无效。被告主张卡德纳斯报告不是传闻证据，因为它们是被遗产管理人承认的。

《联邦证据规则》第801（d）（2）（B）条明确规定，一方提出的陈述，且该方表明接受或相信该陈述的真实性的，该陈述可以采信。根据《联邦证据规则》第801（d）（2）（B）条而采信的陈述，仅对于采用这些陈述或与陈述方有特定关系的当事人来说是可信的。在本案中，卡德纳斯报告是由遗产管理人的律师在审判前交给被告的，而非由被告直接从遗产管理人的专家处获得。遗产管理人向被告提供报告，将其作为MVN和MVS的价值（以及这些价值背后的数据）的证据。根据《联邦证据规则》第801（d）（2）（B）条，向被告提供报告的行为构成对报告内容真实性的信任。因此，《联邦证据规则》第801（d）（2）（B）条的要求得到满足，卡德纳斯报告是可以采信的①。遗产管理人含糊地表示，卡德纳斯报告是在和解谈判期间提供给被告的，因此，根据《联邦证据规则》第408条，不能予以采信。但遗产管理人没有提供证据证明此主张。因此，遗产管理人不能根据《联邦证据规则》第408条主张卡德纳斯报告不可采信。

遗产管理人反对马克斯报告的另一个主要理由是，法庭在迭戈投资者公司诉税务局案（Diego Investors IV v. Commissioner, T. C. Memo. 1989－63）的判决意见。在迭戈投资

---

① 卡德纳斯报告也可依据其他理由而采信。专家和事实证人之间的一个重要区别是，专家可以依靠审判记录以外的证据。案外证据可以是传闻，不需要另行采信，但专家可以用它来陈述意见。

者案中，法院拒绝了税务局专家作为纳税人的证人出庭做证。迭戈投资者案中的纳税人试图打电话给税务局一方的专家，并试图通过使用被告报告的某些部分来获得对他们有利的结论。但本庭认为，迭戈投资者案与本案在很多方面上是有区别的，其中一个关键区别是，在本案中，被告并没有通过采纳遗产管理人的专家报告中的部分信息而获得庭审中的优势地位。

本案中，遗产管理人向被告提供霍登报告一、霍登报告二和卡德纳斯报告作为MVN和MVS价值的证据，同时也提供了这些价值背后的事实和数据。现在遗产管理人想要排除这三份报告，因为他们相信，如果他们成功了，那么基于马克斯报告的免责声明，马克斯报告是无效的。然而，遗产管理人似乎并没有意识到，使用专家证言是法官合理的自由裁量权。专家证言是否可采信取决于该证言是否有助于事实审判者（the trier of fact）理解证据。根据《联邦证据规则》第702条，法官享有广泛的自由裁量权，以决定哪些证据是相关的、可靠的和对事实审判者是有帮助的。在本案中，遗产管理人向法院提交专家报告，以帮助法院理解马克斯报告。本案中，当马克斯报告采用遗产管理人的专家报告中的信息时，被告并没有获得真正的优势。法庭选择当事人一方的报告实际上属于一种非正式的共识，即某些争议可由双方当事人解决，以此节省法院的时间。本案中，马克斯报告和卡德纳斯报告均是法庭可采信的证据。

四、MVS和MVN购物中心的公允市场价值

与其他的估值案件一样，本案的双方当事人主要依靠专家意见支持其估值立场。在这种情况下，法庭根据每个专家的证明资格和其他所有记录的证据来评估专家意见。法庭有广泛的自由裁量权来评估专家分析的整体说服力。专家证言有时有助于法官确定价值，有时则不能（如果专家只是一方当事人立场的辩护人，那么专家证言是没有用的）。法官不受专家证人提供的算法和意见的约束，并在做出合理判断时接受或拒绝专家证言。必要时，法官亲自审查记录在案的证据，来确定价值。当专家们对公允市场价值给出不同的估计时，法官通过分析专家得出结论时考虑的因素，对不同的估计赋予权重。在选择估值方法时，法官有广泛的自由裁量权。在得出结论时，法官要给与事实一定的权重，因为，市场价值的确定需要判断、经验和理性。此外，对于专家意见，法官可以全盘接受，可以全盘拒绝，也可以选择性使用意见的任何部分。价值评估得出的是一个近似值，这个数字并不需要具体且明确的证据证明其是"真"的，只要这个数字是在考虑所有证据后得出的合理价值范围之内，那么该估价即可接受。

对不动产进行评估是一个事实问题，需要依据全部记录在案的证据来解决。事实审判者必须权衡所有相关证据，才能得出恰当的推论。评估的价值标准是公允市场价值，其定义是"一个有意愿的买家愿意向一个有意愿的卖家支付的价格，买卖双方对所有相关事实都有合理的了解，都没有受到买卖的强迫"。这个标准是客观的，使用了买卖双

方自愿的假设，在估价日的市场和经济条件下，买方和卖方都追求在财产交易中取得最大的经济利益。

对于不动产的公允市价，一般有三种评估方法：可比销售法、收入法和成本法。本案的评估师运用这些方法，对 MVN 和 MVS 的估值如表 18－2 所示。

表 18－2　　　　　　　　　MTV 和 MVS 的估值　　　　　　　　　单位：美元

购物中心	评估方法	霍登	马克斯
MVN	收入法（贴现现金流）	8375000	9925000
	可比销售法	7900000	10369000
	成本法*	—	—
MVS	收入法（贴现现金流）	5000000	5874000
	可比销售法	4900000	5972000
	成本法	4600000	—

注：*霍登先生运用成本法对 MVN 在被继承人死亡日做了估价（而不是在选定的估价日），死亡日的评估价值是 10225000 美元。

尽管每位专家均使用了一种以上的方法来评估 MVN 和 MVS 的价值，但他们最倚重的是贴现现金流（discount cash-flow）的收入法，可比销售法（sales comparison）和成本法（cost approach）在专家分析中的作用并不显著，似乎对霍登先生和马克斯先生的估值并没有产生影响[①]。霍登先生和马克斯先生都接受了收入法的结果，并将其作为分析的主要部分。由于原被告双方主要关注的都是评估 MVN 和 MVS 的收入法，法院亦将收入法作为主要方法予以审理。

本案中双方都依赖于以贴现现金流（以下简称 DCF）为基础的收入法。DCF 是一套程序，估价要选定一段时期考察收入（periodic income）的数量、可变性、时点和持续时间，以及回归的数量和时间，并按指定的收益率对其进行折现。在做 DCF 分析时，虽然双方专家基于的假设前提不同，但他们对现金流的估计结果非常相似。双方对 MVN 和 MVS 得出不同评估值的主要原因是双方专家对折现率的假设不同。

马克斯先生和霍登先生都是通过对可比商业地产的销售额进行抽象分析得出资本化率（capitalization rate），进而得出折现率。资本化率等于财产的现金流除以销售价（sales price）。结合通货膨胀的因素，对资本化率进行调整，得出贴现率。霍登先生的

---

① 成本法是用于评估新的或计划的改善（improvement）。对于旧的改善，是比较难分析的。评估旧不动产最关键的是评估折旧。评估师在评估折旧时非常谨慎，但也很难真实准确地估计折旧的价值损失，因为评估师往往缺乏对建筑物基础设施的全面了解。评估师看不到墙体内部，很难确定所有建筑构件的真实状态。如此一来，折旧的估计缺乏支持。典型的购买者通常不会使用成本法来做出投资决策。同时，也缺乏可比的土地销售，导致土地价值分析比较薄弱。因此，成本法在最终价值评估中的权重最小。而对于可比销售法，值得关注的是，蒙特西托－圣芭芭拉地区缺乏适当的比较物，无法进行任何有意义的分析。霍登先生在报告中也表达了同样的担忧，他说，"由于销售数据的特点各不相同，直接市场比较（作为评估 MVN 和 MVS 的一种方法）是薄弱的"。对本案而言，可比销售法是不可靠的。霍登先生放弃了成本法和可比销售法，完全采用了他从贴现现金流得出的结论作为 MVN 和 MVS 的公允市场价值。

资本化率来自一个可比销售池，比马克斯先生的资本化率更广泛。不过，霍登先生的大部分比较对象都是位于蒙特西托－圣芭芭拉地区（Montecito-Santa Barbara area）以外的房产，比如奥克斯纳德（Oxnard）和洛杉矶，法庭认为可比性不强。MVN 和 MVS 位于圣巴巴拉市附近，MVN 和 MVS 距离亨廷顿（Huntington）海滩和洛杉矶的可比公司有90 多英里，距离奥克斯纳德也有 30 多英里。

霍登先生承认，MVN 和 MVS"位于圣巴巴拉最理想的社区"。他还指出，MVN 和 MVS"占蒙特西托商业地产的大部分，几乎建立了自己的租赁市场"。蒙特西托－圣芭芭拉社区的独特之处在于那里的空地非常有限。这是一个小社区，没有多少购物中心可供出售，而洛杉矶和奥兰治县（Orange County）在任何时候都有很多购物中心可供出售。此外，1989 年，圣巴巴拉的选民通过了"措施 E"（measure E），限制在圣巴巴拉市范围内建造商业和工业地产。霍登先生表示，尽管现在判断措施 E 将如何影响圣巴巴拉的房地产市场还为时过早，但"它很可能会导致商业租赁设施短缺，并使租金升高"。因此，蒙特西托－圣芭芭拉房地产市场的独特性将在估价日之后得到很好的保持。

霍登先生试图证明南加州商业购物中心销售额的资本化率正在上升①。然而，由于蒙特西托－圣巴巴拉地区的独特特点，法官主要关注的是疲软的房地产市场如何影响该地区的资本化率。霍登先生报告说，在这段时间里，圣巴巴拉地区的销售额分别实现了 9.17% 和 9.4% 的资本化率。马克斯先生研究了 1993 年和 1994 年圣巴巴拉的另外三笔销售，发现资本化率从 7.83%～9.4% 不等。基于这些数据，马克斯得出结论，9.25%～9.5% 的总资本化率对 MVN 和 MVS 的估值是合适的，他将资本化率确定为9.5%。同时，霍登先生也考察了圣巴巴拉地区以外的地方，以证明 MVN 和 MVS 较高的资本化率是合理的。在他看来，在估价日，南加州正在经历一个疲软的房地产市场。法庭倾向于认为，将本案房产的资本化率保持在蒙特西托－圣芭芭拉地区在估价日或临近估价日时的资本化率的范围内是合适的。该地区缺乏商业租赁房产，使得 MVN 和 MVS 处于独特的地位。霍登先生未能使法院相信，他在分析 MVN 和 MVS 时使用了可比的南加州的（即待估房地产所在地区以外）资本化率是恰当的。因此，法院相信，9.5% 的资本化率符合蒙特西托－圣芭芭拉地区在估价日的一般资本化率，可以用于评价 MVN 和 MVS 的价值。

如上所述，折现率可以从资本化率得出。霍登和马克斯均认为通货膨胀率需要调整 2%。马克斯先生还考虑了租赁和销售房地产的佣金以及租户改善问题，并将资本化率进一步调整，将其降低了大约 0.5%。而霍登先生并没有做这样的调整。为得到恰当的折现率，法院考虑了专家建议的调整幅度，认为以 1.75% 来调整资本化率是合理的。

---

① 1991 年，南加州的平均资本化率为 9.06%；1992 年为 9.59%；1993 年为 9.70%；1994 年为 10.66%；1995 年为 10.26%。

两方的专家意见有分歧的另一个内容是现金流期间。霍登先生认为现金流期间为 7 年，而马克斯先生认为是 10 年。霍登先生选择 7 年期的依据是市场的不确定性，如果将现金流期间无限延伸至未来，分析结果就变得不可靠；而且，不动产市场往往以 7 年为一个周期。马克斯指出，10 年的现金流期间由当地经纪商和全国性房地产出版物可以佐证。虽然在某些情况下，7 年可能是一个合理的现金流期间，但法院倾向于跟随蒙特西托－圣芭芭拉不动产市场的趋势。因此，法院认为马克斯对 10 年现金流期间的估计是具有说服力的，因为它更符合圣巴巴拉的不动产商业惯例。

结合前面的讨论，法院认为霍登先生的估值过低，马克斯先生的估值过高。法院认为，960 万美元是对 MVN 价值的合理估计，568 万美元是对 MVS 价值的合理估计。根据这些价值，现在开始评估波加蒂洛先生对 VIC 的股权。

五、评估波加蒂洛先生对 VIC 的股权

在知道 MVS 和 MVN 的价值之后，法庭现在能够确定波加蒂洛先生持有的 82.76% 的 VIC 股票的公允市场价格，也即一个有意愿的买家愿意向一个有意愿的卖家支付的价格，买卖双方对所有相关事实都有合理的了解，都没有受到买卖的强迫。就非上市股票而言，如本案涉及的股票，在公开市场上的独立交易（arm's length transaction）出售价格，是对股价的最佳估值参考。但是本案中的股票并没有这类的出售经验。如果未上市股票的价值不能通过实际销售价格来确定，那么就需要考虑一系列因素来确定该价值，包括公司的净资产、预期盈利能力和派息能力。

在评估一家控股公司的价值时，法庭重点关注的是公司资产。对本案而言，净资产价值法（net asset value method）是最合理的方法。该方法适用于评估控股型的公司，而非营业型公司；且相对于公司资产的公允市场价值而言，公司的盈利（earning）相对较低。净资产价值法首先需要计算出公司的净资产价值（公司资产的价值减去负债，其中资产需经过调整以反映其公允市场价值），然后对该净资产价值进行调整，以考虑影响其市场性的各种因素。在本案中，影响折现的主要因素是 VIC 未实现的资本利得产生的税费（tax liability inherent in the built-in gain assets），以及市场流动性的缺乏（lack of marketability）。并不存在一套固定的公式来衡量非上市股票公允市场价值的因素。各种因素的权重取决于案例的事实。法官拥有广泛的自由裁量权，以分配各种因素的权重并选择估值方法。确定少数人持有的股票的价值是一个判断问题，而不是数学问题。此外，由于估值是一种近似值，因此法庭并不要求所确定的价值有精确证据支撑，只要该数值在合理范围之内并能从证据中适当地推导出来即可。

与大多数估值案例一样，本案双方当事人都依赖各自的专家意见来支持其对估值日公允市场价值的主张。每位专家都使用净资产价值法来评估波加蒂洛先生对 VIC 的股权。为确定 VIC 资产适用的折价，遗产管理人引入了詹姆斯·布罗卡德（James Brockardt）的报告。布罗卡德先生认为，VIC 的净资产价值因缺乏市场流动性而应折价

35%。被告提供了罗杰·王尔德（Roger Wilde）的报告，认为 VIC 的净资产价值因缺乏市场流动性而折价 27%。

王尔德先生运用累积法（build-up method）计算折扣。他研究各种影响净资产价值的因素，并为每种因素设定百分比（见表 18-3）。布罗卡德先生对各种因素进行了一般性的讨论，但没有对其中任何一个因素指定百分比，而是基于他对全部因素的判断和考虑赋予了一个折价。因此，王尔德先生更为准确地展示了其对 VIC 资产的未实现资本利得所允许的折价有多大。王尔德先生的累积法为本案提供了一个有用的框架。下面，法庭考虑这个框架内的因素，并探讨布罗卡德先生的报告。

表 18-3　　　　　　　　各种因素的百分比　　　　　　　　单位:%

项　　目	百分比
股东股息及支付的薪酬	5
1994 年 1 月 12 日的本地经济及房地产市场	+5
管理层的连续性	2
潜在的公司收益和税负	+19
股票转让的限制	+3
交易费用及其他费用	+7

王尔德先生将折价降低了 5%，因为 VIC 的"现金流持续强劲（股息支付能力强）及其持有的购物中心空置率低"，"公司的财务报表和股息政策表明，公司支付了票面股息（nominal dividend），向控股股东支付了可观的汇报。对于正在对股票进行估值的投资者来说，这将是利好消息"。

马克斯和霍登在对 MVN 和 MVS 的估值中，考虑了圣巴巴拉地区的房产和经济状况所支持的现金流量。遗产管理人认为，在确定 VIC 的价值时，不应该再将对 VIC 资产估值中已考虑的因素第二次纳入。法庭同意遗产管理人的观点。关于现金流量和股息支付能力，《美国国内收入局税收规则》（Internal Revenue Service Revenue Ruling）第五条（b）项规定：由少数人持有的投资公司或房地产控股公司，不论是否为家族所有，其股票价值均与该股票代表的资产价值密切相关。对于这类公司，评估师应确定该公司资产的公允市场价值。在评估该股票和相关资产的相对价值时还需要考虑该公司的经营费用及其清算成本（如有）。对标的资产特定项目的潜在收益和股息赋予适当的权重，并以评估日当天公众投资者认为合适的比率进行资本化，得到标的资产的市场价值。公众投资者对股票的当前评估应优先于某个人的观点。因此，在评价一家由少数人持股的投资公司或房地产控股公司的股票时，不论其是否为家族所有，调整后净值应比其他传统的评价标准，例如盈利和支付股息的能力，占有更大的权重。

上述规则意味着，潜在收益已计入 MVN 和 MVS 的市场价值，在评估 VIC 股票时不应再次考虑。并且法庭认为，经济条件的大环境和房地产市场的疲软已经在评估时有所反映。针对住宅地产市场和一般经济状况对波加蒂洛先生持有股票的公允市场价值产生的负面影响,专家在估值报告中已经将其考虑在内,并降低了股票的价值。如果法官因少数股东权益和缺乏市场性而调整折价,就是重复考虑这些因素带来的折价。

根据上述理由,王尔德先生因圣巴巴拉地区的总体经济状况而将净资产价值折价率提高5%是不合适的。同样,王尔德先生因VIC的现金流和股息支付能力而将净资产价值折价率降低5%也是不恰当的。但是,遗产管理人认为,王尔德先生对"管理层的连续性"的调整已经反映在MVN和MVS的价值上。法院对此观点并不认同,因为"管理层的连续性"因素并没有明显反映在MVN和MVS价值或VIC的其他资产价值上。遗产管理人错误地将王尔德先生对管理层的连续性的意见与MVN和MVS相关的管理成本等同起来,而这种管理成本确实反映在MVN和MVS的价值上。王尔德先生在对管理层的连续性的概括中提到,管理VIC的房地产并不需要像管理员工众多的劳动密集型公司那样的专业知识,法院对此表示认同。VIC是一家房地产控股公司,其房地产的空置率一直很低(在低迷的市场中,空置面积只占总面积的1%)。王尔德先生得出的结论是,"买方成功管理房地产资产的可能性很大"。事实上,任何VIC的买家似乎都不会选择继续聘请VIC目前的经理来监管公司资产。所以VIC要想持续经营,其管理层的连续性是不必要的。接下来的问题是王尔德先生的管理层的连续性因素是否会以他建议的方式影响折价。法院倾向于认为不会。王尔德先生将管理层连续性因素的净资产价值折价降低了2%,但法院认为这个因素是中性的,因此,没有赋予它任何权重。

接下来讨论VIC资产中未实现的资本利得税(built-in capital gains tax)。假设一位买家愿意购买波加蒂洛先生的VIC股票,在确定应支付的金额时会考虑到将来要缴纳的资本利得税,那么该资本利得税是可能导致折价的。双方都认同,有意愿的买家会考虑上述税收后果,但双方在资本利得究竟在多大程度上影响净资产价值折价的问题上存在分歧。

王尔德先生计算出的净资产价值折价中,最大的一部分是VIC资产的未实现资本利得(built-in gains)。在计算该资本利得税的折价时,王尔德先生使用了10年的资产持有期。假设增长率为2%,王尔德先生估计,在2004年VIC的资产价值为22214089美元。根据这一估算值,王尔德先生计算出收益,并用加州9.3%的资本利得税率和34%的联邦所得税税率计算出2004年的税额为7500008美元。然后运用8.3%的折现率,得到未来税款的现值为3378914美元。为了得到未来税款产生的折价,王尔德先生将3378914美元(未来税款现值)除以18223290美元(VIC房地产和投资的总价值),得到19%的折价率(18.5%四舍五入而得)。因此,王尔德先生的折价率并不是以净资产价值的百分比计算的,而是以VIC房地产和投资资产价值的百分比计算的。法庭认为王尔德先生以这种方式计算未实现的资本利得税的折价是错误的。王尔德先生的错误在于,未来税款的现值应该以净资产价值来表示,而不是仅以VIC房地产和投资价值。遗产管理人正确地指出,王尔德先生得出的数字"与计算'因税款而减少净资产价值'无关,因为它排除了某些资产和所有负债"。如果以净资产价值的百分比计算的话,折价率不是19%。将未来税款现值3378914美元，除以王尔德的净资产价值16443000美元，可以得到20.5%的折价率。因此，纠正该错误后，VIC未实现的资本利得税的折价率为20.5%。

布罗卡德先生没有像王尔德先生那样进行明确的分析，但他在霍登先生对MVN和MVS估值的基础上，计算出对未实现的收益立即征税将导致VIC的净资产价值产生31.2%的折价；继而在法院对MVN和MVS估值的基础上，认为应适用当前税款产生32.3%的折价。法庭认为采用这一折扣率来计算净资产价值的折价是不现实的，因为它没有考虑资产持有期。遗产管理人的专家认为税款在一定期间是可以递延的（tax deferral），但并未明确延期期限具体有多长。

专家认为，对VIC资产的未实现收益征税而产生的折价率范围为32.3%（如果资产立即清算）~20.5%（如果持有资产10年）。虽然没有证据表明VIC的自愿买家会立即清算资产，但也没有证据支持买家持有资产10年后再清算（此为被告的观点）。因此，站在中间立场的法院认为，因对VIC资产的内含收益征税而使得净资产价值折价24%是合理的。

原告主张VIC股票折价另一个因素是存在股权购买协议。法院认为虽然该股权购买协议会对假设的出售产生某种寒蝉效应（chilling effect），但并不会产生遗产管理人所认为的折价效应。该协议规定，在波加蒂洛先生或他的遗产管理人出售其所持有的VIC股份前，他必须先以向外部买家出售的价格向VIC其他股东按比例出售。其他股东有15天的优先购买权，无数量限制。在该15天期限届满后，VIC有权回购无数量限制的股票。再过15天后，波加蒂洛先生才可将剩余股份出售给外部第三方买家。遗产管理人认为，股权购买协议将不可避免地导致波加蒂洛先生持有的82.76%的股权被分拆成两个较小的部分出售，因为少数股东购买了股份刚好能取得VIC的控制权，将少数股权的地位留给第三方买家。然而，遗产管理人并没有提供任何证据，证明VIC的少数股东有能力或有意愿购买数量足够多的股份，以迫使波加蒂洛先生将82.76%的股份分拆成两部分出售。更重要的是，法庭的分析是假设交易涉及一个自愿的买家和一个自愿的卖家，在没有特别强制的情况下进行交易。法庭严重怀疑，在没有强制出售的情况下，一个自愿的卖家是否会按照遗产管理人所提出的方式分开出售82.76%的股票呢？更有可能的情况是，买卖双方将寻求其他股东，但其他股东根据股权购买协议行使他们的优先购买权并不会干预交易。当然，这还是会给交易带来一些不确定性，但并不会达到遗产管理人所主张的程度。因此，法庭接受被告对股权购买协议的评估，并将该因素对净资产价值产生的折价确定为3%。

王尔德先生调整净资产价值的最后因素是与资产最终出售相关的交易成本，这些交易成本对净资产净值产生的折价为7%。布罗卡德先生估计，如果立即进行资产清算，交易成本将占净资产净值的5.7%。考虑到这两个数值之间的范围很窄，法院认为6%的交易成本折价是一个合理的估计。

总的来说，因VIC股票缺乏市场性而产生33%的折价是合适的。将净资产价值折价33%，调整后的估值为5255016美元。结合上面的内容，法庭的结论是，波加蒂洛先生持有VIC股权的公允市场价值如表18-4所示。

表18-4　　　　　　　　　　VIC股权的公允市场价值　　　　　　　　　单位：美元

项　　目	金额
净资产价值	15924290
减：估值调整	5255016
公允市场价值总和	10669274
每股公允市场价值（1253股流通股）	8515
1037股的公允市场价值	8830038

案件十九　霍尔诉美国联邦税务局

(Estate of Joyce C. Hall, Deceased, Donald J. Hall, Executor, Petitioner v. Commissioner of Internal Revenue, Respondent)

案　　号：92 T. C. 312
受理法院：美国联邦税务法院
判决时间：1989 年 2 月 14 日

一、案件事实

原告唐纳德·J. 霍尔（Donald J. Hall）是死者乔伊斯·C. 霍尔（Joyce C. Hall，下称死者）的遗嘱执行人。死者于 1982 年 10 月 29 日去世。他去世时住在堪萨斯州的利伍德。1982 年 11 月 29 日，死者的遗嘱在堪萨斯州约翰逊县地方法院进行了认证，遗嘱指定他的儿子唐纳德·J. 霍尔为遗产执行人。根据遗嘱的规定，死者的住宅和个人财物由子女继承，剩余的全部财产留给慈善机构。唐纳德·J. 霍尔按时提交了遗产税申报表，所有的遗产以死者去世当天为估价日。遗产包括霍马贺卡（Hallmark Cards）公司（下称霍马公司）的 70083000 股 C 类普通股以及 1797000 份代表着信托投票权的 B 类普通股权益证书（certificates of participating interest representing voting trust certificates）。根据纳税人的申报，C 类普通股的价格为每股价值 1.87835 美元，总价值为 131640403.05 美元；B 类普通股的价格为每股价值 1.98157 美元，总价值为 3560881.29 美元。

在税务局（本案被告）签发的税款欠缴通知中，税务局认为死者乔伊斯·C. 霍尔的遗产税中有 201776276.84 美元未申报。其中，C 类普通股的价值应增加 167614006.95 美元，投票信托证书的价值应增加 4507648.71 美元。

（一）霍马公司的介绍

1. 基本情况

霍马公司组建于 1910 年，1923 年成为股份有限公司，1982 年该公司成为美国境内贺卡及相关产品设计、制造和销售领域的领导者。虽然霍马公司是私人持股的公司，但如果它是一家上市公司，它会跻身美国工业公司"财富 500 强"之列。

死者是霍马公司的创始人，去世前一直担任董事会主席。死者去世时，他的儿子是霍马公司的首席执行官。霍马公司的董事会由12名成员组成，其中，5名是霍马公司的员工，5名不是员工，2名是死者的家庭成员。

霍马公司在成立之初发展迅速，到1927年销售额超过100万美元。20世纪30年代，霍马公司进行了一项重要创新，率先使用独立的展示装置来销售贺卡。20世纪40年代，霍马公司开始在全国范围内开展广告宣传活动，并推出了第一个产品多元化战略，从那时起，该公司除了销售贺卡，还销售礼品包装和派对用品。

到50年代，霍马公司作为贺卡的高端品牌，已经发展为主要销售贺卡和礼品的高端专卖店。1959年，霍马公司推出了"大使"牌（Ambassador brand）产品，以扩大其在大众渠道的销售。由于大众渠道的竞争激烈，大使品牌的盈利能力不如原先。截至估价日，大使品牌仅占该公司业务的11%。

50年代末，霍马公司成立了国际分部。在70年代和80年代初，霍马公司继续扩大其国际业务，截至估价日已在加拿大、德国、新西兰、英国、法国和澳大利亚开展业务。为了扩大产品线，霍马公司收购了翠法丽（Trifari）、克鲁斯曼（Krussman）和服装珠宝制造商费舍尔（Fishel）等公司或品牌。霍马公司还有一个零售部门，在密苏里州堪萨斯城经营着三家高端百货公司。但是，霍马公司的子公司及其零售业务分支于估价日前几年都在亏损。

20世纪60年代，霍马公司在密苏里州堪萨斯城开展一项大型房地产开发项目。霍马公司成立了一个子公司——皇冠中心，并由该子公司负责这个项目。从成立到1988年5月，皇冠中心一直处于亏损状态，由霍马公司资助。1981年7月17日，横跨堪萨斯城皇冠中心凯悦酒店大堂的两条混凝土和钢铁栈道（空中人行道）倒塌，造成114人死亡、238人重伤。直至估价日，霍马公司和皇冠中心仍在应对那场灾难引发的重大诉讼。

2. 资本结构

在估价日，霍马公司拥有三类流通股：A类优先股（preferred stock）、B类普通股和C类普通股。A类优先股是在1977年霍马公司的资本重组中产生的。根据霍马公司的员工分享利润和股权计划（Hallmark employee profit-sharing and ownership plan），所有A类优先股由参与计划的员工持有。A类优先股是一类具有股息分配和清算分配优先权的普通股，该股没有投票权。B类普通股是唯一具有投票权的普通股。霍马公司对董事的选举和其他经股东表决的事项实行一股一票原则。B类普通股有权获得股息和清算分配，但要服从A类股权的优先权。根据1963年12月17日的信托协议（1963年协议），B类普通股全部股权证书移交给作为信托受托人的堪萨斯州劳伦斯第一国家银行。B类普通股的受益人持有受托人签发的投票信托证书，并享有与股票相关的权利，包括获得所有股息的权利和投票权。1963年协议的有效期直至死者全部后代去世后20年。据估计，这一事件将在21世纪中叶后发生。1963年协议实际上是对B类普通股的转让进行了限制；因为只有经过95%的B类普通股投票信托证书持有人投票表决后才能终止或修改该协议。死者从未持有95%股份的B类普通股投票信托证书。

C类普通股产生于1980年的资本重组，除法律与公司章程另有规定，它是无投票权的普通股。同样，该类股票须服从于A类优先股在分红和清算时的优先权，且可用于与A类优先股和B类普通股的置换。在估价日，死者不持有A类优先股，只有B类和C类普通股。死者在估价日所持有的B类和C类普通股少于总流通股的25%，剩余部分由死者的后代持有。

3. 私人持股政策

霍马公司是私人持股公司，实行不公开披露财务信息的政策。在估价日，霍马公司该政策继续有效。为了在决策时不必考虑短期收益和股价，死者一直坚持把霍马公司定位为私营公司/私人持股公司（private company）。作为一家私营企业，霍马公司可以更好地保证其经营信息的保密性，也无须像上市公司一样付出大量的监管成本和合规成本。霍尔家族成员和霍马公司董事会坚持对公司的这一定位。

霍尔家族成员、霍马公司的员工和慈善机构享有霍马公司的所有权。在1930～1960年间，死者和他的妻子将霍马公司的大量股权转让给家族信托基金，并支付赠与税。死者和他的妻子为堪萨斯城地区的慈善事业做出了巨大的贡献。两人都将遗产的剩余部分捐给了慈善机构，主要捐赠给堪萨斯霍马教育基金会（Hallmark Educational Foundation of Kansas）。霍马公司于1956年制订了一项利润分享计划，鼓励员工参与，让员工享受公司成功带来的利益，激发员工的工作积极性，提升公司的业绩。

在估价日，霍马公司的股票从未在公开交易所上市或在公开市场交易。除了私人慈善基金会、霍尔家族与公司员工之外，其他人未持有股权。

4. 投票权信托协议（voting trust agreemnet）

死者所有的B类普通股由委托的表决信托[①]（a voting trust）持有，该组织根据1968年12月4日的表决信托协议创建。该信托组织持有54.6%的霍马公司B类普通股。根据1981年的一项修正案，表决信托选出了五名具有投票权的受托人。在这五名受托人当中，有一名经由其他受托人从霍马公司的外部董事中选出，被指定为霍马公司的受托人，任期一年。其余四名受托人经其他受托人投票选出，任期四年。在估价日时，投票受托人包括死者、死者的儿子和两个女儿，以及小欧文·O. 霍克蒂（Irvine O. Hockaday, Jr.），他是霍马公司的受托人。表决信托协议规定，任何三名受托人的统一行动，可以使得受托人拥有对B类普通股进行投票以选举霍马公司董事以及其他规定事项的权力。然而，须经79%的表决信托权益持有人的同意，这些投票受托人才能对公司清算、合并或出售的事项进行投票。表决信托有效期直至21世纪中期之后，其协议只有在79%的投票信托权益持有人和过半数受托人投票同意后才能终止。

---

① 表决信托是指所有权由股东保留，但投票权由信托中的受托人行使。

5. 股份转让的限制（1963 年协议）

霍马公司所有类别股份的转让均受限制，B 类普通股的转让限制要多于其他类别的股票。所有 B 类普通股的转让均受 1963 年协议的限制。1963 年协议规定，B 类普通股在未向公司和其他 B 类普通股持有人提出收购请求的情况下，不得向协议"规定的受让人"以外的任何人转让股票。1963 年协议中"规定的受让人"包括霍马公司、霍尔家族成员和为他们利益而设立的信托基金机构。此外，1963 年协议规定 B 类普通股购买价格为调整后的账面价值（adjusted book value），还规定购买者可选择以现金支付价格的 10%，剩下的部分可在 9 年内分期付款，利息为 5%。如果享有优先购买权人未行使该权利，B 类普通股将被转让给"外部"股东，但后续的转让协议规定的股东仍享有优先购买权。

新公司章程规定，在没有向霍马公司和其他 C 类股东提出收购请求的前提下，C 类普通股不得转让，除非转让给"规定受让人"。

6. 1974 年的买卖协议（buy-sell agreement）

纽约美国信托公司（Untied States Trust Company of New York）是公司员工分享利润和所有权计划（以下简称员工计划）的受托人。1974 年 11 月 4 日，死者与美国信托公司达成一项协议，在死者去世后，美国信托公司以调整后的账面价值购买死者在霍马公司约 2/3 的股权。在 1977 年对霍马公司进行资本重组时，员工计划把公司所有有投票权的 B 类普通股股份转换成 A 类无投票权的优先股，转换前后的调整账面价值相同。1978 年，买卖协议被修改，死者无须向美国信托公司出售有投票权的 B 类普通股，但有义务出售 A 类优先股。1980 年进行资本重组后，买卖协议又被修改，死者的遗嘱执行人可向美国信托公司出售 C 类普通股，具体数量为 1250000 股 B 类普通股和 48750000 股 C 类普通股。为使死者拥有的 C 类普通股转换成 A 类优先股，霍马公司需要先发行具有相同的调整后账面价值的 A 类优先股。

在死者离世后，死者的遗嘱执行人将 50068691 股 C 类普通股转换成 47460612 股 A 类股优先股，并以 1981 年 12 月 31 日的调整账面价值即 94046525 美元的价格向美国信托公司出售了 A 类优先股。

7. 1981 年期权协议（option agreement）

死者和霍马公司签订了一项期权（认购权）协议，协议规定霍马公司有权按协议约定的价格购买不受 1974 年买卖协议约束的 C 类普通股，约定的价格为 1981 年 12 月 31 日股票的调整账面价值。在死者去世时，霍马公司的外部董事投票决定行使该认购权，并以约定的价格即 37593877.31 美元收购了死者剩余的 C 类普通股。

8. 股票价格

霍马公司使用调整后的账面价值来计算其股票的价格，以达到限制转让的目的。调整后的账面价值在每个日历年结束后计算一次。调整后的账面价值以每股账面价值为基础，并在此基础上进行增减调整。如果过去 5 年的平均股本回报率（average return-on-equity）超过 10%，商誉溢价（goodwill premium）就会被计入账面价值。相反地，如果平均股本回报率低于 10%，则应从账面价值中扣除商誉减值（goodwill discount）。商誉溢价或减值额是霍马公司过去 5 年的平均每股收益（average earnings-per-share），减去每股账面价值的 10%，再乘以 5 得出的数额。

在计算调整后的账面价值时，为体现投票权、清算分配优先权和股利分配优先权的差异，有必要做出额外调整。B 类普通股有投票权，所以应额外增加一定数额的溢价，该数额为调整前每股账面价值的 5%。A 类优先股有清算分配优先权和股利分配优先权，所以应额外增加 5% 的溢价。C 类股没有投票权、股息或清算优先权，应扣除一定价值，该扣除价值等于 A 类优先股和 B 类普通股的总溢价除以 C 类普通股的数量得出的数额。（设置"调整后的账面价值"的目的是在 A、B、C 类的股票内部进行权益的分配调整）。在估价日，霍马公司对各类股调整后账面价值进行计算，得出的结果为 B 类普通股每股 1.98157 美元，C 类普通股每股 1.87835 美元。

9. 行业状况

尽管 1972~1981 年霍马公司所处的贺卡行业的销售额几乎翻了一番，但是这一增长主要是通货膨胀和价格上涨带来的结果。在估价日，霍马公司所处的行业实际上并未增长，且有两个因素严重阻碍了贺卡业的发展。一个是邮费的上涨，另一个是电话服务费的下降。在估价日前一年，美国境内的平信邮费（a first-class postage stamp）成本曾两次上涨。1981 年 3 月，寄送平信的价格上涨了 20%，从 15 美分涨到了 18 美分。仅仅 7 个月后，1981 年 11 月，邮政服务再次将平信邮票的价格提高到 20 美分，上涨了 11%。邮政费用的上涨增加了贺卡行业的成本，而电话一直是贺卡的替代品。在估价日，长途电话费率大概率地预计会下降，因为电信巨头美国电视电话公司（AT&T）可能面临拆分，加之来自 MCI 通讯和斯普林特（Sprint）等公司的竞争，可以预见，电话费用的降低会阻碍了贺卡市场的增长。

在估价日，霍马公司和美国礼品公司（American Greetings）是贺卡行业的领导者，这两家公司总共占据了大约 68% 的贺卡市场。霍马公司的规模大于美国礼品公司，但是后者在快速增长的大众市场中更有竞争力。虽然在贺卡行业，高端渠道市场的份额仍然高于大众市场，但 1979~1981 年，大众渠道的市场份额增长了 11.4%，而高端市场份额下降了 3.5%。在估价日增长最快的分销渠道是便利商店，该渠道霍马公司所占份额为 38.1%，而美国礼品公司的份额为 51.2%。霍马公司占据主导地位的渠道是贺卡专卖店渠道，但在估价日之前已经饱和，并且此类专卖店的开业数量预计会越来越少。霍马公司的增长前景并不乐观，原因在于专卖店的销量在逐渐下滑，贺卡行业未来的发展趋势是购买更为便利的大众渠道，而霍马公司在该渠道中并不占主导地位。

10. 财务状况

霍马公司在多元化经营方面做出了努力，但其利润完全来自贺卡行业。1981 年，霍马公司贺卡的销售额约占总销售额的50%，销售贺卡带来的利润占公司总利润的96%。虽然霍马公司增长前景并不乐观，但在1978~1982年该公司的市场份额和净销售额都有了显著的增长。在此期间，霍马公司保持着良好的财务状况，杠杆率极低（minimal leverage），运营资本有着大量盈余（a large surplus of working capital）。

截至估价日，因凯悦空中步道（Hyatt Skywalk）事故，霍马公司和皇冠中心共收到约112件起诉。在这些诉讼中，以个人名义起诉的原告所要求的补偿性损害赔偿总额超过了10亿美元，惩罚性损害赔偿总额与该数额相当。此外，截至估价日，集体诉讼还对霍马公司和皇冠中心提出了5亿美元的惩罚性赔偿。这些诉讼所主张的多重惩罚性赔偿在密苏里州法理中是被允许的，根据先例，法院亦都表示了支持。目前还不清楚霍马公司和皇冠公司的保险公司是否会为惩罚性赔偿提供保险。霍马公司的律师认为，这些诉讼的结果不会对其财务状况产生重大不利影响；霍马公司也向负责编制财务报表的外聘会计师事务所传达了这一观点。

（二）专家估价意见

原告的专家证人是乔治·B. 维克斯纳（George B. Weiksner）和威廉·A. 沙泽（William A. Shutzer），被告人的专家证人是林恩·麦克拉里（Lynn McCrary），他们对股票进行估价。原告和被告的专家在估价方法上存在根本差异，特别是在转让限制对霍马公司股票价值的影响方面做出了不同的处理，因此双方估价所得的数额相差甚远。专家们都认为，截至估价日，只有一家上市的贺卡公司美国礼品公司的市值与霍马公司相当。原告的专家认为，仅仅以一家公司作为比较对象可能无法得出准确的结果，因此，他们从其他行业选择其他类似公司作为比较对象。而被告的专家在估价过程中仅参照比较了一家类似公司——即美国礼品公司。

霍马公司的股票由少数人持有，不进行公开交易，且投票权受到限制。基于上述因素对股票价值的影响，原告方专家根据类似公司对霍马公司股票进行估价后，对估值扣除了一定数额。然而，被告方的专家根据美国礼品公司对霍马公司股票进行估价后，增加了一定数额的"市场溢价"（market premium）。随后又扣除了一定数额，以反映遗产股票是少数股权的性质，但没有基于投票权限制这一因素进行扣除。

表19-1列出了原告的专家沙泽和维克斯纳以及被告的专家麦克拉里得出的估价。

表19-1　　　　　　　　专家对霍马公司股票的估价　　　　　　　单位：美元/股

专家	A类	B类	C类
维克斯纳	1.98157	1.98157	1.87835
沙泽	—	1.59707	1.59544
麦克拉里	4.27000	4.49000	4.27000

1. 原告专家维克斯纳的估价意见

1982年，原告聘请投资银行第一波士顿公司（First Boston）对霍马公司A类优先股、B类和C类普通股进行估价。维克斯纳是第一波士顿公司的董事，参与了霍马公司股票的评估。1982年11月，第一波士顿公司确定A类优先股的公允市场价值为每股1.98157美元，B类普通股的公允市场价值为每股1.98157美元，C类普通股的公允市场价值为每股1.87835美元。1982年11月17日，遗嘱执行人在遗产税申报表中申报了70083000股C类普通股和1797000股B类表决信托权益凭证（voting trust certificates），股票申报价值为第一波士顿公司在1982年11月17日的报告中的估价。1988年第一波士顿公司编写了一份补充报告，详细地叙述了1982年使用的估价方法和估价过程。

第一波士顿公司先分析贺卡行业的形势和霍马公司在该行业的地位。接下来，第一波士顿公司研究了霍马公司在估价日前5年的财务报表，并计算了各种财务比率。第一波士顿公司发现，霍马公司的主要竞争对手美国礼品公司的销售额和净收入（net income）增长速度加快，利润率提高，并向大众分销渠道转移。但在估价之日，该公司没有取代霍马在贺卡行业的领先地位。

为评估霍马公司计算其股票调整后的账面价值方式的准确性，第一波士顿公司进行了一项研究。该研究使用霍马公司的计算方式对类似公司的近10年的股票进行估价。第一波士顿公司认为，估价过程中仅与一家公司进行比较是不够的，必须与多个类似公司进行比较分析。因此，第一波士顿公司选择了6家类似公司与霍马公司进行比较。除了美国礼品公司，第一波士顿公司选择了一家在书写仪器行业内占据领先地位的制造商——A.T.克劳斯（A.T. Cross）公司；世界上最大的化妆品、香水和时尚珠宝生产商雅芳（Avon）公司；最大的饮料生产商可口可乐公司；全国领先的精细瓷器生产商勒诺克斯（Lenox）公司；礼品包装和家用产品制造商纸艺（Papercraft）公司。第一波士顿公司认为，把霍马公司与这些公司进行比较是可行的，因为它们生产的是名牌消费品，在各自的行业中处于领先地位，拥有公开上市的普通股，并且具有与霍马公司类似的商业特征。在选择类似公司后，第一波士顿公司根据霍马公司的计算方式，计算出类似公司近10年的调整后的账面价值，并与股价进行对比。按照霍马公司的计算方式，其主要竞争对手——美国礼品公司的调整后账面价值比其高位股价高出6个百分点。通过对比分析与研究，第一波士顿公司得出结论，霍马公司计算其股票调整后的账面价值的方式是准确的，其计算得出的调整后账面价值为在估价日评估霍马公司股票的公允市场价值提供了合理的估价基础。由于霍马公司的股票是私人持有的，第一波士顿公司对类似公司的股价折价了35%。最后，第一波士顿公司对B类和C类普通股的估价分别为每股1.98157美元和1.87835美元。

2. *原告专家沙泽的估价意见*

1986年2月，原告聘请投资银行希尔森·雷曼·赫顿公司（Shearson Lehman Hutton，下称希尔森·雷曼公司）对霍马公司的股票进行估价。沙泽是希尔森·雷曼公司的董事，参与了霍马公司股票的评估。1988年5月，希尔森·雷曼公司出具一份报告，认定B类普通股的公允市场价值为每股1.59707美元，C类普通股的公允市场价值为每股 1.59544 美元。

希尔森·雷曼公司与第一波士顿公司采用类似的估价方法并得出类似的结论。希尔森·雷曼公司对霍马公司、贺卡行业以及截至估价日的经济状况进行了详细分析，然后将霍马公司与美国礼品公司和其他 15 家类似公司进行比较。希尔森·雷曼公司选择的 15 家公司与霍马公司存在一个或多个相似之处，如：

（1）通过类似的渠道销售低成本的消费品和非耐用品。

（2）拥有良好的口碑和知名的品牌。

（3）销售的产品、公司的形象与产品的功能与竞争对手不同。

（4）销售的产品具有一定的社会表达元素（social expression）。

除了根据上述标准挑选的公司，希尔森·雷曼公司还挑选了其他 4 家与霍马公司类似的公司：麦当劳、安海斯-布希（Anheuser Busch）、国际商业机器公司（IBM）和可口可乐（Coca-Cola）。这 4 家公司在各自的行业中都处于领先地位，财务状况良好，受到投资界的高度评价。希尔森·雷曼公司认为，如果霍马公司的股票上市交易，它也会享有如此高的声誉。

希尔森·雷曼公司认为，投资者可以使用下列一个或多个估价比率（valuation ratios）对少数人持有的股票估价：

（1）市盈率（price-to-earnings），即当前市场每股价格除以每股收益。

（2）账面市值比（market-to-book），即当前每股市场价格除以普通股每股账面价值或净资产。

（3）股息资本化（dividend capitalization），即每股年度股息除以当前市场价格。

（4）调整后的资本总额、营业收入加上利息收入和折旧的经营回报率（operating return），除以已发行普通股总额加上长期债务和其他长期负债的当期市场价值。

（5）市场价格与净收入之比，即每股当前市场价格除以每股净收入。

在上述估价比率中，希尔森·雷曼公司认为市盈率最直接、最明确地反映了企业未来的盈利潜力。希尔森·雷曼公司和其他领先的投资银行公司经常使用市盈率对股票和企业进行估价。至于其他估价比率，希尔森·雷曼公司认为它们不适用于霍马公司的股票估价，并说明了理由。希尔森·雷曼公司认为账面市值比是一个不可靠的指标，因为历史资产成本往往不能反映未来的盈利潜力。希尔森·雷曼公司认为，对于那些再投资机会受到经济或法律限制的行业的公司来说，股息资本化比率是确定市场价值的合理指标。由于霍马公司的再投资机会没有这样的限制，股息资本化比率对霍马公司普通股的估价几乎没有用处。同样，希尔森·雷曼公司认为，对霍马公司这样的制造业企业来说，调整后的总资本运营回报率具有误导性，因为这些企业必须将现金流重新投资于运营。因此，希尔森·雷曼公司主要依靠市盈率来估算霍马公司普通股的价值。

此外，希尔森·雷曼公司不仅仅依靠市盈率的财务数据对霍马公司股票做出估价，在估价过程中还考虑了其他因素。在估算霍马公司普通股在公开市场交易的市盈率时，希尔森·雷曼公司考虑了其认为可能影响市盈率的所有因素。除了收益数据（earnings data），希尔森·雷曼公司还考虑了美国经济、贺卡行业、霍马公司在该行业的地位、竞争环境以及霍马公司的增长潜力等因素对估价的影响。此外，希尔森·雷曼公司还考虑了凯悦空中步道事故带来的巨额赔款的影响。

希尔森·雷曼公司发现，虽然霍马公司是贺卡行业的龙头企业，美国礼品公司是规模较小的竞争对手，但霍马公司的市盈率低于美国礼品公司。希尔森·雷曼公司发现，其他行业的龙头企业的市盈率也低于规模较小的竞争对手的市盈率。希尔森·雷曼公司认为，投资者更看重公司未来的增长潜力，而不是代表过去成就的公司规模。当一家小公司未来的增长潜力高于规模更大、实力更强的竞争对手时，这家小公司的市盈率会更高。

在将霍马公司与其他类似公司进行比较后，希尔森·雷曼公司估算了霍马公司股票的基础市盈率。由于凯悦空中步道事故对股票的公开市场价值产生负面影响，希尔森·雷曼公司将基础市盈率调整了 20%。然后，希尔森·雷曼公司对市净率（market-to-book）和调整后总资本比率的经营回报（adjusted operating return on total capitalization ratios）进行了类似的比较分析，分析的结果证实了选择调整后的市盈率作为指标的合理性。希尔森·雷曼公司还研究了霍马公司的资产负债表，考虑公司资产是否会影响估价结果。希尔森·雷曼公司发现，霍马公司的资产主要由专业制造设备和办公设备组成，因此，霍马公司资产的清算价值不会超过调整后的基础市盈率估价。

希尔森·雷曼公司将调整后的市盈率乘以霍马公司 1982 年的每股收益，得出霍马公司所有类别的普通股将在公开市场上以每股 3.16 美元的价格交易。为反映霍马公司股票缺乏流动性和限制投票权的特征，希尔森·雷曼公司对该结果折价 36%，折价后每股价值为 2.02 美元。然而，希尔森·雷曼公司认为转让限制对股票价值存在影响，2.02 美元的估价忽略了霍马公司转让股权的复杂流程在估价日对股价的影响，任何一个潜在的买家都不可能忽视附着在股权转让上的限制。霍马公司股票的转让限制实质上赋予公司现有股东以优先购买权。当霍马公司股票被出售给第三方时，霍马公司和现有股东有权按调整账面价值优先购买该股票。行使优先购买权的，可以选择在购买时支付价格的 10%，其余的在 9 年内支付，利息为 5%。希尔森·雷曼公司认为投资者在购买霍马公司的股票后，不会通过高风险、高成本且耗时的诉讼来取消转让限制。因此，希尔森·雷曼公司认为，转让限制实际上局限了霍马公司股票交易的最高价值。

最后，希尔森·雷曼公司得出结论，由于股票转让限制与优先购买权的存在，估价日 B 类和 C 类股票的价值是每股约 1.60 美元。

3. 被告专家麦克拉里的估价意见

麦克拉里是费城资本顾问公司（PCA）的高级副总裁，该公司专门从事投资分析和商业估价。被告于 1985 年聘请 PCA 对霍马公司股票进行估价。在认定遗产税申报不足时，被告基于 PCA 的估价报告对霍马公司 B 类表决信托股权凭证和 C 类普通股进行估价。PCA 的报告提供了企业估价（a business enterprise valuation）和少数股权估价

（a minority share valuation）。PCA 指出，企业估价适用于将整个公司的出售，而少数股权估价适用于占总流通股 50% 以下的少数股权的估价。PCA 采用市场比较法和收益资本化法（the market comparison approach and the income capitalization approach）对霍马公司股票的企业价值和少数股权价值进行估价。

在使用市场比较法时，PCA 只选择了一家类似公司——美国礼品公司作为比较对象。在选择比较对象时，PCA 考虑了四个主要因素：①相似的公司；②所属行业类别；③经济环境；④股票市场环境。根据以上选择标准，PCA 认为美国礼品公司是唯一一家与霍马公司类似的公司，因为它生产相似的产品，有相似的资本结构，服务于相同的市场。PCA 预设了存在于市盈率和盈利之间的一种"结构性联系"，并指出，在估价日，与美国礼品公司相比，霍马公司的规模更大，利润也更高。但 PCA 没有提供任何理论或实证研究证明该关联关系。PCA 基于市盈率与盈利增长之间的关联关系得出以下结论，如果霍马公司上市，与美国礼品公司相比，霍马公司的股票将产生不低于 118% 的"市场溢价"。然后，PCA 应用了 48% 的控制权溢价（control premium），通过市场比较法，PAC 得出结论，如果霍马公司的股票在估价日公开交易，该公司的企业价值为每股 8.05 美元。

PCA 还使用收入资本化方法（income capitalization approach）进行估价，根据资产在其使用期限内预期产生的现金流价值来确定公允市场价值。在计算霍马公司的预计现金流时，PCA 对霍马公司的净收入进行分析，并将非现金折旧费用（noncash charges for depreciation）计算在净收入内。然而，PCA 没有将递延所得税的非现金费用（noncash charges for deferred taxes）计算在内，也没有从净收入中减去未来资本支出和营运资本增加所需的现金。在计算霍马公司的预计现金流后，PCA 使用"加权平均资本成本"（weighted average cost of capital）对现金流进行折现。"加权平均资本成本"是股票贴现率（equity discount rate）和债务贴现率（debt discount rate）的结合。通过收益资本化方法，PCA 确定霍马公司股票的企业价值为每股 6.49 美元。

PCA 通过对上述两种方法得出的两个价值进行加权，计算出加权平均的企业价值。市场比较法得出的价值占 65% 权重，收入资本化方法得出的价值 35%。因此，PCA 确定霍马公司（不含皇冠中心）股票的加权平均企业价值为每股 7.50 美元。PCA 得出，截至 1982 年 12 月 31 日皇冠中心的净账面价值（net book value）为每股 0.12 美元。PCA 将霍马公司和皇冠中心的价值相加，确定霍马公司股票在估价日的总企业价值为每股 7.62 美元。

PCA 还利用市场比较法和收入资本化法计算了霍马公司股票的少数股权价值。在市场比较法下，PAC 得出霍马公司股票的少数股权价值为 5.11 美元。在收入资本化法下，PAC 得出霍马公司股票的少数股权价值为 4.04 美元。然后，PCA 对上述结果进行加权平均，市场比较法得出的价值占 65%，收入资本化得出的价值占 35%，得出霍马公司股票的加权平均少数股权价值为 4.49 美元。由于霍马公司的 A 类优先股和 C 类普通股没有投票权，PCA 将其 4.49 美元的股价折价 5%。

PCA 在估价过程中没有考虑到新公司章程中的股票转让限制和表决信托协定对股票价值的影响。霍马公司是一家少数人持股的公司，其股票缺乏流动性，因此，PCA 对股票价值进行折价。PCA 通过估算霍马公司在上市情形下的首次公开发行（IPO）的发行成本，估算出 5% 的折价率。最后，PCA 认定霍马公司 A 类和 C 类股票的少数股权价值为每股 4.27 美元，B 类股票的少数股权价值为每股 4.49 美元。

二、争议焦点

本案的争议点是，在估价日，死者在霍马公司拥有的 70083000 股 C 类普通股以及 1797000 份 B 类普通股的表决信托权益证书的公允市场价值。原告主张，C 类普通股的每股价值为 1.87835 美元，总价值为 131640403.05 美元；B 类普通股的投票信托证书的每股价值为 1.98157 美元，总价值为 3560881.29 美元。被告主张，C 类普通股的每股价值为 4.27 美元；B 类普通股的投票信托证书的每股价值 4.49 美元。

三、判决

科恩（Cohen）法官认为遗产股票的公允市场价值为死者死亡之日股票调整账面价值，法官认可原告专家第一波士顿公司的估价意见。原告的专家第一波士顿公司通过与多家类似公司比较，决定以调整账面价值作为股票在估价日的公允市场价值。科恩法官认为，第一波士顿公司的估价（即调整后的账面价值）正确反映了股票的公允市场价值，并采纳该意见。第一波士顿公司的估价与遗产税报税表上的申报价格以及买卖协议确定的价格一致。根据希尔森·雷曼公司的估价，原告现在主张，遗产股票的公允市场价值低于调整账面价值。在遗产税申报表中，该股票的申报价值是调整后的账面价值，该价值是原告认可的，因此，在没有确凿证据证明该价值是错误的情况下，原告不能改变原有申报价值。科恩法官指出，被告专家的估价存在很多错误，其中之一就是忽视了转让限制对股票价值的影响，并且在运用市场比较法时仅与一家类似公司比较。

以下是科恩法官对本案以及对被告意见的具体分析。

（一）相关协议对股票价值的影响

原告根据判例认为，1974 年买卖协议和 1981 年期权（优先认购权）协议限制了死者的 C 类股票的价值，股票的价值是协议规定的价值。被告认为不应考虑上述协议对股票估价的影响。被告认为为确定股票价格而订立的协议只是进行遗产规划的一种手段，没有真正的商业目的，因此不予考虑。法庭认为，被告的专家没有考虑相关协议或转让限制对股票价值的影响。同时，被告的专家在法庭中做证说，被告的代理人指示他在估价时忽略转让限制对股票价值的影响。

遗产股权的转让受到限制，并受到买卖协议的约束。根据买卖协议，这些股票的销售价格为调整后的账面价值。科恩法官认为，在估价时没有理由忽视转让限制对股票价值的影响，也不能忽略买卖协议和期权协议中规定的价格。虽然被告对死者订立协议的目的存有怀疑，但没有证据表明转让限制和相关协议的规定不会被遵守与执行。科恩法官认为不需要确定这些协议是否规定了遗产股票的申报价值，无须推断死者订立协议的动机，应当寻找客观证据，证明遗产股票的公允市场价值。

《美国联邦国内收入法典》规定，死者遗产的价值，一般以死者死亡之日的公允市场价值计算。公允市场价值是指财产在自愿的买家和自愿的卖家之间转手的价格，交易过程中没有强制买卖，并且双方对相关事实都有合理的了解。曾有判例指出，在确定非上市股票的价值时，该股票在估价日之前或之后的合理时间内的实际销售价格，是确定该股票市场价值的最佳标准。原告和被告在确定死者股票的价值时，都没有考虑死者与员工分享利润和所有权计划之间的股票销售价格或死者与霍尔家族成员之间在估价日后的股票销售价格。

《美国联邦国内收入法典》规定，在少数人持有的股份未实际销售的情况下对其进行估价，应当以从事相同或者类似业务的上市公司的股票价值为基础。此外，在少数人持有股份的估价过程中，还必须考虑公司的净资产、预期盈利能力、分红能力和其他相关因素。这些其他相关因素包括企业的商誉、特定行业的经济前景、公司在该行业的地位及其管理水平以及待估价股票所代表的控制权。

被告人税务局认为，遗产股票的公允市场价值并不应该是霍马公司调整后的账面价值，因为根据股票转让限制的规定，股票可以以更高的价格向"规定受让人"出售。科恩法官认为这一观点不成立。在"公允市场价值"的定义中，自愿卖家与自愿买家是假设的一般人。因此在对遗产股票估价时，不能以特定的人作为假定的购买者。此外，科恩法官认为，被告假设规定受让人会以高于调整后账面价格的价格购买霍马股票，这种情形明显违背假设买家的经济利益且几乎不可能发生，因此这种假设是不合理的。目前没有任何交易记录表明投资者（包括规定受让人）会以高于调整后账面价格的价格购买霍马股票，协议规定的受让人从未以超过调整后的账面价值的价格购买或转让霍马公司股票。

被告人认为，由于死者间接改变了规定受让人的类别，所以不应考虑股票转让限制对股票价格的影响。科恩法官认为，死者作为少数股东，无法单方面修改或终止转让限制的规定。多年来，霍尔家族、霍马公司员工和慈善机构这三类规定受让人的内部人员发生了变化，但这些变化并没有导致转让限制的终止或改变，股票仍不能向第三人自由转让。转让限制的规定一直有效，从来没有人提议向第三人出售股票。所有的证据表明，霍马公司的所有者意图保持该公司的少数股东经营的性质。

所有专家都在假设遗产股票公开上市的前提下，确定股票公开交易的价格。科恩法官认为，这种方法得出的估算结果是不精确的，估算结果的可靠性通常低于实际销售证据证明的结果的可靠性。科恩法官发现，专家估价结果之间存在很大差异，专家们过度追求估价结果的精确度，而忽略了有关财产估价需要考虑的相关事实。当事人有责任向专家陈述可能影响估价的所有有关事实，并指引专家考虑这些事实。当事人未向专家提供有关事实和信息，会降低专家意见的可靠性。根据判例，法官不受任何专家证人意见的约束，法官可以选择接受或不接受专家的意见。

（二）被告专家的意见

在这个案件中，被告的专家麦克拉里在提供专家意见时受到被告的不利影响，因为被告指示他无视转让限制和相关协议对股票价值的影响。虽然麦克拉里在估价过程中遵照了被告的指示，但他承认，从买家的角度，对股票转让的限制是需要考虑的因素，并且转让限制会对股票价值产生影响。科恩法官指出，在公允市场价值的定义中，假设的买方是一个"对相关事实有合理了解"的人，他/她会考虑转让限制带来的影响。麦克拉里估算的股票价值没有考虑转让限制和相关协议的影响，所以该价值并未反映股票的公允市场价值。

此外，科恩法官认为，霍马公司股票的潜在买家不可能只考虑一家类似公司——美国礼品公司，因此在估价时，应以多家类似公司作为比较对象。原被告及其专家一致认为，美国礼品公司是一家上市公司，其产品与霍马公司最为类似。原告的专家以多家类似公司作为比较对象后，还考虑了影响股票价值的其他因素。科恩法官指出，在对少数人持股公司的股票进行估价时，类似的上市公司的股票价值是众多考虑因素之一。被告认为，在选择类似公司作为比较对象时，以从事其他类型非耐用消费品或具有类似财务特征的公司作为比较对象是完全错误的。但是科恩法官指出，被告对"类似"（comparable）的理解过于狭隘，没有正确理解《美国联邦国内收入法典》第2031（b）条中"相似"（similar）和"相同"（same）的概念。科恩法官不接受被告专家的估价结论，因为他在估价过程中仅以美国礼品公司作为比较对象。

被告的顾问公司PCA在估价报告中指出，市场比较法利用与被估价公司从事相同或类似业务的公司的财务数据和市场数据进行估价。然而，PCA在使用市场比较法的过程中并没有按照上述描述进行估价，只选择了一家公司进行比较分析，因此，PCA在使用市场比较法的过程中存在缺陷。

PCA在具体估价过程中存在严重问题。在市场比较法中，PCA在市盈率与盈利增长之间建立了"关联关系"，得出霍马公司超过美国礼品公司118%的"市场溢价"。PCA没有提供任何研究或证据证明该"关联关系"，麦克拉里在交叉询问中承认，对于某行业的领先公司和规模较小的竞争对手，该关联关系并不存在。此外，PCA在采用收益资本化法的过程中也存在诸多缺陷。在确定未来现金流量贴现价值（discounted future cash flow valuation）时，PCA错误地将现金流量定义为净收入加折旧，没有考虑递延税项、资本支出和营运资本的增加等因素。

最后，由于霍马公司股票缺乏流动性，PCA根据霍马公司普通股首次公开发行的预期成本，对估价折价5%。科恩法官指出，死者股份为少数股权，死者股份的购买者作为少数股东，无法决定公司上市。公司将继续保持私人持股的性质，普通股股东都未曾向外界出售股份。所以，科恩法官认为，PCA使用5%的折价率过低，原告使用的折价率更为合理。

总的来说，科恩法官认为，PCA受被告委托，出具了一份人为高估霍马公司股票价值的报告。与PCA相比，原告专家的报告更具合理性与可采性，具体体现在以下方面：选取其他类似公司作为比较对象；在比较类似公司后得出的结论更合理；以及通过市盈率对霍马公司调整账面价值进行检验。

但是，原告未能向其专家希尔森·雷曼公司提供可能影响估价的相关信息。考虑到凯悦空中步道诉讼对霍马公司股票产生的负面影响，希尔森·雷曼公司将估价结果调整了20%。但是，霍马公司及其律师认为诉讼结果不会对公司财务状况产生实质的负面影响，且公司已经向股票的潜在购买者传达这一观点。不过，原告未向其专家希尔森·雷曼公司传达上述信息。

综上，法院采纳了原告及其专家第一波士顿公司的估价意见。

案件二十　亨德里克森诉美国联邦税务局

(Estate of James Waldo Hendrickson, Deceased, Mark Hart Hendrickson, Executor, Petitioner v. Commissioner of Internal Revenue, Respondent)

案　　号：T. C. Memo. 1999-278
受理法院：美国联邦税务法院
判决时间：1999 年 8 月 23 日

一、案件事实

死者亨德里克森（Hendrickson）于 1993 年 5 月 20 日去世，他的两个儿子名为马克·哈特·亨德里克森（Mark Hart Hendrickson）和文森·埃里克.亨德里克森（Vinson Eric Hendrickson）。米尔德里德·A. 亨德里克森（Mildred A. Hendrickson）是亨德里克森的前妻，1986 年两人离婚。1994 年 8 月 8 日，死者的遗产管理人及时提交了遗产税申报表。死者的遗产包括人民信托和储蓄银行（Peoples Trust and Savings Bank，以下简称人民信储银行）的 1499 股普通股，死者的遗产税申报表以总价 3159726 美元（每股 2126 美元）的价格申报 1486 股，以 10400 美元（每股 800 美元）的价格申报 13 股。被告人联邦税务局认定原告的联邦遗产税申报不足，未申报部分为 2465624 美元，并根据《美国联邦国内收入法典》第 6662（b）（5）条对其处以 477113 美元罚款。

以下是相关事实的具体介绍。

（一）人民信储银行的基本情况

人民信储银行是一家在印第安纳州特许经营的银行，始建于 1895 年，并一直持续经营至今。人民信储银行的唯一营业机构设在印第安纳州的本顿维尔。亨德里克森的直系亲属一直在管理人民信储银行的事务中发挥着领导作用。亨德里克森的父亲詹姆斯·W. 亨德里克森（James W. Hendrickson）曾是该银行的董事长。1951 年，亨德里克森的父亲在去世时持有少量银行股份。亨德里克森继承了父亲在人民信储银行不足 10 股的股票，并继任了 40 年的董事长，直到 1991 年马克接任。1957 年，亨德里克森外出度假，他的家族成员试图控制人民信储银行。为了阻止恶意收购（hostile takeover），亨德里克森从埃文斯维尔的国家银行贷款，并用该笔贷款购买大量人民信储银行股票来维持控制权。虽然此后亨德里克森陆续买入人民信储银行的股票，但1957年这次为了阻止恶意收购的买入是其最大手笔的购入。1991年马克成为董事长后，亨德里克森担任首席执行官（CEO），这在公司章程中是没有规定的。马克与亨德里克森对如何管理银行存在意见分歧，亨德里克森对员工的管理非常保守，马克主张采取更先进的管理方法，并受到年轻员工的青睐。在亨德里克森去世时，他是人民信储银行的 CEO 和董事，拥有 1499 股人民信储银行的普通股，占流通股（shares outstanding）的 49.97%。

（二）人民信储银行的资本结构

截至1993年3月31日（报告日），人民信储银行报告的总资产为9070万美元，总负债为7080万美元，股东权益为1990万美元。在估价日，人民信储银行除存款（deposit）和其他短期负债（short-term liability）外，没有其他债务。

1. 资产

截至报告日，人民信储银行的资产主要包括2990万美元的净贷款（net loan）和5430万美元的有价证券。有价证券约占总资产的60%，净贷款约占33%。

2. 股票

（1）股票控制权（control）。在估价日，人民信储银行共发行了3000股普通股。两个最大的股东分别是死者亨德里克森（1499股）和米尔德里德·亨德里克森（610股），马克持有85股。其余股份由29名股东持有，每人至少持有3股。在估价日，亨德里克森的股份占人民信储银行总流通股份的49.97%，是人民信储银行最大的股东。虽然亨德里克森的股份低于50%，是少数股权，但实质上掌握控股权。作为亨德里克森遗产的股票对人民信储银行有着有效的控制权（无论该股份的持有者是谁）。作为遗产的该部分股票的权重几乎可以左右所有投票的结果，除非其他所有股东一致反对（而该情况几乎不可能发生）。因此，作为亨德里克森遗产的股份可以主导所有的董事会成员。

（2）股票交易。人民信储银行普通股的交易与转让不频繁，交易市场不活跃。在估价日，人民信储银行没有员工持股计划，也没有股票回购的历史。在估价日之前和之后的24个月里，人民信储银行只发生了一次股票交易。1990年6月，亨德里克森以赠与的方式将2股转让给马克，亨德里克森的股份从1501股（50.03%）降至1499股（49.97%）。亨德里克森将2股赠与马克，理由是将马克的股份从83股凑整（"round off"）至85股。马克和死者之前并没有讨论过以股份转让的形式破坏亨德里克森的控制权。虽然人民信储银行的股票没有活跃的市场，但马克在成为董事长后，他不时地会接到该地区其他银行代表人购买股票的非正式的咨询，但人民信储银行没有收到过来自商业经纪人（business broker）或投资银行公司（investment banking firms）的购买询问。

（3）分红情况。董事会在1984~1995年期间没有宣布或进行过分红。在此期间，亨德里克森的前妻在年度股东大会上曾要求过派息分红。两人的离婚财产协议使亨德里克森的前妻从亨德里克森那里获得了大约20%的股权。但是当时董事会没有回应她的要求；直到1996年，董事会才决定派息400万美元。1998年，董事会又决定派息150万~200万美元。

（4）资本过剩。由于没有支付股息，在估价日人民信储银行达到了资本过剩的状态（overcapitalized）。在报告日和估价日，股权与资产比率（equity-to-asset ratio）约为22%。当时，资产低于1.5亿美元的中西部银行和储蓄机构的股本与资产的平均比率通常为7%~9%。因此，最高9%的股权与资产比率对人民信储银行来说是合理的资本化水平。在报告日，人民信储银行的权益（equity）为19918000美元，其中12919000美元是超额资本（excess capital）。

（5）股票缺乏市场性/流动性。以下因素导致人民信储银行的股票缺乏流动性：①人民信储银行的增长潜力小；②人民信储银行的收入存在显著的利率风险；③人民信储银行无员工持股计划或回购股份的历史；④人民信储银行的股票没有公开或私募的股票市场。

（三）遗产税申报表

1994年8月8日，死者的遗产执行人及时提交了遗产税申报表。死者在人民信储银行持有的1499股是其遗产之一，该遗产税申报表以3159726美元（每股2126美元）的价格申报1486股，以10400美元（每股800美元）的价格申报13股。每股2126美元的申报价值的依据是印第安纳州埃文斯维尔市会计公司（Harding Shymanski & Company, P. C., 下称HSC）对股票的估价。

HSC的评估认为死者的遗产应被视作少数股权（minority basis），并在适用三种不同方法后进一步加权平均以得出股本的估值。这三种方法及其加权比是：资本化收益（capitalized earnings）30%、市盈率（price/earnings multiple）30%、价格与账面价值的比率（price/book multiple）40%。HSC在少数股权基础上计算总股本的加权平均值后，又适用了30%的流动性折价（marketability discount），并将计算结果除以人民信储银行普通股总股数3000股，得出每股遗产股份的公允市场价值。原告在本案中没有邀请HSC作为专家证人。

1997年7月25日，被告通知原告遗产税申报不足，欠缴税款通知书上对死者股权的估价是8938912美元。这个价值是商业估价服务公司（Business Valuation Services, Inc., BVC）的大卫·富勒（David Fuller）做出的估价，他是被告在本案的专家证人。

二、争议焦点

此案的争议点是，在估价日当天（1993年5月20日）死者亨德里克森在人民信储银行拥有的1499股普通股的公允市场价值。原告主张该价值为4497000美元（每股3000美元），被告主张该价值为8938912美元（每股5963美元）。

三、判决

本案法官认为在估价日遗产股票的公允市场价值为5757296美元（每股3840.76美元）。以下是对本案的具体分析。

（一）相关法律及判例的规定

首先是相关法律及判例的规定。判例指出，估价是一个事实问题，法官必须审查并权衡所有相关证据，才能得出合理的结论。《美国联邦国内收入法典》第2031-1（b）条将公允市场价值定义为：财产在自愿买方和自愿卖方之间易手的价格，交易过程中没有强制买卖，且双方对相关事实有合理的认识。自愿卖方与自愿买方是假设的人，而不是具体或特定的人，这些假设的人的特征不一定与实际销售者或实际购买者的特征相同。法律推定自愿买方和卖方致力于实现最大的经济利益，且这种经济利益可以在估价日的市场条件和经济条件下实现。《美国联邦国内收入法典》规定，就遗产税而言，一般以死者的死亡日期为基准确定应税财产的公允市场价值，估价时一般不考虑未来可能影响该财产价值的不可预见的事件。少数人持股公司的股票估价适用特殊估价规则。对于公开交易的上市股票而言，估价以上市股票的市场价格为基准；对非上市股票而言，股票近期的实际交易价格通常是确定此类股票公允市场价值的最佳证据。非上市股票的价值不能通过实际交易价格确定的，估价时应考虑从事相同或相近业务的类似公司上市股票的价值，以及其他影响价值的因素。在估价过程中需要考虑的因素是对交易有合理认识的卖方和买方会考虑的因素，包括：

（1）企业的性质和企业成立以来的历史。

（2）整体经济状况与前景，特别是相关行业的状况和前景。

（3）股票的账面价值和企业的财务状况。

（4）公司的盈利能力（earning capacity）。

（5）公司的派息能力（dividend-paying capacity）。

（6）企业是否具有商誉（goodwill）或其他无形资产价值（intangible value）。

（7）股票的销售情况和待估价股票的份额/规模。

（8）从事相同或类似业务的公司在公开市场进行股票交易时，其股票的市场价格。

在估价案件中，当事人主要依靠专家意见提供证据来支持其对估价的观点。法官根据每位专家的证明资格和其他已有的证据来评估专家意见。为做出正确判断，法官有充分的自由裁量权，不受专家证人的估价方法和估价意见的约束。法官有权采纳或拒绝采纳专家证词。必要时，法官可独立对已有证据进行审查并确定价值。当专家们对公允市场价值给出不同的估价时，法官可对他们的估价进行分析与审查，进而决定专家估价的权重。此外，法官可以完全采纳专家的意见，也可以选择性地采纳其中一部分，也可以完全拒绝采纳专家意见。

（二）对被告专家意见的分析

被告人税务局对死者遗产的估价由商业估价服务公司的负责人大卫·富勒出具的专家报告做出。富勒1989年毕业于南卫理公会大学（Southern Methodist University），在获得金融MBA学位以来，一直从事企业估价方面的工作。1989~1992年，他在德勤会计师事务所（Deloitte & Touche）的估价部担任经理，1992年加入BVS。富勒是一名经认证的高级估价师与金融分析师。富勒用收入法和市场法得出股票的加权平均价值，减去10%的市场性折价（marketability discount），得出股票的估价为8939000美元（合每股5963.25美元），

1. 收入法——贴现现金流法（discounted cashflow）

对股权估价可以采用收入法。被告专家富勒采用的收入法是贴现现金流量法（DCF）。贴现现金流量法通过对公司产生现金的能力估值，其原理是，通过预测公司未来产生现金的能力算出现金流，再利用公司的资本成本（cost of capital）将其折现为现值。贴现现金流量法包括三个部分：①预测期间的现金流；②最终价值（the terminal value）；③合理的贴现率（discount rate）。贴现现金流量法下，公司的价值为预测的现金流的折现现值加上最终价值的折现现值（discounted present value）。

在进行贴现现金流量法分析之前，为预测人民信储银行的自由现金流（free cashflow，FCF），富勒减少了在人民信储银行资产负债表上的营运资产（operating asset）。富勒之所以做减少运营资产的操作，是因为他根据账面股本（book equity-to-assets ratio）与资产的比率认定人民信储银行处于资本过剩的状态。截至报告日，该公司总股本为1991.8万美元，总资产为9068.9万美元，账面股本与资产比率为22%。相比之下，同行该比率的平均水平只有7.9%。富勒认为9%的账面股本与资产比率是一个合理的资本化水平。为了把账面股本与资产比率降至9%，他减少了12919000美元的总资产和总股本，调整后的股本总额和资产总额分别为6999000美元和77770000美元。然后，富勒将减少的12919000美元资产视为非运营资产（nonoperating assets），这些资产带来的收入不会计入自由现金流。

富勒预测了人民信储银行未来5年的自由现金流，并使用戈登（Gordon）模型来计算最终价值。戈登模型是一种估计持续经营企业的最终价值的模型，它假定自由现金流

量持续存在并以一定的速度增长。为了计算最终价值，富勒假定人民信储银行的自由现金流将无限期存续，并且每年以 1.5% 的速度增长。在预测未来 5 年的自由现金流和最终价值时，富勒分析了减少 12919000 美元的运营资产会对收益造成什么影响。富勒认为，减少的运营资产将减少净利息收入（net interest income），而不是贷款收入，因为人民信储银行可以随时处置有价证券（marketable securities），但贷款却是没有销售市场的（unmarketable）。基于此，富勒预测，人民信储银行的利息收入会比其在 1992 年的简报中的数字少 110 万美元，这个减少额充分地反映了作为前一步对非经营性资产的调整后的损失。

富勒使用加权平均资本成本（weighted average cost of capital，WACC）计算人民信储银行的资本成本（cost of capital），并使用标准资本资产价格模型（standard capital asset pricing model，CAPM）计算股本成本（cost of equity）。股本成本的计算使用的是 7% 的无风险利率指数、7.3% 的风险溢价、综合市场指数为 1.0 的 β 系数。富勒先生得出的 β 系数是基于 23 家在公开市场上交易的中西部银行的数据做出的，这些银行的规模都在量级上比本案中的人民信储银行大得多，市值在 70 亿～150 亿美元之间。通过资本资产价格模型，富勒计算出了 14.3% 的贴现率，并利用这一贴现率计算出人民信储银行自由现金流量的折现现值为 348 万美元，最终价值为 466 万美元，二者之和即企业在营运之中的价值为 814 万美元。然后再加上先前扣除的非经营性资产的账面价值，并扣除 10% 的少数股权折价，得出总股本价值 1977 万美元（合每股 6590 美元）。

法庭认为富勒对资本资产价格模型的适用存在明显的缺陷，该模型是否应用于小型、少数人持股公司的估价是存在疑问的。资本价格模型是分析公开交易证券的金融模型，资本资产价格模型和加权平均资本成本不适用于一家几乎不可能上市的小型的少数人控股公司的估价。即使人民信储银行的股票有交易市场，其股票交易仍缺乏流动性，交易成本高，与资本资产价格模型预设的市场条件不同。此外，由于金融机构的股票收购与交易须经监管部门批准，其股票流动性低于其他少数人持股的公司。最后，资本资产价格模型预设每位投资者都持有（或有能力持有）组合投资工具，以减少非系统性风险。在资本资产价格模型中，投资者持有分散的组合投资只会遭遇系统风险，在该情形下，投资者对未来收益的敏感度，无论是对某一特定资产或整个市场都是作为一个整体存在的。在计算人民信储银行的折现率时，富勒适用资本资产价格模型法但没有提及任何对有关人民信储银行非系统性风险的考虑，他认为此种风险会自动被分散。但是，被告专家显然低估了对价值近 900 万美元的整体性股权分散风险的难度。根据投资学原理，组合型投资抵抗非系统性风险，至少需要该资产占总投资组合的 10%～20% 的价值。因此，对于持有占人民信储银行近一半股票的死者遗产来说，至少要持有 8900 万美元的投资，法庭不认为有潜在的买家会额外花 8900 万美元以持有人民信储银行的股票，同时又持有别的有价证券以形成组合投资。

法庭不接受富勒选择用资本资产价格模型法对封闭性的公司估值的另一个原因在于

他选用了错误的β系数。β系数用来衡量系统性风险，反映的是单独的证券和整体市场的关系。上市公司的β系数是公开的，或者通过公司的历史股价计算得出。因此，β系数不能适用于评估封闭公司的估价，因为它是由上市公司的数据得出，而两种公司并不具有可比性。本案中，富勒将几家大型的上市公司银行作为可比性公司，得出1.0作为β系数，正如上文所讲，在公司的规模和运营模式上，人民信储银行和几家可比性公司具有实质性的不同，法庭不认为β系数所代表的经营风险在可比性公司和人民信储银行之间有参照性之说。例如和公开上市的银行对比，人民信储银行发展的机会有限，分散风险的能力较弱，也缺少大公司的规模经济优势，同时，人民信储银行不能在二级市场上开展抵押贷款的业务，所以它面临的利率风险更高，也缺乏先进的管理技术和人才来满足现代银行业所必需的风险控制要求。综上，富勒不能提出足够支撑其将β系数定为1.0的理由。如果说有什么理由，那就是如果将β系数提高，就会增加富勒估价中的折现率，从而减少公司股票的估值。法庭不认为人民信储银行，这个只有一个经营地的小公司，和美国500强的大银行有着一样的系统性风险。

2. 市场法——可比公司法（guideline company method）

富勒使用的市场法是可比公司方法（参照法）。这一方法通过公开上市的可比性公司的股票价格来对目标公司估值。首先应统计与被估价公司类似的上市公司（即可比公司）的股票价格，然后将上述股票价格与被估价公司的基本数据进行比较，得出被估价公司或其股票的价值。由于该方法是根据对比公司的市场数据得出估价结果，因此选择适当的对比公司至关重要。富勒选择对比公司的主要标准是公司所在的地理位置，而不是公司规模或财务特征等。他选择了7家对比公司，这些公司主要在印第安纳州、伊利诺伊州和俄亥俄州经营。

与贴现现金流量法的分析过程一样，富勒剔除了过剩的股本，对经营中的股本进行估价，然后再将过剩的股本加回来。他调整了人民信储银行的股本和资产的价值，将账面股本与资产的比率调整至9%，并对收益进行了调整。然后经计算得出，对比公司的市盈率（price to earnings multiple）、股价和资产的比率（price to assets ratio）、股价和账面股本的比率（price to book equity ratios）的中值分别是10.4%、12.1%和110.3%。富勒使用这些比率计算出一个价值，将之前减除的过剩股本加回去，又适用了10%的少数股权折价，最终得出人民信储银行股权的总价值。在适用了调整后的权益、资产、利润的上述比率后，富勒得出的人民信储银行的总股权价值如下：适用市盈率为24751000美元；适用市净率为19344000美元；适用股价纯资产率为21021000美元。富勒使用股价与账面价值的比率和股价与资产比率的平均值来计算人民信储银行总股本价值，得出的总股本价值为20200000美元。他没有使用市盈率，因为他认为这一期间不正常的高收益可能导致人民信储银行的价值被高估。最后，富勒应用了10%的市场性折价。

富勒在讨论遗产股票的市场性折价和控制权溢价时，发现（几乎）不需要适用市场性折价,原因在于遗产股票份额较大,享有控制因素,可能产生控制权溢价。法庭同意富勒用市场法参照可比性公司来对目标公司估值,也认可他对超额资本的调整,但是不同意对可比性公司的选择。人民信储银行是单纯储蓄型的金融机构,但是富勒选择的7家可比性公司中有5家银行开展着复杂多样的个人和商业银行服务,只有两家是从事纯储蓄业务;同时这7家可比性公司都有着很多分支机构,且有着显著超过人民信储银行的资产规模。

最后,富勒没有严格定义两个截然不同的概念,一个是因为缺乏市场性的折价,另一个是因为控制权带来的溢价。虽然两者可能会有重叠,控制权可能是影响市场性的因素,但即便是非上市公司的控股权,也可能因为市场性不足(缺乏私募市场与公开市场)而折价。

(三)对原告专家意见的分析

原告根据阿列克斯投资银行(Alex Sheshunoff & Co. Investment Banking,以下称ASC)的董事兼高级助理詹姆斯·E.麦基(James E. Magee)出具的专家报告进行估价。ASC总部位于得克萨斯州奥斯汀,其在金融服务行业的估价、兼并和收购领域闻名全国,受到联邦银行监管机构认可。ASC已完成300多项并购交易和超过3500项股票估价,其业务涉及多个银行及储蓄机构。麦基在银行业拥有超过30年的经验,曾在纽约的两家银行担任管理职务,后来作为评估师和顾问专门为银行业服务。麦基拥有纽约阿德尔菲(Adelphi)大学的金融MBA学位。

麦基采用参照可比公司法得出遗产股票价值为4497000美元(每股3000美元)。虽然采用与富勒相同的方法,但两者的结果存在差异。富勒选择的对比公司包括5家大型综合性银行和2家储蓄机构,其中大部分的规模比人民信储银行大。相比之下,麦基选择的公司仅限于与人民信储银行规模相当的储蓄机构。法庭认同麦基对可比公司的选择,人民信储银行虽然是特许经营的银行,但其实质在经营上更接近于储蓄机构。麦基使用了两组对比公司的数据,一组基于非上市公司的兼并和收购,另一组则基于上市公司的少数股东权益。麦基承认遗产股份享有有效控制权,因此他对少数股权和控制权交易都进行了研究。

在股票具有对公司控制权的前提下,评估单纯储蓄机构的价值,麦基根据以下标准选择了6家储蓄机构:①在美国中西部交易的储蓄机构;②平均资产回报率大于1%;③总资产少于1亿美元;④交易即将发生于(pending)或完成于1992年1月1日至12月31日。

以少数股权为条件,评估储蓄机构的价值,麦基接着又选择了10家符合以下标准的储蓄机构:①美国的储蓄机构;②总资产低于1.5亿美元;③没有宣布收购(announced or rumored acquisition);④在主要交易所或交易市场公开交易证券。

（四）专家报告的比较

富勒和麦基运用对比法时都采用了以下三个参数：①市盈率（price-to-earnings）；②市净率（price-to-book equity），即股价与账面价值的比率；③股价纯资产率（price-to-assets），即股价与资产的比率。但是，原被告专家对这三个比率分配了不同的权重。富勒对市净率和股价纯资产率分配了相同的权重，且没有参考市盈率，因为他认为用市盈率股价可能会高估企业价值。麦基对市盈率和市净率分配了相同的估价权重。麦基在估价时没有使用股价纯资产率，而是将其作为对另外两个参数的"检查比率"（check point）。但是，麦基也指出，股价纯资产率在估值时可以提供"额外的可靠性"，因为该参数不受利润与账面权益波动的影响。

本案法庭首先同意富勒对市净率的观点，由于人民信储银行的大部分收益来自其对高收益美国国债的投资，使用市盈率进行估价的确可能会夸大股票的价值。同时也应看到，市净率和股价纯资产率加权平均可以避免这两种比率的异常影响。因此，在采用市场法参照可比性公司对目标公司价值估价时，法庭主要考虑市净率和股价纯资产率。

在对比可比性公司的分析中，富勒和麦基计算出可比性公司相关参数的平均值（mean）、中位数（median）、高值（high）和低值（low），接着富勒和麦基选用了表20－1中的参数对遗产股票进行估值。

表 20－1　　　　　　　　　　专家选用的参数

专家	市盈率	市净率	股价纯资产率
富勒	14.13（已计算但未使用）	153.7%	12.3%
麦基	5.5	65.0%	未使用

在估价问题上，观点之间的差异往往南辕北辙，本案中富勒和麦基在评估遗产股票时选用的不同参数和比例即反映了此巨大不同。富勒所使用的三个比率均超过对比公司比率的平均值及中位数，市盈率和市净率甚至接近可比公司参数的最高值。相比之下，麦基分析少数股权的那组数据中，使用的市盈率和市净率都接近于可比公司的平均值。本案法庭认为，在对比公司的选择上，麦基的选择标准比富勒更合理，在此标准下选出的对比公司在公司规模和经营特点上与人民信储银行更相似。因此，在根据市场法参考可比性公司确定相关股份的价值时，法庭采纳了麦基提供的数据。

然而，麦基并没有回应人民信储银行过度资本化（overcapitalization）的问题，也没有在估价过程中做出合理的调整。相反，富勒剔除了过剩的股本，对经营中的股本进行估价，然后再将过剩的股本加回来，最后计算出人民信储银行总股本的价值。本庭认可富勒的做法，为了对人民信储银行正确估价，在估价过程中的确应该考虑其过度资本化的问题，并对股本做出相应调整。因此，在运用市场法分析可比公司的过程中应剔除12919000美元的多余股本，使用调整后的权益（6999000美元）和资产（7770000美元）进行估价。

此外，法庭不同意麦基在估价过程中更多地参考少数股权组，较少地参考控制权组的数据。鉴于遗产股份拥有有效的控制因素，法庭认为在估价时应将其视为控制权而不是少数股权。因此，法庭选择控制股权组的数据对遗产股票进行估价。

关于人民信储银行的增长潜力及其在对比公司的地位，富勒对此做出了乐观的评估，法庭不同意。虽然人民信储银行的财务状况良好，但投资者几乎不认为它有很好的增长潜力，也不期望它的收入或盈利（revenues or earnings）会大幅增长。人民信储银行发展的阻碍因素如前所述，是非常明显的。有限的市场、有限的产品供应、竞争对手实力强大、其本身管理与技术落后。此外，员工平均年龄至少为50岁，而且多数人拒绝创新与改变，这也阻碍了人民信储银行的发展。总而言之，法庭认为人民信储银行发展潜力较小。因此，估价时应将人民信储银行定位为控制权组的低端企业（at the low end of the control group）。

因此，法庭在对遗产股票进行估价时，选择了77%作为市净率，5.5%作为股价纯资产率。基于调整后的股东权益6999000美元（每股2333美元）和调整后的资产为7770000美元（每股25923美元），法庭用市净率计算出了股票价值为5389230美元（每股1796.41美元），用股价净资产率计算出股票价值为4277350美元（每股1425.78美元）。两者取平均数，得出经营中的股本价值为4833290美元（每股1611.10美元）。

法庭认可富勒对过剩股本使用10%的少数股权折价，并在经营股本价值中增加折价后的过剩股本，增加的价值为11627100美元（每股3875.70美元），从而最后得出人民信储银行总股本的公允市场价值16460390美元（每股5486.80美元）。因此，在考虑市场性与流动性对股票价值的影响之前，1499股人民信储银行股票（即遗产股票）的公允市场价值为8224713美元。

麦基认为遗产股票与上市公司股票不同，缺乏市场性与流动性。因此他适用了30%的市场性折扣。通过援引几项实证研究，他发现市场性折扣的平均范围为30%~45%。麦基对影响遗产股票市场性的因素做出分析，影响因素包括股票收益水平（earnings quality）、股利支付历史、股票规模（size of the block of stock）、类似可替代投资的价格、股票赎回政策、公司资本化程度和宏观经济因素。在分析本案的具体情形时，他指出了存在某些因素对人民信储银行的股票流通性会产生不利影响，例如人民信储银行存在利率风险、其主要经营地的市场增长放缓，因此在估价中应适用市场性折扣。同时，富勒指出人民信储银行没有股票回购计划或员工持股计划，股票出售难度大，其股票缺乏流动性。

股票的控制因素可以提高股票的市场性和流动性，这一点法庭是认同的。在本案中，虽然遗产股票存在控制因素，可对公司形成有效控制权，但是法庭不认为本案中的遗产股票能通过其有效控制权而获得市场性与流动性。无论谁享有人民信储银行的控制权，人民信储银行仍然是一家小型社区银行，发展前景有限，其普通股不存在公开交易的市场且难以获得私人买家的青睐。遗产股份的买方若想出售股票，只能私下出售该股份，或促使人民信储银行上市交易，或寻求收购人收购人民信储银行。这三种选择都需要花费很大的时间成本，并且需要会计师、律师和投资银行家协助并向他们支付高昂的费用。因此，虽然遗产股票对人民信储银行拥有有效的控制权，但法庭并不认为在这家小型、少数人持股的银行中持有控制权的股东可以随时出售其持有的49.97%股权。在缺乏流通性和巨额交易成本之下，遗产股份实际上是难以出售的。因此，法庭决定对遗产股份使用30%的市场性折扣，最后得出在估价日遗产股份的公允市场价值为5757296元（每股3840.76元）。

案件二十一　派珀诉美国联邦税务局

(Estate of William T. Piper, SR., Deceased, William T. Piper, Jr., Thomas F. Piper, and Howard Piper, Executors, Petitioner v. Commissioner of Internal Revenue, Respondent)

案　　号：72 T. C. 1062
受理法院：美国联邦税务法院
判决时间：1979 年 9 月 13 日

一、案件事实

威廉·T. 派珀（William T. Piper，以下称威廉）于 1970 年 1 月 15 日去世。他的遗产执行人是他的儿子托马斯·F. 派珀（Thomas F. Piper）、小威廉·T. 派珀（William T. Piper, Jr.）和霍华德·派珀（Howard Piper），三人是本案原告。威廉于 1969 年 1 月 8 日向受赠人赠与派珀投资（Piper Investment）公司和栗子花（Castanea）公司发行的所有股票，受赠人包括威廉的儿子小威廉·T. 派珀和威廉创建的 11 个信托基金，这些信托基金在赠与时成立，基金的受益人是威廉的 11 个孙辈。1969 年，申报人向宾夕法尼亚州匹兹堡市的地方税务局局长提交赠与税申报表，申报的对象包括派珀投资公司的股票和栗子花公司的股票，每股的申报价值分别为 76.68 美元和 158.59 美元。该申报价值是在每家公司的净资产价值（net asset value）基础上折价 25% 后得出的，折价的原因是受赠股权为少数股权。两家公司的净资产价值是根据公司在纽约证券交易所和华盛顿证券交易所公开交易的股价最大、最小值计算得出。加之证券法的限制和资本利得税适用 2% 的折价，遗产管理人对两家公司的股票估值后认定每股价值为 53 美元。被告人联邦税务局认为赠与税申报不足，少申报的税款为 411839.57 美元。税务局对派珀投资公司的股票估价为每股 101.89 美元，对栗子花公司的股票估价为每股 226.15 美元。

以下是关于相关案情的详细介绍。

（一）派珀投资公司和栗子花公司的基本情况

派珀投资公司于 1959 年 12 月 8 日在内华达州登记成立。栗子花公司于 1962 年 8 月

9日在宾夕法尼亚州登记成立。派珀投资公司发行了12125股普通股，栗子花公司发行了10000股普通股。两家公司都没有其他类型的股票。最初成立这两家公司的资金都来自派珀航空器制造公司（Piper Aircraft Corp，下称PAC），PAC以其普通股向两家公司出资，并获得两家公司的全部股份。具体如下：威廉将2.5万股PAC普通股转让给派珀投资公司，换取派珀投资公司12125股普通股；将4.5万股PAC普通股转让给栗子花公司，换取栗子花公司10000股普通股。在PAC向两家新成立公司转移股份的行为发生时，威廉拥有的PAC的股份的计价基础（basis）每股少于1美元。PAC作为股东拥有新成立的两家公司的股权的计价基础和PAC转让的股权计价基础一致（即每股少于1美元）。在赠与时，派珀投资公司持有37500股PAC普通股，栗子花公司持有67500股股票。

栗子花公司和派珀投资公司是威廉在会计师沃伦·G. 勒福特（Warren G. Lefort）的建议下成立的，目的是进行税务筹划，减少股息分红的所得税（income taxes on the dividends），同时保持他对PAC股票的控制权。因为关联公司之间的分红可以进行扣除，且适用的企业所得税税率低于威廉的个人所得税税率。为了避免被归类为个人控股公司（personal holding companies），栗子花和派珀投资公司都购买了不动产，并使得从不动产租赁中获得租金收入作为公司收入的重要部分。1961年，派珀投资公司购买了密苏里州欧弗兰的不动产，并将其长期租给b.f. 古德里奇公司（b.f. Goodrich Co.）。在1966年，派珀投资公司购买了位于宾夕法尼亚州匹兹堡的不动产租赁权（leasehold interest），并迅速将该不动产转租给麦克卡车公司（Mack Trucks, Inc.），签订了长期租约。上述购买不动产的部分资金来自抵押贷款，其中一部分是以派珀投资公司持有的PAC股票作为抵押从商业银行获得的借款。派珀投资公司在密苏里州欧弗兰的不动产价值为535600美元，在宾夕法尼亚州匹兹堡的不动产价值为394000美元。

栗子花公司在成立后不久购买了位于纽约州斯塔滕岛的不动产，并在此建造了一座仓库，把仓库长期租给b.f. 古德里奇公司。不动产购买费用与仓库建设费用来自商业银行的借款，以栗子花公司拥有的PAC股票作为抵押。1969年1月8日，栗子花公司在斯塔滕岛的不动产的公允市场价值为1435000美元。

派珀投资公司和栗子花公司的股票从未在美国证券交易委员会（SEC）登记，也未在任何交易所上市，同时也没有通过经纪商等其他途径进行过交易。这两家公司从未私下出售股份，也没有向威廉的三个儿子发出购买其股票的要约。栗子花公司或派珀投资公司从未向股东支付过股利，也从未向股东支付过工资或其他薪酬。

栗子花公司和派珀投资公司持有的10.5万股PAC股票尚未在美国证券交易委员会登记。威廉、小威廉·T. 派珀或信托的受益人、受托人都未曾要求该股票在证券交易所进行登记或要求PAC进行登记时将新成立的两家公司持有股份的信息做附带登记。从1961年至1969年1月8日，PAC未曾就该股票向美国证券交易委员会申请登记，1969年1月8日之后，PAC也没有考虑申请登记的事宜。

(二) PAC 的基本情况

派珀航空器制造公司（PAC）是一家轻型飞机制造商，1937 年在宾夕法尼亚州登记成立。1969 年 1 月 8 日，PAC 的普通股在纽约证券交易所上市。1969 年 8 月 10 日以后，PAC 共发行普通股 1644890 股。在赠与之前，威廉拥有 73920 股 PAC 普通股，间接持有股份 105000 股。派珀家族（包括威廉、他的配偶、他的直系后裔以及其配偶）拥有 465783 股 PAC 普通股，约占发行股份 28%。在赠与时，威廉是 PAC 的董事长。在赠与之日，他的儿子小威廉·T. 派珀（William T. Piper, Jr.）是 PAC 的总裁，另外两个儿子是副总裁，三个儿子都在董事会，另外还有四个董事。1969 年 1 月 8 日（即赠与日），PAC 普通股在纽约证券交易所的平均交易价格为每股 53 美元。当日，超过 20000 股 PAC 普通股在纽约证券交易所交易。

二、争议焦点

本案争议焦点在于，在 1969 年 1 月 8 日（即赠与日），威廉向受赠人赠与的派珀投资公司和栗子花公司的股票价值。在赠与税申报表中，派珀投资股票的申报价值为每股 76.68 美元，栗子花股票的申报价值为每股 158.59 美元。被告人税务局对派珀投资公司的股票估价为每股 101.89 美元，对栗子花公司的股票估价为每股 226.15 美元。

三、判决

（一）主要结论

本法庭认为，1969 年 1 月 8 日，派珀投资公司和栗子花公司持有的 PAC 股票价值为每股 46.64 美元，派珀投资公司的股票价值为每股 85.55 美元，栗子花公司股票的价值为每股 176.80 美元。

以下是法庭对本案做出的主要结论：

（1）根据 1993 年《证券法》，赠与者是 PAC "控制人"（control person）。两家公司持有 PAC 的股票，赠与者有权要求 PAC 登记该股票。因此，在确定两家公司的资产净值（net asset value）时，它们所持有的 PAC 股份应该被视为限制性股票。这些股票的价值应以该股票在赠与日于纽约证券交易所的交易价格为基础，并减去登记费用与出售费用后得出的价值。

（2）在评估上述两家公司净资产时，无须增加因预付或缓交费用可能带来的价值增值。

（3）两家公司可能会出售其持有的 PAC 股份，因此需缴纳资本利得税。但公司的资产净值不因潜在的资本利得税而减少。

（4）两家公司的投资组合并不多元化，应进一步折价。

（5）由于赠与的股份缺乏市场性，应进一步折价。

（二）具体分析

《美国联邦国内收入法典》第 2512（a）节第 5 条规定，如果赠与对象是财产，则赠与价值为在赠与之日该财产的价值。本案原被告双方已对相关财产的估价方法基本达成一致意见，即都认可应计算投资公司持有的资产，然后对净资产价值折价，得出股票的公允市场价值。折价的原因有两个：一是公司持有的非多元化投资组合，二是公司的股票难以出售。原告认为还应该适用其他折价。双方就如何对公司的净资产进行估价以及对净资产价值应适用的折价比率存在分歧。

1. 净资产价值（net asset value）

两家公司的资产包括现金、不动产和 PAC 的股票。在估价日，派珀投资公司持有 37500 股 PAC 普通股，栗子花公司持有 67500 股 PAC 普通股，PAC 普通股在纽约证券交易所上市。两家公司在成立时从派珀手中获得了 PAC 股票。如前所述，它们的 PAC 股票未登记，威廉也没有要求登记。

此外，每家公司的资产负债表上的资产项目下有一项"预付费用"与"递延费用"。递延费用与预付费用是在购买不动产和不动产租赁权时为获得资金产生的专门费用，这些费用在融资和租赁期间分期摊销。

（1）PAC 股票登记与转受限制。《美国联邦国内收入法典》规定，在赠与税申报中，上市公司股票的公允市场价值通常为赠与日的最高报价和最低报价（the highest and lowest quoted selling prices）的平均值。但是，判例表明，如果股票受到联邦证券法的转售限制，是限制性股票，不能在公开市场上自由出售，则应考虑转售限制对股票价格的影响。法庭须判断派珀投资公司和栗子花公司拥有的 PAC 股票是否为限制性股票，如果是，应使用多少折价率来反映转售限制对股票市场价格的影响。

1933 年《证券法》第 15 条第 15 款禁止在州际贸易中或通过邮件出售未登记证券；但是，免除登记义务的证券不适用此限制。该法还规定，除了证券发行人、承销商和经销商，其他任何人的证券交易均可免除登记义务。"承销商"在《美国法典》中的定义为"为出售证券从发行人处购买证券的人，或直接或间接参与此类业务的人"。"发行人"除了包括发行人外，还包括"直接或间接控制发行人的人、由发行人直接或间接控制的人以及与发行人共同直接或间接控制的人"。《证券条例》规定，在收购股票后相对较短的时间内出售股票（a distribution of stock），可证明最初的收购意图是为了出售股票，而不是为了投资。因此，以出售（而非投资）为目的的人从"控制人"处取得未经登记的 PAC 股票，将会受到转售限制。

原告认为，由于威廉、派珀投资公司和栗子花公司是 PAC 的"控制人"，所以派珀投资公司和栗子花公司拥有的 PAC 股票不能免除登记义务。派珀投资公司和栗子花公司拥有的 PAC 股票未登记，因此受到转售限制。被告人的立场是：原告未履行其证明义务，以证明威廉、派珀投资公司或栗子花公司为 PAC 的"控制人"或"承销商"；因此，派珀投资公司和栗子花公司拥有的 PAC 股票免除登记义务，没有转售限制。此外，被告指出，假设承认上述人员为"控制人"，原告亦没有证明以下观点：在上述人为"控制人"的情况下，他们无法要求 PAC 登记股票，导致 PAC 股票被视为限制性股票，并进而对该股票 1969 年 1 月 8 日的公开交易价格产生影响。

法庭不同意被告人的观点。"控制"是一个广义的概念，一家公司的控制人不仅仅是指拥有大部分股票的人。《证券交易委员会规则》把"控制"定义为"一个人通过拥有有表决权的证券或通过合同规定等其他方式，直接或间接地指引或决定公司的管理方式和政策方向"。简而言之，"控制"是一个事实问题，在具体案件中应根据具体的情形做出判断，判断过程中考量的因素包括投票权以及对公司的管理和政策产生影响的其他手段。具体在本案中，派珀家族（包括威廉及其配偶、直系后代和他们的配偶）在 1969 年 1 月 8 日持有 465783 股 PAC 普通股，约占 1644890 股流通股的 28%。威廉个人持有 73920 股，通过派珀投资公司和栗子花公司持有 105000 股。威廉担任 PAC 董事会主席，在其他 7 名董事中，有 3 名是他的儿子。他的儿子也是公司的首席执行官。根据上述情形，法庭认为原告的结论是正确的，即由于其本人及其家族持有的股票和享有的管理权，威廉应被视为 PAC 的"控制人"。

原告认为，由于威廉是"控制人"，所以派珀投资公司和栗子花公司通过威廉间接控制或共同控制 PAC，因此他们持有的 PAC 股票是限制性股票。法庭虽然认同在估价时应把两家公司持有的 PAC 股票视为限制性股票，但依据的理由与原告提出的不同。威廉创建两家公司并向这两家公司转让他所持有的 PAC 股票，目的是进行税务筹划并保持对股票的控制。这两家公司的其他资产中，唯一重要的是长期租赁的不动产。在这种情况下，如果威廉出售派珀投资公司和栗子花公司股票，则很可能被视为他作为"控制人"间接转让 PAC 的股票，因此，如果买方不是法定承销商，就不能立即转售其股票。

《证券法》的转售限制对 PAC 股票价值有何影响，各方有不同的观点。原告认为该限制使得 PAC 股票只有通过私募方式（a private placement）并对市场价格大幅折价后才能出售。被告人则认为该限制带来的折价不应超过登记股票并出售已登记股票所需要的成本。

根据判例规定，"控制人"包括有权要求发行人进行股票登记的人。PAC 的"控制人"有权要求 PAC 登记其股票，即使合同未明确约定该权利。原告主张，"控制人"在法律上拥有要求发行人进行股票登记的权利，但却因各种实际障碍而无法行使该权利。原告进一步指出，登记股票可能会导致内部信息被提前披露，并可能使公司因虚假陈述而承担责任。因此，如果控制人对其股票要求进行股票登记，可能违反控制人对其他股东的诚信义务（fiduciary duty）。上述因素可能会阻碍控制人提出股票登记的要求，最终妨碍股票登记行为的实现。法庭同意原告的观点，即在特定情况下，上述的障碍都可能阻止"控制人"要求发行人登记股票。但是，上述障碍仅仅是理论层面的，原告未能将这些可能存在的障碍与威廉、派珀投资公司、栗子花公司和 PAC 的实际情况联系起来。原告的证人只是抽象地推测这些困难与障碍，举证不够充分。

原告认为派珀投资公司和栗子花公司所持的 PAC 股票登记后，PAC 或其股东将受到损害。但法庭认为，尽管 PAC 多年未公开发行股票，并且没有考虑在 1969 年发行股票，但其股票是公开交易的，没有任何证据表明在对派珀投资公司和栗子花公司持有的 PAC 股票进行登记后，会对 PAC 及其股东产生不利影响。1967 年，PAC 股票在纽约证券交易所每周平均交易量为 2 万股。从 1968 年 1 月到 1968 年 9 月 27 日，平均每周约 9000 股，从 1968 年 9 月 27 日到 1968 年 12 月 27 日，平均每周交易量接近 7000 股。从这些交易量中可以看出，为避免对 PAC 股票价格产生不利影响，承销商可能在合适的时机出售派珀投资公司和栗子花公司拥有的 10.5 万股股票。

与公司简单地定期提交报告相比，美国证券交易委员会会更仔细地审查股票登记申请，并要求提供更多的数据。但是，原告未提供证据证明在估价日当天，存在公司不愿透露的内幕信息，或无法提供登记所需要的信息。除此之外，威廉和派珀家族通过持股和担任高级管理人员或董事，在 PAC 拥有特殊的权力。PAC 的 8 名董事中有 4 名并非派珀家族成员，但原告承认，"所有董事都受到威廉的影响。"

综上，法庭认为在纽约证券交易所对股票进行登记的确是存在一定的障碍，但根据现有证据，原告未能充分证明股票登记存在重大障碍而无法登记。

（2）PAC 股票的估价。现在转向对派珀投资公司和栗子花公司持有的 PAC 股票进行估价。法庭同意股票登记会耗费时间等成本，但是对已经登记并在纽约证券交易所上市交易的 PAC 股票分析后，法庭认为股票登记对股票价值的影响较小。

派珀投资公司和栗子花公司持有的 PAC 股票，如果已登记，则该股票可以在纽约证券交易所出售。如果股票可以在证券交易所出售，股票的交易价格通常是确定股票价值的最佳证据。1969 年 1 月 8 日，PAC 股票在纽约证券交易所以每股 53 美元的价格交易。这价格处于之前 4 年的高价和低价范围之间，但法庭不以该价格作为在估价日已登记 PAC 股票的公允市场价值，因为还要考虑未登记的折价影响。被告的证人奥法雷尔（O'Farrell）认为，PAC 股票的登记和出售（distribution）成本（包括登记期间价格变动的风险）等于股票价值的 12%。原告没有反驳上述观点，只是主张两家公司持有的 PAC 股票无法登记。原告的专家证人威廉姆斯（Williams）认为，12% 的折价是合理的。因此，法庭认为派珀投资公司和栗子花公司持有的 PAC 股票的价值是纽约证券交易所的销售价格折价 12% 后得出的价值，该价值为每股 46.64 美元。

（3）预付费用或递延费用。截至 1969 年 1 月 8 日，在资产负债表上，派珀投资公司和栗子花公司发生了递延费用（deferred expenses）和预付费用（prepaid expenses），这些费用是与抵押贷款、租赁准备相关的费用，且可以在贷款期内或租赁期内摊销。原告认为，这些费用实际上是其他资产的成本，投资公司股票的潜在购买者不会为此支付额外的价格，除非购买者能够从这些费用的摊销中获得间接的税收利益。被告认为，这些已经支出并可摊销的费用是除税收利益外具有其他价值的无形资产，因此应计入两家公司的净资产。但法庭并不认可，原因是租赁准备费用是获得租赁财产的成本，获得贷款有关的费用是获得相关贷款的成本。因此，除税收利益外，如果这些费用具有其他价值，该价值已经反映在其他资产的价值中，不需在净资产中重复计算。被告根据洛夫乔伊诉税务局案（Lovejoy V. Commisioner, 18 BTA 1179 (1930)）以及类似案件，主张在贷款或租赁期限内可以从净资产中扣除为获得贷款和租赁而支付的费用。法庭认为被告选择的案件不具有先例作用，洛夫乔伊案为计算所得并缴纳所得税，需在贷款期限内或租赁期限内摊销这些费用，但并不意味着这些费用在估价时对潜在购买者有独立的价值。

就递延费用和预付费用所产生的税收利益的价值而言，原告承认其存在，但坚称其数额太小且具有推测性，在估价时不应考虑。派珀投资公司和栗子花公司的总资产净值为500万美元，与这些费用产生的税收利益相比，差距巨大。法庭对上述观点表示认可，因为潜在买家会忽略这些微不足道的税收利益，因此在估价时可以将这些费用产生的价值视为零。

综上，法庭认定1969年1月8日派珀投资公司的净资产值为1922837美元或每股158.58美元，栗子花公司的净资产值为3277134美元或每股327.71美元。

2. 投资组合的折价（portfolio discount）

双方都认为，由于投资公司的投资组合并不多样化，派珀投资公司和栗子花公司的股票价值会因此折价，导致股票价值低于净资产价值。然而，双方对于折价率多少存在争议。被告认为应该折价10%，这个比例介于被告的两位专家证人提出的折价率之间。原告主张折价应超过17%，即被告的两位专家所建议的折价率中较高的一个。

被告的专家奥法雷尔和默克（Mock）在确定投资组合折价时采取了类似的方法。默克根据14家非多元化投资公司的净资产价值的平均折价率，提出了低于净资产价值7.7%的折价率。奥法雷尔研究了24家公开交易的封闭式投资公司的市场价格与资产净值之间的关系，发现存在16.7%的折价到82.4%的溢价不等。最后得出，由于派珀投资公司和栗子花公司的投资组合相对缺乏吸引力，应适用最高折价约17%。法庭认为默克的方法略优于奥法雷尔的方法，因为默克将可比性参照公司限于非多元化投资公司；但是法庭不同意他适用的折价率，因为默克选用7.7%的折价率意味着派珀投资公司和栗子花公司的吸引力低于非多元化投资公司的平均水平（即法官认为不应选择非多元化投资公司的平均折价率作为派珀投资公司和栗子花公司的折价率）。

原告的专家威廉姆斯认为，从默克分析的投资公司中可以得出，投资公司资产的规模与净资产价值的折价率之间存在负相关关系。他认为，由于派珀投资公司和栗子花公司资产规模较小，派珀投资公司和栗子花公司只能与默克分析的公司中三家最小的公司比较，三家公司的平均折价率超过40%。所以派珀投资公司和栗子花公司的折价率应高于奥法雷尔所分析的公司折价率的最高值，但是，由于原告没有对此提供相关数据，法庭无法评价威廉姆斯先生的观点。

综上，根据现有证据，法庭认为被告专家默克选择的折价率过低，但原告未能提出充分的证据支持其主张的折价率。

3. 缺乏市场性的折价

派珀投资公司和栗子花公司的股票未登记且未上市。到估值日为止，这些公司的股票完全由威廉持有。两个公司没有股票交易历史，威廉的儿子（即遗产的共同执行人），未曾收到购买股票的要约。由此得知，这两家公司的股票缺乏市场性与可销售性。这两家公司的股票与 PAC 的股票形成了鲜明的对比，PAC 的股票已经预先登记并且可上市交易。被告的证人奥法雷尔和原告的证人威廉姆斯都认为，由于派珀投资公司和栗子花公司对公众来说是不知道的，它们的股票未登记，公司的专业资产（specialized assets）对公众的吸引力又有限，因此，这些公司的股票的合适销售方式应是二次公开发行（secondary public offering）。前述客观事实法庭认同，但法庭不认可股票最合适的销售方式是上市发行，因为专家证人没有提供公开发售是处置两家公司股票最有效的途径的证据。法庭必须再次强调，本案中被估价股票的情形与 PAC 公司已注册发行并处于活跃交易中的股票是具有很大差异的。

由于两家公司持有的 PAC 股票存在转售限制，而且它们的资产不具有多样性，被告认为，对派珀投资公开发售的成本再进行额外折价是不必要的。但是亦承认，由于派珀投资公司和栗子花公司的股票无法在公开市场上交易，而且这些被赠与的股权又是公司的少数股权，加剧了两家投资公司投资的风险。

奥法雷尔认为，在私募（private placement）中出售派珀投资公司和栗子花公司股票需要额外折价24%。他从机构投资者的研究中得出这一折价率。奥法雷尔使用了从1966年1月1日至1969年7月1日，私募市场中一般公开交易的市场价格（ordinary public trading market price）的平均折价率作为两家公司的折价率。原告不认同该折价率的选择，他们认为奥法雷尔在确定折价率时使用的数据有误，并认为栗子花公司不在平均水平上。原告以机构投资者研究结果作为折价率的确定依据，得出折价率为43.8%。法庭根据原告的异议审查了机构投资者的研究。该研究表明在整个研究期间（1966年1月至1969年6月）平均折价率呈增长趋势，收益相对较低的公司的折价率高于平均水平。研究还表明，购买者倾向于在私募二级证券市场（private placements secondary securities）中直接从发行人处购买股票。此外，对于在公开市场活跃度较低的股票，交易者倾向于在私募中以较高折价交易。

综上，法庭对估价日当天私募市场的情况、私募市场中股票的潜在购买者、派珀投资公司和栗子花公司的收益以及其他因素进行综合考虑后，认为派珀投资公司和栗子花公司股票应适用35%的市场性折价。在适用非多元投资组合以及在私募中出售股票带来的折价后，派珀投资公司的每股价值为85.55美元。

4. 其他折价因素

原告主张，还有一些别的因素会减少派珀投资公司和栗子花公司的股票价值，在估价时应当考虑。首先，由于派珀投资公司和栗子花公司的 PAC 股票每股收益低于 1 美元，原告建议估价时扣除潜在的资本利得税。法庭认为，本案对目标公司股权估价采用的是净资产估价方法，这种折价是毫无根据的，因为目前没有任何证据表明两家投资公司有清算的计划（所以股价的低计价基础带来的资本利得税不会被触发）。

原告还主张被赠与的股权价值应该扣除应付的赠与税。判例规定，如果赠与人要求受赠人支付赠与税，则表明赠与人并不打算"赠送"赠与税，在这种情况下应当在扣除赠与税后计算赠与价值。但是，原告并未指出受赠人有义务支付赠与人威廉的赠与税，而且也没有证据表明赠与税最终将由受赠人承担。因此，在计算赠与价值时，不应扣除赠与税。

最后，原告指出，这两家公司的某些特征减少了它们的净资产价值，如这两家公司在管理过程中不关注其投资质量，其不动产长期处于租赁状态和抵押状态。显然，在前述对两家公司净资产估价时已经考虑了这些因素的影响，即不动产的价值、缺乏投资组合而折价与缺乏市场性的折价在对净资产估价时已经被包含在内了。综上，法庭判定，在估价日当天，派珀投资公司的股票价值为每股 85.55 美元，栗子花公司股票的每股价值为 176.80 美元。

四、关于潜在资本利得税是否可以扣除的判例发展

本案认为，使用净资产估价法计算赠与价值时，如果没有证据表明投资公司正准备清算，那么不能扣除潜在的资本利得税。本案法官认为在估价时公司清算具有极大的不确定性与推测性，所以不应将资本利得税对股价的影响考虑在内。

在后续的司法实践中，该案中的上述观点被推翻。1986 年税收改革法案颁布后，法院开始认识到在估价时可以扣除资本利得税。但是，该法颁布后到 1998 年之前，法院仍坚持之前的立场，不予扣除资本利得税，比如在卢顿诉联邦税务局案［Estate of Luton v. Comm'r, 68 T. C. M. (CCH) 1044 (1994)］中，法官坚持保守的立场，把高度不确定的资本利得税的现值视为零。但 1998 年之后，税务法庭开始改变立场。在戴维斯诉联邦税务局案［Estate of Davis v. Comm'r, 110 T. C. 530, 1998 WL 345523 (1998)］中，由于被估价公司缺乏市场性，税务法庭在估价过程中适用了市场性折价，扣除了 2800 万美元。税务法庭指出，其中 900 万美元的折价可以归因于上市公司股票的资本利得。至此，税务法庭承认，资本利得可以作为市场性折扣的一部分而扣除。在埃森伯格诉联邦税务局案［Eisenberg v. Comm'r, 155 F. 3d 50, 57 (2d Cir. 1998)］中，法庭认为自愿的买方会考虑资本利得税迟早需要支付的事实，并要求在估价时扣除该税款。这个问题的重点不在于一个假设的自愿买方打算如何处理财产，而在于他在购买时考虑的因

素对财产的公允市场价值有何影响。后续又出现了詹姆士诉联邦税务局［Estate of Jameson v. Comm'r, 267 F. 3d 366（5th Cir. 2001）］和邓恩诉联邦税务［Estate of Dunn v. Comm'r, 301 F. 3d 339（5th Cir. 2002）］等案件，进一步探讨了如何对资本利得税进行扣除计算。例如，邓恩一案中假设所有的资产都在估价日清算并出售，100%的资本利得税抵消了股票的股票市场价值。后续出现的杰尔克诉联邦税务局案（Estate of Jelke v. C. I. R.）认为邓恩案估算扣除值的方法使得估价兼具实用性和合理性，故沿用了邓恩的扣除方法。在杰尔克案中，法官需估算在杰尔克死亡之日被估值公司的资产净值，结果是假定杰尔克死亡之日发生了公司清算并出售了其全部资产，法院判决最终允许扣除了5100万美元资本利得税。

案件二十二　弗里曼诉美国联邦税务局

(Estate of Ross H. Freeman, Deceased, Dennis Hersey, Executor, Petitioner, v. Commissioner of Internal Revenue, Respondent)

案　　号：T. C. Memo. 1996-372
受理法院：美国联邦税务法院
判决时间：1996年8月13日

一、案件事实

死者弗里曼（Freeman）于1989年10月22日去世。死者的遗产包括赛灵思（Xilinx）公司的702000股普通股与13333股普通股期权（an option to acquire an additional common shares）。原告丹尼斯·赫西（Dennis Hersey）是遗产执行人，他按时提交了遗产税申报表，以每股1.05美元的价格申报遗产税。1993年7月21日，被告人税务局发出一份函件，指出遗产税申报不足，并将股票价值估价为每股4.94美元，遗产税应增加1489660美元。税务局认为在死者的遗产中某些股票与股票期权（an option to acquire additional shares）的价值比申报价值高，因此做出上述调整。原告不同意该调整。

以下是关于赛灵思公司、原告专家意见与被告专家意见的介绍。

（一）赛灵思公司

1. 组织机构

赛灵思公司是加利福尼亚州的一家公司，成立于1985年。死者是公司的创始人之一。该公司从事半导体及相关器件的生产，是可编程逻辑器件（programmable logic devices）领域的领导者。该公司的会计年度截止日为每年3月31日（下文所指的公司某一特定年度的财务数据，是指截至该年度3月31日的会计年度的财务数据）。

2. 资本结构

在死者去世时，公司已发行一个系列普通股（common stock）和八个系列的优先股（preferred stock）。除F系列优先股外，所有优先股均可按1∶1的比例转换为普通股。F系列优先股可按优先股1股与普通股1.05股（1∶1.05）的比例转换。

3. 财务绩效

从 1986~1989 年，公司的收入（revenue）和净收入（net income）如表 22-1 所示。

表 22-1　　　　　　　　　赛灵思公司的收入和净收入　　　　　　　　单位：美元

年份	收入	净收入
1986	435000	4928000
1987	4375000	5080000
1988	13755000	1689000
1989	30445000	4382000

4. 私募股权

自成立以来，该公司以 1~4 美元的价格出售了 13331060 股优先股。为与销售代表分享公司盈利带来的直接经济利益，1989 年 8 月 24 日，公司以每股 1.25 美元的价格向公司的外部销售代表出售了普通股。1989 年 12 月 8 日，公司以每股 2.25 美元的价格向公司的外部销售代表出售了普通股。

在 1989 年 7 月 7 日、12 月 8 日和 12 月 31 日，某些员工分别以每股 1.25 美元、2.25 美元和 2.25 美元的价格获得激励性股票期权（incentive stock options），这些期权的行权时间都在五年以上。

5. 公开发售

1989 年 8 月 24 日，公司董事会会议讨论了首次公开募股的可行性。1990 年 6 月，该公司首次公开发行股票（initial public offering），每股价格为 10 美元。

6. 技术共享协议

1986 年 6 月 9 日，该公司与蒙娜利斯克记忆公司（Monolithic Memories，下称 MMI）签订了为期 3 年的技术共享协议，该协议规定 MMI 有权与该公司共享某些技术。1987 年 4 月，超微半导体（Advanced Micro Devices，下称 AMD）收购了 MMI 并继受了 MMI 在该协议的权利。1990 年，协议终止。

（二）被告的专家意见

被告的专家证人是赫伯特·T. 斯皮罗（Herbert T. Spiro），他出具了一份书面报告，并得出以下结论，截至 1989 年 10 月 22 日，根据非流动性少数股权基准（on an illiquid minority basis），该股票的公允市场总价值为 3530575 美元，即每股 4.94 美元。随后，被告发现斯皮罗的报告存在计算错误，并对斯皮罗的结论进行了修正。修正后股票价值为 3004399 美元，即每股 4.20 美元。

为得出估价结论，斯皮罗考虑了众多因素并做出相关分析：①对公司经营业绩和财务状况的分析；②对美国经济和半导体产业的分析；③在估价日后对经营状况的预测（a forecast of operations after the date of valuation）；④对可比性的同类上市公司（comparable publicly traded companies）的股票价格进行调查。斯皮罗主要根据公司年度报告对公司财务状况进行分析，时间跨度为1985年到1990年上半年。1990年上半年，公司的收入（revenue）为21771000美元，如果上半年与下半年收入相当，1990年全年收入应为43442000美元，比1989年增加43%。但是，斯皮罗认为，由于公司过去的收入持续增长，1990年下半年收入应持续增长。因此，他预计公司1990年收入增长率将超过43%。斯皮罗发现，与1989年半导体行业25%的增长率相比，该公司的增长率是相对较高的。在行业内，该公司的收入增长率高于绝大多数的同类上市公司（只有一家公司除外）。1990年上半年，该公司的营业收入（operating income）为3606000美元，如果按年计算，则为7212000美元。但是，斯皮罗认为，1990年下半年的收入将持续增长，而且支出占收入的比例持续下降，因此1990年的营业收入将更多。他预测，该公司1990年的营业收入为8846000美元。在对公司财务状况进行分析时，斯皮罗还调查了公司的毛利率（gross profit margins）、研发费用、营销费用、日常费用、管理费用、利息收入和支出、税务状况、盈利能力、资产、负债和账面价值（book equity value）。

斯皮罗使用收入法和市场法确定股票的价值。根据收入法，斯皮罗对未来的销售额、费用和税额做出假设，预估了5年内可分配的现金流量（cash-flow available for distribution）。他计算了收入流（income stream）的现值，并加入一定金额，以反映公司在5年后的价值。然后，他将结果除以在估价日已发行的股票数量，得出每一股的价值，即每股5.65美元。由于该公司的股票在估价日并未具有流动性（not readily marketable），所以他采用了流动性折价（liquidity discount）。在平均折价率为35%的情况下，他选择采用10%的折价率。之所以选择较低的折价率，是因为他认为该公司很可能会首次公开发行股票，依据在于：①公司的很大一部分股权属于风险投资家；②近期类似公司有公开发行的做法；③他认为死者应知道公司已经采取公开发行股票的相关措施，并且会向潜在买家传达。综上，斯皮罗使用收入法计算出每股公允市场价值为5.09美元。

根据市场法，斯皮罗首先列出与该公司类似的上市公司名单。然后，他选取了与该公司的每股收益和每股收益增长非常接近的3家公司。他利用某些市场价值指标（例如，股价与近期收益的比率）来得出这些公司股票的市场价值，并取三者的平均数，得出股票价值为每股5.41美元。斯皮罗采用10%的流动性折价率（与收入法相同），最终得出股票价格为每股4.87美元。

然后，斯皮罗对收入法和市场法下得出的结果分配了不同的权重。由于该公司是增长快的初创公司，对其财务绩效进行预测的困难度较高，导致收入法适用难度较高，因此，斯皮罗更重视运用市场法得出的结果。它对市场法与收入法得出的结果分别分配70%与30%的权重。最后，他得出该公司股票的公允市场价值为3530575美元，每股4.94美元。

在运用收入法计算公司 5 年后的价值时，斯皮罗存在计算错误。纠正这一错误后，在收入法下得出的股票价值为每股 2.63 美元，加权平均后该公司股票的公允市场价值为每股 4.20 美元，即所有股票价值 3004399 美元。

（三）原告的专家意见

原告的专家证人大卫·L. 克莱姆（David L. Klemm）出具了一份书面报告，并在报告中得出以下结论，截至 1989 年 10 月 22 日，按少数股权（minority interest）的基准，该股票的公允市场价值为 729700 美元，即每股 1.02 美元。

为了得出结论，克莱姆参考了以下信息：

（1）公司 1986~1989 年的财务报表。
（2）截至 1989 年底的设备清单和折旧表。
（3）行业信息。
（4）有关美国经济的信息。
（5）类似上市公司的信息。
（6）对公司总裁伯纳德·V. 冯德施米德（Bernard V. Vonderschmitt）的采访。

克莱姆没有分析 1990 年前 6 个月公司的财务报表。他分析了 1990 年第一季度的财务业绩，发现该季度的收入和税前收入（pretax earning）水平与前两个季度的水平基本相同。克莱姆没有对未来增长率或销售额做出预测。克莱姆根据以下三个因素进行估价：①公司 1989 年净收入的资本化（a capitalization of the corporation's 1989 earnings）；②公司 1989 年收入（revenue）的资本化；③基于 1989 年底每股账面价值（book value per share）的股权回报率（return-on-equity）。在对上述指标进行分析的过程中，克莱姆只采用了"道琼斯工业平均指数的市盈率"（price/earnings ratio of the Dow Jones Industrial Average），没有对与该公司同类的其他公司进行分析。

克莱姆曾出具过一份股票估价报告，并作为遗产税申报表的附件交予税务局。在之前的这份报告中，克莱姆列出了与该公司类似的 8 家上市公司。但是，在现在这一份报告中，克莱姆只提到一家公司——拓郎半导体公司（Altera Corp.），而在估价过程中却没有对该公司进行分析。

通过运用不同的估价方法，克莱姆得出了对股票价值有评估作用的三项指标（见表 22-2）。

表 22-2　　　　　　　　克莱姆得出的指标值　　　　　　　　单位：美元

方　　法	价值
净收入（earnings）的资本化	1.87
收入（revenue）的资本化	1.75
股票市净率（Price/book value）	1.48

关于上述结果的权重分配问题，克莱姆认为评估股权价值时，参考净收入资本化的权重应该最大，市净率次之，收入资本化权重最低，但他并未解释原因。克莱姆进一步得出，1989年10月22日，每股股票的公开交易价值（publicly traded equivalent value）为1.70美元。然后，克莱姆对每股1.70美元的价值进行了两次折价。由于该股票为少数股权，他采用了20%的折价。同时，该股缺乏一个成熟的公开交易的市场（established market），他采用了25%的折价。最后，克莱姆得出的结论是，在少数股权的基础上，股票的公允市场价值为729000美元，即每股1.02美元。

在对公司总裁伯纳德·V.冯德施米德的采访中，克莱姆没有询问1989年10月22日公司是否有公开发行股票的计划。他在估价时没有考虑该公司公开发行股票的可能性。

二、争议焦点

本案争议焦点在于：估价日即1989年10月22日，遗产股票与股票期权的公允市场价值。原告主张，股票的价值是每股1.02美元；被告人（即税务局）主张，股票价值不低于每股4.20美元。

三、判决

哈尔彭（Halpern）法官在分析后认为，1989年10月22日遗产股票每股公允市场价值为4.20美元，遗产股票为715333股，总价值为3004399美元。原告对遗产股票的估价过低，哈尔彭法官支持被告的估价决定。

以下是哈尔彭法官对本案做出的具体分析。

（一）诉讼主张

被告人税务局主张，股票价值不低于每股4.20美元，被告对之前4.94美元的主张做出让步，法庭以让步后的主张为准。原告即纳税人主张，股票的价值是每股1.02美元。但是，原告在诉讼中未提出此问题并提供证据，法庭对此不予回应。

（二）适用法律

《美国联邦国内收入法典》第2001（a）条规定，死者为美国公民或美国居民，应对其遗产的继承与转让（transfer）缴纳遗产税。第2031（a）条规定，死者遗产的价值为该遗产在死者去世时的价值，遗产包括动产、不动产、有形财产和无形财产。

估价以公允市场价值（fair market value，FMV）为标准。《美国联邦国内收入法典》第2031-1（b）条将公允市场价值定义为：财产在自愿买方和自愿卖方之间转手的价格，交易过程中没有强制买卖，且双方对相关事实有合理的认识。判例法规定，在确定公允市场价值时，可考虑在估价日可合理预见的未来事件的影响。根据《美国联邦国内收入法典》第 2031（b）条的规定，对非上市股票或证券估价时，法官应当参考在同一行业或类似行业中公司上市股票或证券的价值。

（三）专家意见

原告和被告都依赖专家证词来确定死者死亡之日的股票价值。被告的专家证人是斯皮罗；原告的专家证人是克莱姆，此外，原告还有两名普通证人伯纳德·V. 冯德施米德和弗兰克·夸特隆（Frank Quattrone），他们未对股票的价值发表意见。

关于股票的估价，本案法官在很大程度上依赖专家证词来确定股票的价值。哈尔彭法官认为斯皮罗的估价具有说服力，并根据他的估价（经过被告人更正）确定股票的价值，而克莱姆的估价存在问题。

1. 原告的专家意见

（1）估价方法。为了确定 1989 年 10 月 22 日公司普通股的市场价格，克莱姆主要依靠三种估价方法，即分析净收入资本化、收入资本化和股本回报率得出股票价值。他的目的是寻得估价日当天被估价股权的市场价格。在三种方法中，该公司股票的市场价格是未知的，未知的市场价格与两个变量相关：一个与公司相关，例如净收入（variables particular to the corporation）；另一个反映市场，即与该公司类似的上市公司有关的变量（market variables）。针对上述证据，法院认为克莱姆没有找出与被评估公司类似的公司，亦没有运用相关数据来得出合适的反映市场的相关变量。在认定的事实中，法院认为在寻找相似公司的问题上，克莱姆先前的报告与其专家证词之间存在差异。在之前的报告中，克莱姆列出了与该公司类似的 8 家上市公司，而在专家证词中仅提及一家相似公司。克莱姆试图在口头证词中解释这种差异，并要求对专家证词进行修改，把先前报告中涉及的相似公司补充进去。法庭无法理解克莱姆前后不一致的做法，也不接受他对此做出的解释。因此，哈尔彭法官认为他对反映市场的变量（例如资本化率）分析不足，不予采信。此外，针对原告专家的口头证词，法庭严重怀疑所谓"专家"对所选择的估价方法是否有充分的把握。仅此一点，就足以使得法庭对估价方法得出的结论不予采信。

本案法官认为克莱姆在估价过程中忽视了公司的动态增长（dynamic state）问题——该公司自成立以来在收入和净收入方面都取得了显著的增长。关于未来的净收入和收入是否可能与 1989 年不同（即收入和净收入将继续增长）这一问题，克莱姆在对市场变量和公司变量进行分析时都没有对这一问题做出回应。尽管在原告专家的估价报告中，提及了对未来增长要根据当下的收入与营业额予以考虑，并且也进一步地对 1990 年前 6 个月的收入表进行了分析（该收入表表明收入和净收益都在持续增长），但是原告专家并未在其所选用的任意一种估价方法中体现对未来收益趋势的考量。这与他在介绍评估方法时的陈述相矛盾。法庭认为,原告专家以静态视角预测公司的未来,这是不正确的。

综上,原告专家克莱姆的估价结果不可靠。

(2) 公开募股(public offering)。公司于1990年6月首次公开发行股票,每股价格为10美元。1989年8月24日,公司董事会会议讨论了首次公开募股的可行性。克莱姆在报告中指出,在与公司总裁伯纳德·V. 冯德施米德的交流中,他没有询问过公司是否有公开发行股票的计划,他在估价中没有考虑公开募股的可能性。

纳税人并未向法庭提供公司不进行公开募股的证据,法庭认为股票的潜在购买者会对股票上市的计划感兴趣,并基于此愿意支付溢价(premium)购买股票。克莱姆在报告中指出,专业的投资公司购买了公司的优先股,且对高科技初创型公司来说,向风险投资家出售可转换优先股(convertible preferred shares)是一种惯例做法。法庭据此认为风险投资家在购买股票时,对公司的后续上市是有所预期的。公开募股实际上发生在死者死亡后的8个月内,并且在死者死亡前公司已讨论过公开募股的可能性。因此,在估价时,应考虑公开发行股票的可能性。然而,原告专家克莱姆没有考虑这一因素,忽略了公开募股的可能性。判例表明,在评估私人持股公司的股票价值时,股票的公开发行价格是必须考虑的一个因素,此外,还需要考虑从估价日到实际发生公开募股中间间隔的时间长短以及股票成功发行的可能性。

(3) 少数股权折价(minority discount)。由于遗产股票为少数股权,克莱姆适用了20%的折价,但法庭并不认可这一折价比例。原告专家并不是采取"先判断公司整体价值,再判断少数股权价值"的方式,他先计算出公司单股股票(a share)的市场价值后乘以股数得出股票价值。法庭认为,在计算公司单股股票价值时,已经将少数股权的情形考虑进来,因此不需要再次折价。

2. 被告的专家意见

本案法庭认可被告对股票的估价。法官认为斯皮罗在估价过程中正确使用了收入法和市场法。在收入法中,被告专家根据未来5年的预测做出收入的调整,法官认为他对基本收入(base revenue)、预期收入增长(expected revenue growth)与预期现金流(expected cash-flows)做出了合理的估算,所以,23.3%的折价是适当的。除了收入法,法庭亦认可斯皮罗对市场法的适用。3家类似公司的选择是合理的,因为这3家公司亦出现在克莱姆先前的那份有可比性公司的报告中。同时,法庭认可斯皮罗提出的10%的流动性折价(liquidity discount),并接受在对股权估值时被告专家对市场法和收入法两种方法得出的结果赋予不同的分配权重。

关于原告对斯皮罗的证词提出反对意见,在上述分析原告证词的判决部分,法庭已对大部分反对意见做出了回应。此外,原告还认为斯皮罗未考虑到1986年6月9日该公司与MMI公司签订的技术共享协议对股票价值的影响。原告认为,该协议使MMI以及后来的继任者AMD有权使用该公司的技术,并可以以更低的价格生产和销售相关产品，因此公司潜在的盈利能力受到不利影响，降低了公司股票的价值。法庭认为，斯皮罗在估价时并非对这一事实置若罔闻。在计算机行业，技术和产品的更新速度很快。因此，如果该协议对公司收入（earnings）有影响，则相关影响很可能在1989年和1990年上半年产生（协议终止时间为1990年）。而斯皮罗估价时主要参考的就是这些时期的财务数据，所以已经将该协议的影响考虑在内。

联邦税务法院认可税务局对公司股权的价值评估结果，维持被告的估价决定。

案件二十三　简达诉美国联邦税务局

(Donald J. Janda, Petitioner v. Commissioner of Internal Revenue, Respondent. Dorothy M. Janda, Petitioner v. Commissioner of Internal Revenue, Respondent)

案　　号：T. C. Memo. 2001 – 24
受理法院：美国联邦税务法院
判决时间：2001 年 2 月 2 日

一、案件事实

1992 年，圣爱德华（St. Edward）管理公司（下称圣爱德华公司）是圣爱德华银行的控股实体，拥有其 94.6% 的股份。简达（Janda）先生担任圣爱德华银行的总裁，其太太出任副总裁。另外，圣爱德华银行雇佣肯尼斯·沃尔夫（Kenneth Wolfe）担任收银员（cashier），还雇佣了 3~4 名出纳员（teller）。截至 1992 年 12 月 31 日，圣爱德华银行股东权益（stockholders' equity）未经调整的账面价值为 4518000 美元，即每股 2008 美元。

在 1992 年 11 月，简达夫妇向其四位子女——罗伯特·简达（Robert Janda）、小唐纳德·简达（Donald Janda, Jr.）、凯瑟琳·穆勒（Catherine Moeller）和康斯坦斯·简达（Constance Janda），以赠与（gift）的形式各转让 6850 股公司股份。在转让时，圣爱德华公司拥有 130000 股已发行股份。因此，转让给每位子女的为圣爱德华公司 5.27% 的股权权益。

在转让之前，简达夫妇及其子女和沃尔夫先生所持有的股份数量和占比如表 23 – 1 所示。

表 23 – 1　　　　　股份转让前圣爱德华公司的股权结构

股东	股票（股）	占比（%）
简达先生	30867	23.74
简达太太	30868	23.74
罗伯特·简达	17066	13.13
小唐纳德·简达	17066	13.13
凯瑟琳·穆勒	17066	13.13

续表

股东	股票（股）	占比（%）
康斯坦斯·简达	17066	13.13
肯尼斯·沃尔夫	1	0.00
总数	130000	100.00

转让后，股东所持有的股份数量发生变化（见表23-2）。

表23-2　　　　　股份转让后圣爱德华公司的股权结构

股东	股票（股）	占比（%）
简达先生	3467	2.67
简达太太	3468	2.67
罗伯特·简达	30766	23.67
小唐纳德·简达	30766	23.67
凯瑟琳·穆勒	30766	23.67
康斯坦斯·简达	30766	23.67
肯尼斯·沃尔夫	1	0.00
总数	130000	100.00*

*由于四舍五入的关系，流通股的百分比之和不等于100%。

截至1992年12月31日，圣爱德华公司的资产负债表显示股东权益未经调整的账面价值为4602732美元，即每股约35.41美元。因此，转让给每位子女的股份的股东权益总额为242559美元。之后，简达夫妇向美国税务局提交了代际转让纳税申报表，申报转让股份的公允市场价值经致同会计师事务所（Grant Thornton）确定，为145357美元。

二、争议焦点

本案的争议点是简达夫妇所转让股份的价值。双方的分歧在于封闭性公司中如何确定股份缺乏控制权的折价（discounts for lack of control or minority interest）和缺乏流通性（lack of marketability）的折价。

三、判决

国会立法对财产赠与征税，应纳税所得额为赠与日财产的公允市场价值。遗产税条例将公允市场价值定义为"买卖双方自愿达成的交易价格，不受任何强迫且对相关事实具有合理的了解"。由于通常无法在市场上获得封闭性公司股票的价格，法庭将通过查看待估公司的净值（net worth）、预期盈利能力（prospective earning power）、股息支付能力（dividend-paying capacity）和其他相关因素来确定此类权益的公允市场价值。此处的其他相关因素包括公司的商誉和管理、公司在行业中的地位、特定行业的经济前景、待估股价对公司控制程度以及从事相似业务公司的证券可用价值。

在本案例中，与大多数估价争议的案件一样，当事人主要依靠专家的意见来确定转让股份的价值。简达夫妇提交了加里·L. 华格伦（Gary L. Wahlgren）先生的评估报告，以确定公司股份缺乏控制权（少数股票权益）和缺乏流通性的折价金额。而税务局则依赖菲利普·J. 施耐德（Phillip J. Schneider）先生所编制的评估报告。

一方面，股东无法控制或影响封闭型控股公司的决策导致少数股东权益的折价；另一方面，封闭型控股公司没有现成的股票市场也会带来缺乏流通性的折价。由于无法控制封闭型控股公司影响投资的流通性，因此两个折价之间有时会有一些重叠。

法庭在接受专家证词方面拥有广泛的自由裁量权。法庭审查专家的资格，并将其证词与所有其他可靠证据进行比较。法庭可以完全接受或拒绝专家的意见，也可以只接受法庭认为可靠的意见部分。

在审判中，被告专家施耐德接受了原告专家华格伦对少数股权估价的结论，即在考虑缺乏流通性的折价之前，公司少数股票权益的公允市场价值在转让时为每股 46.24 美元。但关于流通性折价，华格伦认为 65.77% 的流通性折价是合适的，然而施耐德认为只应适用 20% 的折价。法庭必须判定双方专家对缺乏流通性的折价是否合适，如果不合适，则具体应该为多少。

（一）华格伦的报告

为了评估华格伦计算流通性折价的方法，法庭首先审查他对少数股东权益价值的计算。在决定公允市场价值之前，华格伦评估了公司和银行账簿上列出的资产、负债和股东权益金额。在审阅了资产和负债的历史账面价值后，华格伦提高了资产金额（主要用于以前冲销的贷款，后来收回了利息和本金），也提高了与资产增加相关的递延税（deferred taxes）。因此，银行的资产负债表调整如表 23-3 所示。

表 23-3　　　　　　　　　　银行账簿资产负债表调整　　　　　　　　　　单位：美元

资产负债表项目	历史账面价值	调整	调整后的账面价值
资产	23953000	2397000	26350000
负债	19436000	815000	20251000
所有者权益	4517000	1582000	6099000

接下来，华格伦对公司资产的历史账面价值进行了相应调整（见表 23-4）。华格伦特别关注该公司在银行 94.6% 的权益。他根据调整后的银行股东权益账面价值计算得出相应数据。

表 23-4　　　　　　　　　　　公司账簿资产负债表调整　　　　　　　　　　单位：美元

资产负债表项目	历史账面价值	调整	调整后的账面价值
资产	4612582	1502081	6114663
负债	9850	2534	12384
所有者权益	4602732	1499547	6102279

在对公司和银行账簿进行调整后，华格伦决定以资产净值为基础（net asset value basis）确定公司的公允市场价值。公司的主要资产包括银行 94.6% 的股权（且负债很少），华格伦主要考虑银行的公允市场价值，从而得出公司的价值。

为了确定银行的公允市场价值，华格伦借助了一个可比性非上市银行的案例，他评估了在 1992 年 11 月之前或之后 12 个月内出售的内布拉斯加（Nebraska）私有银行所依赖的五个因素：①银行规模；②所服务的市场；③存款的历史增长；④贷款组合质量；⑤盈利能力。在考虑上述因素（根据银行调整后的账面价值）后，结合与内布拉斯加私有银行的销售额进行比较之后，华格伦认为估价目标银行的公允市场价值达到了 6708900 美元。比所有者权益的历史账面价值高 1.49 倍，比所有者权益调整后的账面价值高 1.1 倍。

在获得圣爱德华银行的公允市场价值之后，华格伦继续以资产净值计算圣爱德华管理公司的公允市场价值。华格伦用银行 94.6% 权益（6346619 美元）的公允市场价值取代公司 94.6% 权益经调整后的账面价值（5769654 美元），并从公司资产价值中减去负债，得出公司的公允市场价值为 6679244 美元。由于有 130000 股流通股，华格伦确定在考虑折价之前，每股价值 51.38 美元。华格伦适用了 10% 的少数股票权益折价，将每股价值降至 46.24 美元。

随后，华格伦使用 Z. 克里斯托弗·默瑟（Z. Christopher Mercer）提出的定量市场折扣模型（quantitative marketability discount model，下称 QMDM 模型），对缺乏流通性适用 65.77% 的折价，计算出纳税人每份单独的赠与转让的价值为 108436 美元。根据默瑟的说法，评估师利用 QMDM 模型，能够量化现实环境中流通性折价因素的影响。正如默瑟所描述的，评估师首先关注股东在经营实体层面的投资，得出其市场价值。在默瑟的著作中，他通常用收益资本化（capitalization of earnings method）方法来得出实体层面的估值。该方法考虑当前每股收益、预期收益增长和适当的折现率，以考虑投资于特定公司的固有风险。贴现率减去预期收益增长的净额称为资本化率，乘以每股收益，得出每股的市场价值。在得出每股的市场价值后，评估师还要对价值进行控制权溢价的调升或少数股权的调减。

在计算出实体层面投资的市场价值后，评估师应用 QMDM 模型来解释投资价值的增长（以及分配的股息）在某一特定时间段内不符合股东要求的回报率的情况。根据估价理论，股东所要求的回报率应反映"投资者对其投资资金回报的要求，或投资于标的公司（而非其他公司，或可以获得即刻市场回报的相似投资）的机会成本。"

在本案中，华格伦使用了9.12%的增长率、零股息率、10年的持有期以及21.47%的持有期收益率。华格伦认为，公司的增长速度取决于银行价值的增长，银行是公司的主要资产。在计算银行价值增长率时，华格伦使用银行1988~1992年（13.54%）的平均股本回报率。由于平均股本回报率是基于银行的历史账面价值，因此华格伦将平均回报率除以因子1.4853，以消减公允市场价值与历史账面价值之间的差异。

关于股息收益率，由于公司没有进行过分红，因此华格伦认为股息率为零。关于持有期，华格伦认为公司和银行都不会在10年内出售，因为简达希望尽可能长时间地继续经营银行，罗伯特·简达在未来还想要接管银行。关于持有期21.47%的收益率，华格伦考虑了美国国债的无风险收益率、长期持有的普通股与中期政府债券（intermediate US government bonds）和小额股票溢价的差额。

被告税务局反对华格伦使用QMDM模型，理由是没有证据表明QMDM模型是计算流通性折价最常用的方法。税务局同时主张，华格伦在QMDM模型中所使用的数据不准确。

在以前的判例中，法庭认定，"QMDM模型中假设的微小变化会导致结果的显著差异。"因此，该模型的有效性取决于输入数据的可靠性。法庭对华格伦的假设持保留意见。比如，法庭怀疑确定公司增长率的方法是否适当。华格伦简单地将银行1992年12月31日之前5年的股本回报率进行平均，然后根据1992年12月31日历史账面价值和公允市场价值之间的差异调整平均收益率。但是，在进行专业的资产评估中，还应考虑与非流通性有关的风险调整持有期收益率，比如：

（1）持有期间的不确定性。
（2）中期现金流量的可能性。
（3）流通性前景。
（4）有利退出（favorable exit）的不确定性。
（5）投资普遍缺乏吸引力。
（6）限制性协议。

华格伦没有对上述任何一点做出分析。华格伦在其分析中最多只是对10年内投资者没有收到其预期的收益率这一事实进行了估价调整。但是，华格伦的分析中欠缺和具体情况有关的风险因素的考量，这些具体的风险因素可能对持有期回报率有影响，进而影响最终价值。

法庭认为，在本案件中，华格伦的QMDM模型对法庭确定流通性折价没有帮助。鉴于折价超过65%，法庭严重怀疑QMDM模型的可靠性。

（二）施耐德报告

施耐德接受了华格伦提出的少数股票权益的市场价值，他在庭审中认可公司还持有未在账面上反映出来的其他资产。然而，他坚持认为，由于缺乏流通性，转让的股票应该只有20%的折价。在报告中，施耐德指出以下因素影响了流通性折价：

（1）持有的资产类型。
（2）清算前的时间范围。
（3）现金流量分配。
（4）可获得的现金流（偿还债务后）。
（5）信息的可获得性。
（6）转让成本和/或要求。
（7）流通性因素：
——公司规模是否庞大到足以上市；
——是否有潜在的、感兴趣的买家；
——是否有优先购买权。

施耐德随后列举了桑侬·普莱特（Shannon Pratt）在其著作《企业估值：对少数人持股公司的分析和评估》中引用的有关流通性折价的各种研究。这些研究涉及在公开市场上由于未登记而受到流通限制的证券的流通性折价，研究表明平均折价在23%~45%之间。施耐德还引用了几起美国税务法庭案件，确立了26%~35%的流通性折价。最后，施耐德在其报告中表示，他曾参考梅勒妮·厄尔斯（Melanie Earles）和爱德华·米连姆（Edward Miliam）编写的一份研究报告。该报告称法院在过去36年中允许的流通性折价平均为24%。

施耐德在得出结论前表示，相信"银行业是一个股权高度流通的领域，股票也会具有高度流通性。"在报告中施耐德还指出，公司没有任何一个股东持有超过50%的股份。庭审中，施耐德先生做证说待估股票是具有流通性的，因为该银行的盈利能力很强。结合桑侬·普莱特的研究，施耐德认为，20%的缺乏流通性折价是合适的。

关于施耐德的报告，法庭认为他没有进行合适的比较，仅对流通性折价做出主观判断。施耐德只研究了一些没有区分特定行业的和流通性折价有关的内容。此外，尽管他表示每个案件都应根据自己的事实和情况进行评估，但施耐德似乎依赖本院之前对有着完全不同事实情况案件的判决，并基于这些事实并不相同且不存在可比性的案件得出他关于折价率的结论。最后，施耐德未能完全解释为什么他认为银行股票比其他类型的股票更具流通性。因此，法庭无法接受他的意见。

（三）法院的估价

这家公司是一家小型银行控股公司，仅在内布拉斯加州（Nebraska）农村地区经营。由于市场规模较小，公司的发展机会有限。此外，该公司的普通股并非公开交易，不易在非公开市场流通。

法庭认为，圣爱德华管理公司普通股的假设卖方和假设买方会考虑到，之后交易普通股只能通过私下出售、公开发行或公司收购的途径。任一途径都需要较长的时间并且涉及大量的交易成本。此外，关于缺乏流通性的考虑与缺乏对转让股票的控制有很大部分重合。因此，法庭认为，对于纳税人确定的公司股票的公允市场价值，因缺乏控制权和流通性适用40%的折价。在转让之日，每份转让股票的价值为211186美元。

案件二十四　琼斯诉美国联邦税务局

(Estate of W. W. Jones Ⅱ, Deceased, A. C. Jones Ⅳ, Independent Executor, Petitioner v. Commissioner of Internal Revenue, Respondent)

案　　　号：116 T. C. 121
受理法院：美国联邦税务法院
判决时间：2001 年 3 月 6 日

一、概要

遗产执行人请求重新确认由转让有限合伙权益（transfeered limited partnership interests）的估价而产生的欠缴遗产税问题。税务法院的 J. 科恩（Cohen, J.）法官认为：
（1）将财产转让给合伙企业不是应税赠与。
（2）在确定合伙权益价值时应考虑对合伙企业清算的限制。
（3）对合伙权益赠与（gifts of partnership interests）进行估价时会有一些折价。
（4）不保证对未实现的资本利得（built-in capital gains）给予折价。

二、案件事实

W. W. 琼斯二世（W. W. Jones Ⅱ, 下称死者）居住在得克萨斯州科珀斯克里斯蒂（Corpus Christi）市, 他于 1998 年 12 月 17 日去世。A. C. 琼斯四世（A. C. Jones Ⅳ, 下称 A. C. 琼斯）是死者的遗嘱执行人, 遗嘱认证在得克萨斯州的纽埃西斯（Nueces）县进行, 在被任命为遗嘱执行人时, A. C. 琼斯也居住在此县。

死者生前是得克萨斯州西南部一个牧场的主人。死者有一个儿子 A. C. 琼斯和四个女儿, 伊丽莎白·琼斯（Elizabeth Jones）、苏珊·琼斯·米勒（Susan Jones Miller）、凯瑟琳·琼斯·艾弗里（Kathleen Jones Avery）和洛林·琼斯·布斯（Lorine Jones Booth）。死者生前通过赠与或遗赠获得了几个大牧场的权利, 包括 25669.49 英亩的琼斯·博雷戈牧场（Jones Borregos Ranch）, 以及 44586.35 英亩的琼斯·阿尔塔·维斯塔牧场（Jones Alta Vista Ranch）。这些牧场最初由死者的祖父获得, 一直由死者的家族持有。这些牧场的地表是干旱的天然灌木丛, 有养牛和狩猎的商业用途。死者希望将牧场保留在家族中, 因此他于 1987 年开始规划遗产事宜。1994 年, 死者的注册会计师建议他使用合伙作为遗产和商业规划的工具。根据这个建议，A. C. 琼斯为将牧场转为合伙构想了几种可能，每种都考虑到了当计算遗产赠与税时合伙权益的折价可能。

A. C. 琼斯、伊丽莎白·琼斯、苏珊·琼斯·米勒、凯瑟琳·琼斯·艾弗里和洛林·琼斯·布斯通过1979年的一笔遗赠各自获得了1/5 琼斯北方（Jones El Norte）牧场的权利。该牧场最初也是由死者的祖父所拥有，并且已经在死者的大家族中流传了几代人。

1995年1月1日，死者和A. C. 琼斯根据得克萨斯州法律成立了JBLP。死者以琼斯·博雷戈牧场的地表权利（surface estate）、牲畜和部分个人财产出资，换取了95.5389%的有限合伙权益（limited partnership interests）。以上全部的出资都反映在死者的资本账户中。A. C. 琼斯以他在琼斯北方牧场的1/5 的权利出资，换取1%的普通合伙权益，以及3.4611%的有限合伙权益。同日，死者将新成立的JBLP中自己所占的95.5389%有限合伙权益中的83.08%给了A. C. 琼斯，给自己留下12.4589%。死者使用了一份名为"有限合伙权益的赠与分配"的文件来完成权益转移，该文件指出，死者的意图是将有限合伙权益赠与A. C. 琼斯。

1995年、1996年、1997年和1998年JBLP提交了联邦所得税申报表，并由A. C. 琼斯作为税务合伙人（tax matter partner）签署。每份普通合伙权益和有限合伙权益的申报表附有单独的附表K-1。在A. C. 琼斯提交的附表中包括了死者赠与的有限合伙权益。

1995年1月1日，死者和他的四个女儿按照得克萨斯州法律成立了AVLP。死者以琼斯·阿尔塔·维斯塔牧场的权利出资，换取88.178%的有限合伙权益，该出资反映在死者的资本账户中。苏珊·琼斯·米勒和伊丽莎白·琼斯各自出资了她们在琼斯北方牧场的1/5 的权利，获得了1%的普通合伙权益和1.9555%的有限合伙权益，凯瑟琳·琼斯·艾弗里和洛林·琼斯·布斯各自出资了她们在琼斯北方牧场的1/5 的权利，获得了2.9555%的有限合伙权益。

表24-1总结了AVLP在成立后的所有权结构。

表24-1　　　　　　　　　　AVLP的所有权结构

合伙人	所有权占比（%）	权益
伊丽莎白·琼斯	1.0	普通合伙
	1.9555	有限合伙
苏珊·琼斯·米勒	1.0	普通合伙
	1.9555	有限合伙
凯瑟琳·琼斯·艾弗里	2.9555	有限合伙
洛林·琼斯·布斯	2.9555	有限合伙
死者	88.178	有限合伙

在合伙有效成立的当日，死者向他的四个女儿每人赠与了有限合伙权益的16.915%，

自己留下20.518%。死者签署了四份名为"有限合伙权益的赠与分配"的文件,给每个女儿一份。每份文件都指出,死者的意图是将有限合伙权益赠与给四个女儿。同样,1995年、1996年、1997年和1998年,AVLP提交了联邦所得税申报表,并由伊丽莎白·琼斯作为税务合伙人签署。每份普通合伙权益和有限合伙权益的申报表附有单独的附表K-1。每位女儿的有限合伙权益的附表K-1都包括了从死者的赠与中获得的有限合伙权益。

JBLP和AVLP的合伙协议由律师起草,目的是为有限合伙权益的赠与创造大量折价。两项合伙协议都规定了当通过赠与或其他方式转移权益时,该权益在一定条件下可能会转换为有限合伙权益。JBLP协议第8.3节规定,普通合伙人和全部有限合伙人必须以书面形式批准有限合伙权益的转移,AVLP协议第8.3节规定,普通合伙人和75%的有限合伙人必须以书面形式批准权益的转移。这两项协议还要求受让人向其他合伙人保证,受让人在获得该利益后不会对其进行分配。合伙协议第8.4和8.5条规定,在合伙人将合伙权益转移给死者或死者的直系后代前,合伙及其他合伙人有权以约定的销售价格或评估价值中的较小者优先购买该待转让合伙权益,并允许合伙企业以10年分期付款的方式来支付购买金,利息按照法律法规允许的最低费率设定。合伙协议第9.2节规定,该合伙关系将持续35年。第9.3节规定,不允许有限合伙人退出合伙企业、获得资本回报、收到清算分配或赎回权益,除非解散、破产或终止合伙。

合伙协议第9.4节规定了普通合伙人的退出和合伙关系的解除。AVLP协议规定,拥有合伙企业75%权益的合伙人可以随时使普通合伙人退出合伙。JBLP协议规定拥有此项权力的比例要求为51%。普通合伙人退出后,如果合伙企业中没有普通合伙人了,有限合伙人应指定继任的普通合伙人;如果有限合伙人未能在90天内指定继任的普通合伙人,合伙关系解散,合伙事务结束,合伙关系也即终止。除上述解散、结束和终止的情况外,两项合伙协议均禁止有限合伙人撤回资本和接受出资的返还,或接受合伙的分配清算。

AVLP协议5.4节规定,如果占有多数权益的合伙人没有同意,则普通合伙人不得出售合伙企业的任何不动产。此部分后来进行了修订,变成:如果要出售不动产,则必须获得共计拥有合伙企业85%权益的合伙人的同意。

1995年1月1日,琼斯·阿尔塔·维斯塔牧场的公允市场价值为10254860美元,死者向JBLP出资的琼斯·博雷戈牧场、牲畜和个人财产的公允市场价值为7360997美元。当死者通过赠与向子女转移合伙权益时,AVLP和JBLP的相关合伙资产的净资产价值(net asset value,NAV)分别为11629728美元和7704714美元。JBLP和AVLP的资产基础分别为562840美元和1818708美元。

死者1995年提交的联邦赠与税申报表中附有小查尔斯·L.艾略特(Charles L. Elliott, Jr.,下称艾略特)编制的估价报告。艾略特是原告的专家证人,他在庭审中做证说对合伙的估值是基于回报率;同时也以"少数股权、非市场化"为基础使用了资产净值法进行估值。艾略特并未对合伙中受让人的权益进行估价。专家首先计算出合伙的资产净值，然后适用二级市场、缺乏流通性和未实现的资本利得税折价。专家报告得出的结论是，净资产的66%是JBLP的价值，净资产的58%是AVLP价值。在申报表上，死者填写了价值2176864美元的JBLP"83.08%有限合伙权益"的赠与，以及对四个女儿每份权益价值为821413美元的AVLP"16.915%的有限合伙权益"赠与。

在1999年1月12日的口供中，A.C.琼斯说他和他的姐妹收到的赠与是"有限合伙权益"；AVLP的唯一活动是租赁其不动产，AVLP的平均年收益率为净资产价值的3.3%。

三、判决

（一）合伙成立时的赠与

对于该问题，被告税务局认定死者向合伙出资的行为属于应税赠与。税务局认为，如果死者放弃了价值17615857美元的财产，收回来价值仅为6675156美元有限合伙权益，那么死者在合伙成立时就做出了等同于二者价值差异的应税赠与。

在奇兰吉诉税务局案［Estate of Strangi v. Commissioner, 115 T.C. 478, 489-490, (2000)］中，死者与子女成立了家庭有限合伙，并将资产转移给合伙企业以取得99%的有限合伙权益。死者去世后，因其遗产被认为存在缺乏管理和可流通性的折价，有限合伙权益的价值远远低于死者当时出资的财产价值。税务局称死者将财产转移给合伙企业时已经做出了赠与，并收到了价值较低的有限合伙权益。但法院认为，纳税人从该合伙企业中获得了持续的收益，且他的出资一直被归入他个人的资本账户，所以纳税人在出资时没有赠与。

在夏博德诉税务局案［Shepherd v. Commissioner, 115 T.C. 376, 379-381, (2000)］中，纳税人以不动产和股票出资成立了家族合伙企业，本人持有50%，两个儿子分别持有25%的合伙权益。合伙协议规定，出资根据所有权比例（而非实际出资额）分配到每个合伙人的资本账户中。所以出资会反映在非出资人的资本账户中，即纳税人的出资增强了非出资合伙人权益的价值。因此，法院认为，纳税人对合伙的出资实际上是对儿子的赠与，赠与标的是占合伙权益25%的不动产和股票。

法庭认为本案中的财产出资类似于奇兰吉案，与夏博德案的赠与有所区别。死者对合伙出资，并由此获得持续的有限合伙权益。所有财产的出资都适当地反映在了死者本人的资本账户中，且他的出资没有增强其他合伙人权益的价值。因此，出资不体现应税赠与。因为出资不体现应税赠与，法庭无须继续裁判因成立赠与而对欠税额进行估价的时效。

税务局在其发出的通知中认定，本案中的合伙协议条款符合《美国联邦国内收入法典》第2704（b）条对"限制"的规定，在确定通过赠与转移的合伙权益的价值时应考虑此条。

法典第 2704（b）条规定，如果出资人及其家人控制了合伙企业，且在出资后合伙人可以将清算限制取消，那么在评估作为赠与标的的合伙权益时应忽略对清算的限制。第 25.2704－2（b）条"赠与税登记"规定，此处的限制是指对"比州法规定的企业清算能力更加严格的限制"。

被告税务局认为，两份合伙协议都包含限制合伙人对合伙进行清算的条款，这比得克萨斯州法律规定的合伙条款更具限制性。具体而言，合伙协议的第 9.2 节规定每个合伙关系应持续 35 年；以及除非终止合伙，合伙协议第 9.3 条禁止有限合伙人退出合伙企业或者要求退还合伙人资本账户的任何出资。税务局将合伙协议的第 9.2 和 9.3 节与得克萨斯州修订的《有限合伙法案》（TELPA）第 6.03 节进行了比较。TELPA 第 6.03 节规定：在书面合伙协议中规定的时间或事件发生时，有限合伙人可以退出有限合伙企业。如果合伙协议没有对时间或事件，或解散、清算有限合伙的条件做出规定，有限合伙人可以在退出之日前的至少六个月，向每位普通合伙人发出书面通知后退出。

被告的观点基本上与法庭在克尔诉税务局案［Kerr v. Commissioner，113 T.C. 449，469－474，1999 WL 1247551（1999）］中驳回的论点相同。在克尔案中，纳税人和他的孩子成立了两个具有相同的清算限制的家族有限合伙企业。在企业成立后不久，纳税人通过赠与将有限合伙权益转移给子女。在申报联邦赠与税时，纳税人称对合伙权益的估值应对基础资产适用大幅的缺乏控制（lack of control）和缺乏销售市场折扣。该案中的合伙协定规定合伙将持续 50 年。克尔案的法院认为，税务局引用 TRLPA 第 6.03 节是错误的。TRLPA 第 6.03 节规定的是有限合伙人退出合伙，而不是合伙的清算。TRLPA 第 6.03 条规定了有限合伙人退出合伙企业的限制，但有限合伙人可以无须解散和清算合伙即从合伙企业退出。所以在这个问题上法庭认为，TRLPA 第 6.03 节并不是第 5.2704－2（b）条中的"企业清算能力的限制"。

总之，克尔案的法院认为纳税人的合伙协议并不比得克萨斯州法律的一般规定更严格。本案被告税务局认为克尔案适用于这个问题，但认为克尔案的判决是错误的。但是，法庭没有任何理由得出与克尔案判决不同的结果。因此，第 2704（b）条在此并不适用。

（二）对死者赠与的有限合伙权益的估价

法典第 2512（A）条规定，赠与财产的价值以财产转移之日为准。《赠与税条例》（Gift Tax Regs.）第 25.2511－2（a）条规定，赠与价值以赠与者转移财产的价值为准，而不是通过受赠人收到的财产或者受赠人资产变化的程度来衡量。转移财产的公允市场价值是没有强迫购买或出售并且双方都对相关事实有合理了解的情况下，财产在自愿买方和自愿卖方之间易手的价格［见凯特怀特案，United States v. Cartwright，411 U.S. 546，551，93 S. Ct. 1713，36 L. Ed. 2d 528（1973）］。假设交易中的自愿买方和自愿卖方以使自己的经济利益最大化为出发点；不合理或明显违背假设的买卖双方经济利益的交易，不会出现在公允市场价值中。

按照惯例，资产评估案件中原被告双方会广泛依赖各自专家的意见来支持他们对赠与的合伙权益的公允市场价值的不同看法。本案原告聘请的专家是美国评估师协会的高级成员、商业评估公司的负责人霍华德·弗雷泽·巴克·艾略特（Howard Frazier Barker Elliott），被告聘请的专家是美国评估师协会的候选成员、IPC商业集团（IPC Group）评估公司的负责人弗朗西斯·X. 伯恩斯（Francis X. Burns）。每位专家都准备了一份报告。

法庭根据两方专家的证明资格和呈予法庭的所有涉案证据来评估专家的意见。法庭不受专家证人提供的方案和意见的约束，特别当专家意见与法庭的判断相违背时。相反，法庭可以根据双方递交的证据来直接估价。当双方专家的意见不同甚至互相矛盾时，法庭通过仔细审查专家在估价时考虑的因素，来判断法庭对估价的采信程度。此外，估价得出的必然是近似值，法庭最终确定的具体数字并不要求有具体唯一和排他的原因，只要它是在证据得出的数字的范围即可［见西尔弗曼诉税务局案，Silverman v. Commissioner, 538 F. 2d 927, 933（2d Cir. 1976），affg. T. C. Memo. 1974－285.］。本案双方专家都同意，为确定赠与的每份合伙权益的公允市场价值，应首先从确定合伙基础资产的公允市场价值开始（适用资产法），然后对限制合伙权益价值的因素适用适当折价。

1. 合伙权益的性质

原告的第一个论点是，本案中死者转让的合伙权益性质上是受让人利益（assignee interests）而非有限合伙权益（limited partnership interests），因为死者和赠与的受让人并未满足协议中对转让有限合伙权益的要求。JBLP协议规定，交易合伙权益时，普通合伙人和全体的有限合伙人必须以书面形式批准转让的权益成为有限合伙权益；AVLP协议规定，普通合伙人和75%的有限合伙人必须以书面形式批准转让的权益成为有限合伙权益。但本案中合伙人须书面批准的要求没有被满足，故原告认为赠与的接收者获得的是受让人权利。

在克尔诉税务局一案中，纳税人作为普通合伙人和有限合伙人，持有两个家族有限合伙99%以上的合伙权益。纳税人的子女持有的普通合伙权益不到总合伙价值的1%。合伙协议规定，未经所有普通合伙人的同意，任何人都不得被接纳为有限合伙人。1994年，纳税人将其很大一部分的有限合伙权益转移给了他自己担任受托人的信托。庭审中纳税人称，虽然他们将权益转移给自己作为受托人的信托，但根据合伙协议，作为普通合伙人的子女必须同意接纳受托人（也就是他自己）作为有限合伙人。纳税人认为向信托转让的利益应认定为受让人权益。克尔案法院审查了所有相关的事实和情况，做出了不支持纳税人的决定，认为纳税人转移的权益是有限合伙权益。

现在来看本案的情况，与克尔案中的纳税人一样，死者转让给子女的是有限合伙权益，而不是受让人利益。证据表明，死者让其子女在未有书面文书的情况下同意转让有限合伙权益,可知转让有限合伙权益系其真正目的。根据 AVLP 协议,作为普通合伙人的苏珊·琼斯·米勒、伊丽莎白·琼斯和75%的有限合伙人(即死者、伊丽莎白·琼斯、苏珊·琼斯·米勒、凯瑟琳·琼斯·艾弗里、洛林·琼斯·布斯)必须以书面形式同意有限合伙权益的转让。根据 JBLP 协议,作为普通合伙人的 A. C. 琼斯和作为有限合伙人的死者、A. C. 琼斯亦必须以书面形式同意有限合伙权益的转让。原告认为,没有书面同意导致了被转移权益的性质是受让人权益,但本庭认为,该观点很难与记录着死者、子女、艾略特对话的证据相协调。第一,"有限合伙权益的赠与转移"这份专门实施权益转让的文本指出,转让完成后,每个子女新获得的权益是"有限合伙权益"。第二,死者1995年的联邦赠与税申报表将赠与描述为"有限合伙权益"而不是受让人权益。第三,1999年1月12日的口供中,A. C. 琼斯说他和他的姐妹从死者那里得到的赠与是"有限合伙权益"。第四,由 A. C. 琼斯和伊丽莎白·琼斯分别签署的 JBLP 和 AVLP 的1995年、1996年、1997年和1998年联邦所得税申报表,在附表 K-1 中将该权益划定为有限合伙权益。第五,虽然艾略特在庭审中声称他评估的是"受让人权益"的价值,但其书面报告认定的是有限合伙权益。从上述因素可以看出,对于遗产性质的争论,即将死者转让的有限合伙权益称为受让人权益,是原告在开始诉讼后才萌生的想法。

此外,在将权益赠与四个女儿后,死者还持有20.518%的有限合伙权益。AVLP 协议的第5.4节进行了修改,只有征得85%的合伙人同意,普通合伙人才可以出售合伙的不动产。这项修改使得即使在赠与后,死者仍可单方面拒绝出售合伙的不动产。如果死者女儿获得的只是受让人权益,则根本不需要这项修正案。本案与原告引用的诺维尔诉税务局案(Estate of Nowell v. Commissioner, T. C. Memo. 1999 – 15)有所区别。在诺维尔案中,合伙协议规定,有限合伙权益的获得者将成为受让人(assignee)而非替代有限合伙人,除非普通合伙人同意受让人成为有限合伙人。法院认为,在该种情形下对遗产税估值,转让的利益应作为受让人权益,而非有限合伙权益来评估。诺维尔案与本案的赠与不同,因为诺维尔案中的受益人和赠与人都从未将被转让权益视为有限合伙权益,没有证据表明作为有限合伙权益的一部分合伙权益被转让了。但在本案中,死者、A. C. 琼斯和四个女儿的行为都反映出死者实际上转移的就是有限合伙权益。

2. JBLP 中被转让合伙权益的价值

死者将 JBLP 83.08%的有限合伙权益转让给了 A. C. 琼斯,下一个需要考虑的问题是该被转让有限合伙权益的价值。原告主张艾略特的估价,即应对 JBLP 的权益适用55%的二级市场折价、20%的缺乏流通性折价,以及额外的因未实现的资本利得税而产生的折价。税务局则主张伯恩斯的观点,伯恩斯认为本案不适用折价。

JBLP 协议第9.4节规定,拥有超过合伙51%权益的合伙人,可以随时强制普通合伙人退伙。普通合伙人退伙后,如果没有普通合伙人,有限合伙人应指派继任的普通合伙人。如果有限合伙人未能在90天内指派继任的普通合伙人,合伙解散,事务清算,合伙关系也即终止。根据上述规定，9.4节在事实上赋予了持有83.08%的有限合伙权益的合伙人最终决策权。除了可以移除普通合伙人，拥有83.08%有限合伙权的合伙人实际上有权控制管理合伙经营、强制出售合伙财产、决定合伙分配。如果普通合伙人有不同意见，持有83.08%权益的有限合伙人可以在90天内强制清算合伙。强制清算的能力还赋予该有限合伙人强制出售合伙资产，并按比例获得资产价值的权力。可以看出，持有83.08%权益的有限合伙人在合伙中可以控制普通合伙人，也有权强制清算，因此原告专家艾略特提出的折价没有说服力。待估合伙权益的规模和基础资产的性质（家庭大牧场）凸显了二级市场并非理想的类比对象。需要估价的权益的大小与相关资产的性质，使二级市场不适合作为确定公允市场价值的类比。法庭不相信拥有83.08%有限合伙权益的人，会为远远低于资产净值的二级市场售价而放弃该权益。

被告专家伯恩斯认为，基于上述原因，无须适用缺乏控制权折价，法庭同意这一观点。他在庭审中做证："待估合伙权益的规模和与之相关的其他权利很明显地说明在公允交易中不存在折价"。虽然合伙协议第8.4条的目的是阻止家庭成员以外的第三方获得JBLP的权益，但是"为了遵守公允市场价值标准，评估师必须假设交易市场的存在，且假设一个自愿买方可以被接纳为合伙人。"法庭认为这个立场是有道理的。为规避财产转让税而对权利施加的限制，在"自愿买卖方"的分析假设中应对这些限制予以忽略，同时，还要考虑持有83.08%合伙权益的合伙人有能力说服或强迫其他合伙人接受他作为"自愿卖方"时的出价。但也应当看到，毕竟清算合伙和出售资产会涉及一些必要费用和产生应纳税义务，且强制清算引发诉讼的可能性也会减少假设买家的出价金额［见：Adams v. United States, 218 F.3d 383（5th Cir. 2000）；Estate of Newhouse v. Commissioner, 94 T.C. 193, 235, 1990 WL 17251（1990）］。法庭认为本案中合适的市场可销售性折价应该为8%；如下所述，该值近似于伯恩斯就AVLP提出的缺乏市场可销售性的折价。

双方专家的另一争议体现在清算合伙时须缴纳的资本利得税所带来的折扣。双方都同意，出售合伙资产时选择适用法典第754条可以避免资本利得税。如果该选择生效，为了受让人的利益，合伙财产的计税基础（basis）将升高至和受让人付出的成本（cost basis of the transferee）一致。否则，调整合伙财产计税基础前后的价值差就会在合伙清算时变成假设买家的资本利得税负担。因为JBLP协议没有赋予有限合伙人选择适用法典第754条的权利，故本案中是否选择适用754条必须由普通合伙人决定。原告方艾略特认为，假设的买家会对未实现的利得税要求折价。他在报告中认为，选择适用第754条的概率高达75%~80%，且该选择不会对合伙本身造成任何不利后果或负担。他认为，如果做出不适用第754条的选择，则完全是基于A.C.琼斯的立场，A.C.琼斯作为普通合伙人可能拒绝与持有83.08%有限合伙权益的第三方买家合作。但法庭认为，为了证明折价的合理性，A.C.琼斯的证词有刻意引导（bootstrap）某些结论的嫌疑。另一方面，被告方认为，拥有83.08%权益的假设自愿卖方不会接受未实现资本利得折价，即一定会选择适用第754条。如上所述，该权益的所有者具有有效控制权，可以敦促普通合伙人选择适用法典第754条，以使得卖方的经济利益最大化。且选择适用第754条不会对其他合伙人产生任何不利影响。法庭同意被告方的上述意见。

原告引用了爱因斯伯格诉税务局案［Eisenberg v. Commissioner, 155 F. 3d 50 (2d Cir. 1998), revg. T. C. Memo. 1997 – 483］和戴维斯诉税务局案［Estate of Davis v. Commissioner, 110 T. C. 530, 546 – 547, 1998 WL 345523 (1998)］。但本案与上述两个案件有所不同。原告方援引的两个案件中的假设买卖双方在确定封闭型公司的股票价格时会考虑未实现的资本利得税因素。爱因斯伯格案的上诉法院强调，1986年税改前，根据通用器具操作公司诉赫尔维音案［General Utilities & Operating Co. v. Helvering, 296 U. S. 200, 56 S. Ct. 185, 80 L. Ed. 154 (1935)］确定的原则，判例法拒绝给未实现的资本利得税以折价。而这么做的法理基础是避免清算后产生公司和股东的双重征税。但这一做法被1986年税改改变。戴维斯案的法院驳回了税务局不适用未实现资本利得税折价的请求。税务局认为，为了免于确认已留存了10年未进行分配的资产收益，公司可能转换为S公司，故税务局认为不应对未实现的资本利得进行折价。但法庭综合案件事实及专家证词，并适用假设买卖双方测试，认为应适用未实现利得税的折价。

上述允许折价的案例，有一个共同的前提，就是不存在可以免缴未实现的资本利得税的选择。相比之下（暂且先不论A. C. 琼斯在本案中的引导性证词）本案中不选择适用第754条以避免未实现资本利得税的唯一情形是基于一种假设，即死者与子女的家庭合伙与"大量合伙人和大量资产"组成公开联合合伙（publicly syndicated partnership）后，如果适用第754条，则执行成本将十分沉重。基于案件事实，法庭不相信这种情况会出现。所以，在此问题上法庭的结论是，合伙权益的买卖双方会在第754条（即避免未来的资本利得税）适用的情况下进行商业出价和谈判，所以成交价格中不应该包括对未实现资本利得的折价。

3. AVLP中的权益价值

对于AVLP合伙权益的估值，原告专家艾略特认为死者转让的AVLP权益应适用45%的二级市场折价、20%的缺乏市场可销售性折价，以及额外的未实现资本利得折价；被告专家伯恩斯认为被转让权益可获得38%的二级市场折价，7.5%的缺乏市场可销售性折价，不应适用未实现资本利得折价。

拥有AVLP 16.915%有限合伙权益的合伙人无法强制普通合伙人退伙。此外，16.915%的AVLP有限合伙权益并不容易在市场上销售，任何假设的买方都会要求大幅的折价。在借助二级市场有关合伙权益的交易数据以计算AVLP权益的总折价时，双方专家适用的数据来自同一出版物。虽然参考数据的来源不是同一期，但该出版物是双方专家使用的主要参考工具。被告方伯恩斯使用了1995年5月发行的刊物，参考了和AVLP具有类似特征的合伙权益的交易，因为缺乏控制权而适用38%的折价，这一折价可以平移至1995年1月1日发生的赠与交易中。1995年5月发行的该刊载有截至1995

年5月31日的60天内，出售有限合伙权益的数据。伯恩斯将AVLP归类为低债务合伙（low-debt partnership）。原告艾略特使用1994年5月发行的刊物，认为类似的合伙企业在二级市场上的折价为45%。二级市场折价是一种综合性折价，是对有限合伙的少数权益缺乏管理和缺乏市场可销售性的总折价。1994年5月发行的刊物载有截至1994年5月31日的60天内的出售有限合伙权益的数据。

原告认为被告专家伯恩斯基于1995年5月发行刊物中的数据得出的结论是有缺陷的，因为这些信息在1995年1月1日即赠与日是无法获得的。根据第2512（a）条，财产转让后的数据不会影响法庭的判断。但是，法庭认为，伯恩斯并不是使用转让后的数据来直接说明被转让权益的价值；相反，他用1995年5月发行的刊物来表明，如果死者在1995年1月1日查看当天发生的类似交易，会计算出什么价值。而类似的合伙交易数据是可以在估价日获得的。因此，1995年5月发行的刊物中的数据是有参考价值的，因为这些数据可以说明死者在1995年1月1日查看类似交易会发现什么样的信息。伯恩斯所依据的数据显示，在1995年4月2日至5月31日期间，类似的合伙权益交易的折价为38%。艾略特所依据的数据显示，在1994年4月2日至5月31日期间，类似的合伙权益交易的折价为45%。因此，法庭判定，1995年1月1日转让合伙权益的折价应该在38%～45%之间。由于伯恩斯参考的数据与AVLP转让16.915%权益的日期更接近，法庭对此予以较大的权重。估价要得出的不是一个精准排他的数值，法庭认为40%是一个合理折价。该折价反映的是二级市场上交易的合伙权益价值的减少，主要包含了缺乏控制权和市场可销售性。

艾略特认为应额外再适用20%的缺乏市场可销售性折价，因为出版物中提供的是大型有限合伙（syndicated limited partnership）的数据。这种合伙的权益存在现实性的交易市场，但家庭有限合伙权益的交易是没有现实市场的。艾略特提出的20%的折价的另一原因是AVLP协议的第8.4和8.5条，这几条的目的是限制合伙权益的可转让性。在计算额外的折价时，艾略特依赖的数据来源于各种限制性股票的交易和对首次公开发行（IPO）的研究。但艾略特承认，有限合伙权益交易的二级市场并不大，且二级市场的折价中已经包含了缺乏市场可销售性的折价。所以他调整了对限制性股票交易和首次公开发行中的数据。但是，法庭认为，原告专家的调整仍然是不充分的，他所主张的累计折价没有通过法院的合理性审查（sanity check）。

AVLP协议的第8.4和8.5条也不能为20%的额外折价提供支撑。合伙企业或其他合伙人有优先于第三方，以公允市场价值购买权益的权利，这一规定不会显著降低合伙权益的价值。不过，协议中有关"合伙企业有权按法律法规允许的最低利率，并分10次分期支付购买价款"的规定会增加缺乏市场可销售性的折价。得克萨斯州法院审判案件的一贯作风是忽视当事人不合理地限制转让的合议条款［Procter v. Foxmeyer Drug Co., 884 S. W. 2d 853, 859（Tex. App. 1994）］。本案中的给合伙企业的优惠是否被得克萨斯州法律所允许，法庭不发表意见；但需要明确的是，这一条款会给合伙权益的公允市场价值带来不确定性，假设的买方会因为这一点而降低愿意支付的购买金额［Estate of Newhouse v. Commissioner, 94 T. C. 193, 232 – 233, 1990 WL 17251 (1990); Estate of Moore v. Commissioner, T. C. Memo. 1991 – 546.]。法庭认为，将缺乏市场可销售性的额外折价定为8%是合理的。

与分析JBLP未实现资本利得判决部分提出的原因相同，因AVLP未实现利得而给予额外的缺乏市场可销售性折价亦是不合理的。尽管持有AVLP待估股权的所有者对合伙没有形成有效控制，但对于可以减轻税负的第754条，AVLP没有理由不进行适用。原告专家承认，由于AVLP的资产相对较少，适用第754条不会对合伙企业本身或合伙人造成任何损害。因此，法庭同意伯恩斯的观点，即假设的买卖双方会在754条适用的情况下进行谈判。艾略特认为作为普通合伙人的伊丽莎白·琼斯和苏珊·琼斯·米勒可能会拒绝与第三方购买者合作，但是法庭不采信该证词。因此在本案中，法庭拒绝进一步适用未实现的资本利得折价。

4. 结论

法庭对JBLP和AVLP转让的有限合伙权益的公允市场价值的结论如表24 – 2所示。

表24 – 2　　　　JBLP和AVLP转让的有限合伙权益的公允市场价值　　　　单位：美元

项　目	公允市场价值
JBLP 83.08%的权益	
有限合伙的资产净值	7704714
按比例分配的资产净值	6401076
缺乏市场可销售性折价（8%）	– 512086
公允市场价值	5888990
AVLP 16.915%的权益	
有限合伙的资产净值	11629728
按比例分配的资产净值	1967168
二级市场折价（40%）	– 786867
缺乏市场可销售性折价（8%）	1180301
	– 94424
公允市场价值	1085877

案件二十五 戴维斯诉美国联邦税务局

(Estate of Artemus D. Davis, Deceased, Robert D. Davis, Personal Representative, Petitioner, v. Commissioner of Internal Revenue, Respondent)

案　　号：110 T. C. 530
受理法院：美国联邦税务法院
判决时间：1998年6月30日

一、案件事实

死者是温迪克西百货公司（Winn Dixie Stores，下称温迪克西公司）的创始人之一，于1995年6月11日去世，去世时是佛罗里达州的合法居民。在申诉提交时，罗伯特·戴维斯（Robert Davis）是死者遗产的私人代表，居住在佛罗里达州杰克逊维尔。死者遗产的估价日选在1992年11月2日。ADDI&C是1947年12月22日成立于佛罗里达封闭型公司（closely held corporation），共有97股已发行并处于流通状态的普通股全部都属于信托（以下简称"戴维斯信托"）。所有该信托为死者所拥有，这些股票不受任何限制性销售条款或买卖协议约束。在估价日，死者将其中的25股股份转让给他的儿子罗伯特·戴维斯，又将25股股份转让给另一个儿子李·戴维斯（Lee Davis）。当天，这两部分ADDI&C普通股各占公司已发行普通股的25.77%。ADDI&C是一家控股公司（holding company），管理死者的各种资产，同时，ADDI&C还有某些畜牧产业（饲养和繁殖牛）。

具体而言，在估价日期，ADDI&C拥有温迪克西公司已发行且处于流通状态的普通股共1020666股，占比1.328%，该股票在所有相关时间在纽约证券交易所（N. Y. SE）交易；同时持有 D. D. I. 公司（下称DDI）已发行且处于流通状态的普通股3456股，占比0.0737%。DDI是一家控股公司，管理死者及其家人的各种资产，其股票在所有相关时间均未公开交易。同时ADDI&C还经营养牛业，拥有部分设备，以及部分未确认资产。截至估价日期，ADDI&C的管理团队由以下任职人员组成：阿蒂默斯·D. 戴维斯（Artemus D. Davis），董事会主席，总裁兼董事；詹姆斯·E. 戴维斯（James E. Davis），执行副总裁兼董事；罗伯特·戴维斯（Robert Davis），副总裁，助理秘书兼董事；H. J. 斯凯尔顿（H. J. Skelton），副总裁，财务主管和董事；哈利·D. 弗朗西斯（Harry

D. Francis），副总裁兼助理秘书；小 G. P. 毕晓普（G. P. Bishop, Jr.），秘书兼助理财务主管。在估价当天或之前，死者詹姆斯·E. 戴维斯和罗伯特·戴维斯是温迪克西公司的董事。在估价日前的 12 个月，温迪克西公司股票的日均交易量为 47000 股。在估价日前 4 周，温迪克西公司股票的平均周交易量为 310675 股。截至估价日，死者、ADDI&C 以及戴维斯信托根据《美国联邦国内收入法典》第 17 部分商品及证券交易（Commodity and Securities Exchanges）第 230.144 条规定在销售温迪克西公司的股票上属于关联性质，根据第 144 条规定，关联公司持有的温迪克西公司股票交易会受到某些限制。

截至 1988 年 10 月 31 日，ADDI&C 在 1989 年、1990 年、1991 年和 1992 年财政年度收到的股息如表 25-1 所示。

表 25-1　　　　　ADDI&C 1988~1992 年收到的股息　　　　　单位：美元

会计年度（截至 10 月 31 日）	收到股息
1988 年	888330
1989 年	996584
1990 年	1044926
1991 年	1145370
1992 年	1272699

截至 1992 年 10 月 31 日财政年度，ADDI&C 收到的超过 120 万美元的股息是来自温迪克西公司股票的股息。

截至 1989 年 11 月 30 日，DDI 对其所有已发行的、在外流通的股票，包括 ADDI&C 所拥有的股份，宣布在 1990 年、1991 年、1992 年财政年度内支付股息（见表 25-2）。

表 25-2　　　　　DDI 1989~1992 年支付的股息　　　　　单位：美元

会计年度（截至 10 月 31 日）	股息支付总额
1989 年	21093694
1990 年	21796815
1991 年	23437435
1992 年	23906184

在不违反以下说明的前提下，表 25-3 显示了截至估价日的 ADDI&C 的资产、负债、历史成本和每项该类资产的公允市场价值，以及 ADDI&C 的净资产价值。

表 25-3　　　　　ADDI&C 的资产情况　　　　　单位：美元

资产	历史成本	公允市场价值
（饲养牛）成本	6474368	8074368
（养殖牧群）净利	1072843	1894400
Winn-Dixie 股票	338283	70043204

续表

资产	历史成本	公允市场价值
DDI 股票	120263	535162
（设备）净利	172999	130294
其他资产	1295539	1295539
总资产	9474295	81972967
总负债	1832698	1832698
资产净值	7641597	80140269

表 25-3 中显示的 ADDI&C 的温迪克西公司股票的公允市值及资产净值并未反映任何类型的折价或调整（来源于"阻塞现象"[①] 或法典第 144 条的规定）。表 25-3 中显示的 ADDI&C 资产的公允市值和其资产净值也不反映任何类型的折价或调整，这些折价或调整可归因于：①缺乏控制权；②缺乏流通性（lack-of-marketability）；③上述资产被出售或以其他方式处置或 ADDI&C 进入清算时，ADDI&C 所必须负担的 37.63% 的联邦和州所得税义务，也就是 ADDI&C 未实现的资本利得税义务（built-in capital gains tax）。1990 年，ADDI&C 向一家关联公司支付了 252602 美元，作为其一名股东使用飞机的报酬。出于联邦所得税考虑，ADDI&C 报告称，这笔报酬的性质是对股东的派息。在估价日，ADDI&C 没有采用正式的清算计划，该公司或其继承人也没有任何清算 ADDI&C 或处置其温迪克西股票的意图。1992 年 10 月 31 日，ADDI&C 的净经营亏损结转总额为 1580217 美元。1993 年 4 月 15 日左右，死者及时提交 1992 版 709 表格，即美国赠与税（隔代遗传转移）纳税申报表（gift tax return）。在该表中，死者报告称，他转让给两个儿子每人每份 25 股的 ADDI&C 股票，每一份在估价日价值为 7444250 美元，即每股 297770 美元。死者在赠与税申报表中报告的价值是基于霍华德·弗雷泽·巴克·埃利奥特（Howard Frazier Barker Elliott）公司的亚历克斯·W. 霍华德（Alex W. Howard）的评估。

被告在少缴税款通知中明确，在估价日转移的 ADDI&C 股票每一份的公允市场价值为 12046975 美元，即每股 481879 美元。

二、争议焦点

根据案情，被告税务局认为死者做出的两份股票赠与行为，共少缴纳赠与税 5283894 美元。本案争议焦点在于死者赠与给两个儿子的各 25 股 ADDI&C 公司股票的公允市场价值。

[①] 美国资产评估法和税法认为，在一些情况下，大宗股票不如小额股票那样容易转手变现。大宗股票出售价低于小额股票出售价的部分，称为阻塞（blockage）。

三、判决

进入诉讼阶段后，原告对死者的赠与税申报单中反映的关于上述两份股票在估价日的价值进行了重新认定，认为这两份股票在估价日的公允市值为 6904886 美元，即每股 276195 美元。被告亦修改了通知中关于该价值的认定，认为有关 ADDI&C 两份股票在估价日的公允市值为 13518500 美元，或每股 540740 美元。

以财产形式赠与的，以赠与之日财产价值为赠与的金额。财产的价值是确认联邦赠与税的基础。"这种财产在自愿买方和自愿卖方之间转手的价格，既没有任何强迫购买或出售，也都对相关事实有合理的认知。应考虑赠与发生时的所有相关事实和价值要素。"①

自愿的买方和自愿的卖方是假设的人，而不是特定的个人或实体，这些假设的人的个人特征不一定与实际卖方或实际买方的个人特征相同。自愿买方和自愿卖方被假定为致力于实现各自最大经济利益的人。针对非上市股票，比如 ADDI&C 的股票，在公开市场上以公平交易的价格出售的公允价值是最好的估价证据。在本案中，没有有关 ADDI&C 股票的任何此类销售行为的记录。当未上市股票没有经过公开发售（IPO），即价值不能由实际销售价格确定时，估价通常要考虑公司的净资产、未来的盈利能力、派息能力，以及其他相关的因素，包括：公司的前景、其行业地位、管理情况、针对待估价股票所代表业务的控制程度；从事证券交易所上市的相同或者类似业务的公司的证券价值。《美国联邦国内收入法典》第 25.2512 条 2（f）（2）款赠与税规则以及 1959 年 1 月 1 日颁布的美国国税局规则第 59-60 条第 4 款 C.B.237、238 条及 242 条规定的标准（实际上与《美国联邦国内收入法典》第 25.2512 条 2（f）款（2）项所列的赠与税规则相同），已被广泛接受作为厘定公允市值时应考虑的适当准则。在纽豪斯诉税务局案 [Estate of Newhouse v. Commissioner, 94 T.C.193, 218, 1990 WL 17251（1990）] 中针对封闭型公司股票的公允市场价值的确定做出了如下规定：

"(b) 封闭式公司或房地产控股公司（real estate holding company）的股票价值，无论是否为家族所有，均与股票背后的资产价值密切相关。对于此类公司，评估师应确定公司资产的公允市场价值。在评估股票和相关资产的相对价值时，该公司的营业费用及清算成本（如果有的话）应当考虑。相关资产的市场价值应将股票所依据的特定财产项目的潜在收益和股息考虑在内，并按评估日投资者认为适当的利率资本化。投资者即时的评估应该优于其他方面。因此，调整后的净值相比任何其他习惯性的评估标准，如收益和股息支付能力，应该在评估一个封闭性公司或房地产控股公司的股票时给予更大的权重，无论是否是家族所有。"

---

① 《美国联邦国内收入法典》Sec. 25.2512-1，赠与税规则。

在确定非上市公司股票的公允市场价值时，没有一个固定的公式，应当根据每个案件的事实进行判断。根据《美国联邦国内收入法典》第25.2512-2（f）条赠与税规则的规定，法院在对不同因素分配权重和估价方法的选择方面拥有广泛的自由裁量权。确定封闭型公司的股票价值，如确定每份25股股票的ADDI&C的股票是一个判断问题，而不是一个数学问题。此外，由于估价必然是一种近似值，因此法庭所确定的价值并不一定是有具体证据支持的价值，只要它在数字的范围之内，这些数字可以从证据中适当地推导出来。

按照估价案例的惯例，双方广泛依赖各自专家的意见，以支持各自对ADDI&C股票的两份每份25股股票在估价日的公允市值的不同看法。原告依赖于霍华德先生，美国评估师协会（the American Society of Appraisers）认证的高级评估师，商业评估公司霍华德·弗雷泽·巴克·艾略特公司的负责人；以及桑依·普莱特（Shannon Pratt），美国评估师协会认证的高级评估师，商业评估公司威拉米特（Willamette）管理协会的创始人兼董事总经理。被告依赖约翰·A.汤姆森（John A. Thomson），他也是美国评估师协会认可的高级估价师，同时也是卡拉里斯-汤姆森-施罗德（Klaris, Thomson & Schroeder）商业估价公司加利福尼亚州长滩办事处的副总裁兼董事总经理。每一位专家准备了一份陈述性的专家报告和一份反驳性的专家报告。

法庭根据每位专家的证明资格和记录在案的证据评估专家意见。法庭有广泛的自由裁量权来评估每一位专家分析的整体说服力。法庭不受专家证人提供的公式和意见的约束，特别是当专家意见与法庭的判断相反时，法庭会基于法庭对现有记录在案的证据的考察来做出评估结果的决定。每位专家意见的说服力很大程度上取决于其援引事实的基础。当专家对公允价值提出不同的看法时，法庭应当通过考察专家得出结论的依据进行权衡和考察。有时法庭会采纳专家提出的全部观点，有时法庭会采纳专家意见中的部分，但有时法庭也可能会完全否定专家意见。

表25-4展现了专家和各方在评估日期对ADDI&C净资产价值的简要说明，以及各自认为在得到公允市场价值时应对该价值适用的折价或调整。

表25-4 各专家对ADDI&C净资产价值的说明 单位：美元

项　目	原告专家（霍华德先生）	原告专家（普莱特先生）	被告专家（汤姆森先生）	原告	被告
大规模股权转让阻塞、根据SEC第144条的折价	4.9%或3432117	10%或7004320	0	10%或7004320	0
可归因于ADDI&C未实现资本利得税的折价或调整	25395109	作为缺乏流通性折价的一部分考虑在内	作为缺乏流通性折价的一部分考虑在内	24645525	0
ADDI&C净资产价值	51313043	73135976	80140269	49490424	80140269

续表

项目	原告专家 （霍华德先生）	原告专家 （普莱特先生）	被告专家 （汤姆森先生）	原告	被告
少数股权折价（Minority discount）*	15%	20%	12%	15%	15%
缺乏流通性折价	35%或15265630	50%或29254391	38%或26798906	35%或14425901	23%或15667423
缺乏流通性折价中归因于ADDI&C未实现资本利得税的部分	0	15%或8776317	15%或10578516	0	0
折价或调整总额	51789812	50885906	36415738	53349310	2768845
每25股ADDI&C公司普通股公允市场价值	7306825	7539800	11250000	6904886	1351855
每股ADDI&C公司普通股公允市场价值	292273	301592	450000	276195	540740

注：*对缺乏控制的少数股权权益证券进行价值评估时适用的贴现率。

表25-4中ADDI&C的净资产价值是由法官根据原告提供的数据来确定的。原告还主张10%的大规模股权的阻滞折扣，即美国证券交易委员会规则第144条（7004320美元），以及ADDI&C未实现资本利得税义务的折价调整（24645525美元），应用于确定ADDI&C在估价日的净资产价值。假设原告关于美国证券交易法（SEC）第144条折价以及对ADDI&C未实现资本利得税的折价调整的论据是正确的，法庭也认为原告错误地计算了该税额的数额，原告在计算该数额时没有考虑ADDI&C截至1992年10月31日的净经营亏损结转1580217美元。该错误是具有多米诺骨牌效应的，原告没有考虑的失误，会导致少数股权折价和缺乏流通性折价比现在的数值略微减少。

双方和所有专家一致认为，确定两份25股股票在估价日的公允市场价值的第一步是确定截至该日期ADDI&C资产及其负债的公允市场价值，以计算该日的净资产值，并且一致认同不考虑任何折价或调整（包括但不限于SEC第144条规则，缺乏控制权的少数股权折价，缺乏流通性折价，以及ADDI&C未实现资本利得税折价调整）的前提下，估价日ADDI&C资产的公允市场总价值为81972967美元，其负债总额为1832698美元，其资产净值为80140269美元。

原告和原告的专家认为，在确定ADDI&C持有的温迪克西公司股票的公允市场价值及其在估价日的净资产价值时，有必要通过对该股票适用SEC规则第144条折价，降低该股票的公允市场价值和ADDI&C在本案中规定的净资产价值，原告和原告的专家普莱特先生认为，SEC规则第144条折价10%是正确的，霍华德先生认为4.9%是合适的。被告和被告专家认为不适用SEC规则第144条。

双方及其专家同意 ADDI&C 在估价日持有的温迪克西公司股票受 SEC 规则第 144 (e)（1）条规定的出售该股票的交易量限制。该规则限制了关联公司在给定的 3 个月期间出售的限制性或其他证券的数量，该限制数量通常为已发行股票的 1%，或者在提交拟销售通知之前的 4 周期间，每周报告交易量的平均值。

双方及其各自的专家也一致认为，截至估价日期，ADDI&C 可以通过两种方式处置持有的温迪克西公司股票。其中一种方法是让 ADDI&C 以私募方式将其全部股票出售给非关联投资者，除非该股票已经登记，否则根据 SEC 规则第 144（d）（1）条规定，该投资者将受到持有股票 2 年的限制，根据 SEC 144（e）（2）条，在此之后该投资者将受到 1 年的交易量限制。而 ADDI&C 出售持有温迪克西公司股票的另一种方法是在符合 SEC 规则第 144（e）（1）条交易量限制的一段时间内出售该股票（分批逐步抛售）。

双方及其各自的专家进一步达成一致：第一，由于 ADDI&C 在估价日持有的温迪克西公司股票的规模（the size of the block of Winn-Dixie stock），ADDI&C 无法在不降低股票市场价值的情况下，处置其所有温迪克西公司股票。第二，为了处理持有的温迪克西公司股票而不降低其市场价值并同时符合 SEC 规则第 144 条限制出售该股票的规定，ADDI&C 将花费 5~6 个月时间在估价日后按照分批逐步抛售的方法处置其温迪克西公司股票；同时，该股票的购买者将不受 SEC 规则第 144（d）条规定的 2 年持有期限和 SEC 规则第 144（e）（2）条中的数量限制。

原告的专家霍华德先生和被告的专家汤姆森先生认为，ADDI&C 会根据分批逐步抛售方法出售持有的温迪克西公司股票。普莱特先生认为 ADDI&C 可能会通过私募方式处置温迪克西公司股票。根据目前的证据，法庭认为 ADDI&C 可能会使用分批逐步抛售方法出售温迪克西公司股票，因为这样的出售方式很可能会导致 ADDI&C 持有的温迪克西公司股票的价值高于以私募形式出售的股票。这是因为根据 SEC 规则第 144（d）（1）条规定，以私募方式购买该股票的非关联投资者将受到 2 年的持有期限限制，此后根据 SEC 规则第 144（e）（2）条受到出售数量的限制。

虽然被告的专家汤姆森先生承认 ADDI&C 持有的温迪克西公司股票受到 SEC 规则第 144（e）（1）条的限制，并且正如法庭所发现的那样，ADDI&C 可以采用分批逐步抛售的方法在 5~6 个月的时间内出售其温迪克西公司股票，但他没有在估价日对纽约证券交易所的股票市场价值进行折价调整，以准确反映其在估价日的公允市场价值和 ADDI&C 的净资产价值。这是因为从 1992 年 1 月 3 日到 1992 年 11 月 2 日，温迪克西公司在纽交所的股价一直呈上升趋势，事实上，在这段时间内，温迪克西公司的股价上涨了 72%。

汤姆森先生认为 SEC 规则第 144 条不适用，因为在估价日之前的 10 个月期间，由于温迪克西公司股票在纽约证券交易所股价"处于上升趋势"，因此不会出现任何根据 SEC 规则第 144 条的折价。原告指出，1992 年 8 月 21 日（估价日前约 3 个月）线性价值投资调查报告（以下简称"线性价值报告"）称"在纽约证券交易所过去几个月中温迪克西公司股票价格已上涨约 15%。因此，长期总回报前景已被削弱"。法庭认为，线性价值报告中关于温迪克西公司股票"长期总回报前景"的观点并未反映截至该股票纽约证券交易所价格相对较短的估价日期的短期前景,短期即各方和专家都一致认为ADDI&C将通过分批逐步抛售方法出售温迪克西公司股票在估价日后相对较短的5~6个月。

普莱特先生认为,在估价日,温迪克西公司的纽约证券交易所价格应该适用10%的SEC规则第144条折价。但如上所述,法庭不同意普莱特先生认为的ADDI&C很可能会以私募方式而不是以分批逐步抛售的方式出售股票。此外,普莱特先生没有按照规则第143(f)条的要求在他的专家报告中解释他为何主张10%的SEC规则第144条折价,同时法庭在他的反驳报告中也没有发现解释,在如何确定折价数额的庭审中也没有发现他更有力的解释。在现有证据面前,法庭不会采纳普莱特先生的意见,即是否应该对ADDI&C持有的温迪克西公司股票在估价日纽约证券交易所股票价格采用SEC规则第144条进行折价,法庭也不采纳他关于"发现有理由适用折价就应当适用折价"的任何关于折价的观点。

霍华德先生在其反驳报告中认为,在确定ADDI&C持有的温迪克西公司股票的公允市场价值时,应对在估价日温迪克西公司的纽约证券交易所价格进行4.9%的SEC规则第144条折价。他根据布莱克—斯科尔斯期权定价模型(Black-Scholes model)得出该百分比折价率,该模型用于计算看涨或看跌期权的成本。汤姆森先生使用布莱克—斯科尔斯模型评估看跌期权,这使得持有人有权在指定日期(或之前)以指定价格出售指定资产。霍华德先生在他的反驳报告中解释说,看跌期权的成本可用于确定当该股票的未来价格无法确切知道时股票价格的成本。霍华德先生确定,布莱克—斯科尔斯模型可以很好地衡量与ADDI&C市场风险相关的折价,市场风险来源于持有的温迪克西公司股票在纽约证券交易所股票价格将在5~6个月期间下跌以及运用分批逐步抛售方法出售股票。

霍华德先生在其反驳报告中解释说,布莱克—斯科尔斯模型在得出期权价值时考虑了以下变量:每股当前股价;每股行权价(exercise price per share);到期日;无风险利率(risk-free interest rate);波动率;以及持续股息收益率。使用布莱克—斯科尔斯模型,霍华德先生计算出,截至估价日,温迪克西公司股票的3个月看跌期权成本为3.37美元,即该日纽约证券交易所价格的4.9%。

被告则认为,使用布莱克—斯科尔斯模型总会导致SEC规则第144条的折价。霍华德先生同意,法庭也同意这个理论。布莱克—斯科尔斯模型考虑了"无风险利率"变量,霍华德先生在他的反驳报告中承认,"无论模型的具体输入是什么,锁定股票价格以防范市场风险总是需要付出代价的",并且他在庭审中做证说ADDI&C需要5~6个月的时间,才能在不影响市场的情况下,按照"逐步退出"的方式出售其温迪克西公司股票,因此将该股票暴露于市场风险,在没有其他原因情况下,这种风险总是导致价值下降。根据现有证据,霍华德先生使用布莱克—斯科尔斯模型并不能说服法庭适用SEC规则第144条进行折价是可靠的,或者即使这样的折扣是有效的,也不能说明折价率应为4.9%。

原告有责任确定在ADDI&C持有的温迪克西公司股票估价日纽约证券交易所的价格是否应当适用SEC规则第144条折价。根据现有证据,法庭发现原告并未完成举证,法庭进一步发现,在估价日,ADDI&C持有的温迪克西公司股票的公允市值为70043204美元,ADDI&C的资产净值未考虑任何其他折价或调整为80140269美元。

原告和原告专家都一致认为，在确定两份每份 25 股 ADDI&C 股票在估价日的公允市场价值时，有必要因为 ADDI&C 未实现资本利得税而调整降低 ADDI&C 的净资产价值。但是，对于这种折价调整的数额存在分歧。此外，原告和原告的专家霍华德先生不同意原告的普莱特先生和被告采用何种方式对未实现的资本利得税进行折价。原告和原告的专家霍华德先生认为，评估 ADDI&C 在估价日的净资产价值时，应在扣除任何少数股权和缺乏流通性的折价之前扣除 ADDI&C 的未实现资本利得税。原告的专家普莱特先生和被告的专家汤姆森先生认为，在净资产价值经过少数股权折价后，归因于 ADDI&C 的未实现资本利得税 15% 的折价调整应当作为适用于估价日净资产评估的缺乏流通性折价的一部分。在普莱特先生确定应该适用 50% 的缺乏流通性折价率，即为 29254391 美元的情况下，其中 8776317 美元归因于 ADDI&C 的未实现资本利得税。在汤姆森先生确定应该适用 38% 的缺乏流通性折价率，即为 26798906 美元的情况下，其中 10578516 美元可归因于 ADDI&C 的未实现资本利得税。

被告的立场是，在确定该股票在估价日的公允市场价值时，不应根据 ADDI&C 的未实现资本利得税进行任何折扣或调整。因此，被告不仅拒绝了原告和原告的两位专家的意见，而且还拒绝了被告专家汤姆森先生的意见。为了支持这一观点，被告声称："税务局认为本方专家在确定适当的流通性折价时将潜在的资本收益带来的税负考虑在内的做法与联邦税法相悖。"

被告认为不应适用 ADDI&C 未实现资本利得税的折扣的原因如下："在一系列既定案例中，最高法院一直认为，当清算具有目标时，预计的资本利得税不会降低少数人持有的股票的价值。首先，在 1986 年以前，前美国国税局规则中第 336、337 条允许公司免税清算，因此，该公司可以在随后出售其所有资产时完全避免资本利得税。法院认为，公司在清算时免税使得预计的负债具有很强的不确定性，因此无关紧要。1986 年的税收改革法案废除了这些条款，但并没有排除在出售所有资产时在公司层面上避免资本利得税的可能性。C 类公司（C-corp）[①] 可以根据法律规定进行转换，如果公司从转换为 S 公司之日起保留资产十年，就可以避免任何收益确认。原告的一位专家认识到这种可能的选择。由于阿蒂默斯·D. 戴维斯是温迪克西公司股票的长期投资者，因此选择 S 类公司（S-corp）[②] 似乎是避免企业层面资本利得税的合理方法。虽然自愿购买者可能会降低其后续清算成本的基础，但自愿卖方没有动力去配合这种减少。自愿卖方明知资本利得税可以推迟或避免为什么要同意降低价格？

"更重要的是，当客观事实并未表明股东有意清算公司时，法院不应假设买方会这样做。在此，原告在赠与发生时并没有考虑清算。原告无疑会争辩说，税务法庭没有明确表示潜在的资本利得税一定是事实问题，它也有可能被视为法律问题来做判断。但税务局认为，估价本质上是事实上的考虑因素。然而，法院一直认为，当清算是目标性

[①] 就任何应课税年度而言，即针对公司本身征税，也针对公司成员征税。
[②] 指趋近于合伙缴税模式，仅对公司成员征税，而不会对公司本身征税。

时，预计的资本利得税不会降低价值，未来事件也不会对价值造成影响。总的来说，考虑未来事件，包括资本利得税，作为法律问题是不恰当的。"

法庭不接受被告提出的 ADDI&C 的未实现资本利得税不允许有任何折价调整的观点。事实上，被告在后续庭审进程中也放弃或至少反驳了这一立场，被告在答辩状中表述："如果在估价日实际上考虑了 ADDI&C 资产的出售或清算，或者如果事实上无法避免公司层面的资本利得税，那么价值的部分减少将是适当的。"

因此，被告承认，无论是否在估价日计划或考虑清算 ADDI&C 或出售其资产，实际上都无法避免征收公司层面的资本利得税，那么对估价进行折扣将是适当的。然而，被告又辩称，根据《美国联邦国内收入法典》第 336（a）条，尽管联邦个人所得税法规定，如果 ADDI&C 清算并分配了这些资产或对这些资产中的一个或多个进行非清算分配（根据《美国联邦国内收入法典》第 311 条），或出售或以其他方式处置这些资产［根据《美国联邦国内收入法典》第 1001（c）条］，虽然要求在估价日确认资产收益，但纳税人实际上可以避免对这些收益征税。根据被告的说法，根据《美国联邦国内收入法典》第 1374（a）和（d）（7）条，ADDI&C 可以转换为 S 类公司并从转换之日起保留其资产 10 年。原告专家普莱特先生在其专家报告中承认了这种可能性。

尽管普莱特先生在其专家报告中承认，自估价日起，ADDI&C 可能转换为 S 类公司，但在估价时他并未考虑在公司转换为 S 类公司的情况。根据普莱特先生的说法，他认为假设 ADDI&C 选择转换为 S 类公司是不恰当的。因为这样一种假设将不可避免地把假定的自愿购买待估价股票的购买者限制在特定的个人和实体范围内，排除了其他自愿买方。其次，普莱特先生认为，被告提出的假设 10 年内，ADDI&C 的任何资产都不会被出售，这将降低本案中 ADDI&C 股票的流通性，而这样的情况将使 ADDI&C 的股东不太可能同意转换为 S 类公司。普莱特先生还指出，《美国联邦国内收入法典》第 1362（d）（3）条可能对像 ADDI&C 这样的投资公司来说是一个问题，除非 ADDI&C 要保留其畜牧业的业务或从事其他经营业务，且这些业务产生的总收入远远超过 ADDI&C 的其他资产产生的被动收入。因为如果要适用《美国联邦国内收入法典》第 1362（d）（3）条，ADDI&C 必须满足以下两条件：第一，在公司表决前 3 个连续纳税年度的每一个年度结束时有收益和利润；第二，每个纳税年度有超过 25% 的总收入来自包括股息在内的被动投资收入，则其他有效的公司表决将被终止。

法庭同意普莱特先生提出的在估价日，ADDI&C 不太可能转换为 S 类公司。基于现有证据，法庭不接受被告无端假设，即 ADDI&C 可以通过转变为 S 类公司并且在此后 10 年不允许其出售任何资产来避免 ADDI&C 的所有内置资本利得税。目前没有证据证实 ADDI&C 有其他方式在估价日可以避免所有此类税收。

法庭现在转向被告在开场时表明的立场，如上所述，法庭认为这与被告答辩时的立场相矛盾。被告立场是，无论 ADDI&C 在估价日是否可以避免所有 ADDI&C 的未实现资本利得税，作为法律问题，不允许对该税收进行任何折价调整，因为截至该日期，公司未计划或考虑清算 ADDI&C 或出售其资产。证据还表明截至估价日期，与 ADDI&C 的所有资产相关的未实现资本利得税为 26686614 美元。同时，截至估价日期，ADDI&C 持有的温迪克西公司股票占其所有资产公允市场总价值的比例超过 85%；ADDI&C 未实现资本利得中可归因于该股票的部分（即 69774921 美元）占这些收益的 96% 以上；ADDI&C 的归属于该股票的未实现资本利得税（即约 25660000 美元）占该税收的 96% 以上。原告和所有专家认为，假设的自愿卖方和假设的两份每份 25 股 ADDI&C 股票中的每一个的假定购买者都会在交易时考虑到 ADDI&C 将来的资本利得税。因此，在确定每一种这类股票的公允市场价值时，应考虑折价。基于以上证据，法庭同意这一观点。

基于证据法庭发现，即使在估价日没有计划清算 ADDI&C 或出售其资产，假设的自愿卖方和假设的自愿买方也不会就没有考虑到 ADDI&C 的未实现资本利得税的股票价格达成一致。被告对上述观点的不认同是没有事实和法律依据的。法庭认为，被告援引的贝纳特诉税务局案［Estate of Bennett v. Commissioner, T. C. Memo. 1993 – 34, 65 T. C. M. （CCH）1816, 1825（1993）］涉及在废除一般效用原则（the general utilities doctrine）之前的估价行为，并且不涉及纳税人对公司清算时的资本利得税的有关股票利息适用折扣的情况。相反，贝纳特遗产案中的纳税人要求法院通过"估计的清算费用"减少有关股票价值，其中包括"佣金折价""清算损失折价"以及"间接费用和销售费用折价"。

至于被告提供的其余案件，对法庭而言，除卢顿诉税务局案［Estate of Luton v. Commissioner, T. C. Memo. 1994 – 539, 68 T. C. M. （CCH）1044, 1052（1994）］外，被告均未表明这些案件在评估股权价格时不考虑未实现资本利得税因素。在卢顿案中，纳税人的专家之一，考虑了清算费用，降低了所涉及的每个公司的资产价值，其中包括公司清算中产生的联邦和州资本利得税。在本案中，双方所有专家都认为必须考虑 ADDI&C 的未实现资本利得税，作为确定股票公允市场价值的一个因素。

在本案中，原告和包括被告专家在内的所有专家认为，在确定有争议股票截至估价日的公允市场价值时，有必要适用 ADDI&C 的未实现资本利得税做折价调整，因为这是假设的自愿卖方和假设的自愿买方在估价日的情形下可能会考量的。原告采纳原告专家霍华德先生的观点，认为未实现资本利得税在计算 ADDI&C 的净资产价值时应该全额扣除。根据现有证据，法庭否认原告的立场和霍华德先生的意见。如果截至估价日没有计划或预期清算 ADDI&C 或出售其资产，ADDI&C 的未实现资本利得税的全部金额可能不会被视为针对估价日 ADDI&C 股票价值的折价调整，即使法庭认为截至该日期 ADDI&C 不能规避资本利得税，目前证据也未表明估价时应全额扣除。

因此，法庭认可原告专家普莱特先生和被告专家汤姆森先生的意见。尽管如此，基于目前证据，法庭认为在估价日，如果存在未实现的资本利得税的影响，本案中的股票的流通性会弱于不受该影响的股票。因此，法庭认可并接受专家普莱特先生和汤姆森先生的意见，即在评估每一份股票时应考虑适用部分 ADDI&C 的未实现资本利得税进行折价调整，这种折价调整应该是在该评估过程中各方和所有专家都认可的流通性折价中的一部分。

原告专家普莱特先生将 ADDI&C 未实现资本利得税中的 8776317 美元作为他在评估争议股票时所适用的缺乏流通性折价的一部分；被告专家汤姆森先生将 ADDI&C 未实现资本

利得税中的 10578516 美元作为他在评估争议股票时所适用的缺乏流通性折价的一部分。虽然这些金额因专家在评估过程中存在的其他差异而有所不同，但从前述的表格中可以看出，专家都独立地得出结论，ADDI&C 的未实现资本利得税应给予 15% 的折扣或调整，列入他们确定的缺乏流通性折价的一部分。对于原告专家普莱特先生和被告专家汤姆森先生确定 ADDI&C 的未实现资本利得税的相应金额的方式，他们认为应该将其纳入完全缺乏流通性的折价中，应用于评估争议股票价值。法庭认为，这些金额（如 8776317～10578516 美元）设定了适当的范围，法庭可以根据该范围确定作为缺乏流通性折价一部分的资本利得税应归入的数额。考虑到估价必然是一种近似和判断的问题，而不是数学，根据 SEC 规则 142（a），原告有举证责任，证明在评估 ADDI&C 两份每份 25 股 ADDI&C 股票的价值时，ADDI&C 的资本利得税的 900 万美元应作为缺乏流通性折价的一部分。

现在由 ADDI&C 的未实现资本利得税这个各方和专家都接受的折价因素转向缺乏流通性折价的讨论。原告和原告专家认为，其百分比应为 35%，而被告专家汤姆森先生认为应该是 23%。也就是说，不考虑其中包含的任何其他金额，可归因于 ADDI&C 的未实现资本利得税的范围为 15265630 美元（霍华德先生的结论）至 20478074 美元（普莱特先生的结论）。汤姆森先生的结论是 16220390 美元。

霍华德先生在他的专家报告中主张，股票欠缺流通性的情况应当适用 35% 的折价。有研究显示了限制性股票的私人交易（即在一段时间内限制在公开市场上交易的上市公司股票）的折价金额与具有可比性但不受限制的股票的公开市场价格（即在公开市场上可自由交易的上市公司股票）的对比。霍华德先生在他的专家报告中引用了一项所谓的首次公开募股（IPO）研究，该研究显示了发生在 IPO 前不久的私人交易的折价总额与此类股票的价格的对比。换句话说，该 IPO 分析了私人交易中的股票价格与同一公司后续公开发行股票的价格的区别。普莱特先生适用了同样的限制性股票折价理论，亦采取了和霍华德先生所采用的相同的 IPO 研究对比研究成果，得出 35% 的缺乏流通性折价。此外，普莱特先生在确定折价时考虑了 ADDI&C 未支付股息的历史。为支持他单独确定的少数股权折价和缺乏流通性折价的合理性，普莱特先生还审查了各种公共注册有限合伙企业（limited partnership units）的某些交易。这些交易并非在纽约证券交易所等正规交易所进行。在审查有限合伙企业的交易时，普莱特先生专注于公开注册的有限合伙企业的交易，这些合伙企业与 ADDI&C 一样，在估价日前未向合伙人进行分配。在研究了有限合伙的交易数据后，普莱特先生对合伙企业交易的资产净值折价金额进行了多次不同的计算，包括单独计算折价的中位数金额。虽然普莱特先生在他的专家报告中展示了他转载的用于进行这些计算的文件（源文件）中的数据，但他没有使用源文件中的平均折价，而是基于该文件中反映的每个单位的交易价格范围的平均值。普莱特先生在庭审中承认，他根据源文件中列出的最低交易价格包含了有限合伙企业交易的净资产价值的折价金额，这反而导致了相比起适用反映在源文件上有限合伙企业交易的平均价格略高的折价（约 3%）。

汤姆森先生采用 23% 的缺乏流通性折价。他在专家报告和庭审中表示，该折价的起点为33%~36%（基准范围），他认为这是适用于大多数经营性公司中相对较小的少数股东权益的缺乏流通性的折价。为达到其缺乏流通性折价的基准范围时，汤姆森先生审查了霍华德先生和普莱特先生所考虑的某些但非全部的限制性股票折价的依据。汤姆森先生发现，限制性股票的折价范围为26.5%~36%，他使用该范围的上限，即33%~36%作为确定的基准范围。汤姆森先生还依靠以下因素来确定适用于每股股票的具体缺乏流通性折价：①每个ADDI&C股票的大小及其影响管理决策的能力；②每股股票涨落的潜力；③公众对ADDI&C的业务或资产披露的认识程度；④ADDI&C所从事的业务类型及其资产的构成和相对吸引力；⑤ADDI&C的财务实力及其支付股息的潜力；⑥用于确定ADDI&C资产价值的价值基础和价值方法；⑦可能影响每个相关股票的流通性的任何其他相关因素。汤姆森先生得出结论，由于前六个因素适用于本案，故倾向于降低缺乏流通性折价的影响。因此，他将基准范围从33%~36%降低至20%~24%，然后，他选择了23%作为适当的缺乏流通性折价。

被告指出，霍华德先生和普莱特先生均未在各自的专家报告和反驳报告中指明如何使用限制性股票和IPO研究以及如何达到35%的缺乏流通性折价率。以上观点法庭认同。但尽管如此，法庭依旧认为这些报告和普莱特先生在庭审时的额外证词对于确定法庭将在本案中适用的缺乏流通性折价非常有帮助。

原告辩称，汤姆森先生确定的23%的缺乏流通性折价率太低，因为他没有考虑霍华德先生和普莱特先生提到的IPO因素。汤姆森先生在反驳报告和庭审过程中解释说，就IPO在估价日之后的股票价格数据而言，这些数据在评估本案涉案股票时无法使用。因为《美国专业评估执业统一准则》（Uniform Standards of Professional Appraisal Practice）规定追溯评估中使用的数据的截止日期为估价日期。法庭认同上述观点。然而，汤姆森先生在庭审中承认，IPO的数据在估价日期随时可用，并且在评估每股股票时可以考虑。法庭认同并认为汤姆森先生应该考虑这些首次公开招股中反映的估价日价格数据，因为它们连同限制性股票因素将提供更准确的基准范围和起点，以确定适当的缺乏流通性折价。霍华德先生和普莱特先生在他们的反驳报告中都解释说，限制性股票交易虽然受到一段时间的限制，但在该期限到期后可以自由交易。他们指出，IPO而非限制性股票的因素可能更能说明在本案中应用的缺乏流通性折价，因为IPO数据区分了股票之间的价格差异，如一些可自由交易股票和不可自由交易股票（比如ADDI&C）之间的价格差异。根据维拉梅特管理协会（Willamette Management Associates）对1992年和1993年进行的IPO数据研究，仅在估价日期（即1975~1991年）之前的几年平均价格折扣（按行业价格/收益倍数调整）约为52%。根据罗伯特拜尔德公司（Robert W. Baird & Company）在上述年份以及1992~1995年进行的IPO数据研究，估价日期（即1980~1991年）以前的几年间，平均中位数价格折价率约为47%。基于现有证据法庭认为，在确定此处适用的缺乏流通性折价而不考虑ADDI&C的未实现资本利得税时，IPO数据是具备相关性的，这些数据提供了可自由交易股票和不可自由交易股票之间的价格差异。

汤姆森先生在其专家报告中表示，由于每份涉案 ADDI&C 股票占 ADDI&C 已发行 ADDI&C 股票的 25.77%，因此在估价日没有股东控制该公司。然而，汤姆森先生同时认为每份股票都可能影响管理，并代表了一个不确定的"摆动交易"（a swing block）①。原告、普莱特先生和汤姆森先生在庭审中承认，在讨论其中一份股票价值时，应考虑另一份股票的实际所有者以及剩余 ADDI&C 股票的实际所有者。法庭认同这一观点，在估价日，从父亲那里收到另一份股票的儿子和他父亲是剩余股票的实际上所有人。原告辩称，截至估价日，死者家属不太可能与外部投资者联合强迫 ADDI&C 采取任何行动。法庭同意以上观点，基于现有证据，汤姆森先生对每份 25 股 ADDI&C 股票的影响能力做出了无效的假设，并给予了过高的权重。

霍华德先生和普莱特先生批评汤姆森先生无视截至估价日不支付股息的 45 年历史。截至该日，这些股票中的每一股都构成少数股权。在本案中，法庭发现假设的自愿卖方和假设的自愿买方没有理由相信截至估价日 ADDI&C 45 年不曾支付股息的情况可能会有所改变。

基于现有证据，法庭认为在不考虑 ADDI&C 的未实现资本利得税时，由专家确定的缺乏流通性折价的金额（即霍华德先生确定的 15265630 美元，汤姆森先生确定的 16220390 美元和普莱特先生确定的 20478074 美元）设定了适当的范围，法庭可以在此范围内确定缺乏流通性的折扣。估价必然是一种近似和判断的问题，而不是数学，根据 SEC 第 142（a）条规定，原告有举证责任。基于现有证据，并使用霍华德先生和普莱特先生的专家报告中引用的限制性股票和 IPO 因素中的数字作为缺乏流通性折价的基准，不考虑 ADDI&C 的未实现资本利得税和汤姆森先生在报告中提出的评估 ADDI&C 及涉案股票特定的各种因素，法庭认为缺乏流通性折价，在不考虑资本利得税时，应该是 1900 万美元。法庭进一步认为，本案应该适用的缺乏流通性折价为 2800 万美元，其中包括可归因于 ADDI&C 未实现资本利得税的 900 万美元。

根据全部现有证据，在估价日，ADDI&C 股票的两份每份 25 股股票公允市场价值分别为 10338725 美元，即每股 413549 美元。

---

① 摆动交易是一种购买和出售证券的短期方法，目的是实现持续的盈利，通常情况下，期货、期权、货币和股票市场的持仓期为 2~5 天。

案件二十六 杰尔克诉美国联邦税务局

(Estate of Frazier Jelke III, Deceased, Wachovia Bank, N. A., f. k. a. First Union National Bank, Personal Representative, Petitioner, v. Commissioner of Internal Revenue, Respondent)

被告美国联邦税务局裁定原告欠缴 2564772 美元的遗产税。原告向税务法院起诉。争议问题为：死者持有的 CCC 公司权益的公允市场价值是否存在未实现的资本利得税（built-in long-term capital gain tax liability）的扣除，以及对其缺乏流动性和控制权应适用怎样的折扣。戈伯（Gerber）法官判决：①对于证券未实现的资本利得税的扣除应适用资金的时间价值原则；②因缺乏控制权而给予 10% 的折扣是适当的；③因缺乏市场流动性而给予 15% 的折扣是适当的。原告向第十一上诉巡回法院提起上诉。希尔（Hill）法官认为，假设公司在死者死亡之日被清算并且所有资产已售出，对少数持股公司的股权进行恰当估值时，应对公司应付的资本利得税进行实际的扣除（dollar-to-dollar reduction）。因此撤销税务法院判决并发回重审。卡恩斯（Carnes）法官提出异议。

一审

案　　号：T. C. Memo. 2005 - 131
判决时间：2005 年 5 月 31 日
受理法院：美国联邦税务法院

一、案件事实

弗雷泽·杰尔克三世（Frazier Jelke III，下称死者）于 1999 年 3 月 4 日去世，他的法定住所是佛罗里达州迈阿密。瓦乔维亚银行（Wachovia Bank）被委托作为死者遗产的管理者。在提交诉状时，瓦乔维亚银行在佛罗里达州有一个商业办事处，但其主要办事处设在北卡罗来纳州。

田纳西州商业化学公司（Commercial Chemical Co. of Tennessee）是一家化工品制造公司，于 1922 年 8 月 16 日注册成立。奥利克公司（Oleoke Corp.）于 1929 年 12 月 7 日在特拉华州注册成立。1937 年 10 月 4 日前后，奥利克公司更名为商业化学公司（Commercial Chemical Co.，下称CCC）并收购了田纳西州商业化学公司的资产。公司制造的产品主要是砷酸钙和砷酸。1974年，CCC将其化学制造业务资产出售给一家非关联第三方。从那时起，CCC公司的唯一商业活动就是为了股东的利益而持有和管理投资。CCC是联邦所得税法上的C类公司（C corporation）。

CCC是一家由杰尔克家族通过信托方式控股的封闭型公司。在死者去世之日（即1999年3月4日），他通过一项可撤销信托持有着CCC3000股普通股股票（占公司股份的6.44%）。其他的CCC股东通过不可撤销信托，持有CCC 6.181%~23.668%的股份。杰尔克家族参与信托的条款并不禁止出售或转让CCC股票。死者除了持有待估值的CCC股票外，还有三项信托的受益权。三项信托中的第一项为死者及其姐妹提供收入，并在他们中最后一人死亡时终止。死者去世时，他的两姐妹分别为59岁和65岁。第二项信托为死者及其两个姐妹提供收入，并于2019年3月4日终止。最后一项信托又创建了三个信托，死者和他的两个姐妹都是受益人；每一项独立的信托都将在受益人死亡时终止，届时资产将分配给受益人。威明顿信托公司（Wilmington Trust Corp.）是上述信托的受托人，通过信托，威明顿公司实际持有了CCC公司77.186%的流通股份，其中包括死者的6.44%股份。从1988年起到本案庭审时，还没有人出售或试图出售过CCC股票。

经验丰富的团队为CCC进行组合投资。威明顿信托公司提供托管和咨询服务，收费为资产价值的0.26%，CCC由股东选举产生的董事会（非股东）来管理。根据公司章程，CCC的股东不得参与公司日常的运营管理。信托受益人对参与CCC管理的兴趣不大，在20年的时间里只参加了大约12次董事会会议。同样，信托受益人也不出席CCC的股东大会。

CCC公司主要的投资目标是长期资本的增长，这导致较低的资产周转率和大量未实现（unrealized）的资本收益。截至死者去世之日，CCC董事会并无清算CCC投资组合的计划，他们的打算是将公司作为一家持续经营的企业继续经营。CCC支付给股东的股息从1974年的每股12.35美元稳步上升到1999年的每股34美元。1994~1998年，CCC的资产周转率如表26-1所示。

表26-1　　　　　　　　　　　CCC的资产周转率　　　　　　　　　　　　单位：%

1994年	1995年	1996年	1997年	1998年
6.74	5.06	4.66	9.80	3.48

公司的净资产从1994年底的5950万美元增加到1998年底的1.39亿美元，平均每年增长超过23%。截至死者去世之日，CCC公司的净资产（资产减去负债）为188635833美元（见表26-2）。

表 26-2　　　　　　　　　　　CCC 公司的资产结构　　　　　　　　　　单位：美元

项　　目	余　　额
资产	
有价证券	178874899
货币市场基金	11782091
应收账款	53081
家具和设备	2665
现金及其他	54244
总资产	190766980
负债	
一般负债	679170
当期所得税	1451977
净资产	188635833

如在估值日将 CCC 的组合投资全部售出，将会产生 51626884 美元的资本利得税。截至死者去世之日的净资产价值 188635833 美元没有减除任何潜在的纳税义务。在死者去世之日，CCC 的证券投资组合为 92% 的国内股票和 8% 的国际股票。CCC 投资的主要是大盘股，只有一小部分是新兴成长型股票。CCC 将其持有的大型资本投资组合与标准普尔 500 指数（S&P 500 Index）进行比较；将其新兴增长型投资组合与罗素 2000 指数（Russell 2000 Index）进行比较。CCC 持有的证券都是公开交易的，其投资组合的市场价值可轻而易举地随时获得。在 CCC 的投资组合中，持有较多的股票包括埃克森美孚、通用电气、惠普、微软和百事可乐。

1999 年 12 月 6 日提交的遗产联邦遗产税申报单包括了代表死者对 CCC 公司 6.44% 权益的 4588155 美元资产。原告计算 4588155 美元资产的方法是：将 CCC 188635833 美元的净资产价值减去 51626884 美元的未实现资本利得税（built-in capital gain tax liability），然后分别对因缺乏控制权和市场流动性而对死者的股票利息适用 20% 和 35% 的额外折扣而得出。

在发给原告的税款欠缴通知书中，被告认定死者的 CCC 公司 6.44% 的股份价值应该为 9111111 美元。被告表示，这 9111111 美元的价值已经包括了因缺乏控制权和市场流动性而产生的"合理"折扣。被告裁定原告欠缴 2564772 美元的遗产税。

二、争议焦点

死者持有的 CCC 公司股权的公允市场价值。具体来说，在计算遗产价值时是否可以扣除这些股权未实现的资本利得税，以及对其缺乏流动性和控制权应适用的折扣。

三、判决

法庭眼下需要考虑的主要问题是该封闭性家族企业股权的公允市场价值。死者（通过信托）持有该公司 6.44% 的少数股权。公司是一家封闭性公司，拥有大量且在市场上自由交易的有价证券投资组合，这些证券的价值很容易确定。因此，双方已就公司资产价值达成一致。目前存在争议的是对原被告双方已达成一致的公司资产价值应适用的折扣。除了对控制权和流动性折扣的分歧之外，双方对出售公司持有有价证券时可能产生的资本利得税的扣除也有不同意见。法庭必须确定，对公司价值估价时是否应减去全部的未实现资本利得税（由原告所主张）或减去未实现资本利得税的现值（如被告所言）。

（一）举证责任

原告辩称，关于法院审议的问题，根据《美国联邦国内收入法典》第 7491（A）（3）条①的规定，举证责任应转移给被告②。第 7491（A）（1）条规定：在庭审程序中，如果纳税人就任何与确定纳税人在（A）项或（B）项下的纳税责任有关的事实问题提出可信的证据，税务局应对该问题负有举证责任。

作为适用第 7491（A）条规定的举证责任转移的条件，纳税人必须：①遵守法定的证实和保存记录的要求；②配合税务局官员就"证人、资料、文件、会议及约谈"提出的合理要求；③对于合伙企业、公司及信托公司，应符合第 7430（c）（4）（A）（ii）条、第 7491（A）（2）（c）条规定的净资产要求。且纳税人有责任证明这些要求得到了满足。

原告声称已遵守了这些要求，并以专家报告和符合法律规定的形式提出了可信的证据。本案中所涉及的事实双方都没有争议，法庭要决定的是减少多少未实现资本利得税义务和由于缺乏控制权和流动性的折扣。在该背景下，这些问题将根据已确定的事实以及法庭可以从双方呈递的专家意见中找到的帮助来解决，本案争议焦点的解决不是根据哪一方负有举证责任。所以，谁有举证责任或谁应提出证据的问题对本案无关紧要。因此，没有必要决定遗产是否满足"可信证据"的要求。

（二）1999 年 3 月 4 日 CCC 的价值

争议的焦点是由杰尔克家族控股的 CCC 公司的 6.44% 的股权价值。遗产税法规定，公允市场价值是通过考虑自愿的买家和自愿的卖家之间的易手价格来确定的，买卖双方

---

① 除非另有说明，本案例中的"条款"或"条"在原英文判例中为"section"，均来自《美国联邦国内收入法典》；"规则"在原英文判例中为"rule"，均来自税务法院惯例和程序规则。

② 在庭审中，原告提出了一项动议，寻求将责任转移给被告。法院表示，它不打算批准该动议，但允许当事各方简要地进一步处理这一事项。由于记录上解释的原因，在本意见中，原告的动议将被驳回。

没有受到任何强制力的影响,且对相关事实也有着合理的了解。遗产公允市场价值的确定是一项事实问题,法庭必须权衡所有有关价值的证据,并做出适当的结论。估值日期之前或之后的合理时间内封闭性公司股票的独立交易价格是判断其公允市场价值的有效参考。如果缺乏这样的独立交易,通常用假设的自愿买卖模式来确定公允价值。该模式隐含着这样一个道理,即卖方试图实现利润最大化,而买方试图将成本降至最低。

本案的估值涉及对 CCC 公司持有的证券未实现资本利得税的扣除。原告称,CCC 所持资产的市场价值应减去如果在死者死亡之日出售所有资产产生的全部资本利得税。被告承认在计算股票价值时应对未实现资本利得税给予扣除①,但认为应遵循资金的时间价值原则对这些税收义务进行贴现。

原告专家使用的资产评估方法是净资产估值方法(net asset approach),原告方认为适用这种方法需要在估值日对公司进行清算的假设下进行②。但被告专家认为清算假设是不合适的,未实现的资本利得税应该根据 CCC 公司的证券交易历史来计算。法庭同意被告的意见。然而,在深入研究当事双方的观点和专家意见之前,回顾一下企业价值评估中未实现资本利得税的影响对本案是有帮助的。1986 年以前,本法院承认,根据"通用公共事业原则"(the principles of the General Utilities doctrine)③,可以在公司层面避免公司资产增值的收益。这一原则是基于通用器具操作公司诉赫尔维音案[Gen. Utils. & Operating Co. v. Helvering, 296 U.S. 200, 56 S. Ct. 185, 80 L. Ed. 154 (1935)] 中的判决,即公司向股东进行分红时,对公司财产增值部分的内在收益(inherent gain on appreciated corporate property)不进行确认;也就是说,公司在向股东分红已增值财产的部分或进行清算的时候,在公司层面免缴资本利得税。

基于上述判例,1986 年之前,如果纳税人以未实现资本利得税为由主张减少公司价值,本法院一概驳回。实际上,"通用公共事业原则"下只有极少数情况,法院才会在判断公司价值时考虑未实现资本利得税。

自废除"通用公共事业原则"以来,本法院曾多次审理有关未实现资本利得税对公司股票估值影响的案件。本院调整因未实现资本利得税而影响企业价值的方法各异,而且经常被上诉法院修改或驳回。在之前审判过的案例中,法庭曾认为就未实现资本利得税给予折扣是恰当的,因为即使公司不进行清算,也无法避免此项纳税义务。然而,这并不代表本院认为"即使没有公司清算或出售资产的前提,扣除未实现的资本利得税亦是合理的。"上诉法院推翻了我院判决不认可未实现资本利得税扣除的两起案件。第

---

① 由于内在资本利得税负债是一种公司负债,它降低了公司的总价值。本案的当事人和一些法院认为,内在资本利得税作为一种负债,在贴现被估值权益时应当考虑折价。在这种情况下,法庭将内在资本利得税负债视为一种负债,它在考虑因缺乏控制或市场性而导致的权益价值折扣之前,就降低了资产的价值。
② 若 CCC 在估值日被清算,其实质将是出售随时可销售的证券,从而产生长期资本利得及有关的税务责任。
③ secs. 336 and 337 所编纂的"一般公用事业原则"在 1986 年的"税收改革法案"被废除了。Tax Reform Act of 1986, Publ. L. 99-514, sec. 631 (a), 100 Stat. 2269.

二巡回上诉法院（Court of Appeals for The Second Circuit）的理由是，尽管税收的实现可能会被推迟，但有意愿的买家会考虑到迟早要缴的资本利得税。同样，第六巡回上诉法院亦不同意法庭认为未实现资本利得税有较大不确定性的观点。但第二巡回上诉法院和第六巡回上诉法院都没有规定在允许扣除的情况下可以扣除的额度或计算该额度的方法。在此之后，税务局也接受了第二巡回法院对此类案件的判决，即承认资本利得税可以在估计封闭性公司的股权价值时扣除。所以，目前双方和本院都同意估值时扣除未实现的资本利得税是适当的。然而，具体如何减少仍有争议。

在詹姆士一案中，死者持有一家主要经营加工木材业务的公司的控股权。该公司在估值日没有清算公司的意图。法庭认为对控股公司（holding companies）而非经营公司（operating companies）估值，采用资产法确定公允市场价值是最适当的。但法典第631（a）条规定，不论公司是否被清算，在估值时都应确认收益，因此，应减少负有未实现资本利得税纳税义务的资产净值。法庭进一步认为，还应该对在未来确认实现的资本利得税适用14%的投资总体回报率和20%的未来现金流量贴现率，将该纳税义务贴现为现值。第五巡回上诉法院推翻了法庭的观点，称不超过14%的年增长率和20%的贴现率缺乏"内在一致性"（internally inconsistent）。上诉法院还指出，没有买家会经营一个预期增长低于要求回报率的公司。

在邓恩诉税务局一案中，死者拥有一家以出租重型建筑设备为主营业务的公司的多数股权。因为该公司是一家经营公司，法院在判断该公司的价值时使用的是收益法；同时对以资产为基础的方法给予了一定的重视，因为该公司的收益预测是基于一个异常糟糕的商业周期，而这种周期本身会产生不合理的低价值。据此，法院分别对基于现金流的收益法以及基于资产的方法予以35%和65%的权重进行估值。如果完全依靠净资产估价法，则要假设在估值日进行清算，并减少全部未实现的资本利得税。此外，法院在计算以资产为基础的部分时又进行了5%的减幅，以反映公司清算的可能性较低。第五巡回上诉法院推翻了法庭对邓恩一案的判决。他们认为采用基于资产的方法对公司进行估值时应假定在估值日当天公司发生了清算，即要依法对全部的未实现资本利得税进行直接的现金减免。上诉法院还认为，无论以何种方式估值，企业清算的现实可能性都不应被纳入法院的考量；这种现实的可能性在分配适用净资产法或收益法的权重时才会发生影响。

在该类案件存在上述先例的背景下，法庭继续审议本案。原告称CCC权益的现值为4588155美元。被告认定CCC权益的现值为9111111美元。在审判资产评估类的案件中，法庭不受遵循专家意见的限制，可以采纳或拒绝专家证词。

在对CCC的股权进行估值时，原告专家弗雷泽（Frazier）考虑了三种传统的估值方法——市场法、收益法、资产法。收益法，价值通过计算公司的现金流收入来确定；市场法，价值通过与可比性相似公司发生的独立交易进行比较来确定；资产法，价值通过计算基础资产在某一固定时间点的总价值来确定。弗雷泽采用市场法和资产法相结合的方法，首先采用市场法对CCC的证券进行估值，随后原告专家将该市场价值中减去公司账面中显示的负债和假设在估价日当天将公司进行清算产生的全部资本利得税。弗雷泽没有对该清算可能发生在清算日之后的事实进行价值评估调整；换言之，弗雷泽的净资产法假设评估日当天即为清算日，据此确认了 51626884 美元的资本利得税。故 CCC 的价值为 1370089.49 亿美元，死者通过信托持有 6.44% 的权益（46585.51 股中的 3000 股）的价值为 8823062 美元。

被告专家谢克德（Shaked）接受 CCC 证券的市场价值，并以此为估价起点。随后在资产总额中减除了债务，但在扣除内在资本利得税的方法上，他和弗雷泽不同。首先，谢克德找到了 1994~1998 年 CCC 证券的平均成交量。利用这些数据，他得出 CCC 公司证券的平均年周转率为 5.95%。但他认为，5.95% 的比率是保守的[1]，这意味着资本利得税将延续至未来的 16.8 年（100% 除以 5.95%）。谢克德随后将 51626884 美元的应缴税款除以 16 年，得出在这 16 年期间每年平均发生的资本利得税义务为 3226680.25 美元。接着，他根据 1926~1998 年期间大型股的年平均回报率选择了 13.2% 的贴现率。然后，他用 13.2% 的利率计算了 16 年年均 3226680.25 美元的纳税义务的现值，得出未实现资本利得税的总额为 21082226 美元（现值）。通过将 188635833 美元的净资产减去 21082226 美元的未来税收债务，得出 CCC 的价值为 167553607 美元。最后，谢克德得出死者在 CCC 6.44% 的权益的价值为 10789164 美元，而弗雷泽得出的价值为 8823062 美元。这一差异在数字上反映了双方对资本利得税数额的不同处理方法。

CCC 的假设买家对投资组合（composite portfolio）进行投资，以期从股息和价值增值中获利。假设的买家和共同基金（mutual fund）的投资者类似，如果向组合型投资投入，则将无法清算相关证券。所以，这 6.44% 的投资在本质上是无法进行清算的[2]。此外，记录表明，信托公司或杰尔克家族股东没有清算的意图。CCC 6.44% 权益的假定买方实际上是在投资可销售证券未来的收益。同样，CCC 股票假定卖家也不会接受扣除所有资本收益可能的纳税义务后股票的价格，因为买卖双方都知道 CCC 每年只出售或移交其投资组合的一小部分。CCC 有长期的派发股息和股价升值历史，没有任何迹象或业务反映出了清算的意图。此外，持有 CCC 股份的信托公司明确会延续到 2019 年，且 CCC 股东均未出售或计划出售其权益。这些因素不符合在估值日或估值日后可预见的期间内公司发生完全清算的假设。

原告称，他主张的完全清算的做法和假设得到了邓恩案中判决的支持。具体而言，第五巡回上诉法院的判例表明，使用资产为基础的方法（而不是收益法）估价时应当包括这样一种假设：资产是在估值日出售的，而不论该公司是否考虑清算。因此，CCC 的企业价值应减去未实现资本利得的全部 51626884 美元的纳税义务。本法庭审议的案

---

[1] 使用更高的周转率将增加资本利得税，并降低死者 CCC 股票的价值。
[2] 即使法庭考虑的是 CCC 多数股权的价值，假定买方也不会购买股票，然后出售股票以实现净资产价值，扣除内在资本利得税。CCC 持有的所有证券都可以在没有内在资本利得的情况下在公开市场上获得。

件通常不能向第五巡回上诉法院提出上诉。因此本庭不受该上诉法院先例的限制。更重要的是,第五巡回上诉法院在评估少数股权时,是否真的存在清算假设是存疑的。因为上诉法院对邓恩案做出的后续解释中提到,如果法院是对少数股权进行估值,以正常经营的假设(business as-usual assumption)或以收入为基础的办法可能更为合适。第五巡回法院对邓恩案的判决适用于多数股权。但本案中法庭是在对少数股权估值。从这个意义上说,眼前的案例在事实上和法律上都与邓恩案有所不同。即死者在 CCC 公司 6.44% 的股份将不足以导致清算。

原告还称,CCC 相对较低的收入和适度的股息将导致假定买方倾向于清算。法庭不同意,因为这与本案的记录相矛盾。CCC 是一家表现良好的公司,与标准普尔 500 指数(S&P500)保持同步。投资者可以从股息、资本增值或两者的组合中获得收益。因此,法庭认为,无论从 CCC 自身的经营情况,还是作为少数股权的现实,法庭都不需要在估值日做出完全清算的假设[①]。

法庭认为在估值日对公司进行清算并不适用于这个案件,因此,法庭必须考虑对未实现资本利得税做出扣减的具体数额。被告的专家首先计算了未实现资本利得税总额(51626884 美元);在确定何时发生税款后,他根据资金的时间价值原则对未来将要支付的税款进行了贴现。原告不认可这种做法,声称 CCC 的证券将升值并增加未来的纳税金额,而抵消了贴现的必要性。原告专家做证说,如果前提是在未来清算或出售一家公司的大部分资产,则还应有一个股票将升值的长期预测,即如果股票升值,资本利得税亦将相应升值。在税务局的假设下,资本利得税每年的数额是相同的;只有假设股票没有升值,该贴现方法才得以适用,但显然,这不合理。因此,原告方主张,不论清算的可能性如何,内在资本利得税都应直接以现金(而非贴现)的方式(dollar-to-dollar)减少。

关于这一点,被告专家谢克德回应说,对未来资本利得税义务的贴现可以类比亏损结转时对损失的贴现,这些损失也是要在估值日所在年度之后的几年才会发生。谢克德主张的方法是,先确定清算何时发生,然后再计算未实现资本利得税。法庭同意谢克德的做法,即要对未实现的资本利得税贴现,以反映该纳税义务实际上是在估值日之后产生的事实。

由于纳税义务是在证券出售时产生的,因此必须对其进行贴现,以反映资金的时间价值。因此,在公司全部清算的假设不成立的前提下,将 CCC 的价值减去全部资本利得税亦是不合适的。如果法庭采用原告的观点,在计算未来的纳税义务时考虑公司股票未来的升值,那么实际上法庭计算的资本利得不是"未实现的",而是估值日当天的资本利得。如果用原告的方法来评估证券的市场价值,实际上得出的是未来增值后的股票

[①] 注意到,法庭也不假设一个低于贴现率的回报率,正如法庭在 Estate of Jameson v. Commissioner, 267 F. 3d 366, 372 (5th Cir. 2001), revg. T. C. Memo. 1999-43. 中所做的那样。因此,法庭对持续经营的假设并不存在"内在矛盾"。

价值和税收义务，减去税收义务在未来的"现值"。

原告又指出，在税务局之前做出企业价值估价中，曾经采用过将未来增值的资产折算现值的方法计算资本利得税。其中有一个案例是法院对一家拥有租赁物业（购物中心）的公司进行估值。作为适用折扣的加权因素的一部分，税务局的专家计算了房地产市场的升值潜力和未实现资本利得税义务的金额。但本院在这个问题上并未实现统一的判例，尽管曾有过税务局专家适用原告在本案中提出的方法，但法庭亦有可能拒绝。在本案中，法庭评估股权的价值时，并不一定要遵循专家在其他案例中使用的方法。更重要的是，法庭认为这种方法并不适用于眼下的情况。因此，在评估死者6.44%的权益时，CCC的净资产价值不需要减去全部51626884美元的潜在资本利得税义务，也不需要考虑未来股票的升值。法庭认为谢克德使用13.2%的折扣率是合理的①。此外，谢克德所使用的证券周转率在这种情况下是保守合理的。资产周转率合理地预测了公司资产的处置期限（从而得出未来的资本利得税义务）。

因此，法庭认为适当的做法是，对未实现资本利得产生的税务责任采用16年的确认期限。法庭接受谢克德的计算，得出每年应缴税款为3226680.25美元，债务总额贴现为21082226美元。

因此，法庭认为死者去世之日CCC公司的未贴现价值为167553607美元（即188635833美减去21082226美元）。

（三）适用的折扣

1. 缺乏控制权的折扣

死者持有的6.44% CCC的权益必须因缺乏控制权而打折。原告专家弗雷泽主张缺乏控制权的折扣为25%；被告的专家谢克德则认为折扣为5%。

弗雷泽将CCC与持有公开交易证券的封闭式投资基金做类比。他认为，CCC和封闭式基金（closed-end funds）都有固定数量的交易资产，这与开放式投资基金（共同基金）不同。由于封闭式基金是只在股东层面征税的穿透实体（flow-through entity），对基金估值时的折扣并不包括任何未实现资本利得税的义务。同样，封闭式基金都可以公开交易，所以，评估基金价值时也不应考虑缺乏流动性的折扣。

根据上述前提，弗雷泽审查了44只国内股票证券基金（domestic equity security funds），并选择了他认为具有可比性的15只基金。他从15家公司中删除了和CCC不同且有着支付保证的8家。截至1999年3月4日，其余7家公司的平均贴现率为14.8%。根据弗雷泽的计算，与CCC相比，基金的折扣和回报反映在表26-3中。

---

① 法庭认识到贴现率通常是有意愿的买方和卖方之间的谈判问题。原告在庭审后的简报中同意，如果法庭要对固有的资本利得税进行贴现，谢克德的贴现率是合适的。因为原告同意这个比率，而双方并没有就贴现率提供进一步的证据，所以法庭没有进一步考虑这个问题。

表 26-3　　　　　CCC 与 7 家相比较公司的基金折扣和回报　　　　　单位:%

公司	折扣	市场总报酬率			
		3 个月	1 年	3 年	5 年
摩根格林菲尔（Morgan Grenfell）	19.2	39.3	45.5	18.4	22.1
中央证券（Central Securities）	17.3	17.0	23.9	13.9	21.7
三极大陆（Tri-Continental）	17.3	4.9	11.2	21.4	22.7
亚当斯快递（Adams Express）	17.2	17.5	27.6	26.4	24.9
罗伊斯微观资本（Royce Micro Cap）	17.0	8.7	4.1	8.4	11.7
通用美国投资（General American Inv.）	8.5	24.2	38.7	37.1	30.0
所罗门兄弟（Salomon Bros.）	7.3	23.6	34.7	28.8	33.8
平均值	14.8	19.3	26.5	22.1	23.8
3/4 值	17.3	23.9	36.7	27.6	27.5
中位数	17.2	17.5	27.6	21.4	22.7
CCC 公司	25.0	6.0	17.8	25.1	22.9

接着，弗雷泽排除了折扣较低的两只基金（通用美国投资和所罗门兄弟），因为他认为，低折扣是由于这些公司的持续高报酬率。弗雷泽认为，由于 CCC 的报酬率不一致且规模较小，其与折扣范围较高的基金（摩根格林菲尔、中央证券、三极大陆）不相上下。最后，他得出 CCC 与摩根格林菲尔最为相似的结论。因为摩根格林菲尔的资产规模和 CCC 差不多，而中央证券、三极大陆的资产则要大得多。

与可比公司相比，CCC 投资者要求更高的回报率或更大的折扣，因为：①CCC 的资产比几乎所有可比公司都少；②CCC 支付的股息少于所有可比公司的平均股息（不包括不支付股息的摩根格林菲尔），其派息额甚至与无担保支付（non-guaranteed-payout）的公司更相近；③在短期内（3 个月和 1 年），无派息保证的公司平均业绩优于 CCC。弗雷泽将 CCC 与排名在前 25% 的公司（摩根格林菲尔和中央证券）进行了比较，指出 CCC 平均贴现率为 18.3%，业绩如表 26-4 所示。

表 26-4　　　　　　　　贴现率比较　　　　　　　　单位:%

公司	3 个月	1 年	3 年	5 年
排名在前 25% 的公司	28.1	34.7	16.2	21.9
CCC	6.0	17.8	25.1	22.9

在最后的分析中，弗雷泽得出的结论是，假定买家会寻求 25% 的缺乏控制权折扣，其中 20% 是基于他选择的比较对象，另外 5% 是由于比较对象与 CCC 的其他不显著的差异。

相比之下，谢克德提出缺乏控制权应适用 5% 的折扣。他的分析始于封闭式基金的平均折扣 8.61%，该数值是他从《经济学杂志》（Journal of Economics）的一篇文章中获得的。谢克德认为 CCC 是一家管理良好的控股公司，拥有多样化的有价证券投资组合,因此在某些类型的经营公司中更为关键的管理决定权对于 CCC 公司并不十分重要,CCC 股票的假定买方不会过于担心缺乏控制权。谢克德还认为,CCC 的投资者与共同基金的投资者很像,不愿拥有控制权,从而降低了缺乏控制权的折价的重要性。实际上公司股份的受益所有人(beneficial owners)并非其经理或董事会成员。

两位专家都认为,一家公司的财务业绩与缺乏控制权的折扣之间存在着反向关系;即随着公司业绩的提高,控制权折扣会降低。然而,双方对 CCC 业绩如何的看法不同。被告认为,如果考虑到 3 年、5 年和 10 年期间,CCC 很多指数的表现都超过原告专家选取的可比性公司。但原告却认为在某一特定时期,CCC 的表现差于标准普尔 500 指数(S&P500),也落后于弗雷泽选择的可比指标。法庭认为 CCC 有良好的业绩记录,因此同意谢克德的意见,即控制权对 CCC 不那么重要。

谢克德认为 CCC 类似于封闭式控股公司,所以适用 5% 的缺乏控制权折扣。虽然弗雷泽对 25% 的控制权折扣提供了更多的细节和分析,但他的分析忽视了一些重要方面,且在某种程度上有内部不一致之处。首先,弗雷泽选择可比性公司时没有说明剔除三极大陆和亚当斯快递的充分理由。此外,他忽略了可比性公司中罗伊斯微观资本和摩根格林菲尔持有小型股基金(small-cap funds)的投资、中央证券持有分散性较低投资的事实。持有小型股基金和分散性较低投资的策略都比 CCC 的持有组合投资的风险更大。CCC 的投资以多元化的大盘股(large-cap stocks)为基础,单一行业的持股比例限制在不超过总资产的 25%。CCC 的投资策略更类似于所罗门兄弟等多元化股票基金,后者投资于纽约证券交易所(NYSE)上市证券。法庭注意到,在弗雷泽的分析中,所罗门兄弟基金的折扣仅为 7.3%。

法庭还注意到,弗雷泽没有说明他为什么将可比公司局限于折扣最高(平均 18.3%)的两只基金,他也没有解释如何将贴现率从这两者的平均 18.3% 提高到了 20%。弗雷泽虽然认为 CCC 的短期回报率低于选定的公司,但 CCC 在长期投资战略下的平均业绩会优于可比公司。

法庭也不能同意原告专家弗雷泽"可比公司的折扣完全是由于缺乏控制权"的假设。法庭认为只能说部分折扣可能是由于缺乏流动性。弗雷泽承认,"缺乏清算能力是持有公开交易证券的封闭式投资公司和其他类型的封闭型公司的共同特点"。然而,缺乏流动性是一个市场因素,不应在缺乏控制权的语境下加以考虑。此外,与可比指标有关的其他因素也可能导致它们折价交易,如上文所述的风险较高的投资战略、不确定的管理层或某些公司特有的风险[1]。

法庭认同封闭式基金与 CCC 有相似之处。CCC 和封闭式基金都在有限的资本条件下运作,它们不能增加或减少其投资组合的规模。与传统的共同基金相比,这种灵活性

---

[1] 例如,一些业绩高于平均水平的基金溢价交易表明,即使投资者不控制封闭式基金,一些公司特有的因素,如对未来业绩的预期,也被考虑在基金相对于净资产的价格中。参见 Malkiel, "The Valuation of Closed-End Investment Company Shares". J. Fin. 851(June 1977)。

的降低使风险增加，因而会使交易价格存在折扣。虽然对这种折扣进行分类有些困难，但它与缺乏控制权更相类似。

尽管法庭不认为弗雷泽选取的CCC可比相似性公司的折扣完全是由于缺乏控制权，但法庭认可三极大陆、亚当斯快递、所罗门兄弟的投资策略与CCC类似。CCC的重点是长期资本增长，且不保证派发股息。但是，这些可比基金由于缺乏控制权而产生的折扣具有很大的不确定性（speculative）。还有许多方面CCC和可比性公司不一致，例如业绩表现、持有投资的规模等。另一方面，CCC的投资较为分散，这降低了投资风险。此外，CCC的投资者确实不太倾向于获得控制权，因为其获得的收入的性质是消极所得（passive income）而非经营所得，而且公司已经取得了良好的长期报酬的业绩。考虑到所有这些因素，法庭认为10%的缺乏控制权折扣是合适的。

2. 缺乏市场流动性的折扣

对缺乏市场流动性打折涉及股权的流动性或资产变现的能力。在对股权估值时，法庭假定买卖双方都"对有关事实有合理的了解"。对于缺乏市场流动性，弗雷泽使用了35%的折扣，谢克德使用了10%的折扣。弗雷泽参考了那些对转售股票最少规定了两年限制的经营公司，他指出，尽管经营公司比控股公司具有更高的内在风险，但CCC的流动性折扣与运营公司是存在可比性的，因为CCC预计至少在20年内不会清算[①]。他援引了联邦税务局令 Rev. Rul. 77-287，section 6.02，1977-2 C. B. 319，321-322中"股票买家等待清算的时间越长，则折扣越大"的结论。弗雷泽还认为，他所参考的研究表明，以下因素与流动性折扣相关：公司收入、公司盈利能力、公司价值、被估值权益的大小、公司的股利政策、公司是经营公司还是投资公司以及公司上市的可能性。根据CCC的价值、收入、盈利能力和被评估的权益规模，弗雷泽观察到，可比折扣从14%~35%不等。综合几个指标分析，CCC的派息政策、投资公司的性质，倾向于适用平均或低于平均水平的折扣，而CCC股票长达20年的持有期，以及CCC不可能上市的事实，有利于获得更高的估价折扣。在对所有这些因素进行分析的基础上，弗雷泽采用了35%的缺乏市场性折扣。

谢克德根据他在曼德尔鲍姆诉税务局案（Mandelbaum v. Commissioner）中所述因素的分析，采用了10%的缺乏市场性折扣率。被告专家分析市场性折扣考虑的因素是：①财务报表指数；②股利政策；③公司前景；④公司管理层；⑤股票是否具有控制权；⑥公司赎回政策；⑦转让限制；⑧股票的持有期；⑨公开发行的成本。谢克德首先假设20%是平均折扣，然后应用上述因素得出了10%的折扣。谢克德认为，CCC持有的证券在流通性折扣为10%的情况下是随时可售出的，CCC多样化的投资组合会使其股票的价格波动较低，也是他支持较低的折扣率的一个因素。此外，由于CCC的资产是有

---

① 法庭必须注意，弗雷泽在估值日假设进行清算时，将CCC的资产价值扣减了全部51626884美元的内在资本利得税负债，而出于缺乏市场性分析的目的，他所依赖的前提是CCC至少在20年内不会被清算。在每个实例中，这些方法虽然存在内部矛盾，但是为他的客户（原告）产生了最好的结果。

价证券，因此比高风险、高不确定性的经营公司找到自愿买家更为容易。

被告方税务局不认同弗雷泽对流动性折扣的观点。税务局指出，今后20年不清算的预期与可转让性的限制是不同的；虽然销售不能在公开市场上进行，但可以在私募市场上进行。由于CCC是一家在转让上不受任何限制的封闭型公司，投资者不会被这笔投资"困住"。所以原告研究的那些公司在解决市场流通性问题上提供的指导有限。被告还称，原告专家选择的公司不具有可比性的原因是其中许多公司并没有盈利或比CCC更有风险。弗雷泽也承认，一部分可比性公司在出售该公司股票之前实际状态是亏损。最后，与原告专家的观点相反，被告认为CCC股票是有市场的。虽然没有任何股东与CCC签订回购协议，允许他们赎回股份，但CCC董事会的会议记录显示，如果原告要求赎回其股份，公司确实保持了充足的现金。不过，这并不表示这些股票有公开市场，亦不表示假定买家会认为存在这样一个市场。

法庭不同意谢克德对曼德尔鲍姆案中的一些因素所做的分析。CCC股票的持有期与曼德尔鲍姆案标的资产的持有期不同。法庭不认同谢克德认为CCC可以随时清算资产，所以其股票的持有期不重要的论断。本案待估资产的流动性亦不等同于CCC流动性，因为股权所有者无法买卖所有的CCC投资组合。最后，原告正确地指出，如果该公司决定上市，则应考虑到需要承担公开发行的成本。本庭认为，原被告双方在关于适当的流动性折让的假设和分析中都有较为明显的瑕疵，因此，法庭将适用自己的分析和判断，在适当的情况下依靠专家或当事方的协助。

法庭发现，在曼德尔鲍姆一案中所考虑的因素对探讨流动性折扣具有指导意义。法庭将不参考原告专家弗雷泽认为具有可比性的公司的研究，因为它们不够相似，不足以提供有意义的指导。法庭同意被告关于适用低于平均水平流通性折扣的观点。尽管CCC的分红不高，但它有长期升值的成功历史，故流动性折扣应低于平均水平；此外，CCC是一家少数股控股公司，拥有多种可销售的蓝筹股证券（blue chip securities），因此其业绩相对可靠且易于得到认可。

CCC的财务前景也应倾向于适用低于平均水平的折扣，按目前情况来看，其成功的趋势会持续下去。CCC的管理层一向表现良好，这也是有利于低于平均水平的折扣的一个因素。缺乏对标的股票的控制权不应与平均水平相差太远的折价，因为持有CCC 6.44%股权的买家不会对控制权感兴趣。另外，CCC股票在可转让性上没有任何限制有利于得出低于平均水平的折扣。

CCC股票的持有期会支持得出高于平均水平的折扣，只要股票不售出，持有股票的信托基金则会持续不少于20年。虽然投资收益在很大程度上依赖于长期持有的资产升值，这将延长必要的持有期，以实现投资者对于长期股权投资的目标。CCC没有赎回政策，尽管董事会表示将考虑赎回个人股东的股票，但赎回是否会发生终究是不确定的，这种不确定性的存在也指向了比平均折扣稍高的折扣。另外，本案中不应该考虑"上市的成本"。

因此，对于此类案件计算流通性折扣的因素总体上有利于得出低于平均水平的缺乏流动性折扣。法庭认为，15%是一个适当的数字，加上缺乏控制权的10%，最终结果为23.5%的折扣[①]。因此，法庭认为，3000股CCC的股票在1999年3月4日（即死者去世当日）的价值为8254696美元[②]。

二审

案　　号：507 F. 3d 1317
判决时间：2007年11月15日
受理法院：美国联邦第十一巡回上诉法院（United States Court of Appeals, Eleventh Circuit）

一、案件事实

上诉人于2003年3月向税务法院递交起诉状，对税务局将杰尔克去世当日持有的CCC股票6.44%的权益估值为9111000美元提出质疑。上诉人称，税务局将CCC 1.88亿美元的净资产价值减去以死亡之日计价的5100万美元未实现的资本利得税义务来计算CCC净资产价值，是不正确的。上诉人还声称税务局低估了其他两项折扣——缺乏流动性折扣和缺乏控制权折扣。

经过两天的法庭审判后，联邦税务法院驳回了上诉人主张CCC的资产净值应按照邓恩一案，以现金扣减的方式抵消全部未实现的资本利得税义务。税务法院的理由是邓恩是第五巡回法院的案件，而不是第十一巡回法院的案件。税务法庭指出，一个持有CCC股票6.44%的假定买家仅凭一己之力，无法导致或迫使CCC进行清算。CCC长期以来的股息和升值历史、没有立即清算的计划（信托基金将持续到2019年），加之投资组合中证券的年周转率较低，均不符合邓恩在估值日完全清算的假设。此外，税务法院不支持适用邓恩的另一个原因是，第五巡回上诉法院对邓恩的估值是对多数股东权益的估价，而本案是对少数股权的估价。而且，邓恩案中被估值的公司是一家主要以经营业务为主的公司（经营业务占公司总业务的85%），而CCC是一家100%投资公司。

根据净资产估值法，税务法院采纳了税务局的观点，即资本利得税应在资产缓慢易手的16年期间按其每年应缴的金额折为现值。税务法院按2100万美元而不是5100万美元对资产净值进行扣减。判决纳税人欠缴遗产税100万美元。上诉人向第十一巡回上诉法院提起上诉。

[①] 如前所述，弗雷泽在其封闭式基金研究报告中发现的基金折扣反映的可能不仅仅是缺乏控制权折扣。
[②] CCC的公允价值为：$167553607 \times 6.44\% \times (1-23.5\%) = \$8254696$。

二、希尔（Hill）法官判决

（一）审查标准

税务法院是否使用正确的标准来确定公允价值是一个法律问题。法庭重新审查税务法院关于税法的解释和适用的裁决。法庭首先会审查税务法院的事实判断有无明显的错误。但当需要对一个事实问题，如估价，做出法律结论时，法庭会重新审查税务法院对此下的法律判断。公允市场价值的确定是一个事实和法律的混合问题：事实问题的上诉重审以"明显错误"为标准，而法律结论则会接受上诉法院的重新审查。公允市场价值的判定是一个事实问题，但确定适当的估值方法是需要法庭重新审查的一个法律问题。

（二）适用的税收法规、条例和税收规则的一般性概述

1. 税法和财政部条例

《美国联邦国内收入法典》第 2031（A）条规定，死者总遗产的价值应包括位于任何地方的所有财产（包括不动产或个人动产、有形或无形资产）在死亡时的价值。条例第 20.2031－1（b）条规定，包括死者每一项财产在内的总遗产价值是财产在死者死亡时的公允市场价值。公允市场价值是指在既不受任何强制购买或出售，又对有关事实有合理的了解的情况下，财产在自愿买家和自愿卖家之间易手的价格。应考虑适用估价日起的所有有关事实和价值要素。

2. 美国联邦国内收入局关于估价的指南（Internal Revenue Service Guidelines）

美国联邦国内收入局令 Revenue Ruling 59－60 为分析一个封闭性公司的股票的价值提供了基础。尽管经过多年的修改和扩展，但 59、60 号税务局令仍然是正确评估封闭性公司证券的必看指南。

封闭性持股公司（也叫少数人持股公司，closely-held corporations），顾名思义，是由相对有限的股东拥有股份的公司。公司股票几乎不在公开市场上交易，通常没有询价或独立交易的第三方为确定股票的公允市场价值提供参考。封闭型公司证券的公允市场价值取决于潜在的购买者对这些证券价值的估计。买方在购买封闭型公司的股票时愿意接受的风险水平将直接影响该股票的价值。

59、60 号税务局令规定，"一家封闭型的投资公司或房地产控股公司的股票价值，不论是否为家族所有，都与股票基础资产的价值密切相关"。净资产价值法（net asset value method）评估企业价值以公司的基础资产的公允市场价值为基础，且须经过"自愿买卖双方"测试的检验。净资产价值法是对控股公司估值的最好方法，而基于收益的方法则适用于评估经营公司的企业价值。

（三）上诉时提出的问题的历史概况

1. 1986 年税收改革法案之前的法律

在通用器具操作公司诉赫尔维音案［General Utilities & Operating Co. v. Helvering, 296 U. S. 200，56 S. Ct. 185，80 L. Ed. 154（1935）］中，最高法院在判决中确定 C 型公司向其股东分配增值财产时，在公司层面不确认应税收入。国会对此判决做出回应，颁布了《美国联邦国内收入法典》第 311 条（a）款，该条款后来被称为"公用事业原则"（general utilities doctrine）。从 1935 ~ 1986 年，股东收到资产须调增计价基础（adjusted stepped-up basis），且以公司对股东的分红财产的公允市场价值为准。公司无须承担任何所得税责任就可将其增值资产分配给股东。但该通行半个世纪的原则存在一个例外，判例法不允许在既无计划也无现实可能性进行出售或清算的情况下，对未实现的资本利得税义务给予折扣，因为法院认为这是太不确定的、遥远的或具投机性的。1986 年以前的案例并不表示税收永远不会影响股票的价值，但只有当纳税人能证明有关资产在可预见的短期内实际上会出售，而不是为长期投资回报而持有时，税收才会产生影响。

2.《1986 年税制改革法》（The Tax Reform Act of 1986，TRA 1986）

《1986 年税收改革法》对税法进行了重大修改，颁布了新的规则，第 311（B）节在公司层面确认了增值财产的损益，从而废除"公用事业原则"和与其相关的《美国联邦国内收入法典》336、337 节。在《1986 年税收改革法案》废除"公用事业原则"之前，公司层面的所得税既无需缴纳，也不能在估价时扣除。1986 年税改后，清算和分红财产都要在公司所得税层面确认损益。随着"公用事业原则"的废除，法院开始认识到，应当允许与所发生的资本利得税有关的扣除。税改后由于纳税人无法在估值时再适用调增的税基，那么允许纳税人估价时扣除未实现的资本利得义务，且为其提供清晰的量化标准就比以往的任何时候都更加重要。

3.《TRA 1986》之后直到 1998 年戴维斯案

虽然国会通过了 1986 年税改，但直至 1991 年，税务局仍坚持其 1986 年之前的立场，即不容许在对少数人持股的封闭型公司的股份估值时扣除未实现资本利得税，这忽略了公司在清算时必会承担公司层面所得税的事实。在过去的 12 年期间，税务局虽然在理论上接受了未实现资本利得税的扣除，但事实上除非纳税人能证明这笔税收义务付款在即，否则一律拒绝给予扣除。1986 ~ 1998 年，纳税人关于"废除'公用事业原则'使公司层面的资本利得难以避免，因此事实上应允许对未实现资本利得给予扣除"的争取并不成功。法院继续坚持一种僵硬的立场，即该纳税义务的高度不确定性使得其估值时的现值为零。

（四）上诉问题判例法的历史演变

1. 戴维斯案——税务法院的案件

1998 年，在 1986 年税改颁布 12 年后，税务法院开始放宽其历史立场，以契合新法规。在戴维斯诉税务局案［Estate of Davis v. Comm'r, 110 T. C. 530, 1998 WL 345523 (1998)］中，赠与人将一家控股公司的普通股送给他的儿子。该控股公司拥有上市公司的股份。戴维斯案中，纳税人在估值日并没有清算公司或出售资产的计划或设想，也没有缴纳任何税款。然而，援引59、60号令，税务法院认定，根据经济现实理论（economic reality theory），假定的买卖双方不会在没有考虑公司未实现资本利得税的情况下就股票价格达成协议。所以该案的结果是，税务法院允许对戴维斯遗产估价时适用折扣，这既是因为缺乏流动性，也是因为缺乏对股票的控制权；但法院没有允许对税收债务单独进行扣除。法院的结论是，准许上市公司股票因为未实现资本利得税而造成缺乏流动性折扣，共计2800万美元。这一做法反映了税务法院认为未实现的资本利得可以被视为流动性折扣的一个组成部分，而非单独考虑。

在此类案件中，税务局的地位开始下降。这为其他法院的介入做好了准备。

2. 爱因斯伯格案和韦尔奇案——巡回上诉法院的案件

在爱因斯伯格诉税务局案［Estate of Eisenberg v. Comm'r, 74 T. C. M (CCH) 1046 (1997)］中，赠与人对她持有的股份有限公司的股票进行了赠与。赠与人拥有一家公司的全部1000股股票，这家公司唯一的资产是一栋商业办公大楼。公司唯一的营业活动是把大楼里的办公空间租给客户。公司没有出售大楼或清算公司的计划。

本案中的赠与人试图争取用假设出售该公司资产带来的税收义务来降低赠与股份的价值。尽管废除了"公用事业原则"，但税务法院仍然援引其1986年前的案例，拒绝给予纳税人扣除，理由是假定的买方不太可能希望在转让之日清算公司或出售其相关资产。"在这种情况下，不允许资本利得税折扣的主要原因是，税收责任太具有不确定性。"因此，允许扣除的现值应为零。

第二巡回上诉法院不同意。在税务法院就戴维斯案判决的鼓舞下，第二巡回法院得出结论认为，虽然公司清算或公司资产出售在赠与时既不是即将进行的，也未在计划之中，但"立即出售"的要求本身是不必要的。法院认为，有意愿的买方会要求给予折扣，以考虑到迟早要缴纳税款这一事实。

自1986年税改对"公用事业原则"修改以来，这是首次上诉法院直接对税务局及初审法院关于"清算或即时销售"要求的回应：

"问题不在于一个假定的买家打算如何处理财产，而在于何种因素会影响他正在考虑是否要购买的财产的公允市场价值。在1986年税改之前，任何购买公司的股票的人都不会负担未实现的资本利得税；但现在，一个假定买家可能会因其无法避免这份纳税义务而降低对股票的出价，这是毫无疑问的。此外，与税务法院的意见相反，我们认为由于'公用事业原则'已被废除，进行清算或出售时所负的税务责任是确定的。"

第二巡回法院撤销了税务法院对此案的裁决并发回重审。

但是爱因斯伯格案的判决中提到，"允许全部未实现资本利得税加以扣除是不正确的。"故该案之后,纳税人和税务局之间的争议从纳税人有无要求扣减税收义务的权利,转移到了所允许的抵减幅度。到了2000年,这一趋势继续发展,并影响到了别的巡回法院。在第六巡回法院二审的韦尔奇案中,死者是两家控股公司的小股东。这两家公司的主要资产是不动产,主业是将商业建筑物租给不同租户。死者去世后,这些资产将被出售。一审税务法院不同意抵减死者的遗产税,理由是公司的资产并不在估价日清算。但法院同时认为,在估价日,随后的出售显然是可以预见和即将发生的。

第六巡回上诉法院依据爱因斯伯格案中第二巡回上诉法院的理由,认为税务法院不允许任何数额的任何折扣属于法律错误(erroneous as a matter of law),发回初审税务法院重审,并指导税务法院:要评估假设的自愿买家在估值之日时考虑到的所有的事实和情况,包括对该公司的不动产征收的未实现资本利得税。但与第二巡回法院爱因斯伯格案类似,第六巡回法院也认为不适合直接减除现金(而不适用现值)。虽然第二巡回法院的爱因斯伯格案和第六巡回法院的韦尔奇案不支持给予100%的折扣,但两个法院都没有就可减的数额或计算方法提出具体的思路。纳税人在这个问题上第一次地占据了主动,在法律上被承认有权进行扣除,那么问题就转向了允许的折扣金额。

3. 第五巡回法院的詹姆士与邓恩案——新判例法的又一次变迁

到2001年,这一问题在第五巡回法院上得到了明确的解决。詹姆士诉税务局案[Estate of Jameson v. Comm'r, 267 F. 3d 366(5th Cir. 2001)]中,死者持有一家公司98%的股份。该公司既是一家经营木材的公司,也是一家投资公司。税务法院根据戴维斯案的判决,认为对未实现资本收益的抵减应该得到承认。税务法院采用净资产估值办法,允许9年间,根据对砍伐木材所产生的木材财产资本利得税义务的现值,给予部分抵减。至于投资财产,税务法院拒绝给予该财产任何资本利得扣减。

依据第二巡回法院的爱因斯伯格案,第五巡回法院在詹姆士的上诉中认为,税务法院在确定估价方法时犯了明显的错误。这种方法的问题在于税务法院假设了一个前提,即一个策略性的(strategic)而不是假设性的(hypothetical)买家将继续经营这家公司从事木材生产。第五巡回法院认定,法院不能假设一个理性的购买者一定会继续经营公司,所以自愿的买家一定会考虑到不可免除的税收义务,在确定购买价格时也无法回避公司财产低计价基础这一事实。第五巡回法院撤销了该案判决,并将案件发回税务法院,指示税务法院重新考虑木材经营产业的资本利得税数额,考虑并允许对投资财产的未实现的资本利得给予折扣。

一年后,第五巡回法院在邓恩诉税务局案[Estate of Dunn v. Comm'r, 301 F. 3d 339(5th Cir. 2002)]中又向前迈进了一步。在邓恩夫人去世时,她拥有一家从事重型设备租赁的家族企业62.96%的股份。该企业还投资并管理着某些商业地产项目。得克萨斯州公司法要求达到66.66%表决权股份才能影响清算。邓恩夫人并不拥有可能迫使清算的"绝对多数"。且有事实表明,该家族公司将在一段时间内保持继续经营。税务法院初审邓恩案时采用自愿买家和自愿卖家的评判标准,法院虽然同意税务局的论点,认为该税项具有不确定性,但从法律上讲,仍同意将邓恩房产的股价出于极小的清算可能性而折价5%;但纳税人所要求的折扣是34%。税务法院不支持如此大的折扣,因为假设的买方将继续经营该公司的可能性要比清算大得多。第五巡回法院驳回了初审税务法院的意见。上诉法院认为,适用净资产评估方法(用资产总额减去负债来确定企业价值)时,假设的买卖双方必须始终预设立即清算公司,并引发未实现的资本利得征税义务。据此,第五巡回法院从根本上改变了税务法院的判断标准,从法律上确立了在运用净资产估值法计算资产价值时,必须始终假设清算。第五巡回法院将不立即或不可能清算的事实列为"与事实不相干的论点"(red herring)。

关于可以扣除的数额,第五巡回法院的结论是,必须在资产价值中减除未实现资本利得税的全部现金金额(而非贴现值)。法院的依据是,在净资产估值法适用的语境中,假定的买方购买股票以取得公司控制权的唯一目的是获得公司持有的资产,这必然会激活资本利得税。据此,允许扣除的金额应为全部的现金金额。

4. 邓恩案之后的案例

2004年,第五巡回法院审理史密斯诉税务局案〔Estate of Smith v. Comm'r, 391 F. 3d 621(5th Cir. 2004)〕,该案的争议点是,如果死者的遗产是个人退休账户,且该账户中包含可销售的股票和债权,那么在缴纳遗产税时,是否可以将这些资产分配给受益人时应缴纳的个人所得税进行扣除。第五巡回法院虽然认为在估值案件中应考虑未来的税务责任这一趋势,但拒绝将戴维斯及其之后的案件,包括邓恩案的判决,扩大到对死者个人退休账户的估值。最近,第五巡回法院的另一个案件——麦考德诉税务局案〔Estate of McCord v. Comm'r, 461 F. 3d 614(5th Cir. 2006)〕,将"趋势"延续。该案涉及的是受赠人在接受赠与财产后有可能负担的赠与税义务。在麦考德案中,税务局在其开出的税款欠缴通知书中声称,赠与人(也是赠与行为的纳税人)在其赠与报税表上,将赠与标的,即合伙企业权益的公允市场价值估价过低。而估值过低是因为赠与人基于受赠人承担遗产税义务的现值而对赠与标的进行估价而造成的。

第五巡回上诉法院在上诉审理中不认为存在估价过低的情形。法庭援引邓恩案的判决说理:

"在我们假设的自愿买卖双方的分析中,我们认为资本利得税及其税率的性质与遗产税及其税率的性质没有明显的区别。尽管纳税人在1996年1月将礼物赠与时应纳税额就确定了,但我们确信,财富转让税法(transfer tax law)及其规定的赠与税税率在自愿买方确定遗产税义务时是一定会考虑在内的。"

此后,第五巡回法院将戴维斯案的基本原则扩大到了遗产赠与税案件。

(五)将第五巡回法院邓恩的基本原则应用于本上诉

在上述新判例法的背景下,摆在法庭眼前的问题是杰尔克在1999年3月4日持有

CCC 6.44%股份的价值是多少？用直接的现金抵减还是贴现值来折算 CCC 证券的未实现资本利得税的公允市价？是按照2002年第五巡回法院在邓恩中提出的基本原则，还是如原告所说的那样，以直接的现金抵减5100万美元？又或如税务局所说，将资本利得税分16期逐年贴现计算，以得出的2100万美元的现值扣减？

税务局所主张的现值方法是否如原告所说，是和事实"内在不统一"的？原告指出，CCC 证券很可能会在资本利得税产生的期间升值，从而增加应缴的资本利得税，这说明现值方法行不通。那如果 CCC 的证券价值在这16年期间下降，同时资本利得税也下降了，该怎么办呢？税务局认为邓恩案的"清算假设"在目前情况下是不合理和不现实的，因为 CCC 可以明确排除在2019年之前清算，这一说法是否正确？另外，本案的情况是少数权益，但邓恩案中的股权是可以使公司清算的多数股权，这个事实差异是否导致了邓恩并不适合作为判例法的先例？最后，邓恩案中的公司主要从事经营业务，而 CCC 是投资控股公司，这是否重要呢？

法庭最近审判的布朗特诉税务局案［Estate of Blount v. Comm'r, 428 F.3d 1338 (11th Cir. 2005)］中，法庭在确定遗产税时要计算死者拥有的控股公司股票的公允市场价值。该案中提到了一种经济现实的估值方法（economic reality approach）："一个理性的商人，在收购一家公司时不会忽视一笔300万美元的债务，否则就违背了公允市场价值的原理。"换言之，为了正确反映交易的经济现实，在确定一个公司（例如 CCC）股票的市场价格时，必须考虑到负债成本。

在本案例中，为什么假设的买家愿意购买 CCC 的股票却不去对总值为5100万美元的未实现资本利得税进行调整呢？这位买家本可以轻松地在公开市场上购买 CCC 持有的投资组合。如果自愿买家购买的不是 CCC 的股权而直接购买和 CCC 持有资产一样的金融产品，那么他根本无须负担由 CCC 的低基础而带来的高资本利得税。

初审法院认为邓恩案中死者持有的多数股权与本案的事实是有区别的，理由是杰尔克的少数权益不足以"强迫"清算，所以税务法院选择了16年的期限，以反映该公司将合理地承担税款的时间。法庭不认可这种区分。法庭面对的是假设性的、非策略性的有意愿的买家和有意愿的卖家。作为门槛性的前提，法庭所有的假设都从"清算发生在死亡之日"出发。资产和负债的价值应该在死者死亡之日就应该被"冻结"（deemed frozen）了，多数还是少数股权在清算假设中并不重要。税务局又提出本案与邓恩案在公司性质上（即经营公司与投资控股公司）的区别。邓恩案中的待评估公司是一家经营公司，同时也是投资公司，第五巡回法院不得不采用两种不同的估值方法，一种是基于收入对经营型公司估值的方法，另一种是对投资公司适用的净资产价值方法；两种方法的权重分别为85%和15%。本案 CCC 是一家投资控股公司，法庭只需要考察邓恩案中净资产估值法本身，无须考虑其权重。这一点上税务局的论点不成立。

直到最近，一审税务法院在戴维斯案、第二巡回法院在爱因斯伯格案和第六巡回法院在韦尔奇案中才接受"资本利得税义务使估值要适用折扣"这一观点。但自1986年税改法案颁布以来的20多年，这三个案件都没有为调减价值提供任何明确的规则，也没有对今后的税务从业人员提供有效指导。第五巡回法院的邓恩案第一次对如何精确计算扣除额提供了明确的指导。法院将所有的资产都在估价日进行清算作为门槛性的假设，并允许未实现的资本利得税义务以全部的现金方式（非贴现价值）扣除。邓恩案之前，资产是否以及何时将被出售（进而根据时间计算贴现价值）是需要预测的（crystal ball）。当清算需要的时间越长，可抵减的数额就越小，反之则越大。这种方法的缺点是，它的不确定性太大，且需要法院进行"按图索骥"式（hunt-and-peck forecasting）的判断。事实上，这种方法可能会使判例法的发展回到税务局在1998年戴维斯案之前所提出的"税收的不确定性太大"。这种方法实际上要求法庭具有预测未来的能力，或者依附于完全不确定的概率。法庭认为，第五巡回法院在邓恩案提出的办法较好。即以视纳税人死亡之日资产即被"冻结"，以清算在当天发生为前提，对股票进行估值。

第五巡回法院在邓恩案中的基本原则免除了对未来的预测和发生概率问题的争议，尽可能地为估值提供了确定性和终局性。对于没有接受过专业估值培训的司法人员来说，这是一个受欢迎的路线图。邓恩案主张的直接全额现金扣除（dollar-to-dollar）的做法，也避免了阅读各种专家证人证词上的司法资源的浪费。邓恩案计算允许抵减的方法简单易行，在实践和理论上都是较好的方法。对于有可能出现的批评，第五巡回法院说："我们今天采用的方法很可能被一些（估值）专业人士认为是不成熟的、教条的、过于简单的甚至是完全错误的，但我们不拒绝承担招致此类批评的风险。我们注意到，估价方法的选择上，过于简单的对面是过度设计（over-engineering）。"

这种"经济现实方法"（economic reality approach）模拟了市场，并为广泛使用的自愿买卖双方的分析方法提供了一般性的指导。它使得"未实现的税收会影响股票的市场交易价格"这一问题从事实上到法律上进行了统一。假设的买方是一个具有理性的行为者；常识告诉法庭，在市场上直接购买没有纳税义务的股票，和通过购买一家控股公司的股票而获得类似，但后者却承担了税收义务，假设的买方对这两种情况不会支付相同价格。

这种100%允许现金扣除的方法从法律上解决了这个问题，并提供了估值领域罕见的确定性。因此，法庭遵循第五巡回上诉法院在邓恩案中确立的基本原则，即允许对CCC在杰尔克去世之日的股票价格给予全部5100万美元未实现资本利得税抵扣的权利。这一结果防止了严重不公平的结果发生，也避免了联邦司法机构充当武断的商业顾问的角色。

（六）结论

根据上述讨论和相关法律，经重新审查后，法庭撤销税务法院的判决，并发回税务法院，指示其假设CCC在死者死亡之日清算并出售所有资产，重新计算杰尔克去世之日CCC公司的资产净值及其6.44%的权益，并使用全部现金抵减的方式扣减5100万美元的未实现资本利得税义务。

三、卡恩斯（Carnes）法官的不同意见

卡恩斯法官说："税法典在距离我个人生活中心最遥远的地方；遗产税法律和黑格尔对立统一的形而上学理论对我来说一样地令人兴奋"。然而，本案涉及的不仅仅是遗产税问题，还包括如何确定死者在 CCC 持有的明显少数股权的公允市场价值。CCC 是一家封闭性的公司，其资产主要由负有未实现的资本利得税纳税义务的有价证券组成。

卡恩斯不同意本案形成的多数意见。19 世纪末，泰迪·罗斯福（Teddy Roosevelt）曾说过："我要宣扬的不是廉价可耻的舒适安逸，而是一种坚毅奋发的生活；是一种贯穿着辛劳和努力、劳动和斗争的生活。我宣扬的是一种更高的成功，这种成功不是给那些只想要简单的和平的人，而是给一个从不逃避危险、艰难困苦或辛劳，并从中获得辉煌的最终胜利的人。"

上述话语来自泰迪·罗斯福于 1899 年 4 月 10 日在伊利诺伊州芝加哥汉密尔顿俱乐部发表的名为《艰苦的生活》的演说。但在眼下，本案的多数意见实际上是采纳了邓恩案中随意且无须付出任何努力的假设，多数意见向司法审判中的"廉价的安逸"投降了。为了逃避可以更精确地计算应缴的遗产税所需要的努力、劳动和辛劳，多数意见简单地假设一个法庭都知道是错误的结果。但法庭可以做得更好，实际上初审的税务法院已经做到了。

被估值的公司是一家控股公司，其投资组合由具有广泛交易市场的证券组成，价值可随时确定。在死者去世前五年，该公司被清算的证券比率只有 1%。双方同意，该公司在死者死亡时的净资产价值是本案估值的基础，并同意通过死者死亡时持有的 CCC 证券的市值减去证券附带的资本利得税负债的方法加以计算。这是没有争议的。

上诉人认为，要像所有证券在死者死亡当天被出售一样，将全部资本利得纳税义务从公司价值中扣除，即使这些证券事实上并未出售。税务局主张通过年交易率来预测清算总年限，然后将未来到期的税款贴现为估价日的现值，以此为股权价值的可减少额。一审税务法院采用了税务局主张的实际价值法，尽管这比上诉人简单武断地假设所有的资产都是在死亡时出售的要复杂得多。法院之所以选择实际价值法，是因为它产生的结果更接近公司资产的实际价值，进而可以更准确地确定杰尔克去世之日自愿的买卖双方就持有的控股公司股份所商定的销售价格。

这种实际价值法也并不完美，而且它本身也做了一些假设——例如，过去的清算速度在未来继续进行（即每年公司股票的交易率是一样的）——但它产生的结果比任意假设方法更准确，因为它更准确地反映了对公司握有控制权的人的经济利益。一个仅持有一家控股公司 6.44% 股份（该证券投资年回报率超过 23%，且包含大量内在资本利得税）的人的死亡，不会导致公司所有资产的清算。如果大股东仅仅因为一名与他经济利益毫无瓜葛的小股东的死亡事件，就认为巨额的资本利得税义务与他无关了，从经济

角度来说，这是愚蠢的。

多数意见假定 CCC 公司在杰尔克去世之日当天被清算，因此其所有未实现资本利得都立即发生（并因此转嫁给其股东）。但事实却是有史以来公司只出售了其 5.95% 的投资，每年只有一小部分资本利得税义务。公司的投资年回报率超过了 23%，且"CCC 的董事会没有清算 CCC 任何投资组合的计划，他们打算长期经营公司。"在这种情况下，认为该公司会突然出售其高利润的投资组合，结束令人羡慕的收益流，并对其股东征收巨额资本利得税的想法是荒谬的。杰尔克死亡的事实不会导致这种情形出现。一个人的死亡对其自身来说是极其重要的，但它对支配着生者自身利益的经济学定律毫不重要。由于杰尔克去世时多数股东的利益并没有改变，唯一合理的预期是控股公司将继续保持在非重大事件发生之前的运营状态。然而，本案的多数意见却坚持认为必须假定公司在杰尔克去世当天出售了所有证券。这与股东的经济利益相悖，也与公司经营的情况相悖。

多数意见认为，从公司投资组合的 1.886 亿美元价值中减去全部 5100 万美元的未实现资本利得税负债是最好的方法，因为"为什么 CCC 股票的假定买家不会调整其出价，以反映总额高达 5100 万美元的内在资本利得税义务呢？"当然，答案是买方一定会调低出价，但同时，买方不能指望卖方同意一个完全忽略金钱时间价值的价格。任何理性的卖方都不会接受这样一种减去应缴税款的全部金额的价格，这就像是立即缴纳了税款，但这部分税款肯定会在未来几年内（如果现行做法继续下去，则是未来 16.8 年）进行摊销。在未来负有纳税义务的资产，比那些数额相同但义务马上即需履行的资产更有价值。

任何理性的人都更愿意在未来 16.8 年内分摊 5100 万美元的税款。根据公司的历史清算率，未实现的税收债务需要长时间才能完全到期，而不是立即支付全部 5100 万美元。扪心自问：如果可以选择的话，你是愿意现在立刻提前缴纳 16 年以后的税款，还是在到期时才缴纳？本案多数意见得出的答案是，你会选择现在支付未来所有的税，因为这样计算更简单。

如果纳税义务及实际支付分散到未来几年，纳税人可以用未付的资金赚更多的钱，直到税收真正到期。当涉案金额为 5100 万美元，且以每年 5.95% 的速度缓慢下降时，这部分资金（以及由此产生的累积收益）可以赚取的利息、股息和资本收益是巨大的。问问自己：你会不会认为投资 5100 万美元（每年只减少 5.95%）所能获得的收益是有价值的，还是说 16 年间你用这笔钱赚取的收益可以忽略不计？本案多数意见只针对那些对 5100 万美元投资本金的收益视而不见的人。

多数意见提到"若两只相同的股票，一个是在市场上直接购买而不会产生任何税收后果，另一个是通过购买一家投资公司的股票而获得，买方不会为这两只股票支付相同的价格"。这当然不会。但法庭讨论的不是"同样的价格"，法庭说的是介于两个极端之间的价格。其中一个极端是本案多数意见的做法，认为在未来 16.8 年内逐步到期的税收后果对价格的影响与立即到期的一样。另一个极端，也就是多数意见批驳的靶子（straw man），认为税收后果根本不会对价格产生任何影响。但这不是初审的税务法院采取的立场。相反，一审法院承认这些资本利得税义务将影响价格，并计算它将产生多大的影响，同时考虑到税收责任的规模和可能到期的时间。税务法院的计算是以事实为基础的，它产生的结果比多数意见立即清算的假设更接近现实。

还不错的一点是，本案的多数意见承认这一方法是"武断的"。多数意见将 CCC 公司在杰尔克死亡之日立即清算其全部投资组合描述为一种"武断的假设"。但多数意见试图为其做法辩护，认为武断的做法"提供了确定性和终局性"，"避免了司法资源的不必要开支"，这是进行更现实的计算所必需的。话是没错，但是上述理由对任何武断的假设亦都成立，包括"证券根本没有价值或资本利得税永远不会因为某种未知的原因而实际支付"的假设。这些武断的假设都会避免不必要的司法资源支出，同时提供确定性和终局性。但是，廉价的舒适安逸和诱人的简单粗暴一旦开始，则贪图省事寻找捷径就不会停止了。如果多数意见所主张的方法是好的，那么它的优点不应局限于遗产税法，而应与法律的所有领域共享。

下面举例说明本案多数意见主张的方法在现实中如何运作。思考这样一个难题：如何计算给受到伤害后丧失劳动能力甚至生命的人的赔偿？在科尔文诉史莱特船公司案［Culver v. Slater Boat Co.，722 F. 2d 114（Former 5th Cir. 1983）］中，法庭判决："计算人身伤害致死或今后长期残疾的人所遭受的损害涉及四个步骤：估计因伤害或死亡而丧失的工作时间，计算损失的收入流，计算损失总额，并将这一数额折算为其现值。"所有这一切都需要大量的司法努力，判决书的长度即说明了这一点。

但再也不用麻烦了。当事人不必再争吵未来减少的收入到底是多少，法院也不必担心不确定性。因为对这种情况的分析在多数意见眼中"不确定性太大"，这是"按图索骥"，依赖的是随机概率，并不比"预测未来"靠谱到哪里去。

多数意见提到，如果不做武断的假设，就得要求法院"预言未来"（prophesying）。事实的确如此，而且在整个司法制度的历史中都是如此，因为在某些时候要求法院做关于以后的断言是必要的。霍姆斯大法官的话常常很有启发性。在伊萨卡信托诉美国案［Ithaca Trust Co. v. United States，279 U. S. 151，49 S. Ct. 291，73 L. Ed. 647（1929）］中，霍姆斯法官的判决中指出，计算遗赠信托中可扣除的慈善捐赠时，捐赠的信托财产须根据受益人的生命年限来折算现值；同理，受益人的生前权益（life estate），必须以收益人的寿命长度（这就是法庭多数意见所指的"预言未来"）来计算。

霍姆斯大法官解释说："财产在某一特定时期的价值取决于当时社会对它的相对渴望程度，这种渴望表现为它将给市场带来的金钱。就像所有的价值，它多多少少会基于对未来的某些预测，事后无论该预测成立与否，都不影响在做出判断时的真实性。"

但从本案开始，如果按照多数人的意见，则法院不会再对以后的事情做出判断。例如像科尔文这样的案例，法庭可以任意地假设，每当有人死亡或受伤时，他们所损失的未来收入的价值是 100 万美元，或 1000 万美元，或零美元。或者，法庭可以用死者前一年的收入（如果算不上太麻烦的话）乘以某个任意的数字（可能是死者的父亲或祖父生活的年数），法庭就可以完全不在乎资金的时间价值这回事。至于假定的最后一年收入是多少，在任意的多数意见看来并不重要，但当事方本身和那些认为法律应力求取得最接近真相的人并不这样认为。

本案多数意见的优点在于任意性所带来的简单性。假设的前提越武断，它的应用就越少需要考虑令人烦恼的事实。事实往往是扑朔迷离的，采用这一方法将"提供确定性和终局性"并"避免不必要的司法资源支出"，减轻法院查明事实并对其适用法律的负担。这样看来，将廉价的安逸写入法律还是有好处的。但是，接下来法庭要做的，就是不得不推翻判例法了。25年前，具有里程碑意义由本院全体法官出庭审理的科尔文案确立的先例不得不被抛弃，如果你认为不要紧，它只是一项海事法判决的话，那么法庭需要推翻的还有米德·朗诉美国案［Meader ex rel. Long v. United States，881 F. 2d 1056（11th Cir. 1989）］。米德·朗案是根据《联邦侵权损害赔偿法》（Federal Tort Claims Act）提出的诉讼，涉及未来医疗费用和未来收入损失的计算赔偿额。法庭在判决书中写到，"下述观点和方法已被确认为法律原则：赔偿须折算成贴现现值，在折现时应考虑两个因素，一是在用于支付医药费之前这笔钱可获得的利息；二是基于通货膨胀，这笔钱将会贬值。"

几个月前，法庭对先进电信网络公司诉艾伦案［Advanced Telecommunication Network，Inc. v. Allen（In re Advanced Telecommunication Network，Inc.），490 F. 3d 1325（11th Cir. 2007）］做出判决。该案中，破产法院需评估一家公司因州法院对其提起的未决诉讼而产生的或有债务。因为破产法院无法预测未决诉讼的结果，因此选择了一条容易的出路，即对或有债务做出了价值为零的任意假定。

重审时，法庭提出："虽然正如破产法院所说，'没有人能够合理肯定地预测结果如何'，但这种精确的预测不是必需的。相反，法院被要求计算负债的现值——负债的预期成本乘以发生负债的概率。除非预期成本或发生这种情况的可能性等于零（即负债是无成本的，或发生这种情况的可能性可以忽略不计），否则任何情况下估价都应大于零。"

但眼下的多数意见与法庭在先进网络公司案中的立场是不一致的。法庭之前要求初审法院预测在待决诉讼中可能做出的损害赔偿额，然后进一步根据可能性来对这一数额进行折算。但在本案中，多数意见会说，这是依赖随机概率，并不比要求法院能预言未来高明到哪里去。于是，先进网络公司案的判决，就如许多其他需要对未来事件做出判断的案例一样，将不得不被推翻。所有之前的判例法都将不得不屈服于轻易武断的估价方法，屈服于司法上廉价的安逸。

泰迪·罗斯福并不是唯一一个歌颂辛劳和努力的人。亨利·詹姆斯（Henry James）曾经对一位年轻的朋友说："我用自己的方式，了解到人生的经验就是努力和不断地重复。并且，我觉得真正可怜人，是那些并非面对真正的危险，而是被危险的错觉所蒙蔽的人。"

卡恩斯法官不同意即使是形成了多数意见的危险错觉。

案件二十七　克劳蒂尔诉美国联邦税务局

（Estate of Joseph R. Cloutier, Joseph A. Cloutier, Fiduciary, Petitioner, v. Commissioner of Internal Revenue, Respondent）

案　　　号：T. C. Memo. 1996-49
受理法院：美国联邦税务法院
判决时间：1996 年 2 月 13 日

一、案件事实

死者约瑟夫·R. 克劳蒂尔（Joseph R. Cloutier）是印第安纳州居民，于 1989 年 12 月 11 日去世。原告约瑟夫·A. 克劳蒂尔（Joseph A. Cloutier）也是印第安纳州居民，作为死者遗产的管理人代表死者提交了 706 号（即遗产和财富代际转移）纳税申报表。原告根据联邦税法典第 2032 条选择了 1990 年 6 月 11 日作为死者遗产的替代估值日期。被告人美国联邦税务局向原告发出 1212230 美元的遗产税欠缴通知，原告向本院提起诉讼。

通用贸易公司（Corporation for General Trade，下称 CGT）是一家没有在证券交易所上市的公司。死者去世时，CGT 的股票完全由死者所有，公司的主要资产是三十三（Thirty-Three）股份有限公司 100% 的股权。三十三公司拥有并经营着印第安纳州韦恩堡的 NBC 电视台。CGT 的其他资产还包括房地产和一部房车。

706 号表格中填报的 CGT 股票在死者去世之日的价值为 13969000 美元，在替代估价日的价值为 12582000 美元。这些价值是基于两个都没有记录在案（in the record）且没有包括流动性折扣的评估。本案当事人在 1990 年 6 月 11 日已有约定，死者 CGT 股票在不考虑其他可能适用的流动性折扣或控制权溢价的情况下，价值为 12250000 美元。双方的约定在 1990 年 6 月 11 日收到的股票价值评估中得到了确认。被告对股票价值的评估是 12619000 美元；原告出具了三个评估结果，分别是 11625000 美元，11652555 美元和 11850000 美元。

在进行股权价值评估时，双方的评估师主要依赖保罗·凯恩（Paul Kagan）公司编制的交易和财务数据，且评估师都没有参考在上市公司的股票价格来确定 CGT 的价值。凯恩公司提供的信息包括近期以独立交易原则转让电视台股票的交易。评估师还考虑了 CGT 公司的性质、历史、行业地位、经济前景以及以评估遗产价值为目的的股票估值的其他因素（参见税务局令 Rev. Rul 59-60，1959-1 C. B. 237）。

二、争议焦点

双方的争议点是：对死者去世时持有的股票的约定价值是否可以适用市场流动性不足的折扣（lack of marketability discount），如果适用，该折扣的金额是多少？

三、拉罗（Laro）法官的判决

本庭认为，该案中对死者去世时持有的股票的约定价值不适用市场流动性不足的折扣。

被告认为 CGT 股票不存在流动性折扣；原告在 706 表格中没有提出，但他现在主张对公司股票适用 25% 的折扣。原告必须证明流动性折扣的适用性及其金额。法律规定，对包含在死者总遗产内的财产，根据以下两个日期之一进行估值：①死者死亡之日；②《美国联邦国内收入法典》第 2032 条规定的替代估值日期。公允价值是一个事实问题。公允价值是指在对所有相关事实有着合理的了解，且不是被迫购买也不是被迫出售的情况下，一个自愿的买家愿意支付给一个自愿的卖家的价格。自愿的买卖双方都是假设的人，而不是特定的个人或实体，这些假设的人的特征不一定与实际中特定的人的特征相同。

根据公司股票是否在一个成熟的证券市场上市，对公司股票的估值有着不同的规定。当股票在一个成熟的证券市场上市时，它的价值通常等于它在证券市场上的交易价格；如果没有上市，则股票价格是在估值日一定的合理时间范围内发生的独立交易（arm's length transaction）的价格。非上市公司股票的价值，应参照从事相同或者类似业务的上市公司的股票价值确定。此外，还必须通过参考待估公司的净值、预期盈利能力、派息能力、商誉、管理层、在行业中的地位、行业的经济前景以及被估值股票所代表的对公司的控制程度来间接估值。

在参照上市公司股票的价格确定非上市公司股票的价值时，为了反映非上市公司的股票缺乏流动性，通常需要折价。这种折扣，即"缺乏流动性折扣"（或更简洁地说是"流动性折扣"），一般反映了封闭性公司缺乏系统有效的交易市场，因而不易转让的事实。流动性折扣还反映了买方随后可能需承担的将非上市公司股票公开出售的登记费用。

原告主要依靠其专家证人 R. 詹姆斯·阿勒丁（R. James Alerding）的证词和报告来支持其主张，他的观点是标的股票缺乏流动性，应该对股权的约定价值进行折价，折价为 25%。阿勒丁援引的是曼德尔鲍姆案。

虽然专家证词有时可以帮助法院做出评估，但当专家的意见与法庭的判断相反时，法庭不必遵循专家的意见。只要法庭认为适当，法庭可以全盘否定专家意见，眼下即是如此情形。阿勒丁的报告和证词缺乏说服力，对法院毫无帮助。与法庭通常看到的有关专家对估值意见的详细报告相反，阿勒丁的报告只有三页纸，主要内容是直截了当拍胸脯式地对25%的流动性折扣进行保证。他的报告没有对任何估值因素进行有意义的讨论，甚至缺乏提出估值意见所必需的基本资料；而且这位专家对第三方评估显然过度依赖。事实上，阿勒丁声称的评估依据只是一部手稿（遑论资产评估的权威著作），他本人从未深入研究或与手稿的作者进行过切磋交流。

原告专家还依赖于与待估资产不具有任何可比性的资产的研究，妄图以此为基础得出流动性折扣。他也未能正确评估死者在CGT中的100%权益是否应获得控制权溢价，或此类溢价（如果存在）是否会抵消其提供的流动性折扣。他只关注假设买方，但排除了假设卖方。关于自愿的卖家，法庭不认同一个持有100% CGT股权的卖家会将股权以折价25%的价格"自愿卖出"。

此外，法庭还认为原告专家阿勒丁在估值方面的经验有限。在回答法院提出的问题时，他承认没有评估电视台资产的经验，而且是在没有参考可比性的公开交易的情况下得出的结论。虽然一家未上市公司100%股权由一名股东持有的情况可能会适用流动性折扣，但如果该公司的股票价值不是参照上市股票的价格来确定的，则流动性折扣根本没有适用的前提。这是阿勒丁在尝试将曼德尔鲍姆案分析应用于本案时遗漏的一个关键点。在曼德尔鲍姆案中，当事人对公司股票的自由交易价值达成了合意，请求法庭判决适用于该交易价值的流动性折扣。相比之下，本案中的当事人给法庭的"合意价值"不是任何一方所确认的股票自由交易的价值（free traded value）。法庭认为在本案中适用曼德尔鲍姆案的分析是不合适的。

本案实际上是原告在请求法庭在不存在股票的自由交易价值的情况下确定流动性折扣，法庭无法做到。在此情形下，探讨缺乏流动性对股票的折价是不恰当的。流动性折价仅限于存在可比性资产作为参考以对待估资产进行评估的情况下。本案没有任何迹象表明CGT股份存在确定的合意价值，法庭不允许在此情形下适用流动性折扣。

案件二十八 卡恩诉美国联邦税务局

(Estate of Doris F. Kahn, Deceased, Lasalle Bank, N. A., Trustee and Executor, Petitioner v. Commissioner of Internal Revenue, Respondent)

案　　号：125 T. C. 227
受理法院：美国联邦税务法院
判决日期：2005 年 11 月 17 日

原告请求对涉案遗产进行联邦所得税的重新评估。双方当事人均申请做出即决判决(Parties cross-moved for summary judgment.)。

税务法院 J. 戈克（J. Goeke）法官认为，个人养老金账户（Individual Retirement Account，以下简称 IRA）的资产价值不会因未来该养老金作为遗产被分配时产生的预期所得税义务而减少。即法院判决支持税务局观点，驳回了纳税人的起诉。

本案被告税务局针对死者多里斯·F. 卡恩（Doris F. Kahn）遗产（以下简称"涉案遗产"）所涉联邦遗产税义务签发了所得税欠缴通知书。税务局认为涉案遗产的纳税申报单中个人养老金账户估值过低。

摆在法庭面前的问题是——遗产养老金所指定的受益人（designated beneficiary）在收到 IRA 分配利益的时候，能否在 IRA 的价值总额内将所产生的预期所得税的义务扣除？法庭认为，IRA 的价值不得减少。

以下是原被告双方没有争议的相关事实的摘要。

一、背景

多里斯·F. 卡恩（即本案中的被继承人）于 2000 年 2 月 16 日（估价日）去世。死亡时被继承人居住在伊利诺伊州格伦科。北美洲拉塞尔银行（LaSalle Bank，N. A.,）作为被继承人遗产的受托人和执行人，在提起诉讼申请时，于伊利诺伊州芝加哥设有办事机构。被继承人拥有两个 IRAs——一个哈里斯银行（Harris Bank）的 IRA 和一个罗斯柴尔德（Rothschild）IRA。两个 IRA 的信托协议都规定：IRA 中的利益不可转让，但都允许销售账户中的有价证券。哈里斯银行的 IRA 中有资产净值为 1401347 美元的有价证券，罗斯柴尔德的 IRA 中有资产净值为 1219063 美元的有价证券。在最初的 706 遗产表中，为了反映受益人在获得遗产时产生的预期所得税纳税义务，遗产管理人减少了哈里斯银行 IRA 中 21% 的资产净值（减少后资产净值为 1102842 美元）。在最初的纳税申报单中罗斯柴尔德 IRA 的价值并未反映，但在修正后的遗产纳税申报单中，遗产管理人减少了罗斯柴尔德 IRA 中 22.5% 的资产净值（减少后资产净值为 1000574 美元）以反映分配遗产时对受益人的预期所得税义务。

被告在税款欠缴通知中认定遗产管理人需补缴 843892 美元的税收。原被告双方的争议在于：

（1）本案的每一个 IRA 的价值是否都估值过低？

（2）在遗产价值中减少被继承人预计所负的联邦所得税义务是否合理？

二、判决

本案原被告双方申请即决判决，即决判决是为了加快诉讼进程并且避免不必要争议的审判［见佛罗里达桃子公司诉税务局案，Fla. Peach Corp. v. Commissioner, 90 T. C. 678, 681, 1988 WL 31439 (1988)］。任何一方当事人均可就争议法律问题的全部或任何部分提出即决判决申请。如起诉书、答辩状、供词、认许书及任何其他法庭可接受的材料中显示，双方对案件任何重要事实并无"真正"（genuine）的争议（即无事实认定上的分歧），也就是说案件只事关法律问题，则可做出简易判决。本案中，双方当事人对于所有的相关事实均达成了一致，争议的是法律问题，因此本案可以做出即决判决。

《美国联邦国内收入法典》第 2001 条规定了对"转移美国公民或居民作为被继承人的可征税遗产"征收联邦税；死者的总遗产包括其持有的任何利益，价值标准是公允市场价值［见第 2031（a）、2033 条；遗产税法规第 20.2031-1（b）条；美国诉卡特怀特案，United States v. Cartwright, 411 U. S. 546, 551, 93 S. Ct. 1713, 36 L. Ed. 2d 528 (1973)］。公允市场价值反映的是，该财产在"自愿的买方和自愿的卖方之间进行交易，既不受任何购买或出售的强迫，又对相关事实有合理的了解"下的价格。公允价值是在假设的买方和卖方基础上做出的客观估测。自愿买方和自愿卖方是假设的人，而不是特定的个人或团体，这些假设的买卖双方的特征不一定与实际卖方或实际买卖中的人相同。假设的自愿买方和自愿卖方致力于将自身的经济利益最大化。

（一）IRA 的遗产税义务

IRA 是一个为了"个人或其受益人的专有利益"（exclusive benefit of an individual or his beneficiaries）设立的信托。IRA 下可以持有不同类型的资产，包括股票、债券、共同基金以及存款凭证。IRA 所有者可以提取他们账户中的资产，但根据法律规定，提前支取其中的资产需缴纳 10% 的附加税。只要 IRA 下的资产以在 IRA 账户下的形式存在，则免征所得税。但是，IRA 的财产的分配利益则被包含在了账户受益人的总收入中。因此，即使产生收益的资产还在 IRA 账户（故而产生的收益不需要缴纳 10% 的提取税），但是这笔资产产生的收益被分配时则需要受益人缴纳所得税。该规定在死者之 IRA 被继承的情况下是一样的。如果 IRA 的所有者在其账户中所有的利益分配之前死去，其可以指定受益人继承其 IRA。被继承人指定的受益人所获得的分配利益包含在受益人的总收入之中。受益人从 IRA 中获得的那部分利益，是在被继承人死亡日当天超出账户余额的部分金额，该金额被包含在受益人当年收到的总收入之中。在 IRA 账户所有权人死亡时，分配给受益人的超过 IRA 账户总额的金额（包括未实现的增值、应计收入和不可扣除的存款），性质上不属于被继承人的财产，该部分金额应当在获得该收入年度内根据法典第 408（d）条、72 条的规定纳税，且第 691（a）（3）条规定了这笔收入的性质在受益人的手中与在死者手中是一样的。如果 IRA 账户的所有人在利益分配开始之前死亡，则所有人在 IRA 中的权益通常必须在其死亡后的 5 年内分配给受益人［见第 401（a）（9）（B）（ii）条］。如果 IRA 账户的所有人在利益分配开始后死亡，IRA 资产须（与分配给所有人相同的方式）尽快分配给 IRA 的受益人［见第 401（a）（9）（B）（i）条］。

死者死亡时拥有的 IRA 被视为死者遗产的一部分，适用联邦遗产税［见第 2039（a）条］。因此，必须以 IRA 的价值为基础缴纳遗产税。此外，在分配账户利益时，将对账户受益人征收所得税［见第 408（d）（1）、691（a）（1）（B）条］。为了补偿（至少部分）这一潜在的双重征税，国会颁布了第 691（c）条，该条允许已被计入被继承人财产的那部分利益进行所得税扣除，扣除额等于对该被继承人征收的联邦遗产税金额［见史密斯诉美国案，Estate of Smith v. United States，391 F. 3d 621，626（5th Cir. 2004）］。

（二）遗产管理人认为在进行 IRA 估值时应当考虑所得税义务

遗产管理人认为，"自愿买卖双方测试"要求在计算遗产税时减少 IRA 的公允市场价值，以反映利益分配时会发生的纳税义务。IRA 不可转让，因此其不具有可出售性。原告认为，如果 IRA 的所有人想要使其资产有"自愿卖方可以出售和自愿买方可以购买"的唯一方法是先分配账户中的基础资产并支付因分配而产生的所得税义务。纳税义务伴随分配产生，因此原告认为，分配 IRA 资产时受益人支付的所得税是"使资产可出售"所必需的"成本"，亦是对 IRA 进行估值时必须考虑的成本。

为支持其观点，遗产管理人援引了三个不同领域的财产估值判例，所选判例在估值中都考虑了出售资产的成本对待估财产总额的减少。第一类案例考虑的是与资产相关的未来税收义务；第二类案例允许对无法出售的资产或面临明显的适销限制的资产适用市场流动性折价；第三类案例是关于为了使资产具有市场流动性而支出的成本允许在评估时用于降低资产总价值，例如不动产上的重新分区和污染治理。遗产管理人认为，上述每一类案例的情况都与本案遗产的情况类似，可以为支持遗产管理人的主张提供权威参考。

1. 考虑未来税收义务（或优惠）的案例

原告遗产管理人援引戴维斯诉税务局案［Estate of Davis v. Commissioner, 110 T. C. 530, 1998 WL 345523（1998）］及与其相似的案例来支持其主张——因分配权益而产生的所得税义务应当减少 IRA 的价值。在戴维斯案中，赠与人持有一家封闭式公司的股份，之后公司持有的资产升值，如果不缴纳联邦所得税就无法轻易出售。税务局认为，在计算赠与人在公司中的权益时不应因基础资产的固有资本利得税而调整或折价；然而，法院考虑到销售该公司资产而必须支付的税收债务，同意赠与人将其遗产中的股票折价。法院的结论认为"即使在估价日没有对公司进行清算或资产出售的计划，假设的自愿买卖双方在达成对公司股票的购买合意时一定会考虑到这笔未实现的资本利得税。"相类似的，在爱因斯伯格诉税务局案［Eisenberg v. Commissioner, 155 F. 3d 50（2d Cir. 1998）T. C. Memo. 1997-483］中，第二巡回上诉法院认为，在对公司股票的赠与进行估价时，赠与人可能会考虑因公司清算而带来的潜在的未来资本利得税义务。在应用自愿买卖双方测试时，法院认为，"潜在交易将从假设买方的角度进行分析，假设买方的唯一目标是最大化其利益"。法院不会进行可能性低且明显违反假设买方经济利益的交易假设。

而且，本案遗产管理人认为，他比戴维斯案中的纳税人有着更强有力的理由——因为戴维斯中的涉案资产是股票，可以在预先不支付销售资产而产生的所得税义务的情况下进行销售。原告表示，"法律明确规定，IRA 账户根本不可能被出售，账户下的基础资产必须经过资产分配并交纳了与此相关的税款后才能被出售。"

显然，遗产管理人的这句话不正确。因为 IRA 信托协议规定，虽然账户持有人不得出售其 IRA 账户的权益，但是 IRA 的基础资产是可以出售的。法律规定 IRA 账户本身是不得被出售的，所以"自愿买卖双方"假设的待收标不是 IRA 账户本身，而是其基础资产，即有价证券。IRA 中基础有价证券的销售与封闭式公司股票的销售不具有可比性，因为在销售封闭式公司股票的情况下，自愿的买方仍有可能将公司清算时产生的资本利得税转移给第三方，而这未缴纳的资本利得税正是假设的买方在出价时会考虑的内容（见史密斯诉美国案，Estate of Smith v. United States, 391 F. 3d at 628. 6）。但此处，分配 IRA 资产而产生的税负并不会转移给"假设的买方"，所以法庭认为在戴维斯案中的理由不能运用到本案当中。

2. 未来的税收优惠（future tax benefit）对估价造成了影响的案例

（1）阿尔杰·史密斯案：在对遗产进行估价时考虑扣除额。在阿尔杰·史密斯诉税务局案［Estate of Algerine Smith v. Commissioner, 108 T. C. 412, 1997 WL 294380（1997）］中，第五巡回上诉法院在根据第 2053 条关于遗产税的扣除规定对遗产估价时，就是否要考虑所得税利益（income tax benefits）的影响进行了论述。该案的涉案遗产包括对艾克松（Exxon）公司的特许权使用费收取的利益。案件背景简述如下：艾克松公司败诉美国政府，须赔偿数十亿美元，公司声称其有权收回已经给付的包括在涉案遗产中的部分特许权使用费，以支付该判决义务。艾克松公司随后起诉了这些特许权使用费的收款人，地区法院判决这些特许权使用费的收款人对艾克松公司负有责任。随后的问题是计算损害赔偿金。艾克松公司称，涉案遗产应归还他们248万美元，在死者去世15个月后，双方以681840美元达成和解。

　　税务局认为遗产申报不足。遗产只能扣除在和解后实际支付的金额，因为死者死亡之时，艾克松公司的索赔案件仍未决，因此遗产对该索赔应承担的责任金额在当时是不确定的。税务法庭同意了该结论。上诉法院在推翻、撤销和发回税务法院重审的判决中，认为该遗产可以扣除超过和解金额的款项，但不允许扣除在死者死亡时艾克松公司主张的全部索赔金额。此外，根据法典第1341条，在遗产税的248万美元的抵减额中，应扣除和这笔和解费用相关的所得税免除义务的数额。上诉法院表示，"我们认为，'自愿买卖双方测试'中的交易参与者一定会考虑相关判决对遗产产生的净税收影响——包括第1341条规定的税收优惠利益"。法庭认为，遗产管理人对阿尔杰·史密斯案的援引是错误的，因为第1341条规定优惠利益与艾克松针对遗产的索赔及支付"密不可分"，因此，"自愿买卖双方"将在估价时扣除该税收优惠。但在本案中，不存在使得自愿买方在购买IRA中的资产时必须要考虑的与所得税相关的利益。因此，原告所引判例与本案情况有事实上的区别。假设的买方不会考虑IRA的受益人的所得税义务，因为是受益人而不是买方支付该税款。

　　（2）缺乏市场性而适用折扣的案件。第一，封闭式公司股票。遗产管理人试图说服法庭适用缺乏市场的折价，而法庭认为这是他观点中最站不住脚的地方。在戴维斯案中，资本利得税潜在义务折价是缺乏市场流动性的一般性折价的一部分。非公开发行公司的股票由于缺乏私募市场而缺乏市场可流动性；如果这些公司公开发行股票，就会产生浮动成本（floatation costs）。然而，处分IRA持有的资产则不存在此类障碍。和封闭式公司的股票不同，IRA账户下的资产存在既定的市场和交易场所。虽然IRA本身不可出售，但是账户持有的基础证券确实可以出售。正如原告自己所说，分配IRA下的资产或者支付因分配而产生的税款都不是资产具有流动性的前提。因此，缺乏市场流动性折价不是必然的。按照遗产管理人的思路，每当卖方确认了处分财产的收入，那么财产的公允市场价值中就必然会减少掉这部分收入的已纳税负。

　　判例法罗宾逊诉税务局案［Estate of Robinson v. Commissioner, 69 T. C. 222, 225, 1977 WL 3712（1977）］亦是本案的相似案例，罗宾逊案对上述问题也进行了讨论："在计算遗产税的过程中，每一遗产的公允价值之确定都无法穷尽一切可能的所得税税收后果，以及死者、遗产和其受益人各种各样的其他因素。例如，当遗产中的某一资产要分配给受益人时，要考虑受益人未使用的资本损失结转（unused capital loss carryovers），要考虑他为了降低收益税负在之前的每一时期所做的税收筹划、他现在和未来的税级（tax bracket）、他的婚姻状况和其他因素，而这是不现实的。自愿买卖双方的测试虽然不完美，但其为估值提供了一个更合理的标准，因此必须被遵守。"

　　如果顺着原告遗产管理人的思路，法庭将不得不在每一个需要估值的案件中考虑错综复杂的问题,这将是对自愿买卖双方测试中的"假设"因素的颠覆。在库里案中,如果法院和税务局都坚持考虑买方的主观情况,那么情况就会变成"未来的法官在估值时要考虑到各种错综复杂但和市场目的无关、与个人或公司个性具体情况有关的因素。这会对税法的统一性、稳定性和可预测性造成巨大的损害。"因此,在本案中,法庭不能给遗产管理人避开自愿买卖双方测试的任何机会。

第二,彩票类案例(lottery cases)。原告还援引了若干案例,来说明死者遗产中的不可转让的彩票收入是否可以使用缺乏市场性折价。在沙克尔福德诉美国案[Shackleford v. United States, 262 F. 3d 1028 (9th Cir. 2001)]中,纳税人中了彩票,但在收到全部款项前就去世了,纳税人所在州的州法律禁止转让彩票利益。税务局认为应当适用法典第2039条的年金规则(annuity rule),并根据第7520条提供的表格对现金流估价。遗产管理人认为,由于该笔金额缺乏市场流动性,应允许其采用缺乏市场流动性折价。第九巡回上诉法院维持了地方法院的裁决,"我们早就认识到了转让性上的限制会降低其价值",并比较了对限制公开市场上自由交易的股票与此处不同的情形。另一个被遗产管理人引用的彩票案例是格雷鲍斯卡案[Estate of Gribauskas v. Commissioner, 116 T. C. 142, 2001 WL 227025 (2001)]。该案中税务法院基于与沙克尔福德案相似的事实而认定纳税人不可以适用市场流动性折价,而第二巡回上诉法院撤销了税务法院的判决并允许适用市场流动性折价。上诉法院的理由是,"转让权'通常被视作财产的权利系列中最重要的一条',根据规则,受市场流动性限制的资产的价值会低于没有此负担的相同资产的价值"。

遗产管理人进行的可比性分析并没有认识到非一次性付款的彩票与IRA中的证券之根本区别。彩票被分类为年金收入(annuities)。在上述两个案件中,分多次兑现的彩票的每一笔支付都受到市场流动性限制。但IRA是由可出售资产而组成的信托。正如法庭所讨论的,IRA的基础资产是公开交易的证券,并不限制市场流动性。因此,沙克尔福德案和格雷鲍斯卡案无法支持本案中的市场流动性折价主张。

第三,降低估价以反映资产市场化的成本之案例。原告又引用了两个案例来阐释对土地的估价问题。案例中的土地要么位于不佳分区(unfavorable zoning),要么受到了污染。在斯普鲁尔诉税务局案[Estate of Spruill v. Commissioner 88 T. C. 1197, 1987 WL 49324 (1987)]中,税务法院允许降低死者遗产的价值,以反映财产的不佳位置和改变对财产规划状态而潜在的诉讼成本。在内卡斯特罗诉税务局案(Estate of Necastro v. Commissioner T. C. Memo. 1994-352)中,税务法院认为,被污染的土地因为净化需要的成本而需进行折价。基于此,遗产管理人称"考虑使资产具有可售性而付出的必要成本,税务法院常常允许此种情况下的资产适用折价"。

法庭认为,遗产管理人的上述观点是错误的。首先,与不动产相关的估值问题与证券相关的估值问题明显不同。对于有形财产,财产的公允市场价值反映的是在估价日财产最大程度的利用价值。对于不动产,土地最大程度的利用价值可能需要考虑与改变区域分类或治理污染相关的成本(以达到最佳利用状态下的价值);但这种分析不适用于有价证券，因为它们没有可达到的"更大价值"（no higher or better value）。因此，不存在使证券更具市场化的"成本"产生。

第四，总结。遗产管理人试图说服法庭，不可转让的 IRA 在性质上类似于不可转让的彩票、封闭式公司的股票、受转售限制的股票、被污染的土地以及需要重新分区以反映最大程度和最佳利用价值的土地。法庭的答复是，原告方选择的这几种情形存在一个共同点，即未实现的资本利得税负债或资产的市场流动性限制在交易发生后会转移到假设买方的手中，但在本案中，假设的交易发生后，自愿买家不承担任何未支付的税负或收到市场流动性的限制。

原告方最大的问题在于，将两种不同的情形做了类比。第一种情形是，基于自愿买家会承担和转让财产相关的义务——无论是缴纳税负、支付区域规划费用、缺乏控制权、缺乏市场流通性，还是转售限制，故对待估资产进行评估时应当进行扣减。第二种情形是自愿买家无须承担上述任何负担就可获得证券。两种情况毫无可比性。法庭强调，IRA 本身是不可出售的，在"自愿买卖双方测试"中，法庭必须考虑交易对象是什么——证券。在戴维斯案和爱因斯伯格案中，实体的权益（interest in the entity）是假设交易的标的，因此这些案件的判决法院正确地考虑了伴随着这些利益的纳税义务和市场流动性限制。但是，本案的标的是实体下的基础资产，被出售的是这些资产，而非实体（即 IRA）的权益。

此外，将 IRA 账户利益进行分配并不是出售证券的先决条件，受益人在分配 IRA 时须支付的任何税款不会转嫁给自愿的买方，因为买方购买的不是不得转让的 IRA 这一整体，而是它项下的组成资产。因此，与遗产管理人所引用的案例不同，在本案中纳税义务不再是一个影响因素。此外，市场流动性缺乏也不再是一个影响因素，因为假设的交易考虑的并不是自愿的卖方愿意由于不可转让而让渡怎样的对价，而应考虑的是自愿的买方会为基础有价证券支付什么。因此，本案中任何因为未付的税收或缺乏市场流动性而要求降低价值的主张都不被支持。

（三）本案中的 IRA 不应当被适用任何折价

法庭发现，遗产管理人所引用的案例都与本案有所区别。基于这些差别，法庭认为不应该对本案中的 IRA 适用折价。此外，法庭也不支持将遗产中受益人在分配 IRAs 时必须支付的税务义务描述为使基础资产市场化的"成本"。法庭同意第五巡回法院在史密斯案中的结论，认为自愿买卖双方的分析不支持在对被继承人的退休金账户进行估值时扣减所得税义务。此外，上诉法院在罗宾逊案中也提到，既然美国国会已经通过了 691（c）条，那么在司法领域继续考虑潜在双重征税就变得多余了。

1. 史密斯诉美国案［Estate of Smith v. United States 391 F. 3d 621（5th Cir. 2004）］

法庭认为史密斯诉美国案中的说理更加明确。在史密斯案中，第五巡回上诉法院认为，对死者遗产的合理估值应包括根据死亡之日的证券利率确定的遗产中的证券的价值，但不应包括受益人将承担的所得税义务。史密斯案和本案一样，退休金账户中的证券随时可出售，但 IRA 本身受到销售限制而不能出售。正如本案中原告的主张，史密斯案中的纳税人也曾同样援引封闭式公司股票因潜在资本利得税而减值作为可比照情形，以支持其认为退休金账户应减值的主张。运用自愿买卖双方分析，初审法院认为，虽然退休金账户可能会给受益人带来纳税义务，但假设的自愿买家在购买其基础证券时不会考虑该纳税义务，而只会按照证券交易价格支付证券的价值。据此法院判决，封闭式公司股票的案件在此处并不作为判例法适用。史密斯案的原告人还主张，退休账户不仅仅是其中包含的资产的集合，而且必须对账户本身支付适当的对价。法院反对，认为"IRA 账户和它之中的资产是一回事，潜在的税收义务对卖方很重要，但不会影响证券的销售价格，也不会影响假设的买方和卖方之间的购买协商与谈判。"虽然有公开交易的证券市场可以出售 IRA 账户中的证券，但 IRA 本身没有交易市场。因此，法院得出结论，"如遗产管理人主张的那样，在 IRA 账户上适用自愿买方—自愿卖方测试是不合理的"，最后，自愿的买家根据市场上的证券交易利率来出价，而自愿的卖方也将接受这一点。

上诉阶段，第五巡回法院同意初审法院的理由，并进一步指出，"原告所要求的评估价值实际上是在死者和他的继承人或受益人之间财产转移的结果，我们没有法律法规支持这样的做法。"遗产管理人没有理解自愿买卖双方的分析方法是客观的，假设的当事人并不是遗产管理人和退休金账户的受益人。上诉法院驳回了原告对封闭性公司股票的类比。法院认为封闭性公司的资产与争议案件完全不同：

> "原告所引的案件的共同点是，未实现资本利得税的支付义务还在假设的买家手中，但 IRA 账户不存在这样的情形。死者在所得税法上的义务，只能由下列人员确认：（一）遗产管理人；（二）因被继承人死亡而取得收入权利的人；或者（三）因遗赠、遗赠、继承而取得收入权利的人［见 26 U.S.C. § 691（a）（1）.］。因此，假设的买家不能"购入"死者的所得（income），在对账户清算时不会对假设的买家征收所得税。"

法庭认为，这种区别正是原告在本案中所有的主张都站不住脚的原因。IRA 的税收或者市场流动性负担必须由卖方来承担，因为 IRA 不能合法出售，因此其未来的税收责任和市场流动性限制不能转移给假设的买方。假设的买方没有理由因此而调整最终购买的有价证券的价格；同样，假设的买方也不会因为在资产所有权转移之后不存在"税务负债"而对出价做出调整。假设的买方不会购买 IRA，因为它们不可转让，他购买的是 IRA 下的有价证券，并以付出的实际费用为资产的计税基础（tax basis）。买方只有在其购买有价证券后，证券价值增值并且买方处置了该有价证券时，才会有应纳税所得产生。因此，在购买 IRA 下的资产时，买方愿意在没有任何折价的情况下支付证券的完全公允市场价值。法庭认同第五巡回法院所说的，"自愿买卖双方的分析说明，假设的买家不会考虑受益人基于死者的收入而产生的税务义务，因为他不是受益人，他不需要支付所得税"。本案原告主张，史密斯案的判决理由没有考虑市场流动性折价，且判决理由没能理解 IRA 的性质。这里法庭已经独立地考虑和否决了市场流动性折价理论。

2. 第 691（c）条

第五巡回上诉法院和本庭一样，深信在罗宾逊案中判决的重要意义，尤其是对第691（c）条的推理上。在罗宾逊案中，税务法院探讨了，对于死者遗产中分次收到给付的票据进行估价时，是否要因为受益人在未来支付的所得税而给予折扣。法庭认为，第691 条的立法意图说明了在司法中无须给纳税人任何进一步救济。第 691（a）（1）条规定"死者在纳税年度的各项所得都应计入死者的毛所得中。"第 691（a）（3）条规定，从被继承人处取得权利的人适用上述和死者一致的所得认定方式。法庭注意到，如果法律的规定到此为止，那么根据 2031、2033 条，死者的分期给付票据应按公允市场价值计入死者的遗产中，未来的每一笔支付产生的应税利得应在收到的当年缴纳。然而，法庭注意到，第 691（c）条对双重征税给予了救济，该条规定了死者所得的继承人可以扣除已对死者遗产征收的遗产税中与该所得相关的那部分税款。因此法庭在罗宾逊案中总结道：

> "国会关注的是，分期付款作为死者总遗产的一部分，需要缴纳遗产税。对于既需缴纳遗产税，又作为利得需要缴纳所得税的这部分，国会通过允许在计算所得税时扣除作为利得收入计入遗产时产生的遗产税。此外，法典中再没有别的基础来支持原告的主张。"

法庭认为，这一说理亦适用于本案。第 691（c）条为继承人面对的潜在双重所得税征税提供了救济。尽管原告争辩说没有立法记录可供查询，但是国会对双重征税的救济意图是明显的。在史密斯案中，法院注意到，国会没有对封闭式公司股票的潜在资本利得提供类似的救济。在封闭式公司股票的资本利得税的情形中，潜在资本利得税在股票转让给第三方之后仍然存在，而国会未给予任何救济。这一考察不仅凸显了（也是本案原告一直忽略的）转移封闭式公司股票与 IRA 中的股票之根本区别，更进一步明示了为什么在国会已经提供了必要手段以获得合理结果的情况下，法院不应当再进行干预。

遗产管理人辩称，将 IRA 的价值等同于其基础资产的价值是不符合逻辑的。为了说明这一点，遗产管理人将拥有相同的基础资产的三种持有方式进行了比较：传统的 IRA、证券账户以及特别 IRA（Roth IRA）①。原告认为，从以征收联邦遗产税为目的进行估值的角度来看，这三者即使持有同样的资产，也不应当具有同等的公允价值，因为传统 IRA 受益人须缴纳所得税，而证券账户和特别 IRA 则不需要。

---

① 美国法律规定了特殊的 IRA 账户，当某些条件满足时，IRA 分配利益无须缴纳所得税，这样的 IRA 账户被称为 Roth IRA。

法庭认为，法庭对自愿买卖双方测试的分析和对第691（c）条的目的的解释减弱了这些相关资产的税务后果。假设的买家和卖家会对交易价格达成一致——即账户中资产的金额。法庭已经说明，假设的买家不会考虑在IRAs中分配资产的税务后果，因为买家购买的是证券而不是IRA。与遗产管理人所引用的其他案例不一样，本案中与IRA分配的相关税收义务不会转移给买方。此外，第691（c）条为本案IRA受益人会遇到的所得税双重征税提供了救济。

综上所述，原告精心准备的因为受益人的所得税而降低IRA的估值的一系列说辞是不足以令人信服的。本案正确的结果是根据死者死亡时其账户资产的金额对IRA进行估值。基于此，法庭判决，驳回原告提出的部分即决判决动议。